KB069903

실존주의 슈퍼비전

Emmy van Deurzen · Sarah Young 편저

한재희 · 이동훈 공역

Existential Perspectives on Supervision

Widening the Horizon of
Psychotherapy and Counselling

학지사

3

　우리 사회에서는 전문상담에 대한 요구가 점점 증가하고 있으며, 이러한 사회적 요구에 따라 상담 전문가들에게 더욱 높은 인간적·전문적 자질에 대한 기준을 기대하고 있다. 상담 전문가가 되는 길은 결코 단순하지 않다. 인간의 삶과 정신적인 차원의 돌봄을 주기 위한 상담자는 인간 발달과 정신에 대한 심층적인 이해와 다양한 상담이론 및 개입기술에 대한 습득, 더 나아가 자신에 대한 깊은 성찰 등 다양한 측면에서 학습과 수련을 쌓아야 한다. 이를 위해 상담 전문가가 되어 가는 발달 과정에서 자신의 상담에 대해 선배 상담자나 숙련가로부터 슈퍼비전을 받는 것은 매우 중요하다.

　우리나라에서 슈퍼비전의 중요성에 대한 인식은 이미 전문상담이 도입된 시기부터 대두되고 있었다. 그러나 한국상담학계에서 슈퍼비전의 실제에 대한 체계적인 학문적 접근의 시도는 최근에서야 이루어지고 있으며, 아직도 미미한 상태라 할 수 있다. 때때로 슈퍼비전에 대한 명확한 이해 없이, 슈퍼바이저가 단순히 선배 상담자이기에 수련생과의 상호작용도 없이 자신의 방식대로 상담 수련생을 평가하고 조언하며, 더 나아가 비난하고 마치 시험감독자처럼 통제하는 비윤리적인 모습도 쉽게 찾아볼 수 있다. 따라서 슈퍼비전이 수련생들에게 성장하는 시간보다는 야단맞거나 평가받는 부정적인 경험으로 인식되는 경우도 있다.

슈퍼비전은 기본적으로 교육, 자문, 평가, 상담, 자기성찰 등의 다양한 기능을 지니고 있으며 그 방식도 매우 다양하다. 그러나 분명한 것은 슈퍼바이지의 성장이 슈퍼비전의 종착점이며 기본적인 목적이라는 것이다. 상담자가 상담실에서 실제로 일어난 상황과 내담자와 나눈 내용을 다루는 슈퍼비전은 단순한 조언과 기능적 차원의 만남이 아닌 슈퍼바이저와 슈퍼바이지의 성장 지향적 관계를 통한 경험의 현장이라 할 수 있다. 이 책은 슈퍼바이저와 슈퍼바이지 모두의 성장을 위해 존재론적 차원에서 인간의 삶과 관계를 조망하는 실존주의적인 관점을 통해 슈퍼비전의 가장 핵심적인 측면을 다루고 있다.

이 책은 실제 영문 제목에서 보여 주듯이 '상담과 심리치료의 지평을 확장하기 위한 슈퍼비전의 실존주의적 관점'을 구체적이고 명료하게 제시해 주고 있다. 실존주의 상담 및 심리치료는 단일화된 이론체계를 갖추고 있는 것이 아닌 인간 존재에 대한 실존주의 철학의 가치관을 기반으로 다양한 접근 방식을 지니고 있다. 이와 마찬가지로 실존주의 슈퍼비전도 단일한 이론적 체계를 가지고 있는 것은 아니다. 실존주의적 가치관을 기반으로 다양하게 슈퍼비전에 접목하고 있다. 이 책은 실존주의 슈퍼비전에 대한 이러한 특성을 매우 잘 보여 주고 있다. 실존주의적 관점에서 슈퍼비전을 실행하고 있는 다양한 상담 전문가가 각자의 임상 현장에서 제공하고 있는 슈퍼비전에 대한 이론적 이해와 구체적 방식을 보여 주고 있기 때문이다.

이 책은 Emmy van Deurzen과 Sarah Young 외에 14명의 저자가 실존주의 슈퍼비전에 대해 진귀한 보석 같은 핵심적 개념과 실제적 적용을 보여 주고 있다. 비록 여러 저자의 서술로 구성되어 있지만, 1부에서는 실존주의 슈퍼비전의 철학적 기반에 대해, 2부에서는 실존주의 슈퍼비전의 임상 현장에서의 실제적 적용에 대해, 3부에서는 실존주의 슈퍼비전이 미래적으로 더 고찰하고 발전해야 하는 부분에 대해 서술함으로써 내용적 체계를 적절히 갖추

4

고 있다. 이 책이 비록 슈퍼비전의 기술이나 도식적인 틀을 제공하는 것은 아니지만, 슈퍼비전과 슈퍼비전 관계에 대한 철학적 고찰과 슈퍼비전 개입에 대한 심층적인 내용을 밝혀 주고 있다. 따라서 슈퍼바이저가 어떤 이론적 입장을 가지고 있는지에 관계없이 슈퍼비전에 대한 가장 핵심적이고 기본적인 안내서가 될 수 있을 것이다.

상담자들에게 실존주의 슈퍼비전을 소개하고 싶은 마음으로 오래전에 이 책을 번역하고자 결심했으나 실존 관련 서적의 번역에 대한 어려움으로 망설이던 차에 이동훈 교수께서 기꺼이 동참해 주심으로 완역이 가능했다. 이 책의 전반부인 8장까지는 한재희 교수가, 후반부인 9장부터는 이동훈 교수가 번역했으며, 이후 전반적인 문맥과 용어를 맞추기 위해 서로 의견을 교환하면서 마무리했다. 끝으로 상담학의 발전을 위해 끊임없이 좋은 서적을 발간해 주시며 격려해 주시는 학지사 김진환 사장님과 편집부 직원들, 특히 이 책의 교정 및 편집 과정에서 세밀하게 점검해 주시고 많은 수고를 해 주신 황미나 선생님께 마음속 깊이 감사를 드린다.

역자 대표
한재희

실존주의 심리치료는 100년이 넘게 실행되어 왔지만, 폭넓게 알려지게 된 것은 지난 수십 년에 불과하다. 이제 실존주의 심리치료는 잘 체계화되었고, 매년 수백 명의 실존주의 상담자가 수련 중에 있으며 슈퍼비전을 받고 있다. 실존주의 슈퍼비전 방법들은 자연스러운 방식으로 매우 빠르게 발전되었으며, 급기야 20세기 초반에는 런던에 있는 The New School of Psychotherapy and Counselling에서 온전한 실존주의 슈퍼비전 수련의 출발로 이어졌다.

실존주의 슈퍼비전은 다른 형태의 슈퍼비전과는 다른데, 그 이유는 상담적 과업을 철학적 관점의 시각으로 보기 때문이다. 이것은 슈퍼바이지가 작업해야만 하는 방식에 대한 단속, 훈계, 통제 혹은 처방이 아니다. 오히려 이것은 특정한 내담자들이 자신이 살아가는 삶의 방식과 세상을 보는 방식 그리고 이러한 존재의 방식들에 대해 상담자가 인식하는 방식을 토의하고 묵상하기 위한 공간과 시간을 창조하는 것이다. 실존주의 슈퍼바이저들은 수련생들과 숙련된 상담자 모두에게 동일하게 사고를 위해 잠시 중지하고 진지하게 상담을 실행하는 방법을 보여 준다. 그래서 실존주의 슈퍼비전은 인생을 감독하고 재고하는 것에 관한 것이다. 이것은 우리에게 인간적 상황과 그 안에서 우리 자신의 위치에 대해 좀 더 잘 발견할 수 있는 특권을 제공하고 있다.

실용적인 측면에 있어서 실존주의 슈퍼비전은 필수가 되었다. 상담 및 심리치료의 전문화와 함께 슈퍼비전의 실제는 근거기반상담이나 공식화된 상담에 따라서 점점 더 형식화되고 체계화되었다. 실존주의 슈퍼비전은 이러한 긴축적 환경에서 공간적 감각과 신선한 공기로 다량의 필요한 호흡을 제공하고 있다. 이것은 인간 경험에 대해 넓은 조망을 제공하며, 우리의 내담자들이 투쟁하고 있는 진정한 인간 염려와 모순적 배경에 대항하는 분출된 이슈들을 재조명하고 있다. 그래서 실존주의 슈퍼비전은 단지 실존주의 상담자들을 위한 것이 아니라 철학적으로 훈련된 통합적 슈퍼비전을 위한 선택적 방법인 것이다. 이것은 심리치료의 관점을 향상시키며, 상담 전문가들이 인간 현실에 대한 폭넓은 시야를 갖기 위해 자신의 안목을 개방하는 것을 가능하게 한다.

실존주의적 조망은 평소 세상에 대한 우리의 시각적 초점을 방해하는 장애물들을 치워 주는 철학적 사고의 명쾌함을 제공해 준다. 철학적 관점은 인간의 지평을 넓혀 주며 삶에서 진정으로 문제가 되는 것의 밑바닥까지 우리를 데리고 간다. 이렇게 청결하게 하는 작업은 우리 모두가 투쟁하고 있는 것에서 보편적으로 주어진 것의 이면에 대항하여 개개의 문제를 설정함으로 시작된다. 이것은 이러한 인간 문제들에 대한 우리의 사고를 예리하게 하는 것으로, 지속적으로 새로운 삶의 방식을 위해 초점화되고 목적이 있는 과업으로 끝맺게 된다.

실존주의적 안목은 항상 진실에 대한 인간적 접근을 함께 만들어 가는 관점의 다양성에 가치를 둔다. 그러므로 이 책은 비록 모두는 아니지만 대부분 실존주의 슈퍼비전의 측면들을 반영하는 다양한 실존주의적 관점을 함께 모았다. 우리는 이 책의 공저자들에게 감사한다. 이들은 슈퍼비전 작업에 대한 자신의 방식을 서술하기 위해 준비했으며, 실존주의 슈퍼비전에 대해 처음으로 공식적인 안내를 시작하기 위해 우리를 도와주었다. 우리는 또한 이 책이 편집되는 동안 견디고 인내하며 사랑과 지지를 보내 주었던 Digby와 Martin 에게 감사를 전하고 싶다.

Emmy van Deurzen, Sarah Young

9

차례

1장 배경에 대한 이해: 실존주의 슈퍼비전의 철학적 변수   19

12

13

14

3부
실존주의 슈퍼비전에 대해 의심해 보기와 발전시키기

16

1장
배경에 대한 이해:
실존주의 슈퍼비전의 철학적 변수

-Emmy van Deurzen, Sarah Young

들어가는 말

실존주의 슈퍼비전은 철학적 차원과 연합되어 있다. 이는 가능한 한 가장 넓은 관점을 통해 슈퍼바이지의 상담을 숙고해 보기 위하여 슈퍼비전에서 수행하는 일반적인 작업 이상의 것과 관련이 있다. 실존주의 슈퍼비전은 내담자가 세상 안에 있는 자신의 삶과 위치적 맥락 속에서 자신의 이슈들과 관심사들을 분명하게 볼 수 있도록 높은 시각에서의 관찰을 유지한다. 그것은 확장적 시각을 통해 상담관계에 주목하고 다시 삶 자체를 전면으로 가져오는 것과 유사하다. 그리하여 내담자와 상담자 사이의 상호작용에서 나오는 다양한 측면이 그들의 존재적 긴장과 고통의 빛 안에서 고려될 것이다.

그러므로 인간 이해와 철학적 관찰의 고차원적 수준에 대한 확장적 작업은 상담슈퍼비전의 어떤 형태에 대해 실존적 차원을 추가하게 될 것이다. 따라서 슈퍼비전에 대한 실존적 관점은 슈퍼비전에 있어서 다른 형식을 위한 대체물이라기보다는 보완적인 것이라 할 수 있다. 이것은 일관적이며 명백한 철학적 구조 안에서 슈퍼비전의 다른 요소들에 대한 통합을 허용한다. 이 책의 모든 단원은 실존주의 슈퍼비전의 가장 중요한 본질에 대해 입증해 주고 있다. 몇몇 저자는 그것을 직접적으로 언급하고 있는데, 예를 들어 10장에서 저자는 논란 속에 있는 어린 범죄자에 의해 드러난 '주어져 있는 것(소여; givens)'에 대한 보편성을 인식하고 있다. 또한 14장에서는 슈퍼비전을 위한 하나의 구조로서 실존적 '소여'에 대해 초점을 맞추고 있다.

삶을 기반으로 하기

실존주의 슈퍼비전의 강점은 삶 그 자체의 견고한 지반 위에 세우고 있다는 점이다. 따라서 실존주의 슈퍼비전은 인간의 모든 역설과 모순, 딜레마 그리고 한계와 가능성에 대한 강조를 포괄하는 공간을 마련한다. 이것은 슈퍼비전을 다차원적으로 만들기 위한 것으로서 협소한 구조를 뛰어넘는다. 실존주의 슈퍼비전은 단순히 상담자와 내담자의 치료적 관계, 혹은 내담자의 문제와 이것에 대한 상담자의 반응, 더 나아가 내담자와 상담자 그리고 슈퍼바이저 사이의 평행 과정에 집중하기보다는, 좀 더 넓은 시각을 통해 퍼즐의 조각들을 조합할 수 있도록 한 개인의 삶을 조망하기에 충분히 넓은 무대를 조성하는 것을 목표로 한다. [그림 1-1]은 이것을 나타낸다. 실존주의 슈퍼비전에서 우리는 다음과 같은 모든 사항을 고려한다.

1. **내담자**: 내담자의 관심사는 무엇이며, 내담자의 삶의 상황은 어떠한가? (좌측 상단의 원)
2. **상담자**: 내담자의 상태에 대한 상담자의 견해는 무엇인가? (우측 상단의 원)
3. **그들 사이의 상호작용**: 그들이 이해하고 해결하려는 문제들에 대해 어떻게 함께 접근하고 있는가? (내담자의 원과 상담자의 원이 겹치는 부분)
4. **슈퍼바이저**: 슈퍼바이저는 이 상담에서 초점을 맞추고 있는 인간 존재의

측면들에 대하여 무엇을 알고 있는가? (하단의 원)

5. **내담자의 삶**: 슈퍼바이저의 시각은 상담자가 이해하지 못하는 내담자의 삶의 일부분을 어떻게 이해하고 있는가? (슈퍼바이저의 원과 내담자 원의 겹치는 부분)

6. **상담자의 삶**: 내담자와 함께 수행하는 작업과 관련된 상담자의 삶에 대해 슈퍼바이저가 이해하는 것은 무엇인가?

7. **삶 자체**: 이 모든 것이 인간 삶의 더 넓은 차원과 어떻게 연관되어 있는가? (슈퍼비전 안에 있는 세 주인공을 둘러싼 큰 원)

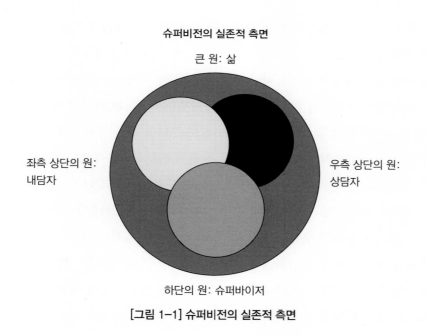

슈퍼비전의 실존적 측면

큰 원: 삶

좌측 상단의 원: 내담자

우측 상단의 원: 상담자

하단의 원: 슈퍼바이저

[그림 1-1] 슈퍼비전의 실존적 측면

슈퍼바이지는 다양한 시각에서 내담자의 상태를 바라보고 끊임없이 다른 관점으로 실험하는 법을 배우게 된다. 즉, 그(녀)는 좀 더 확장된 명료함의 선에서 드러나 보이는 내담자의 상태를 수정하고 교정하기 위하여 자신의 작업을 문자 그대로 '감독하는' 방법을 배운다. 물론 이것은 슈퍼바이저가 슈퍼바이지(상담자)로 하여금 이전에 자신의 시각을 모호하게 했던 사각지대와 두려움에 직면할 수 있도록 친절하고 차분하지만 분명한 태도로 지지할 필요가 있다는 것을 의미한다. 슈퍼비전은 심리치료를 넘어서는 일종의 실존적 훈련이다. 즉, 우리가 모든 사람 각각의 상이함과 그들의 삶의 방식에서 발생하는 다양한 문제에 대해 관여하는 것을 배울 때, 우리는 서로 다른 모든 사람이 되어 보도록 상상하는 것과 그들의 삶의 다양한 방식을 엿볼 수 있는 기회를 얻게 된다. 슈퍼비전은 우리에게 이러한 성찰을 위한 시간과 공간을 제공해 주며, 이것은 인간의 상황에 대한 우리의 이해를 자극시키며 더욱 예리하게 만들어 준다.

이러한 인간 이해를 위한 훈련에 사용되는 도구는 철학적 성찰이다. 이것을 위해 한편으로는 상황 안에 이미 내재되어 있는 감추어진 의미가 드러나게 하는 소크라테스적 질문이나 해석학적 질문, 그리고 다른 한편으로는 논리와 변증법의 법칙을 따르는 현상학적 방법(Husserl, 1925)의 원리가 사용된다. 소크라테스적 질문이나 해석학적 질문은 다음 장을 통해 논의될 작업에 있어서 가장 기본적인 것이며, 그것은 직접적으로나 간접적으로 언급될 것이다. 현상학적 방법은 특별히 4장에서 더욱 충분히 상세하게 다루어질 것이다.

이러한 모든 방법은 우리가 평소에는 회피하고 있는 삶의 심층부를 탐색하고 조사하며 측정할 수 있도록 돕는다. 슈퍼비전의 목적은 인간 경험의 가장 어두운 구석에 삶과 의식의 빛을 비추도록 하는 것이다. 철학적 탐구를 위한 탐사광선이 각각의 인간 존재가 지니고 있는 한계와 자유에 대한 이해를 깊이 있게 할 때, 이것은 염려되는 모든 것에 대해 많은 유익을 제공한다. 이것은 내담자와 상담자 그리고 슈퍼바이저 자신에게도 삶의 다양한 측면을 동시에 더욱 선명하게 보여 줄 것이다.

실존주의 슈퍼비전의 범위를 넓히기

물론 인생의 확장된 범위들에 대한 여정은 내담자의 현실에 기반을 두어야만 한다. 이것은 내담자의 세계 속에 있는 내면적 원에서 시작하며, 명확히 하고자 하는 목적을 위해 끊임없이 되돌아오는 것이다. 그러므로 내담자의 세계관과 세상 속에서의 위치를 추적하는 것은 가장 중요하다. 우리가 상담관계에서 발생하는 사항들이 무엇인가를 관찰하는 것으로 시작할 때, 그것은 내담자가 다른 관계에서 취하는 존재 방식을 이해하는 것으로부터 출발한다. 이것은 단순히 인생 초기의 부모나 돌보는 사람들과 맺은 관계뿐만 아니라 형제자매들과 친구들, 친척들과 동료들과의 관계를 의미한다. 우리가 내담자와 관계하는 상담자의 방식을 고려하기 시작할 때 상담자의 개인적 세계관 또한 정밀한 탐색을 위한 안목을 지녀야 할 것이다. 그러면 우리는 상담자의 세계관이 내담자의 상황에 모순되거나 방해하거나 혹은 보완하는 방식을 고려할 수 있으며, 어떻게 마찰이나 갈등을 야기할지 또는 그와 반대로 공모

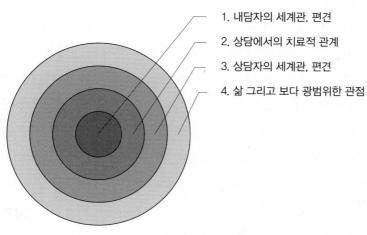

1. 내담자의 세계관, 편견
2. 상담에서의 치료적 관계
3. 상담자의 세계관, 편견
4. 삶 그리고 보다 광범위한 관점

[그림 1-2] 실존주의 슈퍼비전

하거나 혼란을 야기할 수 있도록 결탁할지를 이해할 수 있다. 이러한 상호작용의 줄기는 부드럽게 정리되어야 한다.

더욱 정밀한 탐색은 내담자의 삶의 방식과 안녕에 영향을 미치는 더욱 확장된 삶의 이슈에 대해 상담자와 내담자 모두가 파악하는 내면의 영역 속으로 관통할 수 있도록 슈퍼비전을 안내할 것이다. 이제 우리는 상담자의 삶과 세계에 대한 가정들을 검토할 필요가 있는데, 이는 상담자의 삶과 세계가 내담자의 것들과 구별될 수 있게 해 준다. 점차적으로 사각지대가 인식되고 밝게 드러나게 된다. [그림 1-2]는 이러한 슈퍼비전 과업의 네 가지 층을 보여 주고 있다. 이러한 층들은 겹쳐지고 얽혀 있으며, 작업은 유기적으로 하나에서 다른 것으로 옮겨 가거나 다시 돌아올 것이다.

실존주의 슈퍼비전의 실제

실존주의 슈퍼비전은 모든 인간이 자신의 특정한 입장을 중심으로 활동하며 현실에 대한 이해는 항상 편향적이라는 것을 인정한다. 이러한 편견이 세상에서 우리가 취하는 최우선적 태도이다. 이로 인해 우리는 어떤 역할을 수행하며 현실에 대한 우리 자신의 시각을 갖게 된다. 대부분 이러한 편견은 명백하기에 우리가 그것을 인식하지 못하고 우리 자신의 견해를 당연하게 여긴다. 그러나 슈퍼비전은 내담자와 상담자의 편견들이 예리하게 다듬어지거나 유연해질 수 있도록, 그리고 이것이 자신이나 타인들에게 미치는 영향을 최적화할 수 있도록 그러한 편견들을 정밀하게 탐색해야 하는 시간이다. 물론 유용한 현상학적 실행의 표준을 통해 슈퍼바이저 자신의 편견 역시 설명될 필요가 있다. 물론 모든 실존주의 슈퍼바이저가 동일한 방식으로 작업하는 것이 아니라는 사실은 분명하다. 이 책은 서로 다른 실존주의 슈퍼바이저들이 상이한 상황에서 적용하는 다양한 강조점을 보여 줄 것이다. 비록 이 책의 저자들 대부분이 실존주의 슈퍼비전이 심리치료에 대해 매우 다양한 아이디어들과 모델들과 접근 방식들을 포함하고 통합할 수 있다는 폭넓은 범위와 시각을 의미한다는 사실에 동의할지라도, 이들은 이러한 아이디어들과 모델들을 다른 관점에서 보다 정밀하게 점검하여야 한다. 실존주의적 사고는 이러한 다양성을 장려하고 있다.

그러므로 실존주의 슈퍼비전은 다양한 상황에서 상담하고 있는 수련생들을 위한 슈퍼비전에 매우 적합하다. 이는 실존주의 슈퍼바이저들이 특별히 각각의 상황에서 고유한 제약들을 지니고 있음을 인식할 필요가 있다는 것을 의미한다. 상이한 상황에서 겪게 되는 특정한 어려움들은 이 책의 2부에서 여러 저자를 통하여 다루게 될 것이다. 예를 들어, 국가의료서비스(The National Health Service)의 활동은 11장에서 설명된다. 또한 실존주의 슈퍼비전은 다른 방법으로 수련을 받고 있거나 다른 지향점을 지니고 있는 상담 전문가들을 슈퍼비전할 때 통합적 모델의 틀을 제공하는 데 특별히 유익하다. 실존주의 슈퍼비전의 가장 중요한 특성은 이 책의 거의 모든 장에 내포되어 있으며, 이는 그 자체로 실존주의 슈퍼비전이 방법론적 통합을 위해 숙련된 도구가 되고 있다는 것을 의미한다. 5장에서는 다양한 지향점을 가진 상담 전문가들이 적용할 수 있는 실존주의적 관점을 통한 슈퍼비전 관계를 철저히 이해할 수 있도록 안내한다. 7장은 슈퍼비전에 있어서 실존주의적 실행에 대한 기본 원리에 대해 설명하고, 14장에서 서술된 슈퍼비전의 수레바퀴는 통합을 위한 구체적인 틀을 제공하고 있다.

왜 실존주의 슈퍼비전을 선택하는가

슈퍼비전에 대한 실존주의적 시각은 철학적 관점으로 인간의 상황을 전면에 떠올려 보도록 하는데, 이는 수많은 상담 전문가에게 있어서 매우 의미가 있는 중요한 것이다. 이 책의 모든 저자는 상담슈퍼비전에 있어서 실증주의적 혹은 의학적 관점보다는 철학적 관점을 공통적으로 지니고 있다. 우리가 이미 언급했듯이 그들의 슈퍼비전 개입은 폭넓게 현상학적 방법을 기초로 하는 것에 기반을 두고 있다. 이는 그들이 이론적이거나 해석적인 것을 중심으로 하기보다는 가능한 한 내담자의 현실적 사실에 매우 밀접하도록 실제적이고 구체적이며 묘사적인 것에 밀착되어 있다는 것을 의미한다. 그들은 슈퍼바이지들이 내담자의 경험이나 행동에 대한 외적인 의미나 해석을 즉각적으로 적용하거나 결론으로 뛰어넘기보다는, 내담자에 대한 인상과 자신들이 관찰한 것을 주의 깊게 서술하거나 구분하거나 설명하도록 격려할 것이다. 그들은 관찰된 현상에 이미 준비된 의미를 부여하기보다는 가능한 한 많은 의미를 조사하는 해석학적 궤도를 따르게 될 것이다. 그러므로 그들은 일반적으로 진단적 분류 목록을 사용하는 것을 금지하고 슈퍼바이지의 내담자들을 고통스럽게 만드는 것이 무엇인지를 더 명백하게 만들도록 할 것이다. 대신에 그들은 내담자의 경험에 대해 좀 더 광범위하게 탐색하고 그 배경과 맥락을 가능한 한 주의 깊고 철저히 조사하도록 촉진한다. 이러한 것들은 전반적으로 상담 전문가들과 관련된 슈퍼비전의 기본적인 측면들이며, 상담 전문가들에게 통합을 위해 현실적이며 유용한 모델을 제공할 것이다.

철학적 요소

실존주의 슈퍼비전의 가장 핵심적인 측면에 있어서, 특히 숙련된 실존주의 슈퍼바이저들은 내담자의 삶이나 상담회기들 중에 발생된 사항들을 재경험하고 다시 숙고할 수 있도록 명확한 여지를 제공하는 철학적 안내자로서 행동한다. 실존주의 슈퍼비전은 일반적으로 우리가 인간 존재의 복잡성에 대하여 너무 모호하게 이해하고 있는 모든 것을 해명하고 재고할 수 있는 시간이다. 이는 슈퍼바이저들이 내담자의 현실에 대한 이해를 탐색하고 구체화하고 명료화하도록 촉진하기 위해 슈퍼바이저들에게 많은 것을 반복적으로 질문하게 되는 것을 의미한다. 우리가 이미 언급한 바와 같이, 그들은 해석학적 질문을 활용한 소크라테스식 문답법을 따르게 될 것인데, 이는 상황 속에 이미 존재하고 있는 숨겨진 지식을 밝혀내는 것이 가능하다고 가정하고 있기 때문이다. 그들은 자유롭게 탐문하고, 언급하며, 질문할 것이고, 슈퍼바이지들이 스스로에게 내담자의 경험에 대해 중요하게 인식하고 있는 사항들을 추궁하고 더 많은 질문을 하도록 격려할 것이다. 해결을 위해 성급하게 돌진하기보다는 오히려 문제시하는 것을 목적으로 하고 있다. 실존주의 슈퍼바이저들이 던지는 질문은 항상 슈퍼바이지들의 이해를 확장시키는 것을 목표로 한다. 이러한 질문 방식들은 어떤 원인과 설명을 찾거나 분석하는 것이 아니라 사고를 명료하게 그리고 재구축하게 만들고 문제들을 본래적인 상황 속으로 되돌려 놓도록 한다. 그리하여 실존주의 슈퍼비전은 슈퍼바이지가 상담과 내담자의 삶의 흐름을 이해하고 다시금 자신들의 삶으로 돌아가게 만들 수 있다. 비록 전부는 아닐지라도 대부분의 실존주의 상담자들과 슈퍼바이저들은 이러한 소크라테스식 질문을 준수한다. 특히 1부의 처음 세 장에서는 이러한 슈퍼비전 대화에 대해 논의하며 슈퍼비전에서의 이러한 질의과정에 대하여 언급할 것이다.

이러한 탐색과정은 내담자가 의미 있고 목적지향적인 삶을 깊이 있게 느낄 수 있는 감각으로 연결할 수 있도록 내담자의 '본래적 계획(project)'을 재점검하는 것을 예외 없이 강조한다. Sartre(1943)는 각 사람의 본래적 계획을 각자가 가장 깊이 종사하고 자신을 헌신하는 어떤 것들로서 언급하고 있으며, 종종 이러한 것들에 대해서는 성찰도 하지 않는다. 이러한 계획은 우리의 사고와 행동을 그러한 방향으로 움직이게 하며 우리의 삶을 목적지향적으로 만들어 준다. 슈퍼비전에서 우리는 내담자의 세계가 윤곽을 드러내고 그의 경험적 현실이 어느 정도의 신뢰성을 지닌 것으로 밝혀질 때까지, '어떻게, 왜, 언

27

제, 어디서, 무엇을'과 같은 질문의 통로를 통해 내담자의 본래적 계획을 추적한다. 결국 내담자들의 가치와 우선순위는 그들의 존재적 중심에 놓여 있는 것을 향한 통로를 보여 줄 것이다.

우리의 노정에서 정황들이 밝혀지고 갑자기 밝게 드러나게 됨으로써 명백한 사고에 도달하게 될 때, 그러한 탐색은 일시적으로 중단될 수 있다. 이러한 침묵의 공간에서 그동안 질문했던 모든 의문은 새로운 인식과 생동감을 가져오게 되고, 이제 내담자의 고뇌와 우울 아래에 잠재해 있던 더욱 중립적이고 근본적이며 존재론적인 질문들이 뒤따르게 된다. 이것이 바로 실존주의 슈퍼비전이 야기하는 방식이다. 이는 우리가 메말라 있던 삶의 원천에 다시 연결되는 것을 느끼는 급작스럽게 찾아오는 경이로운 통찰의 순간이다. 일반적으로 이러한 경험은 내담자뿐만 아니라 상담자와 슈퍼바이저에게도 일어난다. 종종 자신들의 삶에 대한 감동이 없는 사람들과 함께 작업하는 상담자들도 다소간에 자신들과 단절되고 건조하고 메말라 버리고 굶주리게 된다. 만일 슈퍼비전이 삶에서 중요한 것들을 공동으로 노력하여 기억해 내도록 하는 세심한 성찰적 지혜를 제공한다면, 그들은 슈퍼비전에서 새로운 지식과 이해를 추구하기 위한 갈증을 해결할 수 있으며 그들의 생동감이 회복될 수 있다. 그렇다면 상담자가 인간의 생명력과 자각의 능력에 다시 연결되기 위해 실존주의 슈퍼비전은 근원으로 다가서야 할 필요가 있다. 3장과 15장은 실존주의 슈퍼비전의 깊은 숙고와 연상적인 부분을 특별히 강조하고 있다.

철학적 지원

묵상과 숙고에 관한 가장 뛰어난 자원들 중의 하나는 지난 수천 년에 걸쳐 축적된 실존주의 철학의 풍요로운 유산이다. 만일 상담자들과 슈퍼바이저들이 이성적이고 과학적인 엄격성의 좁은 시각으로부터 자신을 해방시켜서 자유로운 의식의 충만한 깊이와 폭을 되찾고자 한다면, 이러한 철학적 사고가 상담자와 슈퍼바이저에 의해 결합되어야 할 필요성이 있다. 이러한 실존주의적 관점은 철학적 전통에 의해 형성된 관점이며, 철학적 방법론뿐만 아니라 다양한 철학자의 실용적 사상을 활용한다. 이 책의 1부는 비록 철학의 유용한 범위를 충분히 다룬 것은 아니지만, 이러한 방식에서 활용될 수 있는 철학의 넓은 범위를 소개한다.

우리가 인간의 상황에 대해서 생각하고 오랜 세월에 걸쳐 인간 경험의 한 부분이 된 딜레마들에 대해 다루고자 할 때, 거장들의 도움을 받을 수 있다는 것은 정말로 가치 있는 것이다. 실존주의 철학자들은 이러한 상황들에 대해 수없이 이야기해 왔으며, 영감을 얻기 위해 이들로부터 조언을 얻을 수 있다. 대부분의 철학은 유의미하고 우리 마음을 더 분명하게 만든다(Howard, 2000). Socrates, Plato, Aristotle나 Marcus Aurelius와 같은 고전 철학자들은 올바른 인생을 살기 위해 취하여야 할 것에 대해 깊이 있는 통찰과 보석 같은 이해력을 제공했다. 2장은 우리에게 Aristotle의 업적과 관련된 예시를 통해 이러한 통찰을 제공한다. 불행히도 다른 고전 철학자들에 대한 장들을 제공할 수 있는 충분한 공간이 없다. Socrates나 Kant와 Spinoza와 Hegel의 철학의 그 많은 것을 어떻게 제공할 수 있겠는가! 그러나 실존주의 상담자들과 슈퍼바이저들에게 영감을 제공한 측면에서 본다면, 지난 2세기 동안에 다른 이들보다 월등히 두드러진 업적을 쌓은 사람들은 당연히 실존주의 철학자들이다. 그리고 이들의 사상은 이 책의 모든 장에 스며들어 있다. 슈퍼바이저들은 다양한 측면에서 자신들의 생각과의 관련성을 보여 줄 것이다. 이에 관한 몇몇 예시는 다음과 같다.

1. Kierkegaard는 불안이 제거하거나 두려워해야 될 어떤 것이 아니라고 조언한다(Kierkegaard, 1849). 사람들은 올바른 방식으로 불안해지는 것을 배울 필요가 있다. 환상 속에서 살아갈 정도로 불안이 거의 없거나,

그렇다고 삶의 기반을 잃어버릴 만큼 불안이 큰 것도 아니다. 상담자들은 종종 이 사실을 망각한다. 그래서 슈퍼비전은 올바른 방식으로 대면한 불안의 중요성을 유용하게 탐색할 수 있다.

2. Kierkegaard의 또 다른 중요한 공헌은 역설과 함께 살아가는 것을 배우는 것의 중요성을 일깨운 것이다. 이는 무한성과 유한성, 필요성과 가능성, 구체성과 보편성 사이의 긴장을 유지하는 것이다.

3. Nietzsche(1883, 1887)는 우리가 내담자들이 단지 수동적인 피조물로 살아가는 것이 아니라 적극적이고 창조적으로 되는 방법을 가르치는 데 도움을 준다.

4. 그는 또한 우리가 내담자들이 지닌 분노를 조심스럽게 다루어야 함을 가르친다. 삶에 대한 열정의 결여는 모든 가치에 대한 전면적인 재평가를 통하여 다룰 필요가 있다. 우리가 어떤 어려움을 당면할지라도, 자신의 삶에 대한 애정과 용기에 대한 Nietzsche의 개념(amor fati)은 흔히 새로운 출발을 위한 큰 도움이 된다.

5. Husserl의 현상학적 심리학(1925, 1965)은 실존주의 슈퍼비전 전반에 걸쳐 너무나도 기본적이기에, 판단중지(epoché)에 대한 그의 개념이나 우리의 가설과 편견을 피하고자 하는 것은 실제적으로 실존주의적 관점과 동의어라 할 수 있다.

6. 묘사적 기술, 수평화, 동등화, 검증화에 대한 현상학적 규칙들은 어떤 실존주의 슈퍼바이저도 거부할 수 없는 토대이다. 이러한 개념들은 4장에서 논의된다.

7. 본래적 존재 방식과 비본래적 존재 방식에 대한 Heidegger의 분별은 실존주의 슈퍼비전에서 중심적인 위치를 차지하고 있다(Heidegger, 1927). 모든 실존주의적 개입의 시금석은 심리치료가 존재에 대한 투명성과 진실을 추구하는지 아닌지의 여부에 있다.

8. 죽음과 일시성을 직면하는 것에 대한 중요성과 관련된 Heidegger의 주

장은 우리가 현실적이 되도록 도움을 준다. 모든 실존주의 슈퍼바이저
의 생각 이면에는 특정 내담자와 특정 상담자가 함께 내담자의 삶의 한
계적 상황과 곤경에 대해 얼마만큼 현실적으로 직시하고 있으며, 또 직
시할 수 있고, 얼마나 직접적으로 다룰 수 있는지에 관한 의문들이 자리
잡고 있다. 슈퍼비전의 유익함은 내담자가 실제 문제를 회피하거나 불
명확하게 하는 말에 대해 초점을 맞추도록 숙고할 수 있게 하는 것이다.
그러나 그들이 동요하는 가운데 그들을 붙잡고 있는 의아함과 모호함을
넘어서서 전진할 수 있도록 도울 수 있는 방법을 아는 것은 매우 어렵다.

9. 우리는 내담자들이 보다 결단력 있게 살아갈 수 있도록 하는 것이 무엇
인지를 유용하게 탐색할 수 있다. 이는 과거와 현재 그리고 미래의 시각
을 통해 무엇이 현실이며 불가피하게 어떤 일이 일어날지(말하자면, 죽
음)를 예상하면서 살아가는 것을 의미한다. 그러나 우리는 각자의 인생
에서 한편으로는 단호함이 있는 주체적 삶과 또 다른 한편으로는 유연하
게 내려놓을 수 있는 적극적 능력 사이에서 균형을 유지하고 창조하여야
할 필요가 있다는 것을 기억하여야 한다.

10. 분명히 Heidegger, Socrates, Plato, Aristotle 등을 포함한 대부분의 철
학자들은 우리의 탐구가 내담자 자신의 일상적 삶에서 진실이 안내자가
되도록 한다는 것에 동의할 것이다. 그러나 불에 너무 가까이 날아가서
우리의 날개가 타 버리지 않도록 특별한 주의를 기울여야 한다는 사실에
도 동의할 것이다.

11. Sartre(1943)는 삶이 터무니없으며 의미는 받아들여지기보다 창조되어
야 한다는 관찰을 포함한 것과 관련하여 실존주의 슈퍼바이저들에게 많
은 것을 기여했다. 슈퍼비전은 삶에서의 의미 상실이 병리적인 징후로
인식되는 것이 아니라 오히려 내담자의 삶에서 새로운 의미가 창조될 수
있는 방법에 대한 건설적인 탐색의 출발점으로서 활용될 수 있다는 것을
상담자들에게 상기시켜 줄 수 있는 매우 유익한 시간이다.

31

12. 우리가 근본적인 허무에 빠지지 않기 위하여 인간은 행동해야 할 필요가 있다는 Sartre의 주장은 동일하게 중요하다. 이는 모든 인간이 각자의 삶의 업적을 이루기 위해 추구하거나, 포기하거나, 창의적으로 재정의하는 것을 선택할 수 있는 근본적인 프로젝트를 지니고 있다는 그의 사상과 직접적으로 연결되어 있다. 이는 종종 상담자들이 내담자가 자신의 프로젝트에 재접속할 수 있으며, 이를 통해 자연스럽게 새로운 행동이 연결되는 방법을 보여 주는 과업으로서 유익하게 일깨워 주는 것이다.

13. 인간의 의미 있는 참여는 실존주의 슈퍼비전의 기본적 원리이다. 슈퍼바이저들은 가장 어려운 심리치료에서도 내담자의 의미 있는 프로젝트가 실제로 무엇인지 살펴보도록 질문함으로써 다시 활력을 불어넣을 수 있다. 삶에는 항상 함축된 프로젝트가 있는데, 그것이 비록 최소한일지라도 생존으로서 또는 아마도 삶의 고귀한 종말에서조차 존재한다. 사람이 소중하게 여기는 암시적인 가치 혹은 종종 숨겨져 있는 가치를 초점화하고 정교화함으로써 그들의 프로젝트가 드러나게 되고 명백해질 것이다. 이것이 새로운 발견의 길로 안내할 것이다.

14. 체화된 우리의 존재에 대한 Merleau-Ponty의 이해 역시 매우 중요하다(1962). 그의 업적은 우리가 상호주관성의 구체적인 실제와 모든 심리치료의 기본을 형성하는 실제적 만남에 대해 상기시켜 준다. 삶에 대한 물리적 차원으로의 회귀는 실존적 작업의 한 차원이며 일부분이다.

15. Merleau-Ponty는 우리에게 내담자들이 언급하는 것과 몸짓이나 행동을 통해 세상에서 자신의 위상이나 자신에 대해 시사하는 바를 주의 깊게 경청할 수 있도록 현상학적 방법의 활용을 보여 준다. 우리는 그들이 체화되어 자신을 드러내며 그들의 존재가 삶의 세계와 연결되는 방식을 가늠할 수 있다.

16. 모호성에 대한 Merleau-Ponty의 관심은 또 다른 사항으로, 우리가 다른 사람들과 서로서로 얽히고 상호연결되는 상호주관적 연결성이라는

다양한 측면에 맞추어 볼 때 민감성에 대한 좀 더 유쾌한 열쇠이다.

17. 이 책의 많은 장에서 직접적으로 언급하지는 않았을지라도 Jaspers의 공헌을 인식할 필요가 있다(1951). 무엇보다 단순히 동정이나 공감을 활용하기보다 다른 사람의 삶 속에서 느끼는 것에 대한 그의 개념은 여전히 혁명적이다. 그 개념은 동일시에 가까우며 슈퍼비전에서 좋은 효과를 얻을 수 있도록 사용된다.

18. 모든 인간의 수평선 너머에 있는 것에 대한 포괄적이고 설득력 있는 본성적 특성에 관한 그의 사상은 슈퍼바이지에게 내담자의 실존에 대한 조망감을 다시 파악할 수 있도록 안내할 때 마음속에 간직해야 할 탁월한 원리이다. 이는 '나—너'라는 Buber의 개념과 매우 유사한 것으로서 우리가 무한성을 향하도록 가리킨다. 이러한 개념에 대해서는 5장에서 자세히 다룰 것이다.

19. Jaspers의 한계 상황은 이러한 포괄적인 접근에 대한 완벽한 짝이다. 상담자가 내담자에게 어디에서 그리고 어떻게 한계에 봉착하게 되었는지를 질문하는 것은 매우 생산적인 개입이 될 수 있다. 이는 심리치료가 내담자의 가장 고통스러운 관심사를 직접적으로 대면할 수 있도록 하는 것이다.

20. Tillich의 궁극적인 관심(1952)은 이미 Yalom의 작업(1980)을 통해 이미 잘 알려져 있으며 이와 유사한 개념이다. '우리가 자신을 더 큰 부정성에 몰아넣을수록 우리는 더 강해진다'는 Tillich의 개념은 '나를 죽이지 못하는 것은 나를 더 강하게 만든다'라는 Nietzsche의 사상과 일치한다. 이러한 유형의 확고한 실존적 입장은 비록 조심스럽게 적용되어야 할지라도 심리치료를 상당히 진전시켰다.

실존주의 슈퍼비전을 가능하게 하는, 이루 헤아릴 수 없을 만큼 많은 철학적 사상이 있다. 앞에 열거한 목록은 추후 전개되는 내용에서 좀 더 충분히 설명될 실존주의 슈퍼비전이라는 복합적 예술의 맛보기로서 필수불가결한 것들이다. 좀 더 확실하게 실존주의 심리치료나 실존주의 슈퍼비전에 대해 소개할 때, 이러한 철학적 사상들을 세밀하게 설명한 여러 권의 저서가 있다. 예를 들면, Deurzen-Smith(1997), Deurzen(1998, 2002, 2007), Deurzen과 Arnold-Baker(2005), Cohn(1997, 2002), Spinelli(1997, 2004, 2007), Cooper(2003)를 꼽을 수 있다. 이러한 저서들은 하나의 실존주의 심리치료 학파 이상의 단일한 실존적 철학이 존재하지 않는다는 격언을 자주 되풀이하여 예시하고 있다. 이는 기본적으로 인간 존재에 관심을 갖는 어떤 철학자도 실존적으로 기술될 수 있다는 것을 제안하고 있다. 그러므로 우리는 매우 넓은 범위를 다루고 있으며, 이러한 영역 안에서 특별히 심리치료 및 슈퍼비전과 관련하여 두드러지는 앞서 언급된 철학자들에게 초점을 맞추게 될 것이다.

요약: 삶에 대해 학습하는 과정에서 슈퍼비전의 실제를 재창조하기

우리의 의도는 이 책이 상담 및 심리치료의 분야에 종사하는 사람들 모두에게 매력적으로 느껴지기를 바라는 것이다. 실존주의적 관점은 우리 모두와 관련이 있기 때문에, 상담자들이나 슈퍼바이저들, 슈퍼바이지들 모두가 자신들이 무엇을 지향하든 간에 여기서 흥미 있는 어떤 것을 발견하게 될 것이다. 철학은 비록 그 적용이 상담이나 슈퍼비전에 있어서 새로운 양식이나 기법을 창조하지 못할지라도, 실존주의 상담과 슈퍼비전을 위한 영감을 고취하는 것이다. 실존적 사고는 상담자 혹은 슈퍼바이저로서 우리의 작업을 한정하는 것이 아닌 인간의 상황을 이해하는 태도이며 방식이다. 다시 말해서, 우리가 하는 작업의 철학적 기반들은 우리 자신들의 삶을 살아가는 방식에 대해 정보를 제공하기보다는 우리의 삶 자체와 분리되지 않는 것이다. 상담과 슈퍼비전의 직업적 특성에 대한 이해와 자신이 이미 알고 있다고 생각하는 것에 대해 다시 생각하고 재학습하고자 하는 것은 슈퍼바이저의 특별한 이론적 성향이 무엇이든 간에 슈퍼비전을 지탱하는 토대이다.

그리하여 이 책에서 우리는 일반적으로 언급되지 않는 슈퍼비전 관계의 측면들을 기술했다. 우리는 슈퍼비전과 관련된 문헌에서 자주 서술되었던 사항(슈퍼바이지의 지적인 바탕을 향상시키거나 내담자의 심리내적 과정에 대한 가정, 혹은 평행 과정 등등에 대한 초점)과 온전히 다른 중요한 것들을 제공하고 있다. 실존주의 슈퍼비전에서 우리는 사고방식을 명확히 하고, 다른 생각들에 대한 가능성을 언급하고, 이러한 것들을 통해 삶에 대한 우리 자신의 가치와 신념 그리고 생각들에 적용하는 과정에 개입하게 된다. 실존주의 슈퍼비전의 실제 과정은 매우 직접적인 방식으로 인간 존재에 대해 학습하는 것이며, 이러한 과정을 통해 슈퍼바이저와 슈퍼바이지, 그리고 궁극적으로 내담자 모두가 각각의 유익을 얻게 된다. 슈퍼바이저와 슈퍼바이지 모두에게 자신이 표현하는 가정과 가치들을 인식할 수 있는 기회가 부여된다. 이는 일상적으로 당연시하는 것들에 대해 주의 깊게 숙고할 수 있는 시간이다. 우리는 우리의 편견을 분별하고 내담자의 세계에 대한 우리의 시각에 대해 숙고하는 수고를 해야 한다.

제약과 경계

모든 형태의 슈퍼비전은 윤리적인 이슈를 인식할 책임이 있으며, 슈퍼바이지가 전문가 윤리강령의 테두리 안에서 상담해야 하는 것과 내담자들이 해롭지 않고 유익하며 치료적일 수 있도록 하는 것을 분명히 해야 한다. 이에 더하여 실존주의 슈퍼비전은 약간의 다른 시각에서 이러한 윤리적인 이슈들을 다루고 있다. 실존주의 슈퍼바이저들은 슈퍼바이지들이 윤리강령의 이유에 대해 새롭게 바라보도록 격려하며 상식과 부여받은 지혜를 북돋는다.

그러므로 이 책에서 우리는 슈퍼비전과 관련된 전문가 집단과 기존 문헌에서 충분히 명확하게 제시되어 있는 윤리와 경계에 대한 초점을 되풀이하여 언급하지 않을 것이다. 슈퍼바이저의 윤리적 과업과 내담자를 보살피는 의무에 있어서의 문제점들을 자세히 설명한 많은 문헌이 있다(Carroll & Tholstrup, 2001; Gilbert & Evans, 2000; Hawkins & Shohet, 2000; Dryden & Thorne, 1991을 보라). 마찬가지로 우리는 상담자의 개인적인 갈등의 측면에서 야기되는 문제들에 대해 장황하게 논의하지 않을 것이며, 상담에서 자신을 활용하는 것에 대해서는 슈퍼비전에 관한 기존의 도서들(Horton & Varma, 1997; Scaife, 2001; Wosket, 1999)에 이미 잘 기술되어 있으므로 이에 초점을 두지 않는다.

관계

실존주의 슈퍼바이저들은 상담자와 내담자 사이의 관계에 관련된 사항에 대해서는 매우 주의 깊게 관찰해야 한다. 그들은 내담자와 상담자의 가정들에 대해 질문하며 상황적 맥락과 각자의 세계관을 점검하는 현상학적 방법을 활용한다. 이것은 편견에 대한 탐색이라고 불린다(Deurzen, 2009). 앞서 임상적 실제에서 실존주의 슈퍼비전에 대해 살펴볼 때, 우리는 우리 모두에게 편견이 존재한다는 사실을 인식했다. 즉, 우리는 어떤 특별한 렌즈를 통하지 않고 세상을 인식할 수 없다. 편견에 대한 실존주의 현상학적 사고는 '전이와 역전이'에 관한 일반적인 개념에 대해 대안적 접근을 제공한다. 모든 인식과 이에 관련한 것은 일종의 특성과 관점을 지니고 있다. 슈퍼비전의 작업은 이러한 시각에 초점을 맞추고 적절하게 이를 부드럽게 하거나 날카롭게 하는 것이다. 내담자와 상담자 모두에 대한 편견은 다음의 네 가지 측면으로 나눌 수 있다.

1. 태도: 우리 모두는 각각의 개인이며 우리의 근본을 형성하는 기질로 인

해 우리가 특성을 지니고 있다는 입장

2. 지향성: 우리의 가치와 신념체계로 인해 우리가 세상을 바라보는 방식. 이러한 것들은 우리가 과거에 겪었던 경험에 의하여 형성되었지만 동시에 미래를 향해 계획하는 것들과 매우 밀접하게 연결되어 있다.

3. 마음상태: 현재 우리의 삶에서 발생하고 있는 일로 인한 특정한 시점에서의 특별한 기분이나 사고방식

4. 반응: 이 순간에 우리가 함께 있는 다른 사람에 대해 갖고 있는 특정한 응답

세계-내-존재

실존적 접근은 개인에 대해 관계적 본성을 드러내는 것에 있어서 혁명적 입장을 취하는 것 그 자체로 자부심을 갖는다. Martin Heidegger(1962, 2001)의 공헌으로 인해 다른 사람들과 함께하는 물리적인 세상에서 인간이 된다는 것이 어떤 의미인지를 이해하는 것에 대해서는 논란의 여지가 없다. 동일한 의미에서, 슈퍼비전이 체계적이고 끈기 있는 철학적인 탐구와 깊은 사색이 되어야 함을 보여 주는 사람이 Heidegger이다. 실존주의 슈퍼비전이 처음 세상에 태동하게 된 것은 졸리콘(Zollikon)에서 메다드 보스(Medard Boss)의 학생들과 함께한 그의 슈퍼비전 세미나(2001)였다.

우리는 개개인이 분리된 개체가 아니라 본질적으로 항시 세상과 연결되어 있고 세상 속에 놓여 있다는 Heidegger의 '세계-내-존재'라는 개념은 이 책의 모든 장에서 암시적으로 혹은 명백하게 드러나 있다. 물론 세상을 기술하는 Heidegger의 방식은 실존주의 슈퍼비전의 실제에 있어서 동일하게 기본 토대를 형성하고 있는 Husserl의 현상학적 방법을 제외하고 가능할 수 없다. 그러나 이러한 작업의 여정에서 Socrates와 Aristotle 같은 아테네 철학자들의 논의로 시작해서 그 이후로 매우 많은 철학자가 간접적으로 기여했다.

결론

    이 책의 몇몇 장에서 이러한 다수의 철학자를 조명하고 있지만, 우리는 이것이 단지 실존주의 슈퍼비전의 초기 밑그림이라는 것을 잘 인식하고 있으며, 공헌을 한 더 많은 저자가 있다는 사실과, 고전주의 철학과 상담슈퍼비전의 업적 사이에 기여한 다수의 사람이 있음을 알고 있다. 가장 중요한 것은 이 책을 통해 당신이 시대에 걸쳐 축적된 지혜와 철학이 인간의 어려움에 대한 탐구를 안내할 수 있는 방법을 찾도록 상기하기를 희망한다는 것이다. 이것이 만일 당신 스스로 철학 서적을 읽기 시작하고 당신이 실행하는 슈퍼비전의 실제가 진리를 추구하는 것에 스며드는 것을 의미한다면, 이 책이 의도하고자 하는 바를 달성하게 될 것이다. 이 책에서 당신이 철학적이고 실용적이며 비판적으로 발견하는 생각들을 즐기라. 그리고 읽은 것을 잠시 내려놓고, 철학적 사고와 실존주의 슈퍼비전에 대한 당신 자신의 생각들을 점검해 보라. 이러한 사상들은 돌판에 새겨진 것이 아니며, 실존주의 슈퍼비전에 대해 모든 것이 언급되고 주요 특성이 수행될 때 개인적이고 독창적인 사고 속에서 근거가 되고 자유적 특성을 지닌다. 실존주의 슈퍼비전은 각각의 슈퍼바이지와 각각의 임상 시간에 따라 재창조되는 것 없이 실행될 수 없다.

    우리는 당신이 이 책을 처음부터 끝까지 읽기를 소망하지만, 동시에 우리는 자신의 관심이 집중되는 것에 대해, 예를 들면 임상과 관련된 2부의 내용에 특별한 흥미를 가질 수 있기를 바란다. 1부에서 논의된 철학자들에 친숙한 일부 독자들은 이러한 장들을 생략하고 싶은 유혹이 들 수 있다. 그러나 각각의 저자들이 자신의 고유한 깨달음을 논의하고 임상에서 자신들의 생각을 적용하는 방식을 숙고하고 있어 당신이 여기서 중요한 것을 발견할 수 있기 때문에 스스로 불이익이 될 수도 있음을 인식하라. 철학적인 사고에 익숙하지 않은 독자들은 처음에 다소 위축될지라도 이러한 장들에 대해 최선으로 읽어 나가기를 격려한다('개념 용어집'이 안내자로 도움을 줄 것이다). 이 책의 마지막 부분에서는 인명과 색인 표시가 되어 있어서 특별히 현장에서 종사하는 사람들에게 흥미를 줄 것이다. 미래는 여전히 불확실하지만 우리는 실존주의적 관점이 사상이 다른 학파들을 통합하고 있다는 측면과 근거 기반의 임상적 분위기에서 심리치료와 슈퍼비전을 위해 자유로운 방식들을 지향하면서도 하나의 엄격한 대안적 차원이 될 수 있다는 측면 모두에 있어서 커다란 공헌을 하고 있음을 확실하게 믿는다.

참고문헌

Caroll, M. & Tholstrup, M. *Integrative Approaches to Supervision* (London: Jessica Kingsley Publications, 2001).

Cohn, H. W. *Existential Thought and Therapeutic Practice* (London: Sage, 1997).

_____ *Heidegger and the Roots of Existential Psychotherapy* (London: Continuum, 2002).

Cooper, M. *Existential Therapies* (London: Sage, 2003).

Deurzen, E. *van Paradox and Passion in Psychotherapy* (Chichester: Wiley, 1998).

_____ *Existential Counselling and Psychotherapy in Practice*, 2nd edn (London: Sage, 2002).

_____ 'Existential Therapy'. In W. Dryden (ed.) *Dryden's Handbook of Psychotherapy* (London: Sage, 2007).

_____ *Everyday Mysteries*, 2nd edn (London: Routledge, 2009).

Deurzen, E. van & Arnold-Baker, C. *Existential Perspectives on Human Issues: A Handbook for Practice* (London: Palgrave, 2005).

Deurzen-Smith, E. van *Everyday Mysteries: Existential Dimensions of Psychotherapy* (London: Routledge, 1997).

Dryden, W. & Thorne, B. *Training and Supervision for Counselling in Action* (London: Sage Publications, 1991).

Gilbert, M. C. & Evans, K. *Psychotherapy Supervision: An Integrative Relational Approach to Psychotherapy Supervision* (Buckingham: Open University Press, 2000).

Hawkins, P. & Shohet, R. *Supervision in the Helping Professions*, 2nd edn (Buckingham: Open University Press, 2000).

Heidegger, M. *Being and Time*. Trans. J. Macquarrie & E. Robinson (Oxford: Blackwell, [1927] 1962).

_____ *Zollikon Seminars*, M. Boss (ed.). Trans. F. Mayr. R. Askay (Evanston: North-western University Press, 2001).

Howard, A. *Philosophy for Counselling and Psychotherapy* (Basingstoke: Macmillan Press, 2000).

Horton, I. & Varma, V. *The Needs of Counsellors and Psychotherapists* (London: Sage, 1997).

Husserl, E. *Phenomenological Psychology*. Trans. J. Scanlon (The Hague: Nijhoff, [1925] 1977).

_____ *The Crisis of European Sciences and Transcendental Phenomenology*. Trans. Q. Lauer (New York: Harper & Row, 1965).

Jaspers, K. *The Way to Wisdom*. Trans. R. Manheim (New Haven: Yale University Press, 1951).

Kierkegaard, S. *The Sickness Unto Death*. Trans. H. Hong and E. Hong (Princeton NJ: Princeton University Press, [1849] 1980).

Merleau-Ponty, M. *Phenomenology of Perception*. Trans. C. Smith (London: Routledge, 1962).

Nietzsche, F. *Thus Spoke Zarathustra*. Trans. R. J. Hollingdale (Harmondsworth: Penguin, [1883] 1961).

_____ *On the Genealogy of Morals*. Trans. W. Kaufmann and R. J. Hollingdale (New York: Vintage Books, [1887] 1969).

Sartre, J-P. *Being and Nothingness*. Trans. H. Barnes (London: Routledge, [1943] 1969).

Scaife, J. *Supervision in the Mental Health Professions: A Practitioners Guide* (London: Brunner-Routledge, 2001).

40

Spinelli, E. *Tales of Un-Knowing* (London: Duckworth, 1997).

_____ 'Hell Is Other People: A Sartrean View of Conflict Resolution', *International Journal of Existential Psychology and Psychotherapy* 1(1) (2004) 56–65.

_____ *Practising Existential Psychotherapy: The Relational World* (London: Sage, 2007).

Tillich, P. *The Courage to Be* (Glasgow: Collins, 1952).

Wosket, V. *The Therapeutic Use of Self: Counselling Practice, Research and Supervision* (London: Routledge, 1999).

Yalom, I. D. *Existential Psychotherapy* (New York: Basic Books, 1980).

41

1부
실존주의 슈퍼비전의
철학적 기반

서언

–Emmy van Deurzen, Sarah Young

이 책의 1장은 실존주의 슈퍼비전의 철학적 기초에 초점을 두고 있다. 이 부분에서는 실존주의 상담과 슈퍼비전에서 철학적 이해의 몇몇 중요한 기본적인 관점을 논의했다. 우리가 이미 언급했듯이 인간의 상황을 숙고하는 어떤 철학자도 실존주의자로 말할 수 있는데, 이는 존재가 그들의 초점이 되기 때문이다. 하지만 불가피하게 Heidegger의 영향은 이 책의 전반에 걸쳐서 특별히 중요하다. 그는 실존주의 현상학자였으며, 비록 스스로 거부하고 있지만 '일반적으로 실존주의의 창시자로 간주'된다(Honderich, 1995). 그의 사상은 직접적으로 Sartre와 Merleau-Ponty의 발전적 업적에 중요한 역할을 했고, 또한 Jaspers와 Buber 그리고 이 책에서 언급되는 여러 명의 또 다른 철학자들에게 영향을 주었다. 다음에 이어지는 몇몇 장에서 설명되는 어떤 개념들, 예를 들면 존재(Being), 현존재(Dasein) 또는 사이(in-between) 등은 낯설게 여겨질 수 있다. 우리는 여러분이 철학을 통해서 자신의 방법을 찾는 데 도움을 주기 위해 그리고 의문들을 빠르고 쉽게 해결할 수 있도록 하기 위해 이 책의 뒷부분에 용어사전을 제공했다.

우리는 Aristotle의 미덕에 대한 이론을 쉽고 간결하게 설명하고 그것을 슈퍼비전의 모델로 사용함으로써 1부를 시작한다. 어떤 독자들은 비록 Aristotle가 Husserl과 Heidegger 모두에게 영감을 주었을지라도, 여기서 다루어지는 것에 대해 놀랄 수도 있다. 2장은 우리가 슈퍼비전에서 철학을 적용할 수 있는 것과 더 나아가 아테네 철학자들이 실존주의 슈퍼비전에 대한 우리의 사고를 자극할 수 있는 방안에 대해 활용할 수 있는 좋은 예이다. 미덕에 대한 Aristotle의 개념은 우리 모두가 직면하는 딜레마를 통해 작업하는 데 지침을 제공한다는 점에서 보편적인 호소력을 지닌다. 상황의 중요성은 전반적으로 실존적 관점의 기본적 태도에 대한 반영을 통해서 강조된다. 즉, 내담자들은 그들이 존재하는 상황으로부터 분리되어 고립된 존재로 인식되는 것이 아니라, 영원히 그들 모두가 대면하는 것과 연결된 세계-내-존재(beings-in-the-world)로서 존재한다. 2장에서 언급된 소크라테스식 대화는 슈퍼바이저와 슈퍼바이지의 상호작용에 대한 기본적 바탕으로 이해된다. 이것은 이어지는 세 개의 장에 걸쳐서 좀 더 상세하게 설명될 것이다.

3장은 흔히 실존주의의 선구자 혹은 실존주의의 아버지로까지 불리는 Søren Kierkegaard의 업적에 대해 기술하고 있다. 3장은 Kierkegaard의 사랑의 개념과 이 사랑이 슈퍼비전 관계에서 갖는 함의에 대한 독특하고 심오한 이해를 제공한다. 저자는 영혼과 정신에 대한 복잡한 무형적 주제를 용감하게 설명하고 있다. 우리가 인간 존재의 이러한 측면에 대해 자신들을 개방할 수 있다면, 독자들은 슈퍼비전 관계에서 이루어지는 것에 대해 간단하게나마 경험할 수 있다. 저자는 자신이 불가능한 이상에 대해 서술하고 있다는 것을 인식하고 있지만, 우리는 한계와 불가피한 실패에도 불구하고 그것들을 향해 노력하기 위한 중요한 무언가를 제공받고 있다. 대화 또한 3장에서 명백하게 설명되고 있으며, 이는 슈퍼비전의 과정에서 기본적인 것으로 이해된다. 영적 세계(the überwelt; Deurzen, 2002, 2009) 또한 5장에서 제시되고 있으며, 뒤에 15장에서 '환기'와 관련하여 구체적으로 고찰될 것이다.

4장은 현상학에 대한 명료하고 간결한 논의와 실존주의 슈퍼비전에 대한 의미로 구성되어 있다. 이미 언급한 바와 같이 현상학은 실존주의 심리치료와 슈퍼비전을 뒷받침하고 있으며 양쪽 모두의 노력을 위한 기본 틀을 제공한다. 일부 저자(3, 5, 15장 참조)와는 대조적으로 4장의 저자는 슈퍼비전에 있어서 자신들의 한계를 인정하는 동시에 축어록 보고서를 사용할 것을 주장한다(온라인 슈퍼비전의 상황에서 8장의 저자가 수행하는 것처럼). 특히 축어록 보고서가 제스처, 모습, 감정, 분위기, 상호작용을 포함한 온전한 현상학적 기술이 되어 있을 때, 이는 슈퍼바이저에게 매우 가치 있는 정보의 원천이 된다는 사실은 의심의 여지가 없다. 그럼에도 불구하고 어떤 사람들은 슈퍼바이저와 슈퍼바이지 사이의 최상의 직접적인 관계를 방해한다는 견해를 가지고 있다. 두 시각 모두 명백하게 논쟁의 소지가 있다. 다른 슈퍼바이저들이 다른 방식으로 작업한다는 것은 슈퍼비전에 있어서 실존적 접근의 유연성을 드러내는 증거이다. 또한 이 장에서 우리는 3부의 처음 두 개의 장에서 다시 언급하게 될 슈퍼바이저의 책임성에 대해 생각할 수 있도록 도전한다.

슈퍼비전 관계는 어떤 면에서 다소 이질적인 사색가인 Buber와 Rogers, Lévinas 이 세 명의 글을 드러내는 방식을 통해 5장에서 구체적으로 논의될 것이다. 5장의 저자는 세 명의 사색가가 기여하는 빛 안에서 가능성과 한계점 모두를 인식하면서 슈퍼비전 관계에 대해 매우 사려 깊은 기술을 제공하고 있다. '메조퍼시(mesopathy)'의 개념은 '상담실 안에서 감정의 상호작용'에 대한 슈퍼바이저의 민감성이라 할 수 있는 관계적 사이에서(the in-between) 감각적 방식으로 묘사되는 것으로 소개된다. 3장에서처럼 영성에 대한 관심과 이러한 측면이 슈퍼비전 관계에 도입될지의 여부에 대한 저자의 인식은 '존재의 신비를 대면하고 있는' 슈퍼바이저와 슈퍼바이지 사이의 메조퍼시에 의존한다. 인식은 '체화'를 통해 이루어지는데, 이는 우리의 몸을 통해 타인과 세상을 지각하고 관계를 맺는 것을 말한다. 이 중요한 개념이 다음 장의 중심적 관심사이다.

1부의 마지막 장인 6장에서 우리는 심리치료와 슈퍼비전 모두의 실제에서 중요한 현재의 실존적 섹슈얼리티와 체화된 존재로서의 수용에 대한 중요성을 선명하게 재생하여 보여 줄 것이다. 다른 이가 우리에게 보내는 신체 반응을 감지하는 세밀한 경험, 매번의 만남에서 일어나는 상호관계, 그리고 우리가 주목하는 데 자주 실패하는 의미 있는 느낌들이 우선이 된다. 그래서 우리는 철학으로부터 체화된 존재로 이동하고, 감각과 감정 그리고 생각들을 동일한 규준에서 인식하도록 격려하며, 그것들이 우리가 슈퍼바이저로서(그리고 심리치료자로서) 수행하는 작업의 한 측면이 될 수 있도록 한다. 환기를 전면에 드러내는 15장의 후반부에서 우리는 강하게 반향되는 체화와 실존적 섹슈얼리티에 대해 강조하게 될 것이다.

참고문헌

48

Deurzen, E. van, *Existential Counselling and Psychotherapy in Practice*, 2nd edn (London: Sage, 2002).

Deurzen, E. van, *Everyday Mysteries*, 2nd edn (London: Routledge, 2009).

Honderich, T. (ed.) *The Oxford Companion to Philosophy* (Oxford: Oxford University Press, 1995).

2장
슈퍼비전에서의 덕

-Antonia Macaro

49

우리의 설명은 만일 그 명확성이 주제와 긴밀히 연결되어 있다면, 충분할 것이다. 왜냐하면 동일한 수준의 정확성은 장인정신의 과업 이상의 모든 논의에서 추구할 수 있는 것이 아니기 때문이다. …… 그래서 우리는 진실을 대략적이고 포괄적으로 보여 주는 것에 만족해야만 하고…… 우리는 일반화의 토대 위에 일반화를 만들고 있기 때문에 동일한 선상에서 결론을 그려 내는 것에 만족해야 한다. 그러면 실제로 우리가 주장하는 것들의 세부사항들은 같은 방식으로 보이는데, 이는 단지 주제의 본성이 허용하는 정확성의 수준 정도의 영역 안에서만 보는 것이 교양 있는 사람의 특징이기 때문이다. 단지 확률뿐이라고 주장하는 수학자에 대한 수용은 오히려 수사학자의 논리적인 증명을 요구하는 것과 같아 보인다.

(Aristotle, *Nicomachean Ethics*, Book Ⅰ, Chapter 3)

들어가는 말

심리치료의 과정에 항상 뒤따르는 많은 위험성 중, 아마도 교리(dogma)가 가장 교활한 것일 것이다. 상담자들은 사람과 상황을 조망하기 위해 자신들이 채택한 이론적 필터에 지나치게 구속될 수 있으며, 내담자에게 자신들의 이론을 맞추기보다 자신들의 이론에 무리하게 내담자를 맞추려 하는 유혹을 받을 수 있다. 이것은 삶의 곤경에 대한 내담자 자신의 지각이 상담자의 관점을 지지하는 것으로 인해 평가절하되는 미묘한 오용의 형태로 이끌어 갈 수 있으며, 실제로 그렇게 된다. 물론 우리의 작업을 안내해 주는 이론들을 지니고 있는 것은 필수적이지만, 피해가 되지 않게 하기 위해서 상담자들은 이론들이 구체적이고 상황적인 사항들에 대한 세심한 민감성과 균형감을 이룰 수 있도록 할 필요가 있다.

이것과 관련하여 심리치료의 실제를 위해 명확하고 보편적으로 적용되는 규칙에 대한 환상이 있다. '상담회기에서 우리 자신들에 대해 이야기하는 것이 적절한가?' '도전이 좋은 것인가, 아니면 나쁜 것인가?' '우리는 항상 치료적 도구로서 내담자-상담자 관계를 사용해야 하는가?' 등등이다. 물론 이러한 것들과 다른 이슈들에 적용할 수 있는 유용한 경험 규칙들이 있다. 그러나 그것들은 단지 경험 규칙일 뿐이며, 정답은 거의 변함없이 각각의 상황에 따라 다르다는 사실을 기억하는 것이 중요하다. 전문 상담활동에서 허용될 수 있는 것보다 더 명백한 원리를 찾고자 하는 것은 자멸적이고 궁극적으로 위험하게 될 것이다. 대신에, 상담자들은 **특정한 상황**에서 그러한 방식으로 행동하는 것이 왜 바람직한지 혹은 왜 바람직하지 않은지에 대해 생각해 볼 필요가 있다.

반면, 실존주의 심리치료[1]는 가장 교조적이지 않은 접근법이면서, 자각의 필요성과 가능한 정도의 범위까지 편견을 제거하는 것과 내담자에게 세계관을 강요하기보다는 내담자의 세계관을 **명료화**하는 것의 필요성을 강조한다.

---

[1] 나는 여기서 단수형으로 표기하였는데 이는 충분히 명료한 공통성이 있는 일련의 접근들에 대한 집단의 약칭으로 '실존주의 심리치료'라는 명칭을 사용한다.

그것에 동의하는 상담자들은 실제로 다른 학파의 상담자들과 마찬가지로 이러한 위험에 취약하다. 이론적으로 이러한 사항들은 슈퍼비전에서 다루어질 수 있다. 슈퍼비전은 이론들이 탐색되고, 실제적인 적용이 논의되며, 상황적인 고려사항들이 구체화되거나 탐색될 수 있는 가장 좋은 공간이다. 그러나 실제에 있어서 내담자와의 상담 작업을 힘들게 만드는 교리가 종종 슈퍼비전에서 재현되는 것으로 끝나게 된다. 그러면 슈퍼비전은 의견들이 경직되고 질문이 위축되는 박해적 공간이 되고 만다. 이러한 슈퍼비전은 사려 깊고 안전한 실습을 조성하지 못하게 될 것이다.

이론과 실제 사이에 상호교환의 틀을 위한 하나의 모델이 필요하다. 만일 심리치료가 일종의 소크라테스식 대화로서 이해될 수 있다면(Deurzen, 2002), 슈퍼비전에 있어서도 동일하게 언급될 수 있다. 이러한 점에서 주목할 만한 유용한 모델이 Aristotle의 덕에 대한 이론이며, 이는 기질과 상황의 중요성을 강조한다. 보편적으로 도덕적 행동을 위한 적용 가능한 법칙은 거의 없으며 도덕적 행동과 법칙 사이는 멀다. 그리고 대부분 행동의 옳고 그름은 상황의 특정한 맥락과 관련하여 형성된다. 다음 부분에서 나는 Aristotle 이론의 간략한 개요를 제시할 것이다.

그의 이론은 보편적인 호소력을 지녔으며, 그러므로 폭넓은 범위의 지향점을 통해 임상가들에 의해 다양한 상황의 넓은 범위에 적용될 수 있다. 목적은 내담자를 이론에 억지로 끼워 맞추는 것도 아니고 이론으로 내담자를 고착화시키는 것도 아니다. 고대 철학적 학파로 거슬러 올라가 봄으로써 우리는 애용하는 이론들로부터 우리 자신을 해방시키고 슈퍼비전에서 발생하는 이슈들에 대해 참신한 시각을 갖는다.

51

덕, 실천적 이성과 중용

고대 철학에서 '덕'은 오늘날 통용되는 의미를 뜻하지는 않는다. 우리의 마음을 고양시키는 듯한 경건한 의미는 그리스어 'aretê(탁월성)'에 내포되어 있지는 않았다. 그것은 단순히 어떤 것의 고유한 활동을 잘 수행하게─활력이 있거나 무력하거나─하는 것과 연관되어 있다. 예를 들어, 가장 단순한 수준에서 칼의 덕은 잘 자르기 위한 역량에 있다. 그러나 인간에게 있어서 동일하게 '도덕적인' 상태는 무엇으로 간주되는가? 인간의 덕은 그 의미를 상세히 설명하는 것이 다소 복잡할지라도 우리를 우리 자신답게 만드는 인간 특유의 능력을 소유하고 사용하는 것과 연관되어야 한다.

Aristotle에 의하면 덕에 대한 연습은 인간의 선한 삶의 주요한 필요조건이다. 특별히 덕은 종종 즐거움과 고통을 동반하는 일을 수행하는 삶의 어떤 영역에서 필요한데, 인간은 문제점을 발견하려는 경향이 있지만 결코 온전히 피할 수 없다. 도덕적이 된다는 것은 어떤 것을 옳게 만들기에는 가장 힘든 삶의 영역을 다루는 데 능숙해지는 것을 의미한다. 이것은 어떤 상황에 대해 적절하게 판단을 할 수 있는 것뿐만 아니라, 욕구들과 감정들 그리고 목적들에 대해 조화롭게 정리할 수 있는 것과 관련이 있다. Aristotle는 우리가 이러한 것들을 성취할 수 있도록 만드는 기술과 자질은 두 종류라고 생각했다. 그것은 실천적 이성(즉, 이론적 이해가 아니라 일상적 수행에 있어서 더욱 모호하고 우연적인 사건들에 대한 이성적 능력의 적용)과 기질적 덕(즉, 이성과 정서, 그리고 가능한 기대 사이의 균형을 이루도록 만드는 자질과 성향)이다.

도덕적이라는 것은 이성과 일치하여 느끼고 행동하는 안정된 성향을 갖는 것을 의미한다. 다시 말해서, 수행해야 할 올바른 일을 결정하고 너무 크고 어렵게 고민하지 않고 그것을 행하는 것을 뜻한다. 이것의 한 측면이 실천적 이성이다. 이는 각각의 개별적 상황에서 모든 사항이 고려되는 가운데 최선의 행동적 과정에 대한 올바른 판단에 도달하는 능력이다. 이것은 결국 윤리적으로 상황의 중요한 특성을 파악할 수 있는 능력에 달려 있다. 때때로 이것은 빠르고 쉽게 수행될 수 있지만, 어떤 경우에 있어서는 더욱 힘들고 어려운 반추를 필요로 한다. 실천적 이성을 소유하는 것은 특정한 상황에서 추상적인 개념을 적용하는 것과 관련하여 좀 더 복잡한 결정 과정을 필요로 할 때를 인식할 수 있는 능력을 포함한다. 도덕적이 되는 것의 또 다른 측면은 우리의 합리적 판단을 따르려는 동기이다. 이는 우리가 기질적 덕을 통해 수행하는 것이 가능하게 만드는 것이다. 그러나 우리가 도덕적이 될수록 올바른 결정을 하는 것이 더 쉬워질 것이다. 그래서 실천적 이성과 기질적 덕은 정말로 동전의 양면으로 여겨진다.

이것은 덕에 대한 아리스토텔레스의 일반적 구조인 반면에, 또한 유용하게 이용할 수 있는 소위 '중용의 교리'라는 좀 더 특별한 부분도 있다. 덕을 좀 더 명확하게 특성화하기 위해, Aristotle는 다음과 같이 말한다.

> 예를 들어, 두려움, 자신감, 욕구, 분노, 연민, 그리고 일반적인 기쁨과 고통은 너무 많거나 너무 적게 경험될 수 있고, 둘 다 잘 경험되지 않을 수도 있다. 그러나 적절한 시점에, 올바른 일에 대해, 적절한 사람들을 향해, 올바른 목적을 위해, 올바른 방법으로 그것들을 갖는 것이 중용이고 최선이다. 그리고 이것이 덕의 일이다. 이와 유사하게, 행동에 있어서도 과도함과 결함과 중용이 있다(*NE*, book Ⅱ, ch. 6).

도덕적인 사람들은 감정과 행동에서 '중용'을 목표로 하며 과도함과 결함을 피하는데, 이는 일을 그르치게 하는 정반대의 방식들이다. 예를 들어, 용기는 무모함과 소심함 사이에서 중용이다. 차분한 기질은 성마른 기질과 평온함 사이에서 중용이다. 감각적인 쾌락의 적절한 즐거움은 쾌락에 대한 무절제와 무감각 사이의 중용이다. Aristotle가 언급하고 있는 중용은 수학적 평균의 경우처럼 절대적이기보다는 사람들과 상황들에 대해 **상대적**(relative)이라는 것이 중요한 점이다.

> 만약에 10파운드의 음식은 먹기에 너무 많고 2파운드는 너무 적다고 해서 트레이
> 너가 반드시 6파운드를 처방하지는 않는다. 왜냐하면 이것은 음식을 먹으려는 사람에
> 게 많을 수도 있고 적을 수도 있기 때문이다. 유명한 운동선수인 Milo에게는 적은 양이
> 고, 체조 입문자에게는 많은 양이 될 것이다. 달리기나 레슬링에서도 마찬가지이다(NE,
> book II, ch. 6).

중용은 종종 잘못 인식되는 것처럼 적당함과 같은 의미가 아니다. 예를 들어, 분노의 경우, 우리가 항상 적당한 양의 분노를 갖는 경우를 뜻하는 것이 분명히 아니다. 왜냐하면 전혀 분노할 필요가 없는 아주 좋은 상황과 큰 분노가 필요한 상황이 있기 때문이다. Urmson은 다음과 같이 기술했다.

> 사소한 경멸에서 단지 약간의 짜증을 느끼고 심한 고통에 대해서 격분하는 기질을 가
> 진 사람은 중요한 사항에서뿐만 아니라 사소한 것에 대해서도 분노를 표출하는 사람과
> 엄청난 분노를 냉정하게 숙고할 수 있는 사람 사이의 중용적 기질을 가지고 있는 것이다
> (Urmson, 1980: 161).

요약하면, 덕은 과도함과 결함 사이의 중용에서 발견되는 것이다. 중용은 이성적 판단에 의해 결정된다. 덕은 중용이 어느 지점에 놓여 있는지를 아는 지식뿐만 아니라 올바른 일을 수행하기를 원하는 안정된 자질로 구성되어 있다. 그러나 덕은 하룻밤 사이에 습득되는 것이 아니다. 조화로운 성격을 개발하기 위해서는 시간이 필요하다. 이러한 과업을 위한 중요한 도구는 Aristotle가 **습관화**(habituation)라고 일컫는 것이다. 지적인 덕은 가르침을 통해서 배울 수 있는 반면에, 새로운 자질과 기술과 태도는 주로 그것들을 연습함으로써 성취된다.

우리는 건축을 함으로써 건축가가 되고, 거문고를 연주함으로써 거문고 연주자가 된다. 역시 마찬가지로 우리는 그런 행동을 수행함으로써 그런 사람이 되고, 온화한 행동으로 말미암아 온화해지며, 용감한 행동들을 통해 용감해지는 것이다(NE, book II, ch. 1).

무엇을 해야 하는지 아는 상황에서 올바른 반응을 실천함으로써 우리가 숙고의 과정이 요청되는 때를 점진적으로 인식하게 될 것이라는 사실은 분명하다. 특정한 변화를 처음 시행할 때 우리는 우리의 습관적인 성향에 대항하고 우리의 **행동**을 통제해야만 할 수도 있다. 그러나 우리의 목적은 단지 적당하게 행동하는 것보다 적절하게 **느껴질** 수 있어야 한다. 시간이 지나면서 우리의 선택들로 인해 축적된 효과는 행동과 감정에 있어서 새로운 습관의 성취를 이루게 할 것이다. 결국 자기 조절과 깨어 있는 선택은 견고한 성향과 기질에 대한 길을 열어 줄 것이다. 인생에서 우리의 출발점이 무엇이든지 간에 우리의 기질을 향상시키기 위해 우리가 할 수 있는 일을 하는 것이 우리의 책무이다.

Aristotle는 중용을 취하는 것, 즉 수행해야 할 옳은 것을 인식하고 그것을 원하는 것이 항상 쉬운 것만은 아니며 때때로 우리가 단지 무엇을 해야 할지를 확신하지 못하고 있다는 것을 인식하고 있다. 그의 조언은 그러한 상황에서 우리가 좀 더 악하지 않은 것을 선택해야 한다는 것이다. 그는 두 가지 경험법칙을 제안한다.

- 좀 더 해로운 극단을 멀리하라.
- 우리가 자연스럽게 끌리는 것에 대한 극단을 멀리하라.

중용에 대한 Aristotle의 교리는 해야 할 올바른 것을 분명히 하는 것에 있어서 도움이 되지 못한다고 비난받는다. 그것은 행동하는 방식을 위한 규격화된 법칙을 우리에게 제공해 주지 않는 것이 사실이다. 그러나 이것은 분명히 약점이기보다는 오히려 장점으로 보인다. 인간에게 주어진 복잡성과 모든 상황에 적합한 어떤 법칙은 불가능하다. 그리고 어떤 법칙은 단지 어떤 행동이 옳은가 혹은 그른가가 판단될 수 있는 특정한 상황과 구체적인 예에 관련되어 있을 뿐이다. 중용에 대한 교리는 우리의 질문들을 이끌어 가는 과정 속에서 보편적인 틀을 우리에게 제공한다.

슈퍼비전에서의 덕

그러면 덕의 개념이 어떻게 사려 깊은 슈퍼비전의 실제를 발전시키는 데 도움을 줄 수 있는가? 그것이 제공하는 틀은 분명히 치료적 작업의 모든 수준에서 잘 기능한다. 나는 어떻게 살아야 하는지를 탐색하고자 상담에 온 내담자와 함께 작업할 때 유익한 인생과 덕에 대한 Aristotle의 사상이 유용할 수 있다는 것(Macaro, 2006)을 다른 곳에서 주장했다. 논의는 의미나 가치에 대한 커다란 질문을 표면화하여 주장할 수도 있으며, 일상적인 삶의 이슈들, 예를 들어 성취, 모험, 사랑, 자신감, 자율성, 끈기, 자기주장, 솔직함, 신뢰, 관대함, 즉시적 만족에 대한 절제 등등에 초점을 맞출 수도 있다. 내담자가 이러한 것들에 '덕'이라는 용어를 적용하지 않을지라도 이러한 것들은 Aristotle 모델의 용어에서 풍부하게 탐구될 수 있다. 여기서 나는 앞에서 개략적으로 설명한 덕의 이론이 슈퍼비전의 수준에서도 유용하게 적용될 수 있음을 제안하고 싶다. 이것은 상담자의 작업과 슈퍼바이저 자신의 반응과 개입 모두에게 있어서 덕과 중용의 차원에서 논의될 수 있음을 의미한다.

치료적인 맥락에서 우리는 덕이 좋은 임상적 평가[2]에 이르게 되는 것이라 말할 수 있다. 더 나아가 이것은 상황이 더욱 주의 깊은 신중함을 요구할 때 이를 인식하는 것뿐만 아니라, 임상적인 상황에 대해 행동의 올바른 과정을 확인하고 과도한 노력 없이 평가와 행동을 수행해 나갈 수 있는 능력으로 특징지어질 수 있다. 핵심 기술은 주어진 상황 속에서 무엇이 중요시되고 수행되어야 하는지를 지각할 수 있는 능력이다. 심리치료에 있어서 어려운 점들 중 하나는 내담자의 문제들을 해석하는 많은 방법이 있다는 것이다. 어떤 개념들이 가장 유의미하고, 고려되지 말아야 할 것은 어떤 것들인가? 도덕적인 상담자들은 부적절하게 이론적인 입장을 고수하지 않을 것이고, 구체적인 임상적 상황에서 추상적인 이론들과 기술들을 적용하는 방법을 알고 있을 것이다. Fowers에 의하면 임상적 평가는 "내담자의 입장에서 가장 중요한 것에 응답하고 인식하는"(Fowers, 2005: 55) 능력이다. 이는 모든 상담자가 매 회기에서 당면하는 이슈이다. 상담자들은 어떻게 이 기술을 얻을 수 있는가? 일반적으로 임상적 평가는 경험으로부터 온다고 믿어진다. 그러나 이는 실제적으로 단순히 시간의 축적으로 이루어지는 것이 아니며, '지도, 피드백 그리고 전문적인 실습'이 요구된다(ibid).

그러면 슈퍼비전은 덕 또는 좋은 임상적 평가가 발전되는 공간으로 여겨질 수 있다. 덕에 대한 모델은 가장 중요한 것이 무엇인가를 인식하고 행동에서 가장 유효한 과정을 선택할 수 있는 능력이 주로 실천적 이성을 훈련함으로써 추구된다는 사실을 제시한다. 이것은 특정한 방식에서 내담자에 대해 생각하는 것과, 다른 사람들에 대한 어떤 분명한 개입과, 그러한 개념화에 대한 그럴듯한 결과들을 선호하는 이유에 대한 탐색을 결합하는 것을 통해서 이루어질 수 있다. 그것은 이론적, 상담적, 윤리적, 사적, 조직적 요인 등 관련된 모든 고려사항을 점검하는 것을 포함할 것이다. 이러한 의미에서 슈퍼비전의 목적은 덕을 발전시키는 것에 대한 첫걸음으로서, 모든 것을 고려하면서 올바른 판단에 도달하기 위한 상담자의 능력을 풍성하게 하는 것일 수 있다. 일반적으로 우리의 이성을 통해 이야기하고, 올바른 태도를 훈련하며, 올바

---

2) 나는 '임상적 평가'를 심리치료의 의학적 모델을 암시하는 것이 아닌 치료적 상황에 있어서 좋은 판단을 의미하는 것으로 사용한다.

른 행동을 연습하는 것을 통해, 행동의 적절한 과정을 인지하고 따르는 능력이 결과적으로 제2의 천성이 된다. 물론 이것은 어떤 상담적 상황에서 유일하게 가능한 하나의 올바른 접근법이 있다는 것을 제시하는 것이 아니다. 그러나 행동에 대한 이유들에 대해 주의 깊게 고려하는 것은 최소한 명백하게 잘못된 전환을 차단하고 합리적으로 정당화할 수 있는 접근을 선택하도록 이끌어야 한다.

덕을 발전시키기 위한 체계로서 슈퍼비전의 이러한 개념은 상담 실제에서 이론의 독단적인 적용과 '어떤 것도 괜찮다'라는 무비판적인 태도 모두를 피한다. 이는 내담자를 보호하기에 적절하지 않거나, 더 나아가 상담자의 지혜에도 적합하지 않다. 그것은 딜레마가 발생될 경향이 있는 상담의 영역을 탐구하기에 좋은 도구이다. 비밀유지 위반이나 이중역할에 대한 문제 등 전문가 행동 강령의 규범 속에서 철저한 논의가 요청되는 반드시 필요한 매우 극적인 딜레마들이 아닌, 좀 더 일반적이며 이론과 실제, 경계, 전문가 책무의 일상적인 이슈들에 대한 탐색을 위한 도구가 된다. 더 나아가, 슈퍼바이지 스스로 자신의 작업에 대해 성찰하도록 도울 수 있을 뿐만 아니라 슈퍼바이저가 슈퍼비전 실제에 적용할 수 있는 매우 유사한 이슈들에 대한 자신의 슈퍼비전 실제를 생각해 볼 수 있도록 이 체계를 사용할 수 있다. 덕과 중용의 개념에 의해 드러날 수 있는 이러한 종류의 주제들을 설명하기 위해, 나는 슈퍼비전에서 흔히 부각되는 몇몇 이슈를 검토할 것이다.

실제적 이슈

관계

상담자와 내담자의 상호작용에 대한 분명한 방식을 조정하는 것은 슈퍼비전에서 종종 의문을 일으키는 영역 중의 하나이다. 예를 들면, '질문을 하거나 말할 것을 요청함으로써 회기를 시작하는 것이 적절한가, 아니면 우리는 항상 내담자에게 책임을 떠넘기는 것이 과연 적절한가?' '회기의 시작이나 마지막에 확실히 눈살을 찌푸리게 하는 어떤 대화로 관계를 맺고 있는가?' '우리는 우리 자신에 대한 질문에 답을 해야 하는가, 아니면 항상 그것들을 다시 내담자에게 돌려주어야 하는가?' '조언을 주고 제안을 하거나 내담자를 안심시키는 것이 과연 옳은 것인가?' '만일 내담자가 회기의 마지막에 우리와 포옹하기를 원한다면 우리는 어떻게 해야 하는가?' '시시덕거리는 내담자에게 우리는 어떻게 반응해야 하는가?' '결혼식 초대를 받는 것에 대해서는 어떤가?' '만일 우리가 거리에서 내담자를 마주친다면 어찌 하는가?'와 같다.

여기에는 정신분석적 사고에 뿌리를 내리고 있으나 지금은 그것으로부터 떨어져 나와서 스스로의 생명을 획득했을 수도 있는 교리적 답변을 강화하고 영속시키는 위험이 있다. 예를 들어, '우리가 결코 회기를 주도해서는 안 된다고 믿는 근거가 무엇인가?' '그들은 이론에 얽매이고 교리적인가?'와 같다. 실제로 이와 같은 질문에 '모두 적용되도록 만든' 하나의 대답은 존재하지 않는다. 그러나 단지 그러한 것에서 벗어나야 된다는 것도 도움이 되지는 않는 것 같다. 대신에, 행동 방침 혹은 다른 것에 대한 이유를 조사하도록 맞추어야 한다. 이는 특정한 상황에서 무엇이 과도하게 엄격하거나 너무 느슨하게 구성되는지를 밝혀내는 문제이다. 항상 내담자를 구하는 것은 공모의 한 형태가 될 수 있다. 그러나 다른 한편으로는 상황을 변화시키기 위해 그리고 상담자로서 우리에게 귀속되는 책임을 회피할 수 있는 모든 대화를 위해 도움을 줄 수 있는 가능성까지 염두에 두는 것은 아니다. 그러나 명확한 대답은 구체적인 상황과 가능성 있는 미래의 결과와 관련해서만 제공될 수 있다.

좀 더 일반적인 이슈는 심리치료의 작업에서 필요로 하는 분리와 연합 사이에 미묘한 균형을 유지하는 것에 대한 것이다. 과도-중용-결함 모델의 측면에서, 과도한 관계나 부족한 관계 이 둘 중 하나에 빠지기 쉽다. 전자는 내담자에게 친구가 되어 주기를 원하거나 그들에 대한 '소망'을 품고 있는 것, 그리고 지도와 양육을 주고 돌보는 것, 그들의 선택에 대한 의견 제시뿐만 아니라 결과에 있어서 정서적 지지를 하는 것을 수반한다. 이러한 종류의 태도는 역할 혼란과 의존을 부추기는 부적절한 행동 방식으로 쉽게 옮겨 간다. 정반대의 극단은 만족스러운 상담관계로 이어지지 않은 것으로 보이는 내담자와의 관계적 단절이다. 여기에서 중용은 내담자의 안녕에 대해 우리가 '적절한 돌봄'이라 불리는 것에 놓여 있다. 내담자들을 돌보는 것에 관심을 갖고, 그들에게 친절하며, 그들의 선택에 대한 견해가 있는 것은 분명히 옳은 것이다. 그러나 우리는 그들이나 특정한 결과들에 대해 지나치게 집착하는 것을 경계해야만 한다. 마음속에 이러한 도식을 가지고 내담자를 생각하는 것은 우리가 특정한 상황에서 과도함이나 결함과는 대조적으로 적절한 돌봄을 구성할 수 있도록 도움을 준다. 이것은 경계와 관계에 관련된 많은 요인, 예를 들어 우리의 성격과 내담자의 특별한 방식 등에 좌우된다.

상당히 많은 슈퍼비전 시간을 차지하는 일련의 이슈들과 관련된 또 다른 것은 규범들이 실용적으로 적용되는 것과 관련된다. 슈퍼바이지들은 때때로 보편적 적용이 가능한 규범들이 발견될 것이라고 믿는 것으로 보인다. 예를 들어, 취소, 결석한 회기에 대한 대금 지불을 요구하는 것, 내담자에게 개인 전화번호를 제공하는 것, 내담자에게 문자를 받는 것 등등에 대해서 우리는 어떤 정책들을 가져야 하는가? 그 가능성들은 정신분석 상담자들의 경향과 같이 어떤 법칙들에 대해 전반적으로 엄격한 극단에서부터 완전히 **즉흥적**(ad hoc)이며 **무간섭의 방임적인**(laissez-faire) 극단까지 펼쳐진다. 만일 내담자가 지속적으로 늦게 온다든지 반복적으로 상담회기에 **빠지거나** 대체로 상담회기 중에 산만하다면 우리는 어떻게 이러한 사항들을 다루어야 하는가? 다시, 중용은 상담자, 내담자, 상담 현장 사이에 따라 달라지거나 상황과 연관되어 있을 것이다. 이 모든 것을 깊이 생각할 때 중요한 차이는 이러한 종류의 이슈에 관련된 어떤 개입들(예를 들어, 내담자에게 보다 큰 노력을 요구하는 것과 같은)이 논리적이거나 상담을 위한 합리적 근거를 갖는지에 대한 여부이다. 무질서한 패턴에 어떤 질서를 가져오기 위한 시도는 분명히 타당하다. 그러나 우리는 이러한 것을 시행하기 위한 이유에 대해 분명해져야 한다.

또 다른 분명한 이슈는 상담자가 어떻게 '지시적'이어야 하는가이다. 예를 들어, 혼자 책을 읽으라는 것과 같은 과제를 제안하는 것이 어느 정도 관계를 '손상시키고 있는 것'인가? 내담자에게 더욱 '교육적인' 역할을 취하는 것이 올바른 것인가? 과도한 '지시'는 내담자의 자율성을 존중하는 방식을 얻지 못하는 것으로 끝날 수도 있고, 그것에 대한 철저한 결여는 우리가 다르게 해왔던 것만큼 내담자에게 도움이 되지 않는다는 것을 의미할 수도 있다. 그리고 상담자가 회기 중에 자신을 활용하거나 치료적 도구로 내담자와 상담자의 관계를 사용하는 것이 적절한 때는 언제인가? 이러한 점에서 강조하는 주된 것은 목적에 대한 명확성이다. 하나의 극단은 내담자에게 그것이 반드시 있어야만 하는 곳에서 주의를 분산시키는 방식으로 우리 자신의 중요성에 대한 잘못된 인식을 알지 못하고, 명백한 근거가 결여된 채 잘못된 자기중심적 개입을 만드는 것과 관련될 수 있다. 반대의 극단은 내담자와 상담자 사이의 관계와 신뢰의 이슈들이 상담실 안에서 주된 현상으로 명백하게 나타나서, 만일 이것이 언급되지 않는다면 다른 어떤 문제도 작업하는 것이 불가능하게 될 때조차도 회피하는 것이 될 수 있다. 다시 말해, 답은 각각의 특정한 상황에 따라 상대적이 될 것이다. 슈퍼비전은 이러한 문제를 논의하고 명료화하는 것을 찾는 시간이다.

도전과 피드백을 주기

슈퍼비전 회기들과 다른 주된 요소는 얼마나 많이 그리고 어떻게 내담자에게 도전하는가이다. 여기서 과도함은 직면하는 것과 대립적인 것 또는 논쟁적이 되는 것을 포함한다. 반면에 결함은 내담자가 어떤 힘든 진실에 대면하도록 돕는 것에 대해 시도도 하지 않고 단지 감정이입적인 귀를 제공하는 것과 관련이 있다. 내담자를 화나게 만드는 것을 피하기 위해 상담자들은 불편한 피드백이나 어떤 도전도 회피하고, 여전히 내담자를 위해 유용하고 옳은 것이라 스스로 확신하면서 담합으로 간주될 아늑한 관계에 안주할 수 있다. 여기에서 중용은 적절한 수준에서 그리고 올바른 방법(어떤 사례에서는 전혀 의미 있지 않을 수 있는)으로 도전하는 것으로 부적절한 직면과 과잉보호 둘 다 피하는 것이 될 것이다. 물론 이것은 특정한 상황과 관련하여 설정될 필요가 있다. 고려되어야 할 필요가 있는 몇몇 사항은 내담자의 패턴, 치료 단계와 확립된 관계 형성의 특성, 내담자가 그 시점에서 진행할 수 있는 사항 그리고 피드백이 형성되는 방식 등이다.

유사하게 슈퍼바이지는 내담자에게 **긍정적인** 피드백을 주는 것에 대해 관심을 가질 수 있다. 내담자를 칭찬하는 것이 과도하게 구성되어 있을 때, 아마 내담자가 상담자의 인정에 의존하도록 만드는, 즉 도움이 되지 않는 상황을 조성하게 될 수 있다. 반면, 모든 긍정적인 피드백을 주지 않는 것은 잠재적으로 유용한 중재를 간과함으로써 불필요하게 경직된 것으로 여겨진다. 과업은 특정한 상황에 처해 있는 특정한 내담자에게 적절한 긍정적 피드백을 주는 것이다. 내담자의 이야기 속에서 긍정적인 부분에 초점을 맞추는 것과 관련하여, 한편으로는 슈퍼바이지의 삶은 내담자가 살아온 삶보다 낫다는 것을 내담자에게 고집스럽게 확신시키려 시도하는 것과 내담자에게 진심으로 여겨지지 않는 상황들에 대해 알아주도록 강요하지 말 것, 그리고 다른 한편으로는 심지어 다른 면이 존재한다는 것을 설명하는 것조차 없이 그들이 전반적으로 부정적 평가 속에 빠지도록 허락하는 것에 대한 문제이다.

적절한 책임성을 받아들이기

상담자들은 긍정적인 변화가 나타나지 않으면 종종 낙담하게 된다. 만일 그들이 내담자의 문제를 해결할 수 없다면, 그들은 마치 내담자의 수행능력이 부족하거나 내담자가 힘든 상태를 허용하고 있는 것으로 여긴다. 또는 그들은 돈을 벌기 위한 목적으로 문제해결을 위한 가치를 제공하는 것을 원하지 않는 것처럼 한다. 이것은 신속한 해결책을 제공하거나 시기상조의 답을 주는 것과 같은 부적절한 개입을 하게 하고, 그것은 과도한 책임감을 짊어지는 예가 될 수도 있다. 상담자로서 우리는 '결과'를 보장할 수 없다는 것이 사실이다. 그것은 양방향 상호작용이고 내담자의 협력이 요구된다. 우리는 우리가 전능하지 않으며 때때로 우리가 무엇을 하든 내담자가 변화되지 않을 수도 있다는 것을 받아들여야만 한다.

그러나 책임감 부족과 같은 정반대의 극단 역시 동일하게 문제가 되고, 그 의문에 전혀 자문하지 않는 것을 수반한다. '나는 상담자로서 최선을 다하고 있는가?'라는 질문은 당연한 것이고, 비록 그것에 쉽게 대답할 수 없을지라도 반드시 스스로 자문해야만 한다. 이것은 '충분히 좋은' 상담자가 되는 것, 그리고 보여 줄 '결과물'이 없을 때조차도 우리가 최선을 다하고 있는지를 아는 방법에 대한 어려운 이슈를 일으킨다. 내담자와 우리의 상호작용이 그 자체로 치료적이며 추가적으로 의문의 여지가 없는 것을 받아들이는 신념으로 유지하는 것은 정말 쉽다. 대신에, 만일 어떤 변화의 징후도 없다면 우리는 내담자가 정말로 그것을 회피하고 있는지, 우리가 내담자의 특정한 문제를 다룰 수 있는 전문적 능력을 가지고 있는지, 심리치료가 내담자에게 우선적으로 필요한 것인지, 또는 어떤 종류의 심리치료가 가장 적절한 것인지에 대해 우리 스스로 자문할 필요가 있다. 그러나 궁극적으로 우리가 할 수 있는 모든 것은 우리 자신과 이해 가능한 사항과 좌절감을 다루는 경우들이 될 것이다.

신뢰와 존중

치료적 관계에서 있어서 신뢰의 중요성은 종종 충분히 언급된다. 여기서 나는 '신뢰'에 대한 다른 의미, 즉 내담자를 액면 그대로 받아들이는 것에 초점을 맞추고자 한다. 이러한 면에서 한 극단은 일상적으로 내담자들과 그들의 동기, 그리고 해석이 필요한 것으로서 그들이 말하거나 행동하는 것과 관련된 모든 것에 대해 의심을 하는 것이다. 반대의 극단은 내담자들을 너무 많이 신뢰하는 것으로, 이는 그들의 서술에 대한 회의론이 알맞을 때가 분명히 있기 때문이다. 적당한 태도는 열린 마음을 유지하고, 동시에 불일치와 모순에 주의를 기울이면서 의문이 유익함을 주도록 하는 것이다. 그것은 치료적 작업에 유용한 자원을 제공할 수 있다.

그러나 심층적 해석을 위해 표면적 의미를 무시하는 경향은 그것이 최소한 원리적으로 부정되었을 때조차도 은근히 영향을 미치는 경향이 있다는 사실이 성립된다는 의미에서, 이러한 이슈는 심리치료의 핵심에 곧바로 이르게 된다.

이것은 특수용어의 무거운 비평을 의문시하는 슈퍼비전의 중요한 부분인 것 같다. 이러한 특수용어들은 '방어' '억압' 그리고 다른 다수의 정신분석학 용어들은 말할 것도 없고 '참자기'와 '가면', 또는 '진정한' 그리고 '진솔하지 못한'과 같이 마치 아무런 설명이 필요 없다는 듯이 매우 쉽게 무분별하고 빠르게 쏟아내는 용어들이다. 이러한 종류의 언급들은 우리가 실제로 의미하는 것이 무엇인가에 대한 의문을 제기하지 않으면서 진행하는 것을 놀라우리만큼 등한시하고 있다는 것만으로도 문제가 될 수 있다. 이와 유사하게 한 방어기제에 대해 예를 들면, 내담자가 유머를 사용하거나 명백하게 '감정을 드러내지 않는 것'과 같은 것을 자동적으로 해석하는 것에 대해서도 언급될 수 있다. 만약 상담자로서 우리가 어느 정도 그러한 기제가 내담자를 위해 작동하고 있다는 것을 확신한다면, 우리가 그것을 인식하든지 못하든지 간에 우리는 도움이 안 되는 방식에서 연출하는 대화를 끝내야 할 수도 있다. 슈퍼비전에서 이러한 종류로 이론화되는 것들이 분명히 언급되고 있다. 적절하게 신뢰하는 것과 존중하는 태도는 우선적으로 그리고 가장 중요하게 그러한 행동들이 내담자에게 무엇을 의미하는지 이해하고자 노력하는 것이다. 그리고 만일 우리가 어떤 일에 있어서 그러한 행동들이 정말로 그렇게 여겨지지 않을 수도 있다고 생각할 이유를 가지고 있지 않다면 의심하는 것을 피하도록 노력해야 한다. 그러나 이러한 기본적인 입장을 만드는 것은 과도한 것이며, 우리는 그것을 차용하기 위한 이유를 명확히 해야만 한다.

상담자의 이론적인 가설은 이를테면 인종과 같은 어떤 이슈들을 가정할 때, 심지어 내담자 자신이 이것이 인종문제라는 어떤 암시도 주지 않았음에도 불구하고 내담자에 대한 존중의 결핍을 초래할 수도 있다. 또한 이것은 상담자가 어떤 주제가 언급되어야 할 필요가 있다고 결정할 때, 이를테면 내담자가 원하든 원하지 않든 간에 엄마와의 관계를 다룰 필요가 있다고 할 때, 내담자를 존중하지 않는 결과를 초래할 수도 있다. 이는 약자를 괴롭히는 형태로 여겨질 수 있다. 예를 들어, 매번 결석한 회기를 내담자가 상담자에 대해 반감을 나타내는 것으로 해석하거나 평행 과정을 과도하게 사용하는 것들도 동일하게 적용된다.

결론

논의된 모든 문제는 슈퍼바이저 자신의 실천에도 적용된다. 이는 슈퍼바이지와 올바른 종류의 관계를 수립하고, 불필요하게 공격적이지 않으면서도 너무 관대하지도 않은 방식으로 피드백을 주고 도전하며, 적절한 책임감을 부여하거나 그렇게 할 필요가 없다면 슈퍼바이지를 신뢰함으로써 그리고 그들에게 이론적인 체계를 강요하는 것을 피함으로써 적용한다. 예를 들어, 슈퍼바이저는 지나치게 슈퍼바이지를 밀어붙이고, 독단적으로 이론적 태도를 유지하며, 일상적으로 슈퍼바이지의 지각이나 언어 또는 내담자와 논의하기 위해 선택하는 순서 등의 행동들을 해석하고자 하는 어떤 경향성을 숙고해 보도록 적절히 조언받을 수 있다. 그러한 성찰은 슈퍼바이저로서 올바른 자질을 발전시키는 본질적인 부분을 시사하는 것이 된다.

마지막으로 Aristotle가 스스로 언급한 것과 같이 어떤 것은 결코 적절하지 않다는 것을 강조할 가치가 있다. Aristotle에 의하면 과도-결함 모델이 항상 적용되는 것은 아니다. 악의, 파렴치함, 시기, 그리고 행위들 가운데 간통, 절도, 살인 등과 같은 어떤 것들은 단순히 나쁜 것이다. 이러한 상황에서 목표를 달성하는 것, 말하자면 "적절한 시기에 또는 적절한 방법으로, 적절한 여자와 간음을 실행한다."(*NE*, book Ⅱ, ch. 6)는 것은 불가능하다. 마찬가지로, 예를 들어 우리가 내담자와 성적 관계를 갖는 것 또는 그들을 이용하는 것에 대해서는 논란의 여지가 없다. 이를 위해 전문가 윤리 강령이 있다.

66

참고문헌

Aristotle *Nicomachean Ethics*. Trans. R. Crisp (Cambridge: Cambridge University Press, 2000).

Deurzen, E. van *Existential Counselling and Psychotherapy in practice*, 2nd edn (London: Sage, 2002).

Fowers, B. J. 'Psychotherapy, Character, and the Good Life'. In B. D. Slife, J. S. Reber & F. C. Richadson (eds) *Critical Thinking About Psychology* (Washington: American Psychological Association, 2005).

Macaro, A. *Reason, Virtue and Psychotherapy* (Chichester: Wiley, 2006).

Urmson, J. O. 'Aristotle's Doctrine of the Mean'. In A. O. Rorty (ed.) *Essays on Aristotle's Ethics* (Berkeley: University of California Press, 1980).

3장
슈퍼비전에 대한 숙고

-Lucia Moja-Strasser

숙고(deliberation, overveielse)는 주어지고 이해된 것으로서의 정의를 전제로 하지 않는다. 그러므로 그것은 사람들이 각성되는 것으로 설득하거나 변경하거나 확신시키거나 사람을 자극해야만 되는 것이 아니라, 사고를 예리하게 하는 것이다.

(Kierkegaard, 1847: 469)

앞에서 인용한 정신은 실존주의 슈퍼비전이 되게끔 하는 것이 무엇인지를 분명하게 하는 데 있어서 기여하도록 추구하는 것이다. 나는 단지 스스로 솔직한 어떤 것에 대해 서술할 수 있기 때문에, 내가 실존주의 슈퍼바이저가 되는 것이 어떤 의미인지를 설명할 것이다. 나는 내가 시행하고 있는 것이 다른 사람들에게 반드시 가치 있다고 주장하지는 않지만, 나의 숙고가 슈퍼비전에 대한 자신들의 견해를 분명히 하는 데 도움이 되기를 희망한다. 슈퍼바이저로 일할 때, 나는 슈퍼바이지들을 위해 규칙들을 명확하게 하는 것을 삼간다. 슈퍼바이저로서 다른 사람에게 나의 견해를 강요하는 것이 나의 직무가 아니고, 오히려 그들이 가지고 있는 가능성의 빛을 비춰 주는 동시에 그들의 한계를 결코 망각하지 않도록 해 주는 것이 나의 직무이다. 그렇게 함으로써 만일 그들이 그러한 가능성들을 소멸하지 않는다면, 상담자들과 그들의 내담자들을 위한 잠재적 결과를 수행하는 것이 강조된다.

실존주의 슈퍼비전을 수행하는 어떤 특별한 방식이 있지는 않다. 명백하게 모든 슈퍼바이저는 자신의 경험과 세계관을 슈퍼비전에 가져온다. 모든 슈퍼바이저는 공유되는 많은 것이 있으면서도 동시에 각각의 접근 방식은 다른 사람들에게 가치 있는 것을 제공할 수 있는 독특한 어떤 것들을 지니고 있다.

들어가는 말

실존주의 심리치료는 일종의 철학적 추구로서 존재가 밝은 빛 속으로 나오도록 하는 맥락적 상황을 드러내고자 하는 목적을 지니고 있다(Heidegger, 1962). 실존주의 상담자로서 철학은 우리 삶의 핵심적인 부분이 되고, 우리가 존재하는 방식을 질문하는 방법을 우리에게 가르쳐 준다. 가장 중요하게 이러한 성찰은 세상에 대해 그리고 타인들에 대해 우리의 관계 방식을 깨우쳐 준다. 또한 이것은 실존주의 슈퍼비전의 진실이기도 하다.

실존주의 심리치료와 슈퍼비전의 정신은 타인을 돌보는 능력을 포함하는데, 이는 긍휼의 관심을 나타내는 것이다. 긍휼의 관심은 사랑과 이해 그리고 허용을 품은 것을 의미한다. 이러한 허용은 내담자와 슈퍼바이지가 안전한 환경에 있다는 것을 인식하는 가운데 자신들을 온전히 드러낼 수 있도록 하는 것이다. 『Works of Love』(1995)라는 작품에서 Kierkegaard는 심리치료와 슈퍼비전의 과정에 있어서 기본적이라고 여겨질 수 있는 사랑의 본질적 특성을 언급했다. 이후에 우리는 이것이 어떻게 슈퍼비전과 연관되는지를 보게 될 것이다. 상담자나 슈퍼바이저는 누군가의 영혼에 다른 관점에서의 비판적인 관심을 기울이는 것을 용이하게 한다. 이는 성찰적으로 자신을 알 수 있도록 하는 선천적인 자유로운 능력이며, 선과 악, 진실과 거짓을 구분할 수 있게 해 주는 것이다. 이것은 심오한 이해를 요구하는데, 내가 하고 있는 것이 무엇인지 그리고 언제 어떻게 하고 있는지에 대한 이해이다. 이러한 자각은 나의 존재 방식과 타인과의 관계 방식에 대한 직접적인 영향을 준다.

실존주의 슈퍼바이저로서 우리가 어디로부터 기원했는지에 대한 명료성을 가질 필요가 있다. 바꾸어 말하면, 이는 우리가 슈퍼바이지들의 존재 방식과 관심에 대해 어떻게 반응하는지 그리고 그들은 자신들의 내담자들과 우리에게 어떻게 관련되는지에 대한 방식이다. 슈퍼바이저와 슈퍼바이지 모두에게 이것은 비학습적인 과정과 관련되어 있으며, 상호작용에서 드러나고 있는 이전에 소유한 가정에 따른 것이다. 만일 당신이 이러한 범위까지 확장할 수 있다면, 당신은 '타인을 돕는 기술의 비밀'을 알게 될 것이다. Kierkegaard는 우리에게 말한다.

> 만약 진정한 성공이 어떤 사람을 명확한 지점에 오도록 하는 노력에 참여하는 것이라면, 무엇보다도 그가 어디에 있는지 발견하고 거기서 시작하는 고통을 감수해야 한다 (1943: 333).

슈퍼바이저의 태도

슈퍼바이저로서 나는 구체적이면서 나의 체화된 자각을 유지한다. 나는 머릿속 기억에 있지 않고, 오히려 생각, 감정, 감각 등 나의 총체적 존재로부터 반응한다. 이러한 구체적인 실존적 이해는 5장에서 다루어질 것이며, 좀 더 광범위하게는 6장에서 설명할 것이다.

성찰적인 체화를 통해 나는 개방적이 되고, 동시에 나의 한계를 자각하기 위해 힘써 노력하고 있다. 나의 취약점을 인식하며 현존할 필요가 있고, 인격적인 만남 속에서 나 자신이 유용할 수 있도록 노력할 필요가 있다. 우리는 밀접한 관계 속에서 대화한다. 슈퍼바이저의 태도는 철학자들을 특성화하는 태도와 비슷하다. 겸손과 자신감이 동시에 나타나는 역설적인 태도이다. 이러한 태도의 기본적인 것은 나 자신과 슈퍼바이지에 대해 끊임없이 질문하는 것이다. 지적인 순수성이라는 경이로움을 지니는 것은 나로 하여금 존재의 신비성에 닿도록 그리고 인간은 평범하면서도 동시에 비범하다는 것을 인식하도록 허용한다. 때로는 도발적이기까지 한 도전과 유머 그리고 모순은 우리의 대화를 자극한다.

현재에서도 여전히 제기되는 매우 중요한 질문은 '나 스스로 나를 슈퍼바이저라고 말할 때 나는 나를 누구라고 생각하는가?'이다. 나는 자질과 함께 부족함이 있고, 나의 슈퍼바이지들처럼 많은 지도를 필요로 하는 실패를 지닌 인간이다. 자신을 슈퍼바이저라고 일컬을 때, 나는 어떤 기술이나 전문지식을 가지고 있는가? 나는 나 자신을 숙련된 전문가라고 생각하기보다는 오히려 조력자와 학습자로 간주하지만, 동시에 나는 '교사'이다. 나의 가르침은 슈퍼바이지들의 '지식'을 증가시키기보다는 그들을 '이동'시키는 것이다. 즉, 그들을 한 지점에서 또 다른 지점에 있어 보도록 이동시키는 것이다.

> 교사가 된다는 것은 단순히 어떤 일이 그런 것이라고 단언하거나 강의하는 것 등을 의미하지 않는다. 올바른 의미에서 교사가 된다는 것이 학습자가 된다는 것은 아니다. 교사인 당신이 학습자로부터 배울 때 교육은 시작된다. 당신이 이전에 그것을 이해하지 못한 경우에 있어서. 당신 자신을 학습자의 위치에 있도록 해 보면 그가 이해하고 있는 것과 그가 이해하는 방식을 알 수 있게 될 것이다. 또는 만일 당신이 이전에 그것을 이해했다면, 그가 당신을 시험하도록 허락하라. 그러면 당신이 당신의 일부를 알고 있다는 것을 그가 확신할 수도 있다(ibid: 335).

항상 조력자로 남는다는 것은 어려운 일이고, 그것은 끊임없이 지적해 주기를 바라는 것을 용인하는 것과 관련이 있다. 예를 들어, 슈퍼바이지가 다음과 같을 때이다.

- 자신을 성찰하는 것이 부족할 때
- 내담자의 곤경에 대해 민감성을 보여 주지 않을 때
- 내담자의 경험과 단절되고 있을 때
- 자신의 의제가 있을 때
- 내담자 자료의 내용에만 집중하고 상담 과정은 무시할 때
- 슈퍼비전의 과정에 참여하기를 주저할 때

이 모든 경우에 있어서 슈퍼바이지가 내담자와의 상호관계에서 누락된 것을 슈퍼바이저가 직접적으로 지적하는 것 외에 도움이 될 수 있는 최선의 방법은 무엇인가? 협력적 탐구를 통해서 이러한 경향들은 밝혀질 수 있고 슈퍼바이지는 내담자의 자료에 대한 내용에 빠지거나 자신만의 의제를 따라가는 것으로부터 구제될 수 있다. 역설과 유머는 종종 앞에 언급된 경향으로부터 변화를 가져올 수 있도록 하며, 즉각적인 것을 넘어서서 이동할 수 있는 가능성을 열어 준다.

이 책의 전반을 통하여 실존주의적 관점이 슈퍼비전과 심리치료에 있어서 협력적 관계를 촉진한다는 사실을 보여 주고 있다. 만일 슈퍼바이저가 너무 많이 전달하고 앞에서 언급된 이슈들을 직접적으로 언급한다면, 슈퍼비전 관계에서 형성되었던 신뢰는 손상되고 슈퍼바이지의 자존감이 침식될 수 있다. 학습을 위한 공간으로서 슈퍼비전 관계의 중요성은 과소평가될 수 없다. 슈퍼바이지는 슈퍼바이저와의 관계적 경험을 내담자와의 관계로 가져간다. 권위적이거나 괴롭히는 자세는 여기서나 상담에서 존재할 공간이 없다.

슈퍼비전 과정은 상호작용 내에서 슈퍼바이저의 창의적 능력으로 강화될 것이다. 영성(정신) 없이는 어떤 종류의 창조도 있을 수 없다. 영성(정신)으로 말미암아, 나는 우리 존재의 무형적이고 불가시적인 측면들을 이해한다. 영

성(spirit)이라는 단어는 라틴어 spiritus에서 유래한 것으로 호흡을 의미한다. 그것은 사람을 움직이게 하는 것이다. 영성(정신)이 추구하고자 하는 것은 항상 동일한데, 진기함이 아니라 반복이다. 그것은 내 안에 있고 동시에 나를 초월하는 어떤 것 그리고 사랑과 신 등 모든 것을 포함하는 어떤 것에 대한 자각과 관련이 있다. 나는 이러한 영성적 감각을 음악, 심리치료, 명상, 기도 등 다양한 경로를 통해 경험할 수 있다.

> 이성적 마음이 모든 물질을 에너지로 여길 수 있을 때조차도, 영성(정신)은 모든 에너지는 사랑이라는 것을 알 수 있고, 창조 안에 있는 모든 것은 마음을 위한 수학적 공식과 영혼을 위한 사랑의 노래가 될 수 있다(*Bhagavad Gita*, 1962: 30).

창의성은 슈퍼비전 관계에서 드러나는데, 이 관계는 두 사람이 각각 세상 속에서의 존재 방식을 가져오는 장소가 된다. 그들의 상호작용 결과로서 새로운 자각, 새로운 관점, 상황에 대한 새로운 이해 등 새로운 어떤 것들이 창조된다. 이렇게 드러나는 통찰은 두 참여자 각각의 존재에 영향을 줄 것이다. 이러한 창의적 과정은 슈퍼바이저와 슈퍼바이지에 의해 공유되는 염려와 갈등이 없이는 생성될 수 없다.

우리 모두는 갈등과 역설을 가지고 살아간다. 역설은 인생 속에 내재되어 존재하고 있으며, 그것들은 피할 수 있는 것이 아니다. 명백한 갈등을 형성하는 역설의 두 요소는 분리될 수 없다. 슈퍼비전에서 우리가 지속적으로 직면하는 이러한 역설 중 하나는 우리가 무엇을 하더라도 그것이 항상 우리의 가능성과 한계를 드러나게 할 것이라는 인식이다. 종종 한계는 간과되고 초점은 주로 가능성에 맞춰진다. Kierkegaard는 우리가 한계를 무시하려고 함으로 인해 상실하는 것들을 우리에게 상기시켜 준다. 그는 한계를 '부정적인' 것으로 언급했다.

부정적으로 사고하는 사람은…… 항상 그들이 긍정적인 어떤 것을 가지고 있다는 이 점을 지니고 있다. 즉, 그들은 부정적인 것을 인식한다. 긍정적으로 사고하는 사람은 현혹되어 있기 때문에 아무것도 가지고 있지 않다. 단순히 부정적인 것은 존재 속에 있고 어디에나 존재하기 때문에, 존재는 끊임없이 되어 가는 과정에 있다. 그것으로부터의 유일한 구출은 계속해서 그것을 인식하게 되는 것이다. 긍정적으로 안심함으로써 실제로 사람은 어리석어진다(Kierkegaard, 1992: 81-82).

우리의 인간성은 지속적인 투쟁을 수반하고 있으며, 투쟁은 살아 있다는 것을 인식하고 우리 모두가 공유하는 한계를 직면해야 한다. 투쟁은 불확실성과 우연성과 함께 살아가고 있다는 것을 포함한다. 즉, 되어 가는 과정 속에 있는 투쟁이다. 그것은 내가 나 자신을 인식하고 친숙해지는 투쟁이다. 물론 투쟁의 정도는 각 개인에 따라 다양할 것이다. 갈등처럼, 인간이 되어 가는 투쟁은 주어진 것이고 그것은 피할 수 없다. 또 다른 사람으로부터의 이해와 사랑으로 우리는 갈등 속에 고착되고 그것으로부터 벗어나려고 애쓰기보다는 갈등을 초월할 수 있다. Nietzsche는 다음과 같이 언급했다.

우리는 유아기 때부터 사랑하는 것을 그리고 친절한 것을 배워야 한다. 만일 교육이나 상황이 우리에게 이러한 감정들을 연습할 기회를 주지 않는다면, 우리의 영혼은 메마르게 되고 사랑하는 사람들의 부드러운 재능을 이해하는 것조차도 부적절할 것이다 (Nietzsche, 1996: 251).

여기서 서술된 여정은 인생 전반의 갈등이고 어려움으로 가득 차 있다는 것을 인정하는 것은 중요하다. 그것은 우리가 결코 완전히 성취할 수 있는 것이 아니다. 이 책에서 서술된 많은 것에 함축된 사실은 실존주의 슈퍼비전이 비록 그것의 협력적 태도에도 불구하고 쉬운 선택이 아니라는 것에 대한 인식이다. 슈퍼바이지는 가혹한 현실을 직면하며 그러한 관계에서 항상 예상

되는 것만이 아닌 정직과 용기의 수준을 보여 줄 것을 요청받는다.

슈퍼비전에서의 사랑과 영성

> 사랑은 우주와 일상, 그리고 죽음의 밤과 죽음 후의 새로운 날을 움직이는 힘이
> 다. 우주의 빛은 모든 창조가 사랑으로부터 왔다는 사랑의 메시지를 우리에게 보낸다
> (*Bhagavad Gita*, 1962: 30).

슈퍼바이저의 사랑의 능력은 존재의 본질적인 자질이다. 그것이 없으면 슈퍼비전 관계의 질은 기술적 작업이 되어 가는 위기에 빠진다. 슈퍼바이저와 슈퍼바이지의 관계에서 필수적인 사랑의 속성은 무엇인가? 어떤 행동이 슈퍼바이저가 슈퍼바이지에 대한 사랑을 입증하도록 수행할 수 있는가? 여기에서 우리는 이러한 사랑이 아닌 것을 분명히 할 필요가 있다. 그것은 외모나 신분 등 슈퍼바이지의 특성에 좌우되는 것이 아닌, 여기에 있는 그들의 '존재 자체(인간됨)'에 대한 사랑이다.

> 그의 약점과 결함, 그리고 단점에도 불구하고 어떤 사람을 사랑할 수 있는 것은 여전
> 히 사랑은 아니다. 오히려 사랑은 약점과 결함, 그리고 단점에도 불구하고 그가 사랑스러
> 운 점을 발견할 수 있는 것이다(Kierkegaard, 1995: 57).

전자의 '불구하고 사랑하는'이라는 표현은 거만한 어조인 반면, 후자는 내재된 의미가 있다. 즉, 누군가를 사랑하는 것은 그들의 존재 자체에서 그를 사랑하는 것이고, 개인에게 나타나는 구체적인 개인적 자질로 인한 것이 아니다. 그리고 사랑할 만한 속성이 적음에도 불구하고 사랑하는 것이다. Kierkegaard가 '우선적 사랑'이라고 언급한 것으로 이해하는 것이 더 쉬운데,

이는 그들의 '단점'에도 불구하고 그들의 존재를 위해 사랑하는 어떤 것이라기보다는 다른 어떤 것보다도 우선하여 한 개인을 사랑하는 것이다. 우선적 사랑은 우리의 우정과 친근한 관계에서 인식될 수 있는 유형의 사랑이다. "사람을 사랑하는 것은 살아갈 가치가 있는 것이고, 이러한 사랑이 없다면 당신은 참된 삶을 살아가는 것이 아니다."(ibid: 374)

Kierkegaard의 사랑관은 우리 대부분 사람들에게 친근한 위안을 주고, 낭만적이며 위로가 되는 사랑의 개념과는 아주 다르다. Kierkegaard에게 있어서 사랑은 삶이고, 사랑은 온전히 생동감 있게 존재하는 것이다. 그러나 말하는 것이 사랑을 보여 주는 것은 아니다.

> ······ 단지 사랑 그 자체는 볼 수가 없으며 그러므로 우리는 그것을 신뢰해야 하는 것처럼, 또한 그것의 특정한 표현으로 인해 무조건적으로 그리고 직접적으로 알 수 있게 되지 않는가(ibid: 13).

사랑은 단지 행동으로 입증될 수 있다. "사랑은 그것 자체로 존재하는 특성이 아니라 당신이 다른 사람을 위하는 것 안에 있는 특성 그리고 그것에 의한 특성이다."(ibid: 223) 슈퍼바이저로서 내가 나의 슈퍼바이지들에게 주는 사랑은 심오한 것으로서 '숨겨져 있지만', 그러나 '그것의 열매로 인식될 수 있는' 것이다(ibid: 5).

슈퍼비전 관계에서 사랑은 전달될 수 있을까? 그것은 간접적이다. 직접적 의사소통은 정보를 전달할 수 있지만 그것은 슈퍼바이지가 자신의 능력을 자각할 수 없게 만들며, 자신의 잠재력을 이끌어 낼 수 있도록 격려할 수도 없다. 만일 슈퍼바이저가 전문가의 역할을 수행하면서 슈퍼바이지가 해야 하거나 하지 말아야 할 것을 직접적으로 전달한다면, 이는 슈퍼바이지의 의존성을 부추기게 될 것이고 슈퍼바이지가 자신의 목소리를 발견할 기회를 상실하게 될 것이다. 직접적인 전달은 슈퍼비전에서 유용한 도구는 아니다. 실존주의 슈퍼바이저는 슈퍼바이지의 개별적 특성에 따라 작업할 것이고, 그 자신의 진실과 작업의 방식 그리고 궁극적으로 자신의 삶의 방식을 발견하도록 돕는다. Kierkegaard에 의하면, 현존하는 개인은 항상 되어 가는 과정 속에 있으며, 진실은 내재적이고 주관적이며 숨겨져 있다. 즉, "주관적 사고의 본질적 내용은 직접적으로 전달될 수 없기 때문에 본질적으로 비밀스럽다. 이것은 숨겨진 의미이다."(Kierkegaard, 1974: 73)

나는 상담과 슈퍼비전의 과정에 있어서 영혼을 돌보는 사랑이 가장 근본적이라고 믿는다. 그러므로 슈퍼비전에 있어서 나는 슈퍼바이지가 자신의 내담자에 대한 긍휼을 성찰하기 위한 기회를 발견할 수 있도록 노력할 것이다. 인간됨에 대한 슈퍼바이지의 경험에 있어서 사랑이나 사랑의 결여는 그 자체가 어느 곳에서 드러나는가? 이러한 질문과 함께 하는 개입은 슈퍼바이지가 자료에 대한 것(일반적으로 내용과 연관된 자료)으로부터 빠져나와서 존재의 영성적 영역으로 이동할 수 있게 해 준다.

> …… 인간은 비록 탄생의 순간부터 영적 존재라 할지라도, 여전히 생애 후반까지도 영적 존재로서의 자신을 인식하지 못한다. …… 영혼이 깨어난 사람이 하나의 결과로서 가시적 세상을 포기하는 것이 아니다. 비록 자신을 영적 존재로 의식할지라도, 지속적으로 그는 가시적 세상에 남아 있고 감각들에 대해서도 분명하다. 같은 방식으로 역시 그는 그의 언어가 은유적으로 표현되는 것을 제외하고는 자신의 언어 속에서 유지된다(Kierkegaard, 1995: 209).

사랑과 영성은 직접적이거나 문자적이기보다는 은유를 통해 간접적으로 표현된다. 말의 의미는 그것이 사용되고 한 개인으로부터 또 다른 사람에게 사용되는 상황적 맥락과 연관되어 변화한다. 그러므로 진술된 의미는 항상 그들의 상황적 맥락에서 이해되어야 하며 명료화되어야만 한다. 가치와 명제는 말을 통해 드러난다. 그러나 슈퍼바이저로서 나는 말로 표현될 수 없고 언어의 밖에 있는 의사소통의 형태에 특별한 주의를 기울일 필요가 있다.

삶은 명제로서 설명될 수 없다. 그것은 살아져야만 하는 것이다. 내가 '나는(I am)' 혹은 '나를(me)'이라고 말할 때, 내가 '나(I)' 또는 '나를(me)'이라는 단어로 말미암아 무엇을 의미하는가? '나'는 좀 더 과정과 유사하고 살아가야 하는 반면에, '나를'은 좀 더 분명하고 객관적이다. '나'는 영혼이고, 내 존재의 신비로운 영역이다. 분명히, 나라는 존재는 눈에 보이는 것 이상의 어떤 것이다. 영혼은 육체와 분리될 수 없지만 육체와 동일한 것은 아니다. 슈퍼바이저 혹은 상담자가 내담자나 슈퍼바이지의 존재로서의 모든 측면에 관심을 기울이는 것은 본질적인 것이다.

신성한 것으로 표현되는 영혼은 반드시 종교적인 의미는 아니며, 슈퍼바이지의 삶 속에서, 말로 형용할 수 없는 독특한 것으로 나타난다. 신성한 것을 자각함으로써 무엇보다도 중요한 것은, 슈퍼바이지의 삶에서 궁극적으로 의미 있는 것이 그에게 더 성숙한 인간이 될 수 있는 기회를 주며, 또한 사랑하고 긍휼을 베풀 수 있는 능력을 포함한 우리 모두가 가지고 있는 인간적 자질을 발전시키는 기회를 제공한다는 것이다.

영성적 견해를 포함한 슈퍼바이저의 세계관이 어떤 방식으로 슈퍼비전의 과정과 결과에 영향을 주고 형성하는가? 영적인 것은 물질적이거나 세속적인 이득과 반대되는 것으로, 영성적인 것에 주의를 기울이는 존재적 자질을 드러낸다. 영적인 것을 포함한 인간 경험의 모든 측면에 대한 슈퍼바이저의 개방성은 슈퍼비전 과정을 강화할 수 있다.

나는 슈퍼바이지들에게 다음과 같은 질문을 한다. '당신은 자신을 상담자라고 칭할 때 스스로를 어떤 존재라고 생각하는가?' "'상담'이라고 일컫는 활동에 참여함으로써 당신의 삶은 어떤 방법으로 풍요로워지는가?" '상담자가 될 수 있는 것은 일종의 은사인가, 아니면 우리가 자질을 지니고 있기 때문에 단지 그것을 수행하는 것인가?' '상담의 가능성과 한계는 무엇인가?' 이 질문들에 연관되려고 함으로써, 우리는 그들 존재의 영성적 차원을 우연적으로 마주하게 될 것이다. 이러한 과정은 슈퍼바이지가 자신의 사랑의 능력을 인식하고 육성할 수 있도록 한다. 우리가 영성적 차원의 존재를 부정하거나 간과할지라도, 그것은 불가피한 것이며 우리에게 주어진 보편적 측면이기 때문에 또 다른 어떤 형태로 항상 나타난다.

> 사랑하라는 것은 계명이지만, 사람을 사랑하는 것은 살아가기 위한 유일한 가치이며, 이러한 사랑이 없다면 당신은 실제로 살고 있는 것이 아니기 때문에, 만일 당신 자신과 인생을 이해한다면 그것은 굳이 계명이 될 필요가 없는 듯하다(Kierkegaard, 1995: 57).

대화

대화는 상담과 슈퍼비전의 과정에 있어서 근본적인 것이다.

> 대화는 어떤 사람이 이야기하는 모든 것이 그것의 특별한 색깔, 소리, 그가 말하고 있는 **다른 사람을 면밀히 고려하여** 덧붙이는 몸짓을 습득하기 때문에 완벽한 의사소통이다(Nietzsche, 1996: 191).

우리는 언어의 신비한 영역 속에 서 있다. 슈퍼비전은 오로지 다른 사람과의 대화를 통해서만 우리 자신을 이해하고 내담자와 작업을 할 수 있기 때문에 중요하다. 우리가 단지 자신과만 대화할 때 우리는 종종 과정에 현혹될 수 있다. 대화는 정의에 따라 슈퍼바이지가 자신의 상담에 대한 성찰이 용이하도록 질문하고 도전하며 진술하는 것과 관련된 것이다. 질문을 하는 것은 진정한 기술이다. 슈퍼비전에서 질문하는 것은 다른 사람의 경험에 함께하고 다른 사람의 곤경을 이해하고자 하는 마음으로 우리 자신의 이해를 증가시키는 과정을 이끌어 가는 것과 연관되어 있다. 질문은 진술, 제스처, 표정, 의문이나 침묵의 형태를 취할 수 있다. 질문은 우리가 특별한 답을 요청하거나 우리가 정답을 알고 있다는 것으로 말미암아 의문의 짐을 지워 주지 않는 한, 매우 강력해질 수 있다. 슈퍼바이지가 받아들이지 않을 수 있다는 것을 충분히 알고 주저하는 진술 역시 동등하게 강력할 수 있다.

이해는 담화의 전체적인 한 부분인 침묵을 통해서도 발전될 수 있다. 침묵을 통해 대화는 계속된다. 그것은 말하고자 하는 어떤 것들이 결여된 것이 아니다.

> 어떤 것을 결코 말하지 않는 사람은 어떤 주어진 순간에 침묵할 수 없다. 진정으로 침묵을 유지하는 것은 솔직한 담화에서만 가능하다. 침묵을 유지할 수 있기 위해서 현존재는 말하고자 하는 중요한 어떤 것이 있어야 한다(Heidegger, 1962: 208).

슈퍼비전에서 대화의 결과는 결코 예측될 수 없으며, 슈퍼바이저와 슈퍼바이지가 하나의 부분이 되는 창조적 과정의 관점에서만 파악될 수 있다. 드러나게 되는 최종의 진실은 다른 사람과의 대화 외의 다른 방법으로는 도달할 수 없다. 필요성에 의한 대화는 갈등과 불안을 포함한다. 슈퍼바이지와의 갈등을 견디고 이것이 만들어 낼 불안을 있는 그대로 드러낼 수 있는 슈퍼바이저의 능력에 따라 그 결과가 크게 결정된다.

> 투쟁에서 각 경쟁자는 투쟁 자체를 넘어서는 다른 것을 수행한다. …… 일부에서 더 많이 투쟁하여 능가할수록, 더 확고하게 경쟁자는 서로에게 단순하게 엮이는 친밀감 속으로 들어가게 한다(Heidegger, 1993: 174).

간접적 의사소통은 슈퍼바이지에게 고양된 자아인식의 경험에 도달하고 파악할 수 있는 기회를 제공할 것이다. 슈퍼바이저의 도움으로, 상담자는 슈퍼바이저와의 관계뿐만 아니라 내담자와의 관계를 통해 자신에 대해 그리고 자신이 다른 사람들과 대화하는 방법에 대해 배울 수 있다. 상담자들은 슈퍼바이저로부터 받는 피드백보다 자신들의 성찰에 더 의지하는 법을 배울 수 있다. 간접적 의사소통은 슈퍼바이지들에게 인생의 불확실성에서 어떻게 항해하고 있는지 자신들을 대면할 수 있는 기회를 제공한다. 또한 슈퍼바이지들이 거짓된 안전감을 창조함으로써 얼마나 많이 자신들을 안정시키고 있는지, 그리고 이것이 어떤 방식으로 내담자와의 작업을 방해하고 있는지를 인식할 수 있도록 한다. 그들은 슈퍼바이저와 슈퍼바이지가 서로서로 관련될 때 삶의 불확실성과 공포가 어떻게 영향을 주는지에 대해 인식할 수 있는 기회를 제공받는다.

다른 사람과 관계하는 우리의 방식은 항상 우리 각자가 개인적으로 자기 자신과 관계하는 방식의 결과가 될 것이다. 우리의 존재 방식, 다른 말로 우리의 스타일은 우리의 인생 경험으로부터 나올 것이다. 그것은 종종 우리 존재와 반드시 연결될 필요 없는 추상적 사고와 이론에 의지하도록 유혹한다. 주어진 현상에 머무르는 대신에, 우리는 경험을 이론화하고 주지화하는 것에 의지한다.

앞서 언급한 바와 같이, 슈퍼비전 관계는 창조적인 인격적 만남이고, 어떠한 창조성과 같이 사랑과 헌신 없이는 수행될 수 없다. 다른 관계처럼 슈퍼비전 관계에서의 핵심은 경청이다. 경청은 우리에게 신뢰를 만드는 환경을 창조할 수 있도록 한다. 슈퍼바이지에게 축어록 보고서를 만들도록 요구하는 것은 슈퍼비전 관계에서 형성된 신뢰를 손상할 수 있다. 그것은 자발성을 막고 창조성을 억누를 수도 있다. 여기서 묘사한 슈퍼비전은 축어록 보고서 발표를 지지하는 슈퍼비전의 유형과는 현저한 대조를 이루는 대화에 의존한다.

슈퍼비전 관계

다른 어떤 예술 작품의 창조처럼 슈퍼비전은 장인정신을 요구한다. 슈퍼바이저의 장인정신은 어떤 방법으로 슈퍼바이지를 깨우칠 수 있는가? 관계 속에서 현존하는 것은 자발성, 이해, 상상, 관심과 직관을 포함할 것이고, 이러한 자질들은 어떠한 예술적 형태에서도 드러난다. 슈퍼바이저가 슈퍼바이지에게 끼치는 영향에 주목해야 하고, 반대의 경우도 마찬가지이다. 동등하게 우리는 슈퍼바이지가 내담자에게 끼치는 영향을 간과하지 말아야 한다. 우리는 우리가 누구이고, 우리의 존재 방식이 우리의 상호작용에 어떤 결과를 주며, 상호 간에 피할 수 없이 주는 영향에 대해 스스로 끊임없이 상기해야 한다. 이 질문은 '이것이 우리의 존재 방식에 어떻게 영향을 주고 있는가?'이다.

놀랍게도, 슈퍼바이지에게 자신을 성찰할 수 있는 기회를 주고 인생에서 잃어버린 것을 인식할 수 있는 시간을 허락하는 것은 슈퍼바이지가 자신의 내담자와 상호작용하는 것에서 간과한 것을 다루게 되는 것과 유사하다. 여기서 가르침의 귀납적 방법이 매우 중요해지게 되는 것이다. 이것은 슈퍼바이저로서 당신이 제공하는 질문과 연관되어 슈퍼바이지가 자신의 진실을 찾게 해 주는 것을 수반한다.

그러나 더욱 중요한 것은 당신 역시 슈퍼바이지의 노력을 연결하는 능력과 동일하거나 유사한 노력을 하고 있다는 것을 인식하는 능력이다. 우리는 슈퍼바이지들의 결점보다는 그들의 인간애에 초점을 맞출 필요가 있다. 두 사람이 체스를 두는 것을 지켜보는 이미지가 마음속에 떠오른다. 그들이 어디서 실수하고 최상의 전략은 무엇이며 그들이 취해야 할 조치가 무엇인지를 보는 것은 아주 쉽다. 나는 이것이 우리의 슈퍼바이지들을 관찰하고 감독하는 것과 실제로 현저하게 유사하다고 생각한다.

만일 무엇이 '잘못'된 것이며 슈퍼바이지가 앞으로 어떻게 해야 하는지를 지적하는 것만으로 구성되어 있다면, 슈퍼바이저의 역할은 쉬운 일이 될 것이다. 그러나 이것이 슈퍼바이지에게 실제로 도움이 되고 지속적으로 유익할 것인가? 이것은 슈퍼바이지에게는 쓸모가 없으며 온전히 슈퍼바이저의 교만이라고 보이지는 않는가? 이것은 상담과 슈퍼비전의 병행이 있는 곳에서 매우 두드러진다. 우리는 얼마나 자주 우리의 내담자들에게 혼란으로부터 빠져나오는 방법이나 그들의 삶이 '더 나아지도록' 행동하는 최상의 과정이 무엇인지를 지적하고 싶은 유혹을 받고 있는가? 동일한 것을 다시 반복하는 것을 청산하기 위하여 그들이 되돌아오기까지 얼마나 걸릴 것인가? 여기서 겸손은 좋은 동료가 된다. 무엇보다도 다른 개인에게 있어서 무엇이 옳은 것인지 알 수 있다고 가정하지 않고, 두 번째로 스스로에게 있어서 무엇이 옳은지를 규명할 능력을 우리 모두가 가지고 있다는 신념을 가져야 한다. 우리의 과제는 슈퍼바이지가 삶 자체를 알도록 하기보다는 특정한 게임과 각각의 결과를 드러내는 것에 대해 더 큰 이해를 하도록 만드는 것이다.

슈퍼비전은 슈퍼바이지가 내담자와의 관계 속에서 가능성과 한계를 자유롭게 탐색할 수 있는 공간을 제공하는 것이다. 우리는 슈퍼바이지의 내담자와의 관계를 통해 슈퍼바이지를 이해하며, 슈퍼바이지의 경험에 대한 설명을 경청함으로 그들의 관계를 이해한다. 앞서 살펴본 대로, 그 관계는 대화에 기초를 두고 있다. 대화의 상대방들은 그들의 '가능한 한 아름답게 성찰된 생각들'을 볼 수 있기를 기대하는 거울로서 서로를 활용한다(Nietzsche, 1996: 37).

결론

나의 철학과의 교류는 나의 존재가 항상 철학에 의해 영향을 받고 풍성해진다는 것을 의미한다. 이것은 철학 서적을 읽으면서 나에게 공명을 일으키거나 내 안의 특별한 감정을 감동시킬 때 일어난다. 결과적으로 이것은 내가 세상 그리고 타인과 관계하는 나의 방식을 바꿀 것이다. 일부 철학자들은 나의 존재 방식에 영향을 주었고, 계속해서 주고 있다. Kierkegaard에 대한 나의 친밀함은 삶에 대한 나의 태도를 변화시켰으며, 내담자나 슈퍼바이지로서 나에게 의지하고 있는 누군가에게 내가 제공하고 있는 것에 대한 나의 믿음을 크게 변화시켰다. 그의 철학은 매우 다양한 측면에서 나에게 영향을 주었다.

세상에는 사랑의 속성에 대한 많은 이론과 견해가 있고, 그들 모두는 그 안에 어떤 진실을 담고 있다. 하지만 이러한 모든 것과 그의 작품들 모두를 뛰어넘은 Kierkegaard의 저서 『Works of Love』는 진실로 나에게 외치는 소리이다. 그것은 사랑에 대한 나의 능력을 개방시키고 확대시키는 '우선적' 의미에서가 아니다. Kierkegaard가 명료화한 대로, "사랑은…… 욕구와 성향의 일들, 또는 정서적 문제나 지적 계산의 과업이 아니다"(Kierkegaard, 1995: 143).

Kierkegaard가 주창한 사랑은 영적 사랑, 그에게 있어서 하나님의 사랑, 다른 말로 말하면 기독교적 사랑이다. 슈퍼비전에서 관심사는 반드시 하나님을 믿는 믿음에 의해 영감 받은 영성이어야 할 필요는 없고, 만일 우리가 우리 자신을 그러한 인간적 측면에 개방한다면, 우리 모두가 가지고 있는 인간으로서의 영성이다.

갈등은 어떤 관계에도 내재되어 있으며, 그것은 슈퍼비전의 과정에서도 본질적인 요소이다. 갈등은 어디에나 있고, 그럼에도 불구하고 슈퍼바이지와 내담자 그리고 슈퍼바이저를 포함한 모두에게 갈등이 어떻게 유익한 것으로 협상될 수 있는지를 인식하는 것이 중요하다. 갈등에 대한 대면은 우리를 개인적인 진실로 인도해 줄 수 있다. 진실로 직접 접근할 수는 없다. 우리는 먼저 우리의 '실수'를 이해해야 한다. 그러면 그것은 우리에게 진실로 가는 길을 보여 줄 수 있다. "진실은 투쟁에서 그 자체를 확립함으로써 발생하며, 자유 공간은 진실 그 자체에 의해 개방된다."(Heidegger, 1993: 186)

갈등과 염려에 참여하는 방법은 슈퍼비전의 결과에 크게 영향을 줄 것이다. 그것은 항상 인식되는 것이 아니지만, 최소한 갈등을 인식하는 것이 필수적이고, 그렇지 않으면 그것은 슈퍼비전의 과정을 방해할 것이다. Heraclitus는 이것을 그의 시적인 언어로 아름답게 묘사한다. "그들은 그 자체로 다른 것들이 어떻게 일치하는지를 이해하지 못한다. 조화로움은 활과 거문고의 그것처럼 상반된 긴장으로 구성한다."(1962: 28) 때때로 상반된 견해들이 서로 반대되기보다는 서로 보완하고 공존할 수 있는 것을 인정하고 신뢰하는 것은 어렵다.

슈퍼비전 관계는 창의성을 촉진할 수 있고 슈퍼바이지가 확신과 가치 있는 느낌을 가질 수 있도록 도와준다. 나와 슈퍼바이저 그리고 슈퍼바이지 사이에 기본적인 구분은 없다. 우리는 연속선상에 있으며, 총체적 존재로서 인간성에 대한 사랑이라는 우리의 어느 누구보다 더 큰 어떤 것에 의해 둘러싸여 있다. 슈퍼바이저와 슈퍼바이지 모두는 도움을 위한 바람을 지속하도록 할 필요가 있으며, 누군가를 특정한 방향으로 이끌어 가려는 경향성을 지속적으로 경계할 필요가 있다. 여기서 역설은 우리가 도우려 할 때 우리는 변함없이 사랑과 유사하게 반대의 것을 성취하도록 돕는 것이며, 도우려는 것은 단지 간접적으로 알려지거나 주어진다. "만일 그들이 야만적 영혼을 지니고 있다면 그 눈과 귀는 악한 증인들이다."(ibid: 31)

자신을 적절히 이해하는 것은 영혼을 개발하는 것을 의미하며, 감각의 언어와 의미를 이해하는 것이다. 말은 우리의 귀뿐만 아니라 영혼에게도 이야기한다. 영혼을 다루는 Socrates의 관점에서 보자면, 치료(Therapeia)는 질문을 통해 개인이 그 자신의 영혼에 집중할 수 있도록 하는 것과 연관되어 있다. 이것은 그들 존재의 정화와 설명, 그리고 성찰적 자기탐색에 기초한 이해로 안내한다.

슈퍼바이지를 한 사람으로서 사랑하는 것은 직접적이 아니라 간접적으로 그들에게 실현되지 못한 어떠한 가능성들이 있는지 보여 주고, 또한 그들 자신에 대해 충분한 신뢰를 갖도록 격려하여 이로 인해 그들이 더욱더 자신을 이해하는 것을 의지하게 하는 것이다. 결국 그들은 자기점검이라는 하나의 '방법'으로서 슈퍼비전 과정으로부터의 학습을 활용하게 될 것이다.

나는 나의 슈퍼바이지들에게 '현존하고 민감하게 되는 자신의 능력'과 같은 자신의 관심사에 주위를 기울이고 기꺼이 경청할 것을 제안한다. 나는 나자신을 그들이 세계-내-존재로서 경험한 방식에, 그리고 다음으로는 그들이 내담자 및 슈퍼바이저인 나와 관계하는 방식에 유용하도록 만든다. 나는 이 모든 것을 다른 인간을 향한 태도라고 일컫는다. 관계하는 방식은 사랑으로 말미암아 안내되고 영감 받는 나의 슈퍼바이지를 향한 태도이다. 사랑의 정신으로 행해진다면, "인생에서 가장 작은 일이더라도 겸손한 것이라면 창조의 행위가 될 수 있다"(*Bhagavad Gita*, 1962: 32). 모든 관계는 그들 안에 창조적 요소를 지니고 있다. 우리는 우리 자신과 우리의 슈퍼바이지들 그리고 다른 사람들과 관계할 수 있는 다양한 방법이 있다.

내가 앞에서 서술한 관계 방식은 모든 이상처럼 매우 이상적이라는 것을 인정하며, 이러한 태도를 지속적으로 유지하고자 하는 끊임없는 시도에도 불구하고 나는 온전히 실현될 수 없다는 것을 인식한다. 만일 내가 나의 내담자들과 슈퍼바이지들을 그들의 있는 그대로 항상 사랑할 수 있다고 주장한다면, 그것은 오히려 하나님과 같은 태도일 것이다. 결국 나는 나의 노력 속에서 실패하는 또 하나의 인간이다.

85

참고문헌

Bhagavad Gita. Trans. J. Mascaró (Harmondsworth: Penguin Books, 1962).

Heidegger, M. *Being and Time*. Trans. J. Macquarrie & E. Robinson (Oxford: Blackwell, [1927] 1962).

_____ The Origin of the Work of Art? In *Basic Writings*. D. F. Krell (ed.)

(London: Routledge, 1993).

Heraclitus, *The Ancilla to the Pre-Socratic Philosophers*. Trans. K. Freeman (Oxford: Blackwell, 1962).

Kierkegaard, S. *Works of Love*. Trans. H. V. Hong & E. H. Hong (New Jersey: Princeton University Press, [1874] 1995).

_____ The Point of View for My Work as an Author. In R. Bretall (ed.) *A Kierkegaard Anthology* (New Jersey: Princeton University Press, 1943).

_____ *Concluding Unscientific Postscript*. Trans. D. F. Swenson & W. Lowrie (New Jersey: Princeton University Press, 1974).

_____ *Concluding Unscientific Postscript to Philosophical Fragments*. Trans. H. V. Hong & E. H. Hong (eds) (New Jersey: Princeton University Press, 1992).

Nietzsche, F. *Human All too Human*. Trans. M. Faber & S. Lehmann (Lincoln: University of Nebraska Press, [1878] 1996).

86

4장
현상학과 슈퍼비전

-Martin Adams

들어가는 말

심리치료의 실행에 있어서 슈퍼비전의 이슈는 좀 더 일반적인 존재의 문제이다. 어떤 경험이 어떻게 기록되고 다시 재현될 수 있는가? 이것은 사람들과 다른 동물들 사이의 근본적인 차이점, 즉 성찰적 의식으로부터 발현된 것이다. 의식은 우리가 다음과 같은 것들을 성찰하고 의문들을 갖도록 한다.

살아 있다는 것은 무엇을 의미하는가?
나는 어떻게 다른 사람들과 관계하고 행동해야 하는가?

이것들은 '왜 존재가 없다는 것인가? 그리고 왜 비존재가 있지 않은 것일까?'와 같은 Heidegger의 핵심 질문으로 집약된다(Heidegger, 1993a: 110).
슈퍼바이저로서 우리가 직면하는 문제점은 다음의 이야기에 잘 나타나 있다(Hare, 2002에서 인용). 자연적이며 과학적인 전통의 예술 형태와 유사한 고전적 전통주의 화가인 Alfred Munnings는 Picasso의 작품에 대해 평가

하기를, "Picasso는 나무 한 그루를 그리지 못한다."라고 했다. 이것에 대해 Picasso는 "그가 옳다. 나는 나무 한 그루를 그리지 못한다. 그러나 나는 한 그루의 나무를 바라볼 때 당신이 느끼는 감정을 그릴 수 있다."라고 했다.

　　Picasso와 그림 속의 나무 사이에는 현상학자들이 '지향성'이라고 부르는 것과 연결되고, 이것은 개인적인 동시에 우주적이다. Picasso는 나무의 객관적인 복제를 그렸다고 주장하지 않았다. 지향성은 우리가 지각하는 물체들로부터 절대 분리되지 않는다는 것을 의미한다. Picasso는 이것을 수용했다. 같은 한 그루의 나무를 반복해서 그리는 과정을 통해, 그는 그 나무에 더 가까워질 수 있는 동시에, 지각하는 존재로서 자기 자신의 감각에도 더 가까워질 수 있었다.

　　이것은 심리치료적 상황에서의 현상학적 의미에 대한 Cohn의 이해를 상기시킨다. "상담자들은 과학자들처럼 어떤 현상들에 대해 진단적인 명칭들과 환원적 해석들을 동반한 설명에 대한 기대를 강요받을 수 없지만, 그 현상들 자체가 그들에게 말하는 것이 무엇인지에 대해 열려 있도록 한다." (Cohn, 2002: 31)

　　우리가 슈퍼비전을 할 때나 슈퍼비전을 위한 발표를 할 때, 또는 사례 연구를 작성하기 위해 매우 특별한 과제를 수행할 때 그 시작점은 항상 실제로 일어났던 그 어떤 사실에 대한 것이지만, 그것은 발생했던 것일 뿐만 아니라 동일하게 발생했던 것에 대해 우리가 만든 감각이라는 것을 항상 기억해야 한다. 만일 우리가 'super'를 어떤 시각을 습득하는 차원에서 'over'를 의미하는 것으로 이해하고, 'vision'을 대안적 관점들을 조절하는 것들로부터의 결과들을 이해하는 면으로 받아들인다면, 우리는 실존주의 현상학적 상황에서 의미하는 슈퍼비전에 다다를 수 있다.

연구 방법으로서의 현상학

현상학은 연구 방법이다. 그것은 일관성과 신뢰성을 바탕으로 고안된 체계적 조사를 통해서 우리 자신과 세상 모두를 발견하기 위한 방법이다. 현상이라는 단어는 드러남 또는 그것 자체를 보여 주는 것을 의미하는 그리스어로부터 유래되었다. '사물 자체들'이라는 일상적 문구는 우리가 어떤 것들에 대해 가정을 지니고 있는 이러한 외적인 물체들이나 사건들, 그리고 보이는 것들을 언급하기 위해 사용되어 왔다.

그러므로 현상학은 이러한 드러나는 것들과 그것들 자체로서 사물들에 대한 지각들의 연관성에 관한 체계적 연구이다. 따라서 이러한 방식에 있어서 객관적 세계와 주관적 세계 사이에 기능적 구별은 존재하지 않는다. 왜냐하면 두 가지 모두가 현상학적 장이라고 불리는 것에서 동등한 비율로서 자리하고 있으며, 우리가 관찰하고 묘사하는 모든 것은 우리의 관찰과 기술하는 행위의 한 부분이기 때문이다. 그러므로 우리는 주로 자연과학 영역에서 보여 주는 단순한 인과관계보다는 의미를 탐색하는 것에 근본적으로 관심이 있다.

우리는 먼저 일종의 관찰 방식을 가지지 않고서는 아무것도 바라볼 수 없다. 현상학이 인간 상호작용의 본질에 대한 가정들을 가지고 있는 반면에, 그것의 방법론 역시 이러한 가정들을 인식하는 방법들을 제공한다. 모든 연구 방법은 가정들을 지니고 있으며, 현상학의 가정들은 다음과 같은 것들이다.

1. 우리는 우리 세계에 대한 창조자들이며 적극적인 해석자들이다.
2. 가정에서 자유로울 수 있는 우리의 관찰은 결코 없다.
3. 우리가 개인적으로 만든 어떤 의미들은 결코 온전히 독립적이지도 않고, 다른 사람들 또는 다른 의미체계들에 온전히 의존적이지도 않다.

심리치료에서의 만남처럼 다중적인 측면이 있으면서도 과도하게 규정된 어떤 것들을 성찰하거나 서술하는 것은 두 가지 상반된 일을 수행하고자 하는 노력과 관련이 있다. 하나는 매우 특별하게 만드는 역동적인 상호주관적인 공간에 대한 것을 포착하는 것이며, 다른 하나는 그것을 압축, 추출, 선택하여 인격적 만남에 대한 본질적인 어떤 것들이 보존될 수 있도록 변환하는 것이다. 현상학은 우리가 이것을 수행할 수 있도록 도움을 줄 수 있다.

현상학은 수많은 연구 방법 중 하나이고, 또한 조직적이며 인과적인 상관관계들과 질적 특징들을 결정하기 위해 관찰에 기반하고 있는 자연과학적 방법들과 비교될 수 있다. 현상학은 관찰자가 자신들이 관찰하고 있는 것들에 대해 영향을 끼치지 않는다는 가정을 기반으로 한다. 이것은 한 명의 실험자가 발견한 것이 다른 사람에 의해서도 역시 발견될 것이라는 사실을 따른다. 세상에 대해 발견하는 것들은 실제적이고 고정된 것으로 여겨진다.

또 다른 연구 방법은 '내성주의'이다. 이것은 한 개인이 자신의 정신활동을 관찰하는 것에 관한 것이다. 이것은 외부세계에서 일어나는 사건에 대해서는 거의 관심을 두지 않으며, 대신에 주관적인 경험들을 강조한다. 그것은 또한 경험의 상황적 맥락에 대해 크게 중요성을 두지 않으며 특별히 조직적이지도 않다.

모든 연구 방법이 각각의 가치를 지니고 있지만, 연구 방법과 연구되는 것 사이의 결합이 중요하다. 자연과학의 관계에서 관찰된 물체는 기계론적이며 그것의 통제를 넘어서는 힘이 필요하다는 가정은, 예를 들어 의자나 돌처럼 Sartre가 즉자존재(being-in-itself)로 묘사한 무생물적 객체에 있어서는 확실하게 매우 잘 적용된다. 그러나 Sartre가 대자존재(being-for-itself)라고 칭하는 인간에 대해서는 부적절하다(Sartre, 1943: 617). 그러므로 현상학은 인간의 현상들에 대해 조사하기 위한 연구 방법으로 가장 적절하며, 슈퍼비전도 인간 현상들 중의 하나이다(Giorgi, 1970).

현상학의 특징

현상학은 20세기 초에 Edmund Husserl에 의해 개발되었다. 이어서 Sartre (1943)와 Heidegger(1962) 둘 다 실존 연구에 현상학을 적용했다. Husserl은 사람이 자신과 관련된 것에 대한 자신의 가정들을 더욱 자각하기 위해 사용할 수 있는 방법으로서 현상학을 고안했다. 뒤를 이은 저술가들은 관계들을 조사하기 위해 현상학을 수정했고, 그것은 또한 Moustakas(1994)와 Colaizzi(1978) 등의 연구자들에게 적용되었다. 현상학이 우리가 다른 사람들과의 관계에서 구성하는 의미들의 깊이와 넓이를 발견하는 것에 공헌했다는 점에 있어서 그것은 사회적 활동이며, 대화에 관한 것이다.

슈퍼비전에서 대화 그 자체의 특징이나 질은 슈퍼비전의 효과성을 규정지으며, 마찬가지로 상담에서 슈퍼바이지의 작업에 대한 효과성을 규정하기도 한다. 우리는 독백(monologue)과 담화(duologue), 대화(dialogue)를 구별할 필요가 있다(Deurzen, 1998: 48). 독백은 한 사람이 말을 하고 다른 사람이 듣고 있으며, 화자의 주된 관심은 말을 하는 것이고 다른 사람이 어떻게 받아들일지에 대해서는 거의 관심이 없는 경우이다. 듣는 사람의 경험은 종종 함께 이야기를 나누거나 말을 하도록 요청되기보다는 말을 듣는 것일 뿐이다.

담화는 두 사람이 서로서로 말을 하고 있지만 오로지 피상적으로만 상대방의 말을 들어 주고 있는 경우이다. 그들이 차례로 잘 말하고 잘 듣는 것으로 보이며, 심지어 상대방이 말하는 것에 대해 응답조차 하지만, 그들은 실제로 서로에게 경청하지 않는다. 그들은 상대방에게 말하기를 원하는 것을 듣고 있을 가능성이 높다. 이것은 두 개의 독백이 동시에 일어나는 것에 더 가깝다.

반면에 대화는 두 사람이 참석하여 서로에게 귀 기울이는 경우의 의사소통이다. 이는 상대방이 말하는 것을 듣고 싶어 하는 것 때문이 아니라, 실제로 언급되는 것과 그들이 발견할 수 있는 것을 위해 이야기를 나누는 것이다. 그것은 반응에 대한 개방성을 포함한다. 진정한 대화는 반드시 불쾌할 필요는 없지만 어느 정도 있을 수 있는 불안으로 특정지어진다. 그러나 이러한 불안의 특성은 진정한 대화에서 우리가 어떤 것을 이야기하게 될지 또는 어떤 생각들이나 감정들이 발생할지 전혀 알 수 없기에 나타나는 것이다. 만일 누군가가 세상에 대한 새로운 관점을 찾아낼 가능성에 대해서 마음이 열려 있고 준비되어 있다면, 비로소 그는 새로운 무언가를 발견할 수 있다. 이것은 예측할 수 없기 때문에 불안정한 상태이다. 대화는 오해를 통해 그리고 공통된 진실들을 향해 그들의 방식을 찾아가는 두 사람 사이의 상호교류이다.

대화에 관한 논의는 이 책의 모든 장(chapter)과 연관이 있으며, 실존주의 슈퍼비전은 근본적으로 진정한 의미에서 문자 그대로 대화를 지지한다.

Husserl은 '현상학적 환원'을 첫 번째로 몇 가지 다른 환원(이어서 형상적, 초월적 그리고 몇몇의 다른 것)을 제시했다. 그것은 우리가 우리 자신들과 세상 사이에 설정한 우리의 물리적, 사회적, 개인적, 도덕적 본성들에 대한 우리의 가정들을 자각하도록 만드는 방법이다. 그는 우리가 이해하는 것이 무엇인지에 대한 우선적 이해를 하지 않고, 어떤 것에 대해 어떻게 이해할 수 있을까에 대해 질문했다. 그는 어떤 것의 드러난 특성에 대해 연구하는 것을 통해 지식의 영역이 두 방향으로 확장될 수 있다고 말했다.

- 첫째, 객체를 향하여, 즉 그것에 대한 발견을 위해서
- 둘째, 주체를 향하여, 즉 바라보는 과정에 대해 이해하기 위해서

주관적인 것과 객관적인 것(외부적 대상) 사이의 일치성은 우리가 그들을 함께 연구해야만 한다는 것을 의미한다. 실제적으로 우리는 매일의 삶에서 줄곧 이러한 일치성을 만들지만, 성공의 정도는 다양하다. 현상학의 목적은 이러한 성공률을 증가시키고 우리가 언제 그리고 어떻게 실수하는지를 지적하는 것이다. 슈퍼비전에서 외적인 것들은 상담자와 내담자 사이에 실제로

일어나는 것이다. 이것을 재현하는 가장 실제적인 방법은 축어록이다. 그러나 이것조차 완벽하지는 않다. 나는 이러한 사항에 대해 다시 언급할 것이다.

구조틀로서의 현상학

현상학적이 되기 위해서 우리는 또한 무엇을 위해 이론을 사용할 것인지에 대해 명료해져야만 한다. 어떤 이론은 단지 요약이 될 수 있으며, 어떤 것은 과거에 발견된 방식에 대한 서술을 간소화한 것이다. 이것은 우리가 그것을 정착시키고 방향성을 지향하도록 하는 면에서 유용할 수 있지만, 우리는 하나의 이론은 하나의 지도와 유사하다는 것과 그 영역은 존재하는 그 어떤 지도보다 훨씬 더 복잡하고 다양한 측면이 있다는 것을 결코 잊어서는 안 된다. 우리는 지도가 제한적이며 그것이 한때 지녔던 예측력을 가지는 것에 실패할 수도 있다는 사실에 대해 생생하게 머물 필요가 있다(Deurzen-Smith, 1997: 203). 비록 이론은 우리가 대안들을 생성할 수 있도록 도움을 주지만, 현상학은 우리가 그 지도를 그 영역이라고 실수하지 않도록 확신하는 것에 도움을 줄 수 있다.

현상학은 구조적이기 때문에 그것은 그것과 연관된 특성화된 활동이나 기술을 따르며, 현상학적 조사는 두 개의 부분으로 이루어져 있다(Ihde, 1986; Moran, 2000). 첫 번째 부분은 '괄호치기(bracketing)' 또는 '판단중지(epoché)'로 알려져 있다(Moran, 2000: 147). 이것은 두 번째 부분보다 좀 더 수동적이며 '주의, 기술, 수평화'라는 세 가지의 측면을 가지고 있는 것으로 기술될 수 있다. 이러한 측면들이 고정된 순서라고 생각하기 쉽다. 이러한 생각은 비현실적일 뿐만 아니라, 역동적 과정을 고려하는 데에 있어서 일종의 기계론적인 방법이다. 그들은 동시에 수행되는 것으로서 여겨지는 것이 최상이다. 두 번째 부분은 더욱 적극적이며 무엇이 어떻게 초점화되는지에 대해 구체적으

93

로 열거해야 하는 것으로 '구성'이라 일컬어진다. 이것은 좀 더 해석학적으로서 해설적 기능을 가지고 있다. 이것은 우리가 초기에 설명되었던 것에 대한 의미들을 이해하기 시작하는 곳이다.

1장에서 판단중지는 '실제적으로 실존주의적 관점과 동의어'인 것으로 강조되었으며, 모두는 아니지만 이 책에 기여한 대부분의 저자들은 그것의 중요성을 인정할 것이다. 판단중지는 슈퍼비전이나 상담적 접근에 있어서 안내자 역할을 수행할 수 있으며, 맞닥뜨리는 어떤 것에 대해서도 열린 입장을 격려한다. 인간의 기능에 대해 규칙적인 이론들을 심각하게 의지하는 임상가들은 이러한 입장을 더욱 잘 고려해야 한다. 2장에서 우리는 이론을 내담자에게 끼워 맞추는 '규격화하는 것'에 대한 위험성을 살펴보았다. 현상학을 활용하기 위한 세부사항들을 함께 살펴보자.

94 괄호치기

수련의 초기 과정에서 모든 상담자는 자신을 더욱 인식하고 이로 인해 더 나은 상담자가 될 것이라는 가정들을 확인하는 기대를 가지고 자신의 경험들을 성찰하도록 격려받는다.

현상학은 여기에 세 가지의 잠재적 위험성이 있음을 우리에게 알려 준다. 첫째는 우리가 항상 자신의 가정들을 온전히 인식할 수 있다는 믿음이다. 슈퍼비전은 상담자와 내담자 사이에 함께 구성된 관계 속에서, 상담을 통제하고 제한하는 가정들을 발견하는 것에 관한 것이다. 둘째는 그러한 가정들을 단순히 지적으로 인식하는 것이 충분하리라고 상상하는 것이다. 이는 충분하지 않다. 왜냐하면 그것들은 불가피하게 우리가 인식하지 못하는 방식으로 되돌아오기 때문이다. 이러한 가정들이 무엇을 위한 것이고, 우리에게 어떤 의미이며, 어떻게 영향을 주는지를 점검하지 않는다면 우리 자신들과 슈퍼바이지들 그리고 그들의 내담자들에 대한 우리의 책임을 회피하는 것이다. 그뿐만이 아니라, 우리는 이러한 가정들을 필요로 한다. 이는 단지 세상을 이해하기 위해서가 아니라 우리가 평소 세상을 이해하는 방식에 대해 스스로 상기시키기 위해서이다. 우리의 가정들은 우리에게 알려 주기 위한 우리 존재의 창조물이다. 셋째는 그러한 가정들이 일회적이고 모든 과정에 대한 것이라는 신념이다. 삶은 계속 이어지는 것이며, 그래서 우리의 점점 발전하는 가정들을 성찰하는 것과 우리가 가정들에 대해 인식하지 못하는 방식이 지속된다. 종종 서로 연결되는 다른 종류의 가정들이 많이 있다. 가정들이 신념과 결합하게 될 때 그것은 훨씬 더 강력해지고, 그러므로 검토하는 것에 대해서도 더욱 저항적이게 된다.

이론적 가정의 한 예로는, '개인의 죽음에 대한 의식은 항상 사람들의 삶 속에서 가장 주요한 동기부여가 되는 힘이다.'가 있다. 개인적 가정의 예로는, '나의 아버지의 죽음은 내 삶에 대해 더욱 심각하게 생각하도록 자극했다.'를 들 수 있다. 두 가지의 병합된 예로는, '만일 슈퍼바이지가 자신의 내담자에게 스스로의 죽음을 고려하도록 하지 않는다면 작업은 진전되지 않을 것이다.'가 될 수 있다. 혹 그럴 수도 있지만, 중요한 것은 **결과**(conclusion)가 가정(assumption)들에 의해서 정해진다는 것이다. 검토되지 않았던 가정들의 결과가 '진실'이고 '명백한' 것으로 여겨지는 점이 그 가정들과 묘하게 유사하게 될 것이다. 이러한 일이 일어났을 때에는, 지도는 그 영토에 대해 잘못 그려진 것이다.

현상학적으로, 모든 지식과 세상에 대한 모든 결론은 잠정적인 것으로 여겨진다. 그것들은 단순히 우리가 얼마 동안 당면한 문제를 숙고하기 위해 지니고 있는 불완전한 방식일 뿐이다. 슈퍼바이저의 검토되지 않은 가정들에 대한 위험성은 '만일 당신이 나의 가정들을 배우면, 당신은 제대로 상담하게 될 것이다.'라는 규칙과 함께 슈퍼바이지가 슈퍼바이저의 가정들이 **사실**(fact)이라고 느끼게 되는 것이다. 이러한 문제들은 슈퍼바이지가 어떤 과정을 통과하기 위해 슈퍼바이저에게 의존하고 있을 때 더 커다란 중요성을 가진다.

만일 두 사람 사이에, 예를 들면 슈퍼바이저와 슈퍼바이지가 동일한 수련을 받았던 것과 같은 피상적인 연합이 있다면 더 그럴 것이다. 현상학을 엄밀하게 응용하는 것은 우리에게 상담이 더 효과적이면서 더 비판적일 수 있도록 빛을 비추어 줄 수 있다.

주의

무엇인가를 맞닥뜨리면 우리는 우리의 관심을 그것에 쏟는다. 즉각적으로 우리는 익숙한 대상이나 경험의 관점에서 그것을 해석한다. 이러한 주의는 적극적이며, 우리는 슈퍼바이지의 말을 그냥 듣는 것 이상으로 어떤 활동을 수행하고, 경청하고 있는 우리 자신에게 귀를 기울인다. 그리고 우리가 이것들을 인식하는 과정에서 우리가 지니고 있는 그것과 연관된 어떤 것도 배제하려고 노력한다. 당분간 이러한 연상은 단순히 기억될 필요가 있으며, 그것의 중요성은 아직 알려진 바가 없다. 그것은 적절한 때에 더 명확해질 것이고 검증에 활용될 것이다.

주의하기 위한 우리의 능력은 불확실성을 안고 살아가는 우리의 능력과 관련이 있다. 만일 우리가 그럴 수 있다면 우리는 새로운 어떤 것들을 볼 수 있을 것이나, 그럴 수 없다면 우리는 혼란스럽고 막연하게 되거나 제한적이고 독단적일 수 있다. 무엇보다도 우리는 지도를 가지지 못하거나, 그다음으로 지도를 영토로 착각하게 된다. 어떤 것을 새롭게 본다는 것은 '알지 못하는 것'으로도 기술된다(Wolters, 1978; Parsons, 1984, 1986; Casement, 1985; Spinelli, 1997).

기법의 수준과 관련해서 우리는 침묵할 필요가 있다. 만일 우리가 처음 본 것이 말 그대로 전부라고 주장한다면, 그것은 우리가 그것의 역동적 다차원성을 바라보지 못하는 것이라 하겠다. 우리가 볼 수 있기 위해서는 충분한 빛을 비추는 법을 알아야 한다. 그러나 우리는 비록 최상의 노력을 함에도 불구하고 어떤 대상에 영향을 주고 있는 것과 마음속에 품고 있는 것에 대해 어느 정도는 억제하고 내리누르고 무감각하게 된다. 현상학적이 됨으로 인해 우리는 이러한 영향에 대해 발견한다.

기술

기술(description)은 우리가 지닌 가정들을 간파하는 것을 필요로 하기 때문에, 그것은 일반적으로 여겨지는 것보다 더 어렵다. 설명(explanation)은 그것들과는 다른 용어로 일정량의 사건들을 제공하고자 하며, 축약하고 원인을 이끌어 낼 것이다. 설명으로서의 이론은 은유의 세련된 형태이고, 은유들은 환상에 불과한 이해들을 제공하며, 종종 그것들은 나타내려 하는 것보다 더 모호하다. 슈퍼바이저의 설명하고자 하는 유혹은 그들의 불안과 비례하고, 설명은 슈퍼바이저의 불안을 해소하기 위해서나 슈퍼바이저의 학식으로 슈퍼바이지에게 깊은 인상을 주기 위해 변함없이 제공된다.

비록 슈퍼비전은 일종의 대화이지만, 오로지 말에만 집중하는 것은 언어를 너무 지나치게 강조하는 것이다. 단지 언어적 단서들만이 우리에게 명백한 것이라는 논란을 낳을 수 있다. 이는 우리가 언어적 문화 속에 살고 있으며, 상담은 이러한 문화의 현상이기 때문이다. 우리는 다음과 같은 것들을 가정할 수 없다.

- 누군가가 말하는 것은 그들의 경험에 대한 온전한 기술인가에 대한 가정
- 만일 슈퍼바이지가 '네'라고 말하면, 그들은 우리와 같은 방식으로 생각하고 동의한다는 가정
- 경험이 현재적이거나 종국적으로 언어화될 수 있다는 가정

이러한 가정들 중 어떤 것을 고수하는 것은 세상에 대한 우리의 견해를 대

폭 축소시킨다.

우리의 의도적인 본성과 가장 직접적인 연결성을 가지고 있는 인간 경험은 정서적 측면이다. 정서는 우리의 존재 안에 우리를 연결하고 자리하게 하는 것이다. 정서는 해류(currents), 저류(undercurrents), 혼류(cross currents)를 지닌 인간 경험에서의 밀물과 썰물이다. 감정들은 마치 계절과도 같으며, 세상에 계절이 없는 경우는 결코 없다. 감정들은 존재하는 것과 행동하는 것의 연결점이고, 역동적 지속성에 대한 존재와 행위이며, 시간과 공간 그리고 불확실성에 있어서 정착이 불가능한 것이다.

이는 기술이 중재된 지적 경험이나 인지적 경험보다 정서적 경험과 맥락에 우선적으로 초점을 둘 필요가 있는 이유이다. 한 사람의 정서에 대한 인식은 그의 강점들과 약점들을 더욱 온전하게 이해하도록 안내한다.

기술적 분석을 시작하는 가장 유용한 질문은 '왜'가 아니다. 왜냐하면 이것은 인과적 연결을 성립하고자 하는 시도를 통해 현재적 경험으로부터 거리를 두도록 요청하는 것이기 때문이다. '왜'가 아닌 '무엇을' 그리고 '어떻게'라는 질문들은 단순히 좀 더 확장된 기술을 요청한다. 이는 다음과 같은 것이다.

- 무슨 말이지요?
- 그것은 어떠합니까?
- 그것에 대해 조금 더 말해 주실 수 있습니까?

수평화

슈퍼비전에 있어서 많은 경우 우리는 인식된 세계의 모서리에 있다. 그리고 우리는 그중 어떤 것이 무엇을 의미하는지 모른다. 이는 우리가 어떤 측면이 다른 측면보다 더 중요하다는 결론에 너무 이르게 도달하는 것을 삼가야만 하는 이유이다. 게다가 이야기와 경험의 부분들을 인식하는 우리의 능력은 불가피하게 우리 자신의 삶의 경험에 의해 제한될 것이며, 어떤 것들을 인식하는 우리 자신의 독특한 방식들은 무한하다. 그러므로 수평화에 대한 우리의 성공은 우리의 가정들을 이해하고 인식하는 우리의 능력에 달려 있다. 그래서 만일 우리가 어떤 특정한 방식으로 슈퍼바이지들과 그들의 내담자들에 대해 생각하는 것을 스스로 알아챈다면, 그것은 우리가 수평화를 충분히 잘 못하고 있다는 것과 우리가 상당히 실수하고 있을 수도 있다는 단서를 제공해 준다. 그러나 누군가가 오직 자신에 대해서만 경험의 요소들을 기술한다면, 조만간 분명한 요소들이 다른 것들보다 더 눈에 띄게 명확히 나타날 것이다.

만약 주의, 기술 그리고 수평화가 철저하게 수행된다면, 숨겨진 가정들은 점차 빛으로 나오게 될 것이고, 우리가 그것들 주변에 놓은 은유적인 괄호들은 그것들이 사실이 아닌 가정들이며 우리의 관점에 대한 영역을 더욱 제한할 수도 있을 것이라는 점을 우리에게 상기시켜 줄 것이다. 슈퍼바이저가 만일 자기 자신에 대한 가정들을 인식하지 않는다면, 다른 사람의 가정들에 대해 충분히 명확하게 인식할 것이라는 기대를 할 수 없다. 이것은 그저 좋은 생각이 아니다. 이것은 현상학적 수련의 원리이다. 슈퍼비전에 판단중지를 적용함에 있어서, 슈퍼바이저는 다음의 네 가지를 수행할 필요가 있다.

1. 가정들을 인식하라.
2. 가정들을 괄호치기하라.
3. 가정들을 기억하라.
4. 가정들을 이해하라.

그리고 만약 이것이 충분히 철저하게 이루어졌다면, 슈퍼바이지는 반사적으로 동일하게 수행할 수 있게 될 것이다.

확증

현상학을 적용하는 데 있어서의 두 번째 부분은 더 적극적이며 때때로 확증이라고 일컬어진다. 판단중지 활동들은 강력할 수 있으며, 자주 실제적으로 철학적 당혹감과 개인적인 의문들에 다시 불을 붙일 수 있지만, 어떤 경우들에 있어서 기술적인 분석은 충분하지 않다. 확증의 전반적인 목적은 이야기 내에서와 과정 모두에서, 그리고 슈퍼바이지와 내담자 사이의 관계에서 의미들에 대해 탐색하고 질문하는 것이다. 확증은 모든 요소들과 특성들 그리고 괄호치기를 통한 질문들이 어떻게 상호적으로 연관되는지에 대해 궁금해하는 것과 관련된 것이다. 이것은 내용과 과정이 내부적으로 연결되어 있는 방식에 관한 것이다. 확증은 또한 지향성이 의미를 제공하는 방식을 검토하는 것이기도 하다. 그러나 확증은 대화를 통한 질문이라기보다는 대화에 대해 질문하는 것이다.

확증은 이러한 상황에서의 특정한 것들인 '가변적 구조들'로부터 공통적 요소들인 '구조적인 또는 불변의 특성들'을 구별하는 것에 대한 것이다(Ihde, 1986: 39). 다시 말해서, '밝혀진 가정들이 얼마나 유효한가?'이다.

여기에는 두 가지의 위험성이 있다.

- 첫째, 공통된 요소들은 당연히 그들 각각의 특성에 의해 서로 소속되어 있어야만 하며, 현재 선호하는 이론이나 일련의 가정들의 특성으로 조합되지 말아야 한다.
- 둘째, 수평화의 규칙을 깨는 것을 타당화하기 위해 그리고 초점을 맞추기 위한 특정한 항목을 선택하기 위해 어떤 지점이 충분한 증거를 모으고 있는지를 판단하는 것은 어렵다.

이것은 경험을 통해서만 배울 수 있는 중요한 어떤 것이다. 궁극적으로 우리는 그것이 단지 점검되었을 때에 그것이 가진 효과에 의해 어떤 것들이 얼마나 유용한지를 알 수 있다. 그리고 그것의 가능성들에 대한 정도에 따라 좁혀지거나 넓게 펼쳐지게 된다. 만약 슈퍼바이저가 어떤 요소들이 다른 것들보다 더 두드러져 보인다는 것을 인식하지 않으면, 이것은 슈퍼바이지와 그의 내담자들에게 피해를 주는 것이다. 당신 자신의 경험으로 인한 권위에 의지하는 것에 주저하는 것은 무지를 이상화시키는 것으로 이어질 수 있다. 이것은 우리가 알 수 없게 되었을 때 무지의 또 다른 측면이다. 무지 뒤에 숨는 것은 이론 뒤에 숨는 것만큼 해로울 수 있다.

확증은 다음과 같이 공식화될 수 있다.

> 사례를 발표하는 슈퍼바이지를 따라가면서, 슈퍼바이저는 논의를 위한 목록으로서 슈퍼바이지의 작업에 대한 자신의 성찰을 제시한다. 이것은 상담자와 내담자 두 명의 서술 내에서 숨겨진 가정들을 재검토하는 논의로 이어진다. 그리고 이러한 논의는 토론 중인 문제와 그것의 후속적인 재기술에 대한 예비적 작업의 합의를 위해 변증법적으로 이어진다(Berguno, 1998).

'발표-논의-재기술'이라는 이러한 순서는 끝없이 반복되며, 이것이 대화의 본질이다. 현상학적으로 우리는 '창의적인 변화'에 참여하고 있다(Langdridge, 2007: 19). 우리는 우리가 이전에 발견하고 괄호치고 이제 더 깊은 탐색의 가치로 여겨지는 요소들 사이에 어떠한 연결성들이 있는지에 대해 크게 궁금해하는 것을 우리 자신에게 허락하고 있다. 우리는 또한 더 적극적으로 도전하며 해석한다. 물론 우리는 우리가 항상 마주하는 어떤 것을 이해하는 데 있어서 해석적이다. 이것이 지향성이라는 단어의 의미이다(ibid: 13). 그러나 현상학적 슈퍼바이저의 책무는 해석들이 이론이나 슈퍼바이저 혹은 상담자의 선입견들의 영역보다 현상학적 분야의 틀 안에서 이루어지도록 만드는 것이다.

만일 슈퍼바이저가 현상학적이라면, 슈퍼비전을 본질적으로 가학적이 되게 하는 어떤 것도 존재하지 않는다. 슈퍼바이지는 슈퍼바이저가 자신을 교정이 필요한 사람으로 볼 수 있기 때문에 단순히 슈퍼바이저를 처벌자로 보기가 쉽다. 이것들은 검토될 필요가 있는 가정들이다. 비록 가정들은 '불변하는' 것으로 보여도, 그것들은 실제로 '가변적'이다. 현상학은 슈퍼비전이 결핍적 모델이기보다는 사람에 대한 성장적 모델로부터 기인된 것으로 여긴다. 가정들은 가정들이기에, 우리는 그 가능성 또는 만일 확실치 않다면 우리가 우리의 치료에 대해 우리 스스로를 속일 수 있다는 개연성을 인식할 필요가 있다. 그리고 이러한 발견을 위해 책임감을 가지고 고뇌할 필요가 있다.

그러나 다른 자율적인 사람들과 이 세계에 함께 산다는 것은 괴롭다. 우리 각각의 개인은 자신의 견해와 다른 사람의 시각 모두를 인식해야 하는 책무를 가지고 있다. 슈퍼바이저를 위한 중요한 현상학적 질문은 우리가 슈퍼바이저로서 책임성을 지니고 있는지의 여부가 아니라, 우리가 가진 책임의 본질이 무엇이며, 어떻게 슈퍼바이저와 슈퍼바이지 그리고 내담자 이 세 명이 관여된 자율성을 동시에 인식하면서 이것을 실행할 수 있는가에 관한 것이다.

우리의 책임을 점검하는 것에 대한 의미들은 다음과 같다.

- 슈퍼비전은 다음 회기가 아닌 지난 회기에 대해서만 이루어진다는 것
- 슈퍼바이저는 슈퍼바이지가 다음에 해야 할 것을 말해서는 안 된다는 것
- 내담자를 위해서 슈퍼바이저는 슈퍼바이지의 전문적 임상 능력을 신뢰할 필요가 있다는 것—만일 슈퍼바이저가 이것에 대해 의구심을 명백하게 가지고 있다면 이러한 사항들이 언급되어야 할 필요가 있다.
- 초점은 항상 내담자에 대한 슈퍼바이지의 작업에 맞추어져야 한다는 것—물론 이것은 슈퍼바이지 자신의 경험이나 슈퍼바이저와의 관계를 제외하지 않는 것을 의미한다.

우리가 슈퍼바이저로서 가지는 책임성의 본질은 이후 3부의 처음 두 장에서 더 논의될 것이다.

공동적으로 구성된 우리의 본질과 관련하여, 슈퍼바이저/슈퍼바이지 관계는 이해 불가능한 복잡성 속에 있는 한 부분이라는 사실을 잊어서는 안 된다. 그리고 우리 삶의 다른 부분 속에 있는 방식이 슈퍼비전에서 다시 드러나는 것은 불가피한 것이다. 이것이 우리가 평행 과정을 이해하는 방법이다. 우리는 우리가 관찰하고 그리고 누군가에 의해 관찰되는 다른 사람들의 세계 안에 존재한다. 이러한 다른 존재들은 우리에게 우리가 세상에서 존재하고 있는 방식에 대해 가치 있는 피드백을 제공한다.

현상학과 축어록

우리의 자기기만능력이 과소평가되어서는 안 된다. 또는 현상학적으로 말해서, 효과적으로 괄호치기를 하지 않을 수 있는 우리의 능력을 잊지 말아야 한다. 말도 안 되는 일이 일어났을 때 우리 자신과 다른 사람들에게 특정한 방식으로 발생한 것들을 확신시키는 우리의 능력은 매우 놀랍다. 우리가 서로에게 영향을 주고 있음에도 불구하고, 대부분 의식 아래의 수준에서 단지 언어로 부호화되어 있다(비록 그들이 말을 배우기 이전이라 할지라도).

이는 축어록이 매우 가치 있는 이유라고 할 수 있다. 우리는 추상적인 개념을 이해하기 위해 '무엇'에 대해 가능한 한 많이 알아야 할 필요가 있다. 축어록은 완벽하지 않으며, 그것들이 동시적 기록이 아니면 이 또한 수정의 대상이 된다. 어떤 순간도 두 번 경험될 수는 없다. 두 번째는 결코 첫 번째와 동일할 수 없다. 이는 단지 두 번째일 뿐이지 첫 번째가 아니기 때문이다. 그러나 우리는 일차적인 단서에 대해 할 수 있는 한 가장 가까워질 필요가 있다. 아마도 최선의 방법은 슈퍼바이저가 상담자와 내담자로서 동일한 공간에 있는 것이다. 비록 그것이 '3인조'의 활용 안에 있는 모든 훈련 과정에서 행해질지라도, 이것은 명확하게 실행되기는 어렵다. 임상 분야에서 가족상담은 일방경을 사용하여 직접적으로 관찰하며, 현장 슈퍼비전에서 상담자가 개입할 때 지침을 제공받는다(비록 이것이 어떤 것을 분명히 변화시킬지라도).

비디오와 오디오 테이프의 사용은 비록 친숙함과 논의에 의해 그것의 영향이 최소화될지라도, 성가시며 시간이 많이 소요되고 과정을 변경할 위험이 있다. 최선은 아닐지라도 축어적 설명은 차선의 타협이 될 것이다.

심리치료는 대부분 말로 수행된 언어적 대화의 상호교환이다. 이는 그것 자체가 제약을 가지고 있다. 아무리 과도하게 규정할지라도, 언어는 개인적이고 다면적인 측면이 있으며, 우리는 '사물 그 자체'에 대해 알기 위해 항상 '사물 그 자체'에서 출발해야 한다. 슈퍼비전의 맥락에서 '사물 그 자체'는 대화 속에서 사용된 단어들이다. 우리가 회기 중에 언급된 것이 아니라 회기에 대한 슈퍼바이지의 생각이 무엇인가로부터 시작하면 할수록 우리는 점점 더 드러난 현상에서 출발하지 않게 되며, 그러므로 현상학적으로 되지 못한다.

우리는 또한 축어록이 단지 어떤 것을 설명하는 것이고, 이러한 까닭에 스스로 존립할 수 없다는 것을 기억해야만 한다. Heidegger는 '언어는 존재의 집'이라는 것을 우리에게 상기시킨다(Heidegger, 1993b: 217). 이것에 의하면 우리가 분명한 의미를 전달하기 위해 언어를 사용하는 것이 아니며, 언어의 사용은 우리의 인지적이며 실존적이고 체화된 세상과의 관계를 드러내는 것을 의미한다(Langdridge, 2007: 161). 그러므로 축어록은 단지 시작일 뿐이다.

우리가 사용할 수 있는 은유는 오페라의 은유이다. 오페라의 대본은 대화이고, 음악은 어조이고, 안무는 두 사람의 동작과 자세이다. 축어적 설명은 단지 오페라의 대본이지만, 최소한 그것은 셋 중의 하나이며, 오페라의 대본으로부터 우리는 다른 두 요소에 대한 이해를 확립할 수 있다.

다음은 서로 맞물려 있는 의미들을 풀기 위해서 우리가 말했던 것들을 이해하거나 오해하는 방식에 대해 배우는 것이다. 현상학자들로서 우리는 지각된 것뿐만 아니라 지각을 수행하는 사람에 대해서도 알아야 할 필요가 있다.

객관화와 주관화

축어록의 활용을 통해서 내담자를 객관화하게 될 가능성이 항상 존재한다. 우리가 기억을 할 때마다, 우리는 단지 재소환(re-member)하는 것이다. 우리는 함께 제자리로 돌아간다. 이것은 불가피하게 객관화와 추상화를 포함하고 있다. 객관화는 항상 어떤 성찰적 과정에서 일종의 위험성이 있다. 특히 내담자의 말들만 기록되어 있다면 더욱더 그렇다. 실제로 우리는 중립적인 척 가장하는 것으로 우리 자신을 객관화할 수 있다. 두 사람 사이의 상호작용을 포함하는 축어록은 부주의한 객관화를 감소시키고 관계의 질 중 하나에 초점화하도록 한다. 그러면 슈퍼비전에서의 질문은 "어떻게 이 두 사람이 이런 질의 관계를 갖는 것이 가능한가요?"와 같은 것이 된다. 단순히 둘 중 한 명이 말한 것보다 두 사람 사이의 대화에 집중하는 것은 또한 개인적인 '병리'에 주의를 기울이는 경향을 감소시키고, 공동으로 구성하는 작업의 본질에 집중하는 것을 강화시킬 것이다.

축어록의 위험성에 관계없이, 축어적 기록을 활용하지 않는 것으로부터 발생하는 더 큰 위험성이 존재한다. 이것은 주관화의 위험성으로, 내성주의(introspectionism)에 의지하는 것이다. 주관화에 있어서 내담자는 슈퍼바이지의 상상이 만들어 낸 허구적 인물이 되고, 슈퍼바이지 자신의 괄호치기하지 않은 가정들로부터 기인된 특성과 욕구, 그리고 기억들의 집합체가 슈퍼비전에서 드러난다. 예를 들어, 슈퍼바이저로서 우리는 내담자가 실제로 상담자가 언급했던 어떤 것(상담자가 명백하게 수행하기를 바라는 어떤 것)에 적극적으로 동의를 했는지, 혹은 내담자가 단지 암묵적 제안(상담자가 명백하게 수행하는 것에 대해 좋아하지 않는 어떤 사항들)에 반응하고 있었는지를 알 수 있는 타당한 방법이 필요하다. 축어록은 이를 확인하기 위한 가장 좋은 방법들 중 하나이다. 축어록을 발표하는 것은 우리가 상호적으로 교환되는 것을 추적함으로써 과정에 대해 좀 더 직접적인 감각을 얻고 추측을 배제할 수 있도록 하는 것을 가능하게 한다.

전체 회기를 재소환하는 것은 불가능하기 때문에 불가피하게 어떤 결과들이 선택된다. 그러나 그것은 예를 들면 '상호적 과정 회상'(Kagan, 1984)으로 설명되는 것과 같이 특정 전략에 대한 일관적인 적용을 통해서 학습될 수 있는 기술이다.

슈퍼바이저로서 우리는 가정들이 괄호치기되는지 여부를 인식하는 방법과 상담자 자신의 논제에 이끌리지 말아야 하는지를 확실하게 하는 방식을 지녀야 할 필요가 있다. 현상학적으로 수련하는 것이 이것을 명확하게 할 수 있다.

106

결론

이 장은 슈퍼비전의 실행에 있어서 철학 및 현상학적 연구 방법과 연관이 있다. 현상학은 사람들의 상호작용을 탐색하기 위한 가장 적절한 연구 방법으로 일컬어지는데, 슈퍼비전이 하나의 예가 될 수 있다. 이는 현상학의 체계적인 방법론이 연구자들이 관계적 사실에 대한 진실을 유지하면서 다양한 의미와 가능성에 대해 열려 있으며 수용할 수 있도록 만들어 주기 때문이다. 이것은 연구자의 가정이 항상 전면에 있으며 심각한 탐색이 없이는 결코 수용되지 않는다는 것을 확신함으로써 가능하다.

참고문헌

Berguno, G. 'Teaching Phenomenology as a Social Activity', *Existential Analysis* 9(2) (1998) 18-23.

Cohn, H. W. *Heidegger and the Roots of Existential Therapy* (London: Continuum, 2002).

Colaizzi, P. F. 'Psychological Research as the Phenomenologist Views It'. In R. Valle & M. King (eds) *Existential Phenomenological Alternatives for Psychology* (Oxford: Oxford University Press, 1978).

Casement, P. *On Learning from the Patient* (London: Routledge, 1985).

Deurzen-Smith, van E. *Everyday Mysteries* (London: Routledge, 1997).

Deurzen, E. van *Paradox and Passion in Psychotherapy* (Chichester: Wiley, 1998).

Giorgi, A. *Psychology as a Human Science. A Phenomenologically Based Approach* (New York: Harper & Row, 1970).

Hare, D. 'Why Tabulate?' 7 (Oxford: Arête, 2001) *Guardian* 2.2.2002.

Heidegger, M. 'What is Metaphysics?' In D. F. Krell (ed.) *Basic Writings* (London: Routledge, [1947] 1993a).

_____ 'Letter on Humanism'. In D. F. Krell (ed.) *Basic Writings* (London: Routledge, [1947] 1993b).

_____ *Being and Time*. Trans. J. Macquarrie & E. Robinson (Oxford: Blackwell, [1927] 1962).

Ihde, D. *Experimental Phenomenology* (Albany: Suny Press, 1986).

Kagan, N. 'Interpersonal Process Recall: Basic Methods and Recent Research'. In D. Larsen (ed.) *Teaching Psychological Skills* (Monterey: Brooks Cole, 1984).

Langdridge, D. *Phenomenological Psychology* (Harlow: Pearson, 2007).

Moran, D. *Introduction to Phenomenology* (London: Routledge, 2000).

Moustakas, C. *Phenomenological Research Methods* (London: Sage, 1994).

Parsons, M. 'Psychoanalysis as Vocation and Martial Art', *International Review of Psycho-Analysis* 4 (1984) 453.

_____ 'Suddenly Finding it Really Matters: The Paradox of the Analysts Non-Attachment', *International Journal of Psycho-Analysis* 67 (1986) 475-88.

107

Sartre, J-P. *Being and Nothingness*. Trans. H. E. Barnes (London: Methuen, 1943).

Spinelli, E. *Tales of Un-Knowing* (London: Duckworth, 1997).

Wolters, C. *The Cloud of Unknowing* (Harmondsworth: Penguin, 1978).

108

5장
슈퍼비전 관계

-Laura Barnett

들어가는 말

　인간은 세계-내-존재(being-in-the-world)라는 전제로부터 출발하여, 이 장에서는 다른 사람들을 바라보며 관계를 맺는 방식을 혁명적으로 변화시킨 세 사람, 철학자 Martin Buber와 Emmanuel Lévinas, 심리치료사 Carl Rogers에 대하여 살펴보고자 한다. 그리고 이들의 사상적 관점에서 슈퍼비전 관계에 대하여 살펴볼 것이다. 이것은 동시에 이러한 탐색에 대한 개인적 연구이다. 지금까지 나는 슈퍼비전에 관해 임상적으로 배웠는데, 이러한 과정에서 나의 상상력을 사로잡고 나의 존재 방식에 적합한 독서와 수련에 열중했다. 그러므로 나는 나의 출발점으로서 이들 세 사상가로부터 드러나는 그림을 호기심으로 바라보며, 나 자신의 슈퍼비전 관계가 그러한 그림과 유사한지를 살펴보게 될 것이다.

세계-내-존재

Heidegger(1962)가 우리는 세계 '내'에 존재한다고 말할 때, 그가 말하는 '내'라는 표현은 어떤 장소를 뜻하는 것이 아니라 의미 있는 연계망 속에서 살아가는 하나의 방식을 뜻한다('망각 속에'라는 표현과 같이 불확실성으로 일컬어지는 일종의 삶의 방식으로 이해하자). 단어 중간의 하이픈(-)들은 존재와 세계, 그리고 그들의 의미 있는 연결에 대한 분리가 불가능한 것을 표현한다. 세계-내-존재는 '관계 속'에서 존재하는 인간 실존에 대한 관점을 수반한다. 우리는 항상 세상 및 타인들과 여러 유형의 관계를 맺고 있는데, 심지어 다른 사람들을 기피하거나 무관심한 것조차도 관계를 맺는 유형들이다.

바로 이러한 충분한 개념으로부터, 나는 또한 우리가 체화된 존재이며 항상 어떤 특정한 방식으로 적용된다고 했던 Heidegger의 언급에 주목하고 싶다. 우리는 몸을 통하여 세상 및 타인들(우리의 슈퍼바이저들과 슈퍼바이지들을 포함하여)을 지각하며, 우리의 지각은 우리가 세상 속에서 적용하는 방식과 그 안에서의 기분상태(그리고 우리는 어떤 기분상태에 있지 않는 경우는 결코 없다)에 따라 색채를 입게 된다. 세상과 타인들은 우리에게 매우 의미가 있다. 우리는 항상 우리가 지각하고 경험하는 것을 스스로 이해하고 있다. 따라서 다른 경우와 마찬가지로 슈퍼비전 관계에서도 우리는 항상 끊임없이 타인들의 경험과 우리의 지각을 맞든 틀리든 간에 해석하고 있다.

Martin Buber(1878~1965)

더불어 사는 인간 삶의 기본은 두 가지로 구분할 수 있는데, 그중의 하나가 인간은 누구나 자신의 있는 모습 그대로, 심지어 가능성 있는 존재로 사람들에게 인정받고 싶은 소망이다. 그리고 인간에게는 이런 방식으로 자신의 주위 사람들을 인정하는 선천적인 능력이 있다. ······ 참다운 인간성은 이러한 능력이 드러나는 곳에서만 존재한다(Agassi, 1999: 12).

Martin Buber는 심리치료에 대단한 관심을 갖고 있었다. 그는 3학기 동안 정신의학에 대하여 공부했고, Jung, Binswanger, Friedman, Farber와 같은 사상가들과 서신을 주고받았다. 그는 400여 명의 청중 앞에서 Rogers와 토론을 했다. Buber는 '소위 말하는 병리적 상태에 있는······ 인간에 대해서 알기를 원했으며'(Anderson & Cissna, 1997: 20), 그의 '철학적 인류학'[1]이 심리학에 중요한 어떤 것을 제공하고 있다고 느꼈다(Agassi, 1999: 195).

Buber의 인류학을 지탱하고 있는 토대는 '거리'와 '관계'라는 두 기둥이다. 우리는 다른 사람들과 세상을 관찰하고 관계를 맺고 참여할 수 있기 위해서 이들로부터 다소 거리를 두어야 할 필요가 있다. 그리고 나서 우리는 (관찰하고 경험하며 활용하는) 하나의 객체로서 타인과 관계를 맺을 수 있으며, 그러면서 '원초적'인 거리를 유지한다. 또는 우리는 타인은 그 자체로서 다르다는 것을 인정하면서 '우리의 전(全) 존재'로 타인과의 관계를 추구할 수 있다. Buber는 관계에 있어서 후자와 같은 종류를 가리켜 우리를 단순한 '개인들'이라기보다는 '사람들'로서 정의하는 것이라고 주장했다. 그러나 '그 어느 누구도 순수한 사람은 없으며, 또 어느 누구도 순수한 개성을 지닌 사람은 없다'(Buber, 1996: 87). Buber는 절대성으로 말하는 것이 아니다.

Buber는 나-그것(I-It)과 나-당신(I-Thou)이라는 두 '근원어'에 있는 이러한 두 가지 태도를 함축하여 표현하고 있다. 이는 다음과 같이 강조하고 있다. '너(Thou)'는 인칭 대명사(독일어의 'Du', 프랑스어의 'tu')의 '친숙한' 형태이

---

[1] 이는 Buber가 '인간의 본성' 및 인간과 '관계(the between)'의 '존재론'에 대한 자신의 연구를 일컫는 것이다.

다. 그리고 Buber는 우리가 '나-그것(I-It)'은 사물/동물/자연과 관계하는 것이고, '나-너(I-Thou)'는 사람들과 관계하는 것이라고 말하지 않는다. 우리는 어떤 것이나 누구에게도 '나-그것'이나 '나-너' 둘 중 하나의 방식으로 관계할 수 있다. 그러므로 우리는 '나-그것'의 방식으로 슈퍼바이지들 및 그들의 내담자들과 관계할 수 있다. 우리는 그들을 객체화하고 판단하며 이용할 수도 있는 반면에, 우리는 '나-너'의 방식으로 '우리의 전 존재(our whole being)'로 그들과 관계하는 것을 추구할 수도 있다. 그리고 이와 동일하게 슈퍼바이지들이 자신의 슈퍼바이저를 대하는 것에서도 적용된다. "사람에게 세상은 자신의 두 가지 태도에 따라 두 종류가 된다."(ibid: 15)

그리고 여기에 Buber는 사람과 더불어 사는 인간 삶의 기본은 하나라고 덧붙인다. 이는 자신의 가능성과 확신을 제공해 줄 수 있는 자신의 능력 안에서 자신의 현재 있는 그대로를 인정받고자 하는 소망이다. Buber는 다음과 같이 주장한다. "실제의 인간성은 오직 이러한 능력이 드러날 때만 존재한다." (Agassi, 1999: 12) 나는 슈퍼비전 관계가 슈퍼바이저가 슈퍼바이지를 인정하고 슈퍼바이지가 이러한 확신을 느낄 때만 성공적이라는 사실을 덧붙이고 싶다. 그러나 "인정이 곧 동의를 의미하지는 않는다"(ibid: 86). 인정이 이의 제기를 배제하는 것은 아니다. 그것은 성공적인 도전을 위한 필요조건이다. 신뢰는 상대방이 나와 다른 측면에서 그를 인정하는 것이고, '가치 없는 목소리는 없으며, 현실이 없으면 증인도 없다'는 사실에 대한 깨달음이다(Friedman, 1992: 121). 유감스럽게도, 나는 상담자들이 자신의 슈퍼바이저들로 인해 수치스럽고, 당혹스럽고, 낙심되고, 비판받고, 심지어 소외감을 느끼게 되는 경험을 이야기하는 것을 너무 자주 듣는다.

"인간 사이의 영역에서 발생하는 본질적인 문제는 '존재와 겉모습'이라는 양면성이다."(Agassi, 1999: 75) 슈퍼바이저와 상담자가 인간적으로 그리고/또는 전문가로서의 자기확신이 결여되고 있는 그대로의 자신을 인정할 수 없을 때, 그들은 서로 간에 그리고 자기 스스로에게 어떻게 비춰지기 원하는지를 반추하는 행동 방식을 발전시키게 될 것이다. 그들의 행동이 상대방에게 '자기 존재를 보여 주는 것'이라는 진실에 근거하지 않고 **겉으로 드러난 모습**에만 치중할 때 왜곡된 대화가 이어진다. 이렇게 되면 경험으로부터의 권위가 권위주의적이고 비판적이고 괴롭히는 태도로 바뀔 수 있게 되는데, 이는 슈퍼바이저가 슈퍼바이지의 잠재적 가능성이 '드러날 수 있도록 돕는' 것이 아니라 자신의 슈퍼바이지에게 슈퍼바이저로서의 위압적이 되는 것을 추구하게 된다. 그리고 슈퍼바이지들의 신뢰는 의존이나 자기방어 속에 녹아들 수도 있다. 그러므로 슈퍼바이저와 슈퍼바이지 간의 관계('사이')가 왜곡될 때, 슈퍼바이지는 자신의 내담자들에 대해 왜곡하여 설명할 가능성이 높다. 그래서 '겉모습'이 '존재'를, 거짓이 진실을 덮게 된다. 슈퍼바이지들은 자신의 슈퍼바이저에게 보여 주고 싶거나 부정적인 견해를 미연에 방지하기 위한 방식을 반추하면서 '사례연구'를 발표하게 된다.

Buber에게 있어서 진실과 진정성은 사람들이 인간관계의 영역에서 자신을 드러내 보여 주고, 겉으로 보이는 외관을 치장하거나 장애물을 설치하지 않은 채 진정으로 자기 자신을 제공할 때 나타난다. 이러한 입장은 슈퍼바이저와 슈퍼바이지 양자 모두에게 있어서 상대방에게 자신을 개방하며 이러한 만남을 통해 변화적 존재가 되는 위험 부담을 기꺼이 감수할 수 있어야 한다는 것이다. "관계는 상호적이다. 나의 너는 내가 그것에 영향을 주는 것처럼 나에게 영향을 준다."(Buber, 1996: 30)

그러나 Buber는 심리치료적 관계 혹은 교육적인 관계에서 이러한 변화의 상호성이 온전한 상호성을 의미하는 것은 아니라고 덧붙였다. 그의 주장에 따르면, 상대가 상담자나 교육자에게 그의 전문적인 능력의 측면에서 접근하므로 그로부터 어떤 것을 요구하게 되며 그것은 역할의 비상호성이 된다. 더 나아가서, 상담자와 교육자가 효과적이 되려면, 상대방의 관점에서 보고 느끼는 다른 방식들인 '포용'과 '현실화'를 연습할 필요가 있다. 이것을 수행하는 것은 내담자의 역할이 아니다. 만일 내담자가 포용을 연습하면서 상담자

Martin Buber(1878~1965)

의 관점에서 상황을 보려고 노력한다면, 치료적 관계는 끝나게 될 것이다. 게다가 이 단계에서 아마도 내담자는 그렇게 할 수 없을 것이다. 내담자는 동일하게 '분리된 존재'가 될 수 없고 그러한 역할을 할 수도 없다(Anderson & Cissna, 1997: 35). 다시 말해서, 내담자는 관계 속으로 너무 많은 '짐'을 운반하고 있는 것이다. 역할의 비상호성을 슈퍼비전 관계에 적용한다면, 포용을 실행할 수 있는 슈퍼바이지의 능력은 아마 그가 자신의 발달에 도달한 수준에 좌우될 것이다. June Roberts는 자신의 슈퍼바이지들이 '얼마나 양호하게 치료했는지'를 늘 말한다고 했다(1998). 이는 어떤 비판적인 것을 의미하는 것이 아니라 자신의 슈퍼비전 관계에 있어서의 상태와 질 그리고 슈퍼바이지들이 드러내는 방식과 또 한편으로 자신의 슈퍼바이지들에게 제공할 수 있거나 필요하다고 느끼는 것을 성찰하고자 말하는 것이다.

Buber의 철학적 인류학은 인간에 대한 존재론이며, 인간과 인간 사이 그리고 인간과 신 사이의 '관계적 사이'의 존재론이다. Buber에게 있어, 이 두 관계는 친밀하게 상호 연결되어 있다. 왜냐하면 "어떤 나-너(I-Thou) 관계로 들어섬으로써…… 그[인간]는 아마도 그들을 자신에게로 이끌어 오고, 그리고 그는 '하나님의 면전에서' 그들이 충만하게 되도록 하기 때문이다"(Buber, 1996: 170). Buber의 독실한 신앙이 그의 저작에 스며들어 있다. 심지어 인정과 확신에 대한 그의 개념은 종교적인 색채를 지니고 있는데, 이는 잠재적 가능성으로 인해 사람을 '확신'한다는 것이 의미하는 바가 다음과 같기 때문이다. "나는 그 사람을 인식할 수 있다. …… 다소간에 이루어져 가는 존재로서…… **창조되었다.**"(Anderson & Cissna, 1997: 91) 그러나 '영원한 너(the eternal Thou)'가 슈퍼비전 관계에서 실제로 느껴지는지에 대한 여부는 슈퍼바이저와 슈퍼바이지의 대화에 좌우될 것이다.

Hans Trüb[2]의 죽음에 따른 Buber의 감동적인 말들은 상담자에 있어서 그

---

2) Buber가 멘토였던 심리치료사이다.

가 가치 있게 여기는 질적 요소들을 함축하고 있다. Buber는 Trüb의 '주저함에 대한 두려움, 두려워할 줄 모르는 성찰, 인간적인 개입, 안전에 대한 거부, 스스럼없이 관계를 맺는 것, 심리주의에 대한 파열, 비전과 위험 부담 방법'의 방식에 대하여 칭송했다(Agassi, 1999: 21). 아마도 그는 훌륭한 슈퍼바이저에게서 이와 유사한 자질들을 기대했을 것이다.

앞에서 언급한 Buber의 나-너 관계에 대한 설명은 3장에서 다루었던 Kierkegaard의 사랑에 대한 개념에 있어서 관계에 대한 서술을 여러 측면에서 반복하는 것이다. 이것은 특히 '우리의 전 존재'로 다른 사람들과 관계를 맺는다는 면에서 그리고 또한 가능성을 지닌 존재로서 사람을 신뢰하는 측면에서 진실이다.

Carl Rogers(1902~1987)

> …… 도움을 주는 관계는 그들 중의 한 사람이 어느 한쪽이나 양방 모두에게, 개인을 더 잘 이해해야 하고, 좀 더 표출해야 하고, 개인에게 잠재되어 있는 내적 자원을 보다 기능적으로 잘 사용해야 하는 것을 의도하는 것으로서 정의할 수 있다(Kirschenbaum & Henderson, 1990: 108).

아마도 어떤 독자들은 Carl Rogers가 '실존주의 상담의 주변에' 있는 것으로 설명되는 것을 볼 때 놀라기도 할 것이다. 우리는 종종 우리의 공통점들을 최소화하는 인간중심적 동료들과는 다르다는 것을 명확히 함으로써 우리 자신을 실존주의 상담자로서 규명하느라 너무 바쁘다(Mearns & Cooper, 2005). Rogers는 이러한 공통점들을 탐구하는 1959년도에 개최된 실존주의 심리학 심포지엄에 초대된 연설자 중 한 사람이었다.

Rogers의 인간중심상담은 '인간'에 대한 그의 이미지 속에 견고하게 뿌리를 내리고 있다. 인간은 언제나 '되어 가는 과정 속에' 있으며(Kirschenbaum & Henderson, 1990: 123), '기본적으로 긍정적인 방향으로' 변화하는 본성적 경향성을 가지고 있다(ibid: 27). '인간은 가치를 지니고 있으며'(ibid: 176), 자신이 옳다고 느끼는 것에 대해 단순히 이성적이기보다는 더욱 확실한 안내자 역할을 담당하는 귀중한 '온전한 유기체적 감각'을 본성적으로 지니고 있다(ibid: 23). 실제로, 사람은 잠재적으로 '가장 광범위하게 감지할 수 있고, 반응할 줄 알고, 창의적이며, 이 지구상에서 적응하는 피조물 중 하나'이다(ibid: 405). 그렇지만 애석하게도, 되어 가는 과정은 '몹시 왜곡되어 버릴 수' 있다(ibid: 408).

그의 인간에 대한 철학에 따라서, 슈퍼바이저의 역할은 일반적으로 슈퍼바이지 자신의 '유기체적 가치평가 과정'과 '생성의 과정'을 촉진하고 이를 위한 일종의 공간을 제공하는 것이다. 이는 기법의 문제가 아니라(ibid: 233), 슈퍼바이저의 태도와 슈퍼바이지가 그것을 지각하는 방식에 대한 문제이다(ibid: 113). Rogers에게 있어서 이러한 촉진적 만남에 관한 조건은 '심리적 접촉', 내담자의 '불일치'와 상담자의 '일치성' '무조건적 긍정적 배려' '내담자의 내적 준거틀에 대한 공감적 이해' 그리고 '최소한의 정도'로 '내담자와 이러한 경험을 소통'하는 능력'이다.

'심리적 접촉'의 첫 번째 조건은, '긍정적인 인격의 변화'가 오직 관계 속에서만 일어날 수 있다는 Rogers의 확고한 신념을 표현한 것이다(ibid: 221). 두 번째 조건은, 말하자면 내담자의 '불일치, 취약하거나 불안한 상태'로서 슈퍼바이지와의 관계에서 부적절한 것처럼 여겨지는 것이다. 이것은 수련생들 가운데 더 자주 발견되는데, 그것은 아쉽게도 만남의 부재가 아니고, 오히려 좀 더 숙련된 슈퍼바이지들과 슈퍼바이저들 사이의 '그릇된 만남'에 기인한다고 본다. Rogers가 추정하기로는 이러한 현상은 이들이 자신들의 과거에 사로잡혀 있기 때문에(ibid: 123), 또는 자기수용과 타인들로부터의 수용이 결핍되기 때문에 발생한다(ibid: 19, 120). 다시 말해서, 슈퍼바이지의 '불일치 상태'와 불안은 자기 자신의 문제에 대한 반영이거나 슈퍼바이저의 태도 및 문제에 대한 반응일 수 있으며, 어쩌면 양자 모두로 인한 것일 수 있다.

'불일치'라는 용어는 Rogers가 초기에 사용한 용어인 '투명성'을 대체한 것이지만 각 용어는 다른 의미를 나타낸다. '투명성'은 인식, 정직성과 진정성, '관계에 관련해서 본인이나 다른 사람에게 느낌들을 숨기지 않는 만남'의 요소들을 보다 분명히 나타내는 것이다'(ibid). 반면에 '일관성'은 자기인식 속에서의 자신과 상대방(나의 슈퍼바이저 혹은 슈퍼바이지)과의 관계 모두에서 있는 그대로의 자신을 강조한다.

Rogers는 또한 다른 사람의 그 고유성과 잠재적 가능성을 수용하는 것에 대한 중요성을 강조한다. 그는 이를 '무조건적인 긍정적 배려' '수용' 또는 '존중'이라고 명명한다. 비록 Buber는 당시 그들의 토론에서 이를 인정하지 않았을지라도, 이 개념은 Buber 본인의 '확신'(이것의 종교적 색채를 제외한)이라는 개념과 매우 유사하며, 그러므로 슈퍼비전 관계에서 시사하고 있는 점은 앞에서 언급한 바와 동일하다.

> 내가 그의 개인적인 세계에 온전히 들어가서 그의 세계를 비판하거나 평가하고자 하는 모든 욕구를 내려놓을 수 있을까? 내가 매우 민감해서 그에게 소중하게 여겨지는 의미를 훼손시키지 않으면서, 내가 그 세계 안에서 자유롭게 그러한 의미에 대해 감동할 수 있을까?(ibid: 121)

'수용'과 '공감적 이해'는 비판적이지 않고 비평가적인 입장을 유지하면서 슈퍼바이지들의 '잠재적 자원'에 대해 더 큰 '인정'과 '표현'을 촉진하는 것이다. 그러나 만일 슈퍼바이저가 내담자에게 비윤리적으로 상담하는 슈퍼바이지를 경험한다면, 이는 평가기준과 모든 일관성의 측면에서 간과될 수 없다. 이와 마찬가지로, 대학 상황에서의 슈퍼비전은 수련생들을 평가하는 것을 포함한다. 관계에서의 투명성은 도전을 허용하는 것이다. 이러한 기법(the art)은 '민감하게 개입하는 것'인데, 슈퍼바이지가 여전히 존중되는 것을 느끼는

Carl Rogers(1902~1987)

방식으로 피드백이 제공되는 것이고, 차례로 듣고 피드백을 수용할 수 있으며 '가능한 한 최대로 자기 확장을 성취할' 수 있도록 하는 것이다(ibid: 180).

슈퍼비전 관계에서 투명성, 자신과 타인에 대한 수용, 되어 가는 과정에 대한 신뢰는 슈퍼바이저와 슈퍼바이지 모두에게 '경험에 대한 개방성을 증대시키고…… 자기방어와 상반되는 상태'를 증진시키게 될 것이다(ibid: 412). 그래서 소망하는 바는 슈퍼바이지의 '잠재된 내적 자원들'의 '순기능적 활용'을 강화시키는 것이다.

Emmanuel Lévinas(1905~1995)

> …… 얼굴 표정으로 내게 말을 하며, 강압적 힘이거나 즐기는 힘이거나 지식의 힘이거나 어쨌든 권력을 행사하여 근본적으로 적합하지 않은 관계 속으로 나를 초대한다(Lévinas, 2000: 216).

> …… 우리의 연약함을 통하여, 외상에 우리 자신을 노출할 때, 우리가 자신을 드러내는 위험을 감수할 때, …… 다른 이들이 이에 개입하도록 허용하며 어떤 은신처를 내려놓도록 할 때, 소통은 열린다(Lévinas, 1996: 82).

Lévinas는 젊은 시절에 Husserl과 Heidegger 모두의 강의를 수강했으며, 비록 그 자신이 실존주의 철학자는 아니었을지라도, 평생 Heidegger와 Buber의 사상과 개인적인 대화를 나누었다. Buber와 달리, Lévinas는 심리치료에 특별한 관심을 보이지 않았으며, 그는 자신의 철학을 스스로 '유토피아 철학'으로 일컬었다[그러나 많은 상담자는 그의 업적에 신세를 졌다고 언급했다. 예를 들면, Gans(1999); Loewenthal & Snell(2000); Barnett(2001)이다].

Lévinas의 철학에 대한 기여는 총체적 타인이라고 할 수 있는 '타자성

(alterity)'에 대한 개념으로서, 나는 이 개념을 심리치료와 슈퍼비전에서 논하고자 한다. 타인은 단순히 심리적·물리적 특성의 어떤 상이한 요소만이 아니라 온전히 다른 존재이다. 이를테면, 그는 단순히 내 지식 밖에 있는 것이 아니다. 이는 내가 그를 온전히 알 수 없다는 뜻이 아니고, 다른 사람을 알고 있다는 바로 그 생각에 공감하지 않는 것이다. Lévinas는 비록 우리가 관찰하거나 감탄하는 그런 얼굴이 아닐지라도, '얼굴(face, le visage)'이라는 개념으로 타자성을 상징화한다. 그것의 모습을 살펴보기 때문에, 얼굴은 '얼굴'로서의 의미를 상실한다. Lévinas에게 있어서 얼굴이란 어떤 직위나 가면, 또는 그것(우리의 내담자들과 슈퍼바이지들의 '얼굴')이 우리에게 다가왔을 때 '가난한 사람, 이방인, 과부, 고아'의 얼굴과 같은 것들이 전면에 드러나는 것 없이 온전한 노출과 연약함 속에 있는 타인을 표현하는 용어이다. 그러한 타인의 얼굴이 나에게 요청하면, 그것은 '나의 세상적인 즐거운 소유'는 산산이 흩어지며(Lévinas, 2000: 73) 나는 의문에 휩싸이게 된다. 이것이 '불안하게 만드는' 것이며, 심지어 이것은 내 마음 깊은 심중까지 동요시킬 수 있다. 다른 사람의 얼굴은 내게 말을 건네고, 나를 그것에 연루되도록 초대하며, 나는 그것에 반응하게 된다. 여기서 Lévinas는 상담자로서 우리가 적절히 공명하는 언어를 말하고 있는 것이다.

그러나 그는 '인본주의를 넘어서서', 즉 '관계없는 관계'로서 더욱 나아간다. 나는 그렇게 반응하기 위해 **선택하지 않았고**, '기억할 수 없는 태곳적부터' 선택의 자유가 존재하기도 전에 나는 부름을 받았고 나는 '선택된' 것이다. 그의 연약함과 온전한 노출 상태에서 다른 사람은 나에게 명령하고 나는 반응한다. 나는 그에게 다가서고 어떤 보상을 기대하지 않으면서 그에게 '내 입으로부터 빵'을 건넨다. 그러나 내가 가까이 다가갈수록, 우리를 갈라놓는 거리는 더 멀어지게 된다. 그래서 나는 그 사람에게 폭력적이 되지 않기 위해 염려하게 된다. 왜냐하면 나는 '밝은 대낮에 타인의 자리'를 침해하고 있다는 것을 나의 명백한 경험을 통해 인식하고 있기 때문이다. 이제 나는 죽을 때까

Emmanuel Lévinas(1905~1995)

지 그에 대한 책임이 있고, 심지어 나는 그가 지은 죗값을 갚아야 할 책임마저 있으며, 그 누구도 내 자리를 대신할 수 없다. 그에 대한 나의 책임이 곧 나를 개별화시킨다. 나는 그에게 인질이다. "인간적 벌거벗음이 나에게 요청한다. …… 그것의 연약함으로…… 그러나…… 강력한 권위를 갖고, …… 신의 말씀과 인간 얼굴에 새겨진 말씀."(ibid: II-III) 우리는 신에게 말을 할 수 없다. 희생제물(Shoah)[3] 이후에 말할 수 없다. 우리는 신에 대해 이야기할 수 없다. 신에게 말을 한다는 것은 '말씀하고 있는 것'의 신비를 '이미 말씀하신 것'의 언어적 함정 속으로 빠뜨리는 것이다. 그러나 타인의 얼굴에서, 우리는 하나님의 흔적인 이러한 다른 타인의 흔적을 볼 수 있다. Lévinas는 이 '비대칭적 관계'를 두 대명사인 프랑스어로 je-vous(나-너), 영어로 I-you(나-너) [공손함으로서의 'you'는, Buber의 친숙한 용어인 너(Thou)와는 반대로, 상대방의 위상적 높낮이를 상징한다]로 함축하고 있다.

앞에서 언급한 것들은 Lévinas가 자신의 철학을 유토피아 철학이라고 칭하는 이유를 매우 간략히 제공하고 있다. 그러나 Lévinas 사상과의 개인적 대화로 들어가는 것은 우리의 상담 및 슈퍼비전 직무에 있어서 다른 차원들을 열어젖히는 것이라고 나는 믿는다. 이뿐만 아니라 이에 따른 위험과 우리의 제약에 대해서도 분명히 말할 수 있다. 우리의 내담자들/슈퍼바이지들, 그리고 우리 자신들 양쪽 모두에게 있어서 그들과 그들의 행동에 대해 대체 불가능한 책임을 느끼게 되고, 죽을 때까지 그들에게 포로가 되는 것의 위험성은 매우 명백하다. 그리고 우리의 한계사항은 너무 많다. 상담자/슈퍼바이저로서 우리는 '무료로' 제공할 수 없다. 심지어 꼭 돈이 아니더라도 우리는 '돕고자' 노력하는 즐거움, 내담자가 삶에 대해 개방하고 꽃을 피우는 것을 바라볼 수 있는 보상, 또는 아마도 필요한 접촉시간 혹은 우리 스스로 갖는 자기가치감

---

3) 나는 '희생제물'로서 유대인 대학살에 대해 바람직하지 않은 의미론적 함축에 대한 주의를 표현함에 있어서 히브리 단어를 활용하는 것으로 프랑스의 관습에 따르고 있다.

을 제공하고 있을 수 있다. 결코 '공짜'인 것은 아니다.

그렇다면 슈퍼비전 관계에 대한 우리의 시각에 Lévinas의 생각은 어떤 정보를 줄 수 있을까? 무엇보다도, 그는 타인에 대해 "자신의 이야기는 결코 말로 온전히 표현될 수 없는 존재(l'inénarrable)"라는 것을 상기시켜 준다. 그는 우리가 '사례연구'에서 결코 그에 관한 것을 온전히 파악할 수 없다는 것을 알려 준다. 또한 그는 관계는 타인중심이며 체화된 것이라는 사실을 일깨워 준다. 이는 자기 자신을 내어 준다는 것이 신체와 분리시킬 수 없다는 의미이다. 그리고 다른 사람은, 바로 그 다름으로 인하여 다른 것이지만, 이러한 다름은 '무관심 상태가 아닌' 것을 일깨워 준다. 슈퍼바이저로서 나는 이러한 차이점들을 인식하고 그것들을 존중할 필요가 있다(단순히 인종이나 성별, 장애로 인한 것뿐만 아니라, 가치관, 교육, 재정적 상황과 신분도 존중해야 한다). Lévinas는 우리가 '타인들을 동일하게 간주하려는 것'에 대해 경고하고 있다. 우리는 동일시, 모델링, 교과서 이론에 따른 해석 등등을 통해서 의식하지 못한 채 슈퍼바이지들의 경험이나 우리 자신이 알고 있는 내담자들의 경험을 비교하는 경향이 있다.

Lévinas는 그의 유토피아를 '정의'라는 개념과 혼합하고 있다. 정의, 혹은 '사랑의 지혜', 그리고 법은 다툼을 예방하는 것이 아니라, 누군가 우리에게 요청하는 것 이상으로 직면할 때 비교할 수 없는 타인들 사이를 비교하고 결정하는 데 도움을 준다. 슈퍼바이저 역시 내담자와 슈퍼바이지 그리고 집단 슈퍼비전에서, 슈퍼바이지와 내담자 사이에 동등하게 관심을 분배하는 데 있어서 이끌어 주는 '사랑의 지혜'를 필요로 한다.

마지막으로, Lévinas는 일련의 전문가 윤리 강령보다 우선하고 지지하며 더 깊게 나아가는 윤리적 명령을 일깨워 준다.

Emmanuel Lévinas(1905~1995)

슈퍼비전 관계: 떠오르는 그림

변화의 용광로로서의 관계

Buber, Rogers, Lévinas와의 대화로부터 떠오르는 것은, 슈퍼비전 관계에서 우선적으로 그리고 가장 중요하게 관계 자체('슈퍼바이저/슈퍼바이지'와 '슈퍼바이지/내담자')에 초점을 맞추어야 한다는 것이다. 이는 보다 광범위한 맥락[4]이나 이야기 내용과는 상반되는 것이다. Buber와 Rogers에게 있어서 관계는 변화의 용광로이다. Lévinas는 기본적으로 인간관계와 윤리적 실천의 구체성에 관심이 있었던 것이 아니라, '윤리'의 근본적인 의미에 관심이 있었기 때문에, 비록 매우 다른 관점이라 할지라도, Lévinas에게도 거의 마찬가지이다. 그러나 Buber와 Rogers는 이상과 절대성을 다루지는 않는다. 이들은 나-너(I-Thou) 관계와 진정한 만남은 단지 순간적일 수 있다는 것을 강조한다(Buber, 1996: 51; Rogers in Kirschenbaum & Henderson, 1990: 225fn). 우리는 슈퍼비전에서 이러한 관계를 지속할 수 없지만 진정한 만남과 대화 그리고 변화의 능력이 되는 순간들을 추구할 수 있다.

Buber와 Rogers 모두 '상대방에 대한 인간 대 인간의 태도'를 옹호하는데 (Buber, 1996: 166), 우리는 슈퍼바이저와 슈퍼바이지가 막을 치고 '존재'보다 '보이는 것'을 중시하고, 서로에게 나-그것(I-It)의 방식을 적용하며 객관화하는 경우에서 나타나는 관계에 대해 반대의 입장을 취할 수 있다. 슈퍼바이지가 내담자들과의 관계에서, 이는 그들을 구체화하지 않고 이론적인 또는 진단적인 틀에 그들을 맞추어 가는 것과 관련이 있다. 이는 슈퍼바이저로서 우리의 슈퍼바이지들을 관찰하고 이들이 반응하는 것 사이에 올바른 균형을 찾

---

4) Foucault나 Derrida와 같은 철학자들에게 이러한 참조틀이 강조되었다.

는 것으로서, 우리의 관계를 지속적으로 파악하여야 하며, 그들의 매너리즘과 그들이 스스로 자신들을 드러내는 방식을 정밀하게 평가하거나 객관화하는 쪽으로 빠져들어야 하는 것을 의미한다.

체화와 조율

Lévinas의 타자성에 대한 개념은 우리가 Rogers의 '공감적 이해' 혹은 Buber의 '실제를 상상하기'에 대한 핵심적 조건을 적절히 충족시킬 수 없다는 사실을 일깨워 준다. 즉, 우리는 의미가 있을 정도로 '다른 사람의 입장에' 우리 자신을 들여놓을 수 없다. 그러나 조율된 세계-내-존재(Heidegger의 개념)로서 우리는 타인의 고통까지 겪으려고(em-pathise) 할 필요는 없다. 비록 타인의 기분이 이면 속에 있을지라도 우리는 타인의 감정 속으로 조율될 수 있다. 우리는 슈퍼바이지들(또는 슈퍼바이저들)의 방어 뒤에 감추어진 염려를 감지할 수 있는데, 예를 들면 농담 섞인 가면 뒤에 숨겨진 슈퍼바이지들의 '벌거숭이 됨'과 '연약함'을 느낄 수 있다. 우리는 방 안에서 느낌의 상호작용을 증대시킬 수 있다. 나는 상호 간에 감지되는 이러한 방식의 느낌을 일컬어 '메조퍼시(mesopathy)'(meso-: 중간, 둘 사이의 공간)라 칭했다(Barnett, 2009).

슈퍼비전에서 사이(the between)란 내담자의 현존에 대한 어떤 중요한 것을 포함한다. 왜냐하면 슈퍼바이지는 자신의 내담자와 함께했던 회기들과 관계에 대한 느낌의 중요한 부분들을 체화된 방식으로 슈퍼비전 공간에 가지고 올 수 있기 때문이다. 그곳에서 이러한 느낌들은 현재적으로 슈퍼바이지와 슈퍼바이저 사이의 메조퍼시에 대해 열리게 된다. 예를 들면, 슈퍼바이지가 내담자 앞에서 가졌던 당혹감, 질투심, 불안, 위협, 기쁨, 경탄이나 경이로움과 같은 체화된 감각을 가져오며 이는 아마도 병행관계가 될 수도 있다. 그러므로 어느 회기의 축어록을 다른 집단 구성원들이 학습하기 위해 회람하는 것은 역효과를 낳을 수 있다. 이렇게 하는 것은 '당신은 왜 그런 말을 했습니까?'와 같이 도움이 되지 않는 비판을 이끌어 낼 소지가 있을 뿐만 아니라 상담자의 비언어적이고 체화된 것에 대한 공헌을 상실하게 만든다.

또한 체화되고 조율된 관계는 남에게 있는 생동하는 활력이나 욕정, 그리고 섹슈얼리티의 감각에 열린 관계를 수반한다. 이는 새로운 활력소로 경험될 수 있다. 반면에, 물리적이며 성적인 특징이 과시되지 않는 경우에서도, 이러한 것들은 강요하거나 위협하는 것으로 또는 '폭력을 행사하는' 것으로 경험될 수도 있다. 여기서 적절성은 매우 중요하다. 다음 장에서는 체화와 실존적 섹슈얼리티에 대한 주제들을 좀 더 충분히 탐구할 것이다.

비록 Buber가 인간에 대해 신체를 평가절하하는 '켄타우르(centaur, 인간의 머리와 동물의 몸)'적 시각으로 일컫는 것을 거부했다 할지라도, 그는 무의식의 세계만이 차별이 없는 신체와 정신을 보존한다고 믿었다. "만일 무의식이 몸과 영혼이 분리될 수 없는 영역인 인간 존재의 일부분이라면, 두 사람 사이의 관계는 아마도 두 개의 나누어지지 않는 존재 사이의 관계를 의미할 것이다."(Agassi, 1999: 241) Heidegger 학파의 관점에서 이것은 무의식에 의존하지 않고 실제로 우리가 이미 도달한 결론이다. 체화된 세계-내-존재로서 인간 존재에 대한 Heidegger의 전인적인 개념은 억압이나 전이 등등과 같은 심리내적 기제와 상호관계적 기제의 보호막으로 감싸인 정신과 같은 것은 없다는 점을 의미한다.

이것은 슈퍼비전 관계에 우리 자신의 '짐가방'을 끌고 오지 않는다는 것을 말하는 것은 아니다. Heidegger에 따르면, 우리의 과제들과 과거 모두는 우리가 현재를 바라보는 방식에 영향을 끼친다. 이는 Rogers가 언급했듯이, 우리는 과거에 '얽매여' 있고, 그래서 인식하지 못한 채 과거가 우리의 관계에 영향을 미치도록 허용하고 있을 수도 있다. 내가 믿는 바, 어떤 사람들은 마음속 깊이 뿌리내리고 체화되어 있고 지배적인 감정을 지니고 살아가는데, 그 감정의 다른 사소한 것들이 그들에게 달라붙어 있다. 예를 들면, 누군가에게는 그것이 수치심이고, 또 다른 이들에게는 죄의식, 버림받음, 공포나 상실과 같은 것들이다. 그것이 뿌리 뽑힐 때까지 그러한 감정은 그들의 상담이나 슈퍼비전 관계를 포함하여 세상과 다른 사람들과의 관계에 영향을 준다(상담자들이 자신의 내담자들이나 슈퍼바이저들, 그리고 슈퍼바이지들과 끝맺음을 할 수 없을 때처럼). 또한 우리를 얽매는 과거는 우리가 탐색하지 않은 가치들과 가정들을 포함하고 있다.

진실

Buber와 Rogers는 자기성찰적 자세에 대한 가치를 강조한다(사실 Heidegger와 Lévinas도 그러했다). 슈퍼비전은 우리가 지니고 있는 가정들, 가치들, 과제들 그리고 우리가 가지고 온 과거에 대해 질문을 던지며, 힘차게 생각하도록 만드는 장소를 제공한다. 그것은 우리를 '얽어매고 있는' 것이 무엇인지를 발견하고자 애쓰며, 슈퍼바이지가 내담자와 함께하는 상담이나 우리가 함께하는 작업에서 장애물을 탐색하고자 노력하는 것이다.

자기성찰의 자세는 슈퍼바이지이든 슈퍼바이저이든 상관없이 우리 자신이 신념과 태도의 경직성에서 벗어나며, 취약해져서 다른 사람에게서 배우는 것을 스스로에게 허용하는 것을 의미한다. 이는 학습과 변화의 상호성을 촉진시킨다. Rogers는 관계 속에서 더 큰 상호투명성을 주장하는 것으로 더 나아간다[이것은 Buber가 이해할 수 없었던 개념이다(Anderson & Cissna, 1997: 38)]. 비록 개인적 감정과 반응을 필요한 부분에서 적절히 현상학적 피드백으로서 재치 있게 드러낼 수 있을지라도, 이는 슈퍼바이저의 사실에 입각한 '자기개방'에 관한 것이 아니다. 이는 백지 화면으로서 혹은 이상화된 자화상이나 슈퍼바이저의 역할 연기로서가 아닌, 있는 그대로 현존해 주는 것을 말하는 것이다. 또한 이것은 우리가 실수하였을 때 슈퍼바이지들과 결탁하거나 권위 뒤에 숨지 않고 그것을 인정하는 것에 관한 것이다.

Heidegger에 따르면 언어는 그 자체의 지혜를 갖고 있다. 따라서 고대 그리스어인 알레세이아(aletheia, 진실)는 은폐로부터 드러나게 하는 작업이라는 사실을 상기시켜 준다. 그러나 그는 훗날 다음과 같이 덧붙여서 언급했다. '우리는 너무 많이 노출할 수 있고, 너무 많이 현장에 드러나게 할 수 있으며, 이로 인해 우리는 감추어진 상태를 유지하는 가운데 통합된 부분을 지닌 중요한 상호작용을 놓치게 되어, 전체적 진실을 잃어버린다.' 따라서 상담과 슈퍼비전에 있어서, 단편적 이야기나 문제, 혹은 질적 사항에 지나치게 많은 빛을 비추는 위험에 빠질 수도 있다. 그로 인해 사각지대를 형성할 수도 있으며, 진실이 파묻혀 있는 다른 이야기나 이슈 및 특성들과 상호작용하는 것을 놓치게 될 수 있다. 이는 마치 홀로그램에서 오직 한 면만 유독 전면에 등장하는 것과 비슷하다.

타인의 차이점과 다름이 수용되는 곳에서, 슈퍼바이저가 민감하게 자신과 슈퍼바이지의 체화된 현존에 조율되는 곳에서, 환원주의자의 독단이 버려지고 자기성찰과 투명성이 펼쳐진 곳에서, 그리고 슈퍼바이저가 자신의 필요를 추구하지 않고 자신을 선뜻 내어 줄 준비가 되어 있는 곳에서, 신뢰는 자라나고 번창하게 된다. 이어서 신뢰는 함께 성찰하기에 충분히 안전한 공간을 창조한다. 그러면 슈퍼바이지는 비판을 모면하기 위해 애쓰거나, 숨기거나, 혹은 자동적으로 자신을 정당화하려고 염려스럽게 전전긍긍하지 않으면서 자신이 알아차린 실수, 불안, 자신의 내담자나 심지어 슈퍼바이저에 대한 불편한 감정을 이야기할 수 있게 된다.

영성

Heidegger, Buber, Rogers, Lévinas는 모두 각자의 독특한 방식으로, '신학에-자리 잡고 있는-신(the god onto-theo-logy)'을 버렸다. 하지만 여전히 영성과 신성은 그들의 사상에서 중요한 위치를 차지하고 있다. 영적 차원을 슈퍼비전 관계에서 고려할 수 있는가 하는 것은 단순히 사람이 얼마나 종교적인가에 관한 문제가 아니라, 존재적 신비의 측면 속에 있는 슈퍼바이지와 슈퍼바이저 사이의 '메조퍼시'에 달려 있다. 이는 3장에서 다룬 바 있는 견해와 연결되며 또한 대조를 이룬다.

결론

앞에서 설명한 슈퍼비전 관계에 대한 내용이 내게 그다지 놀라운 것은 아니지만, '만일 내가 느끼기에 내용에서 놓치고 있는 어떤 것이 있다면 그것은 무엇일까? 이것은 슈퍼비전 관계에 대한 직무, 상황, 역할, 기능과 과정 등 다양하게 초점을 맞추고 있는 문헌과 어떻게 적합성을 이루고 있는가? 여기에는 일치/불일치하기도 하며, 부분적으로 겹치는 부분이 있거나 혹은 동일한 현상에 초점을 둔 상이한 패러다임의 문제가 있는 것일까?'와 같은 질문을 하게 만든다.

예를 들어, 어떤 접근 방법에서 제시하는 '전이(transference)'의 부재(예를 들어, Hawkins & Shohet, 2000)는 철학적 불일치(부재는 어떤 심리적 기제를 지닌 뚜렷한 정신세계에 대한 실존주의 심리치료 사상에서의 개념)에 기인한다. 그러나 우리가 살펴본 바와 같이, 실존주의적 접근은 관계에 영향을 끼치는 장애물들(학습된 관계 방식, 가정, 신체에 각인된 느낌 등등)을 공개하게 될 것이다. 또한 상황도 세계-내-존재의 일부로서 제시될 것이다.

그동안 제시되어 온 슈퍼비전 관계는 '형성적인(formative)' '규범적인(normative)' '회복시키는(restorative)' 과업이나 기능을 갖고 있는 것일까? (Proctor, 2000) 여기서 '과업'과 '기능'이라는 용어는 앞에서 보여 준 내용과 자연스럽게 적합한 것은 아니다. 그러나 Buber와 Rogers 모두 상담자/슈퍼바이저의 촉진적이며 '회복시키는' 역할을 강조한다. 전문적인 관계에 있어서 역할의 비상호성에 대한 Buber의 주장은 슈퍼비전 관계 내에 있는 형성적이고 규범적인 요소에 대한 문을 개방하는 것이다. '과업'이나 '기술'(Carroll, 1996) 또는 '전략과 개입'(Hawkins & Shohet, 2000)이라는 용어에서가 아니라 슈퍼바이지의 자기성찰적 태도와 내담자에 대한 자신의 반응에 대한 인식을 '밝히는 데 도움이 되는' 용어로서 하는 것이다. 강력한 로저스식 접근 방법을 옹호하는 Tudor와 Worrall(2003)에게서 보는 것처럼 '충분히 좋은 상담자' 안에 있는 슈퍼바이지의 자아실현 능력을 신뢰하는 데에는 좀 더 남겨진 것들이 있다. 실제로 이러한 신뢰가 자칫 결탁이나 조작으로 이끌어 갈 위험성이 있다.

나의 유일한 놀라움은 슈퍼비전 관계를 드러내는 설명에 있어서 '경계'[5]라는 단어가 빠진 것이다. 흥미롭게도 이것은 Carl Rogers의 독자를 위한 색인표에도 나타나 있지 않다. 내가 생각하기에, 장애물이 아닌 경계를 설정하는 것을 학습하는 것은 상담자로서의 훈련에 가장 중요한 부분 중 하나인데, 이는 슈퍼비전에서도 여전히 중요하다. 시간, 장소, 명확하고 확고하되 경직되지 않는 자기노출과 접촉, 침투 가능한 그리고 상대방을 배척하지 않는 허용에 대한 경계 등은 여전히 무조건 흡수하는 스펀지 효과를 예방할 수 있다.

나는 지금 나의 두 슈퍼바이저에게, 상담자로서나 한 인간으로서 비난에 대한 두려움을 느끼지 않은 채 나의 실수와 불안정을 온전히 고백할 수 있음을 느낀다. 그리고 그들 또한 자신들의 연약함에 대한 것을 어느 정도 제공한다. 흥미롭게도 지금 나는 서로에게 친밀함과 존경심이 증가되고 있음을 인식한다. 이 장을 저술하는 과정은 나에게 나의 슈퍼바이지들과의 슈퍼비전 관계를 다시 검토할 수 있도록 자극한다.

언젠가 Rogers는 '훌륭한 삶(the good life)'에 대해 설명해 주기를 요청받았을 때, "'풍요롭고, 흥미로우며, 보상을 주고, 도전하며, 의미 있는' 과정" (Kirschenbaum & Henderson, 1990: 420)이라고 대답했다. 훌륭한 슈퍼비전도 이와 동일하게 말할 수 있을 것이다.

---

[5] 비밀유지는 분명히 Buber와 Rogers 모두에게 당연하게 여겨졌다.

참고문헌

Agassi, J. Buber (ed.) *Martin Buber on Psychology and Psychotherapy, Essays, Letters and Dialogue* (Syracuse: University Press, 1999).

Anderson, R. & Cissna, K. N. *The Martin Buber-Carl Rogers Dialogue: A New Transcript with Commentary* (New York: University of New York Press, 1997).

Barnett, L. 'The Other's Eye and I', *Existential Analysis 12*(2) (2001) 336–44.

_____ (ed.) *When Death Enters the Therapeutic Space: Existential Perspectives in Psychotherapy and Counselling* (London: Routledge, 2009).

Buber, M. *I and Thou* Trans. R. G. Smith, 2nd (revised) edn. (Edinburgh: T&T Clark, 1996).

Caroll, M. *Counselling Supervision: Theory, Skills and Practice* (London: Cassell, 1996).

Friedman, M. *Dialogue and the Human Image: Beyond Humanistic Psychology* (London: Sage, 1992).

Gans, S. 'What is Ethical Analysis?' *Existential Analysis* 10(2) (1999) 102–8.

Hawkins, P. & Shohet, R. *Supervision in the Helping Professions*, 2nd edn (Buckingham: Open University Press, 2000).

Heidegger, M. *Being and Time* Trans. J. Macquarrie & E. Robinson (Oxford: Blackwell, [1927] 1962).

Kirschenbaum, H. & Henderson, V. L. (eds) *The Carl Rogers Reader* (London: Constable, 1990).

Lévinas, E. *Autrement qu'être et au–delà de l'essence* (Paris: Kluwer Academic, [1974] 1996).

_____ *Totalité et Infini, essai sur l'Extériorité* (Paris: Kluwer Academic, [1961] 2000).

Loewenthal, D. & Snell, R. 'Lévinas and the Postmodern Therapist', *Existential Analysis* 11(1) (2000) 136–43.

Mearns, D. & Cooper, M. *Working at Relational Depth* (London: Sage, 2005).

Proctor, B. *Group Supervision: A Guide to Creative Practice* (London: Sage, 2000).

129

Roberts, J. *Personal Communication* (London: 1998).

Tudor, K. & Worrall, M. (eds) *Freedom to Practise: Person-centred Approaches to Supervision* (Ross-on-Wye: PCCS Books, 2003).

130

6장
실존적 섹슈얼리티와 체화

-Paul Smith-Pickard

들어가는 말

우리가 심리치료나 슈퍼비전에서 섹슈얼리티와 체화를 언급하는 순간, 아마도 불가피하게 Freud(1905)와 Reich(1983)의 쌍둥이 유령들이 그림자 속에 숨어서 나타나게 될 것이며, 이는 실존주의 상담자들에게 어느 정도 문제로 제기될 수 있다. 우리가 독립된 자아가 아닌 공유된 세상 안에서 체화된 존재라는 개념에 동의하는 데 있어서, 실존주의 상담은 당연하게도 정신분석학의 근본적인 개념들 중 주요 부분에 대해 반대적 입장으로 여겨져 왔다. 이는 전통적으로 Binswanger(1963)와 Boss(1963), 그리고 현존재분석(Daseinsanlysis) 초기 시대로 거슬러 올라간다. Freud와 Reich 모두의 업적에서 섹슈얼리티의 중요성이 핵심적이라면, 실존주의 상담에 대한 주제로 저술된 많은 것에서는 섹슈얼리티나 육체가 강하게 드러나지 않는 것은 아마도 불가피할 것이다. 더 나아가, 현존재분석의 개척자들은 Heidegger와 그의 대표적 저서인 『존재와 시간(Being and Time)』(1962)에서 영감을 얻었는데, 그 책 어디에서도 섹슈얼리티에 대해서는 언급조차 되어 있지 않았으며,

Sartre(1996)가 지적한 바대로 그의 '현존재(Dasein)'는 무성적으로 드러난다. 반대로 Sartre는 "타인을 대면하는 순간 고조되는 그 자체가 성적이며 그것을 통해 섹슈얼리티는 세상에 드러난다."(Sartre, 1996: 406)라고 했다.

그러면 우리가 슈퍼비전과 슈퍼비전의 만남에서 함께하는 다양한 방법에 대한 우리의 생각에 실존적 섹슈얼리티와 체화를 고려해야만 하는 이유는 무엇인가? Sartre(1996)와 Merleau-Ponty(1996) 모두가 언급했듯이, 실존적 섹슈얼리티와 체화는 모든 인격적 만남의 중심에 놓여 있는 존재에 있어서 근본적인 두 가지 요소이다. 이러한 철학자들의 말이 옳다면, 슈퍼비전에서 실존적 섹슈얼리티와 몸에 대해 논의할 것인가에 대해 고민하지 않아도 된다. 왜냐하면 우리의 만남 속에서 실존적 섹슈얼리티와 몸에 대해 인지하느냐의 여부에 상관없이 그것들은 이미 만남 속에서 제거할 수 없는 요소로 항상 존재하기 때문이다. 이와 같은 섹슈얼리티에 대한 견해는 Sartre와 Merleau-Ponty만의 주장이 아니다. Foucault(1990)의 저술에서도 동일하게 발견할 수 있으며, 관계심리치료(DeYoung, 2003)와 관계분석(Maroda, 2002)의 최근 학파, 그리고 신체 심리치료(Asheri, 2004)에서도 확인할 수 있다.

이 장에서 나는 이와 같은 요소들이 어떻게 슈퍼바이저로서 나 자신의 임상 현장에 작용하고 있는지, 또한 나의 작업에 있어서 어떤 철학적 근거를 제공하는지를 설명하고자 시도할 것이다. 이것이 슈퍼비전에서 실존적 섹슈얼리티와 몸이 일종의 '실존주의 성(sex) 치료'와 관련된 것으로 여겨질 수 있는 혼란을 없애 주기를 바라며, 우리가 실존적 섹슈얼리티를 치료적 만남에서 체화된 이야기로 함께 구성해 내는 방식과 이러한 점이 슈퍼비전에서도 유사하게 간주되어야 할 필요가 있다는 점을 이해할 수 있기를 희망한다. 그러면 이것은 우리가 실존적 섹슈얼리티로 인해 타인의 체화된 의식을 포착하거나 인정하도록 시도하는 상호적 체계로 받아들일 수 있게 안내한다. 이와 동시에 본인의 신체나 체화된 자기를 제공하여 타인의 다름과 유사성을 수용함으로써 감동이 된다. 내가 설명하고자 하는 것은 실존적 섹슈얼리티가 상호적 체계라는 것인데, 이는 우리가 매료시키고 상대방으로부터 매료당하며, 용인하고 상대방으로부터 승인을 받고, 우리를 위한 상대방의 소망을 바라보는 상호체계인 것이다. 나는 슈퍼비전에 대해 이러한 생각으로 시작할 것이다.

슈퍼비전에서 '나 자신'과의 만남

슈퍼바이저로서 나의 작업은 주로 슈퍼비전에 대한 개인적 경험에 의해 발전되어 왔으며 유익한 경험과 그렇지 못한 경험 모두로부터 뽑아낸 것이다. 이는 슈퍼바이저로서 그리고 슈퍼바이지로서의 경험 모두를 포함하고 있다. 이것은 또한 상담자로서의 경험도 포함하고 있으며, 실존주의와 포스트모던과 같이 폭넓게 설명될 분명한 철학적 개념들로 뒷받침되고 있다. 슈퍼바이지로서 나의 경험을 돌이켜 보면, 나는 두 명의 장기적 슈퍼바이저를 가진 것이 행운이었음을 느끼는데, 이들은 내가 내담자와의 관계에 있어서 나 자신에 대해 지니고 있었던 사고들과 감정들을 탐색할 수 있도록 도와주었다. 그들은 나를 심판하지 않으면서도 윤리적이고 전문가적인 경계를 알 수 있도록 도와주면서 이것을 수행했다. 그들 모두는 은유에 대한 나의 관심을 공유했고, 전문 서적과 전반적인 문학에 대해 폭넓게 이해했기에 그것들을 우리 작업에 적용할 수 있었다. 나는 그들 모두가 내가 내담자와 수행한 작업에 대해 깊은 관심을 갖고 있음을 느꼈으며, 나 또한 그들 모두에 대해 깊은 존경심을 느꼈다. 나는 그들 중 한 명이 때때로 상담에서 사람들은 처음인 것처럼 자신의 소리를 듣는다고 말했던 것을 기억한다. 그들이 만일 정말 운이 좋다면, 그들은 마치 처음인 것처럼 자신을 만나게 된다. 이러한 개념은 타인의 현존이 우리 자신을 스스로 다르게 체험적으로 만날 수 있는 기회를 제공한다는 의미에 있어서 내게 심리치료의 유용한 이미지로 간직되어 있다. 앞으로 서술하겠지만, 우리 자신이 누구인지를 아는 것은 타인을 통해서이며, 또한 그

133

들이 자신의 정체감을 발견하게 되는 것은 우리를 통해서이다. Laing(1990: 87) 역시 "사람은 옛 친구로부터 알게 된 오래된 미소를 통해 **스스로를** 인식하게 된다."라고 언급했다.

　나 역시 내담자들과 작업하는 경험만으로는 가능할 수 없었던 방식으로 나자신과 만나기 시작했던 것은 이 두 명의 슈퍼바이저와 함께하는 슈퍼비전을 통해서였다. 내가 그들과 대화할 수 있었던 방식이 특히 의미가 있었다. 당연하게 내가 말하는 방식은 그들이 경청하는 방식과 직접적으로 관련이 있다. 그들의 경청은 과도한 자제나 첨삭 없이, 나의 생각을 말할 수 있도록 용기를 주었다는 점에서 나를 격려해 주었다. 나는 내가 말하고 있는 것을 듣고 동시에 상호적 순환의 방식으로 슈퍼바이저가 나의 말에 응답하는 것을 관찰했다. 나는 우리의 만남이 항상 조화롭고 우리 사이에 불협화음이 없었다는 인상을 주고자 하는 것이 아니다. 내가 내담자와의 작업에서 경험한 것에 대해 소통이 안 된다는 느낌이 들 때도 있었으며, 두 슈퍼바이저 모두가 내담자와 나 사이의 상호작용에 대해 도움이 되지 않는 가정을 가지고 있는 것처럼 보일 때도 종종 있었다. 더 흔하게는 경험에 대한 나의 설명이 실제적 경험에서의 감정에 미치지 못하는 듯했다. 때때로 나는 그 방에서 우리 사이에 어떤 일이 있었는지 설명하고 싶었는데, 그 당시 나의 경력으로는 그렇게 할 수 없을 것으로 느꼈으며, 그들 중 누구도 그 부분을 더 탐색하려고 하지 않는 것처럼 보였다.

　나는 그 방에서 실존적 섹슈얼리티와 체화에 대해 자각하고 있었을까? 무엇보다도 나는 그들 모두에게 인정받고 싶은 강한 욕구를 지니고 있었다는 것을 고백할 수밖에 없다. 그것은 내가 그들에게 인정과 검증을 받고 싶은 마음보다 더 큰 어떤 것이다. 그것은 마치 내가 적절한 상담자인지 혹은 아닌지를 나에게 말해 줄 권한을 그들에게 부여한 것과 같았다. 이로 인해 분명히 우리의 슈퍼비전이 어려움을 겪었고, 이는 내담자와 나 사이에 만족감을 느낄 수 있을 만큼 개방적이지 못했던 것을 의미했다. 이는 내가 슈퍼비전에서 개방하지 못하고 편집했던 것들의 언어적 내용이 아니라 비언어적으로 느껴지는 감정과 상호작용들이었다. 이 슈퍼바이저들과 작업했던 이러한 경험은 분명히 내가 이 장에서 논의하는 개념들에 대해 흥미를 갖게 한 의미 있는 요인이었다. 나는 그 당시에 이것을 실존적 섹슈얼리티라고 지칭하지 못했다. 그러나 돌이켜 보건대 슈퍼비전을 통해 우리 사이에 종종 강력하게 체화된 내러티브가 진행되고 있었다. 그 당시 나는 그들 중 한 명과 나의 어떤 부분에서 성애적 수준의 욕구로 인한 신체적 혼란감도 있었다. 나는 때때로 그녀에게서 신체적으로 혼란감을 느꼈지만 그것을 결코 슈퍼비전으로 끌어오지 않았다.

이러한 슈퍼바이저들과의 상호작용은 내가 내담자와의 경험을 이해할 수 있도록 도왔으며, 그 후에는 나의 슈퍼바이지들과의 경험에 도움이 되었고, 동시에 상담자로서의 나 자신에 대한 모습을 떠올릴 수 있도록 도움을 주었다. 상담자로서 그리고 슈퍼바이저로서의 나의 정체성은 슈퍼비전의 과정 중에 깊이 자리 잡게 되었다. 하지만 이러한 자아정체성은 고정되어 있는 어떤 것이 아니다.

Cohn(1997)이 지적했듯이 현상학적인 관점으로 만약 두 명의 상담자가 한 명의 동일한 내담자를 만나게 되면 그 내담자는 동일한 내담자가 되지 않을 것이다. 이와 유사하게, 나는 각각의 내담자들에게 다른 상담자가, 그리고 개별적 슈퍼바이지들 또는 각각의 슈퍼비전 집단에게 다른 슈퍼바이저가 될 것을 제안한다. 더 나아가 Jaspers(1969)가 '상대적 일관성'에 대해 언급했음에도 불구하고 나 자신이 상담자 또는 슈퍼바이저로서 내담자 및 슈퍼바이지들과 각각의 분리된 만남에서 기본적으로 새로운 '나'와 새로운 '그들'로 만나는 것을 제안한다. 이것은 마치 매번 새로운 사람과의 각각의 만남에 있어서 우리 자신을 새롭게 발견해야만 하는 것과 같다. 이를 위해 우리가 이루어 가는 근본적인 방법은 실존적 섹슈얼리티의 전개를 통한 것이다.

각각의 만남에서 우리가 다른 사람들이 되고 '나는 갖고 있는 친구들의 수

만큼 다른 성격을 가지고 있다'는 구절에서 잘 표현되어 있듯이, 다르게 경험하는 것에 대한 기본적인 이해는 분명히 이 책의 모든 저자에 의해 공유되는 입장이다. 그들 역시 우리가 누군가를 경험하는 방식은 불가피하게 상대방에 대한 것만큼 우리 자신도 다양하다는 것을 인지하고 있을 것이다.

실존적 섹슈얼리티

문제는 인간의 삶이 얼마나 섹슈얼리티(sexuality)에 기초하느냐 그렇지 않느냐가 아니라, 섹슈얼리티를 통해 무엇을 이해하는지 인식하는 것이다(Merleau-Ponty, 1996: 158).

136

나는 섹슈얼리티가 하나의 대상물이 되는 다양한 일상적인 용어에서 지니고 있는 도움이 되지 않는 가정과 차별하기 위한 시도로 일부러 '섹슈얼리티' 대신 '실존적 섹슈얼리티'라는 용어를 사용했다. 이것의 한 예는 사람들이 자신의 정체성을 규정하는 것으로서 '나의 섹슈얼리티'에 대해 언급하는 때이다. 이 장의 맥락에 있어서 성 정체성 혼란, 성적 취향, 성적 장애, 신체 이미지 또는 심지어 '실존주의 성치료'(비록 이러한 것들은 상담의 과정에서 잘 나타나는 이슈들이라 할지라도)와 같은 이슈들을 드러내는 내담자들과의 슈퍼비전 작업을 **구체적으로 언급하지 않는다**는 것을 말하는 것은 매우 중요하다. 여기서 우리가 언급하고자 하는 것은 Merleau-Ponty(1996: 168)가 '공기처럼'이라고 말했듯이 사람의 상호작용에서 항상 발생하는 현상과 같은 섹슈얼리티의 실존적 이미지이다.

섹슈얼리티에 대해 논의할 때의 어려움은 섹스와의 연관성 그리고 하나의 용어가 다른 개념으로 자주 융합된다는 점이다. 실존적 섹슈얼리티와 섹스의 연관성은, 섹스란 단순히 실존적 섹슈얼리티의 일환이며, 실존적 섹슈얼리티의 전개나 접목은 생식기적 초점이나 성적 발달에 달려 있지 않다는 점에서 더 많은 형상으로 드러난다. 실존적 섹슈얼리티의 전개는 평생에 걸쳐 존재하고 단순히 섹스에 초점을 두는 것이 아니기 때문에, 우리는 '실존적 섹슈얼리티의 이면에 있는 의미가 무엇이며, 우리는 그것을 어떻게 인식할 수 있는가?'에 대해 질문할 수 있다. 상보성(complementary)에 대한 Laing의 언급에서 그는 성적 행위나 성적 본능과 오르가즘 만족 자체에만 집중하게 되면 우리는 '상대에게 변화를 야기하는 성적 욕구'를 무시하게 된다는 것을 보여 주었다(Laing, 1990: 85).

'상보성'이란 자아정체성이 타인을 통해 성취되는 관계적 기능이다. 우리는 타인의 존재나 이미지가 수평선 같이 그리고 우리 존재에 위협이 되는 것과 같이 지속적으로 우리와 함께하는 공유된 세상 안에 존재한다. 타인은 실존적으로 우리를 인정하거나 부정하는 것 모두를 할 수 있다. 우리는 다른 사람에게 변화를 주기 위해 주는 것과 받는 것 모두가 필요하며, 또한 그렇게 하는 것이 상호 순환적 형태에서 실존적으로 우리가 그들로부터 그리고 그들은 우리를 통해 인정받게 되는 것이다. 만약 우리가 주는 것이 받아들여지지 않거나 수용되지 않는다면 우리는 공허함을 느끼게 될 것이고, 특히 주고 있는 것이 우리 자신의 어떤 부분이라면 더욱 그러하다.

이러한 상호적 만남에서 우리의 자아정체성을 보존하거나 유지하려는 노력의 기본적인 방법은 실존적 섹슈얼리티의 전개를 통해 이루어진다. 이상하게 여겨질 수도 있겠지만, 대인관계적 현상(본능적 리비도라기보다는)으로서의 실존적 섹슈얼리티를 이해하는 데 유용한 열쇠는 욕망이라는 현상이다. 욕망에 있어서 우리가 바라는 것은 타인으로부터 욕망의 대상이 되는 것이며, 타인에게 변화를 주기 위한 우리의 시도에 있어서, 다른 사람들로부터 실존적으로 인정을 받기 위해, 우리는 그들의 의식을 사로잡기 위한 시도로 실존적 섹슈얼리티를 활용한다. 이것의 명백한 예는, 비록 의식적인 유혹이 일반적으로 노골적이지 않을지라도 추파를 던지거나 매혹적이 될 수 있는 것들이다. 그리고 우리는 다양한 수준의 노련함 속에서 또는 심지어 매우 어린 시절부터 절실함에 의해 이렇게 하는 것을 학습하게 된다.

욕망은 몸 전체를 통해, 특별히 눈을 통해, 그리고 Sartre(1996)가 외모(the look)라고 일컬었던 것을 통해 소통하게 된다. 우리는 체화된 존재를 우리 자신과 타인에게 드러내는 세계의 출현인 자의식의 혼란된 순간으로서 욕망을 경험한다. 우리는 욕망을 신체적 혼란으로 경험하게 되지만, 우리가 욕망하는 것은 단순히 다른 사람의 신체가 아닌, 역으로 돌이켜서 우리를 갈망할 수 있는 살아 있는 의식을 가진 신체를 갈망하는 것이다. 욕망에 대한 자의식은 주체와 객체 모두가 되는 존재로서 우리를 동시에 경험하는 신체의 모호한 차원에 대해 인식하도록 도와준다. 여기서 혼란을 야기할 수 있는 것은, 비록 내가 실존적 섹슈얼리티는 삶과 공존하며 대부분의 시간은 성적인 내용(오르가즘에 초점을 맞추지 않은) 없이 존재한다고 주장할지라도 오르가즘에 초점을 맞춘 어떤 성적인 만남은 실존적 섹슈얼리티와 연결이 될 것이라는 점이다. 이는 상황에 따라 좌우되는 것은 아니며, 섹스의 가능성이 실존적 섹슈얼리티의 기반으로부터 나타날 때 욕망은 쉽게 정욕적이고 성적일 수 있다.

이러한 생각들은 만일 우리가 상담실에서 슈퍼바이지 혹은 내담자와 함께 하는 방식과 연관 지어 본다면 흥미로우며 도전적이 될 수 있다. '눈 맞춤'과 '신체적 언어'에 관한 생각들은 우리가 그것들을 실존적 섹슈얼리티나 욕망과 관련지을 때 다른 의미나 편견을 갖게 된다.

데카르트 이후의 시대에서는 신체 없는 정신은 존재하지 않으며, 이와 유사하게 다른 사람들이나 자신이 세상을 공유하고 있는 체화된 주체들이 없는 실존적 섹슈얼리티는 존재하지 않는다. 실존적 섹슈얼리티는 이렇게 모호한 체화의 현상 주변에서 활동하고 있으며, 이렇게 펼쳐지는 장면 중의 한 장소가 상담실이다. 슈퍼비전은 단순히 두 마음의 만남이 아니라 섹슈얼리티가 '소리나 냄새처럼 퍼지는'(Merleau-Ponty, 1996: 168) 공유된 세상에 내재된 두 개의 성육화된 의식의 만남이다. 이제부터는 신체로 주제를 돌려서 체화의 여러 가지 다른 측면에 대해 논의하겠다.

체화의 측면

우리는 몸을 통해 세상을 경험하며, 체화는 우리의 몸이 우리 경험의 장이라는 사실을 명확히 알려 준다. 그러나 우리의 몸은 또한 경험의 저장고로서의 기능을 하며, 이러한 경험의 잔여물은 우리가 신체를 표현하는 방식에서 명백히 드러나게 된다. 다른 말로, 우리는 우리의 역사를 체화한다. 예를 들어, 우리 모두는 우리가 알고 있는 다른 사람들의 익숙한 특이 행동을 알아차릴 수 있고, 우리는 각자 모두 얼굴 표정처럼 특징적인 행동과 몸짓에 대한 개인적인 목록들을 지니고 있다. 그것들은 타인들에게 비춰지는 우리의 정체성이며, 살아오는 동안 세상과의 관계에서 형성된 것이다. 이러한 습관화된 신체(habitual body) 목록은 우리가 배워 온 모든 행동과 관계 맺고 상호작용하는 관습적 방식의 구조를 담고 있는 우리의 역사를 반영하고 있다.

이와 같은 특징은 우리 각자가 '체화된 고유함'으로 제공하며, 이러한 특징적인 표현은 대부분 의식 밖에 존재한다. 이는 본인이 자신의 몸에 대해 인식하지 못한다는 것을 말하는 것이 아니다. Merleau-Ponty가 지적했듯이 어느 순간 자신은 '나로서의 몸(존재하는 신체)'과 '내가 지니고 있는 몸(소유하는 신체)'으로서의 현상적 몸(phenomenal body)에 대해 모호하게 주체적이면서도 개체적인 차원들을 경험하게 된다. 나의 현상적 몸은 나와 나를 마주하게 되는 누구에게도 주체이자 객체 모두가 된다. 이는 현재적 시점에서 세상과 상호작용하는 신체적 경험을 말한다. 현상적 몸은 지각적 행동 속에서 내가 인식하거나 인식될 수 있는 가역성이라는 사실로부터 떠오르는 강력한 자의식의 요소를 지니고 있다. 이는 내가 타인에게 보일 수 있다는 인식 속에서 타인을 볼 수 있다는 것을 의미하며, 이것은 내가 타인의 인식을 결코 피할 수 없을 때 나에게 자의식을 생성해 준다. 이와 같은 지속적인 자의식은 주관성이 항상 상호주관성이라는 사실을 의미한다.

나는 **가상의 몸**(virtual body)을 통해 타인과 함께하는 상상의 미래와 세상에 나 자신을 투사하는데, 이는 **현상적 몸**에서 발견된 가능성과 한계 그리고 습관적 몸(habitual body)에 저장되어 있는 나의 역사로부터 유래한다. 습관적 몸은 우리 존재의 체화된 그리고 (세계-내에서) 내장된 우리 존재의 본성 모두를 포함하고자 시도했던 Bourdieu(1999, 2000)의 **아비투스**(habitus)라는 개념과 많은 부분에서 유사하다. 그는 우리가 세상에서 집에 있는 것과 같이 느끼는 이유는 세상이 또한 우리 안에 있기 때문이라고 말한다.

아비투스

Bourdieu의 **아비투스**에 대한 개념은 내가 수행하는 심리치료와 슈퍼비전에 모두 스며들어 있는 것 중의 하나이다. 아비투스는 우리에게 '타인과-함께하는-세계-내-존재'의 실존적 상태에 대한 본질을 제공하고, 특히 우리를 상호주관적이고 통합된 존재의 장에 위치하도록 만드는 중요한 것이다. 아비투스는 우리가 개인적으로 체화한 문화적 도식들과 관념적 상황의 형태로 개인적이면서도 공유되는 것이다. 그리고 더 나아가, 언어와 자각의 수준 아래에서 기능하는 일반상식에 대한 합의를 위한 조건을 만들어 내기 위해 협력적으로 사용한다. 아비투스는 단순히 우리 삶의 환경 이상의 어떤 것이다. 그것은 또한 우리의 세계관, **문화적 자산**(cultural capital; 문화적 경험, 가치, 신념, 규범, 자세, 그리고 더 나아가 사회 속에서 자신의 삶을 위해 갖추는 능력 등 일련의 집합), 그리고 차별화된 자신으로서 상대적으로 느끼는 스스로에 대한 끊임없는 감각뿐만 아니라 우리가 체화시킨 관계의 반복된 패턴이고 구조이다.

슈퍼비전에서 아비투스에 대한 탐구는 성찰과 슈퍼바이저의 투명성에 대한 원리를 촉진시킨다. 이는 상담 및 슈퍼비전의 실행에 있어서 자명한 특성과 지각 및 사고, 그리고 행동 방식의 형태로 내가 인식하지 못하거나 당연시하는 어떤 습관들을 포함하고 있다는 사실을 인정해야만 하기 때문이다. 의식하지 못하는 이러한 습관들은 나의 역사와 신체적 삶을 통해 습득되었다. 그것들은 나의 생생한 신체적 습관이며 내 안에 자리 잡고 있다.

상담자이면서 슈퍼바이저인 나는 심리치료의 실행과 관련하여 나의 역할에 대한 습관적 방식과 상식적 태도에 대한 끊임없는 경각심을 일깨우고 있다. 또한 나는 슈퍼바이지들이 지니고 있는 그러한 것들에 대해 도전하며 그들의 내담자들과 함께 그리고 스스로 동일한 사항을 시행하도록 격려한다. 이러한 방식에서 슈퍼비전은 모든 참가자가 유익을 얻고 이해를 도모할 수 있는 세 가지 과정이 된다.

실존적으로 제시된 슈퍼비전

슈퍼바이저로서 나는 실존주의 상담자들뿐만 아니라 다른 상담적 접근을 하고 있는 사람들에게 슈퍼비전을 제공해 오고 있다. 나는 '실존적으로 제시된' 슈퍼비전을 제공한다. 이러한 이유는 내가 실존주의 심리치료라고 불릴수 있는 포괄적인 혹은 하나의 명확한 개념적 체계와 방법만이 있다고 생각하지 않기 때문이다. 종종 어떤 사람이나 기관을 중심으로 모인 집단 혹은 철학적 사상에 의한 학파와 좀 더 넓은 심리치료 분야에 의해 알려진 심리치료에 대한 실존주의적 접근만이 있을 뿐이다. 이로 인해 이 책에서 이미 제시되었듯이 아마도 실존주의적 관점에서 슈퍼비전을 구성하는 것에 대해 다양한 의견이 존재하는 것은 불가피할 것이다. 이것은 실존주의 슈퍼비전이 상담의 어떤 접근법이든 상관없이 중요한 철학적 틀과 통합적 접근의 기회를 제공한다는 점을 제안했던 1장에서의 논의를 반영하는 것이다.

이 장에서 내가 제공할 수 있는 것은 슈퍼바이저 및 슈퍼바이지로서 나 자신의 경험에 대한 이해이며, 이는 내가 말하고 있는 것들이 나와 함께 슈퍼비전 과정에 있었던 동료들에 의해 미래의 어떤 날에 읽힐 수 있는 가능성을 지니고 있다는 깨달음으로 인한 것이다. 내가 언급한 것은 그들이 함께 구성한 우리의 슈퍼비전 만남에 근거한 중요한 의미와 인식을 지니고 있다고 믿는다. 그 당시 나는 Bourdieu(2000)가 '우리가 생각하고 있는 세상'과 '우리가 살고 있는 세상' 사이에 대해 우리에게 경고한 '학문적으로 구성된 경계'를 해체하고자 노력했다. 그는 실제에 대해 말하고 생각하는 행위인 학문적 세계는 현실적으로 우리를 실제로부터 분리시킨다고 설명했다. 우리가 철학적으로 제공된 틀 안에서 슈퍼비전을 수행하고자 할 때, 나는 이 두 세계 사이의 긴장을 기본적인 도전과제로 간주한다. 특히 우리가 실제와 경험 모두를 이해하고자 노력할 때, 이는 결국 슈퍼비전에 있어서 내가 고려하고 있는 것의 큰 부분이다.

이와 같은 구분은 또한 내가 실제(우리가 살고 있는 세상)를 명확히 드러내기 위해 시도하는 학문적 틀(우리가 생각하거나 서술하는 세상)을 사용하는 이 장의 구조에도 반영되고 있다. 이것은 아마도 인위적인 구분으로 여겨질 수 있다. 그러나 이는 우리가 심리치료의 실제를 체화하는 방식에 대해 다소 명확히 이해하도록 우리를 돕기 위해 고안된 장치이거나 은유이다. 때때로 우리는 우리가 수행한 것 그리고 우리가 수행하고 있다고 생각하는 것에 대한 가정을 도전할 수 있는 관점을 발견하는 것이 어렵다. 이것은 나에게 있어서 슈퍼비전에 대한 또 다른 도전이다.

그렇다면 슈퍼비전에 대한 나의 생각이 이 장의 주제와 어떻게 연관되어 있는가? 내가 이미 슈퍼비전에 대해 언급했던 것이 실존적 섹슈얼리티 및 체화와 연결될 수 있는 방식을 밝히기 위해 Merleau-Ponty에게로 되돌아가 보도록 하자.

체화된 상호 경험

> 섹슈얼리티는 다른 사람과의 관계이며 단순히 타인의 몸이 아니다. 이것은 투사와 내사의 순환적 시스템을 형성하게 되며, 성찰들과 반영된 성찰들에 대한 무제한적 연속을 명료하게 밝혀 주는 것으로서 내가 상대방이며 그가 나 자신이 되는 이유가 되는 것이다 (Merleau-Ponty, 1998: 230).

이 문구는 얼핏 보기에 다소 수수께끼처럼 보일 수 있으나 Merleau-Ponty가 여기서 서술하고 있는 것은 내가 '체화된 상호 경험'이라고 명명하는 것의 한 형태로서의 섹슈얼리티이다. 그는 섹슈얼리티를 공유적인 체화된 현존이며 만남 안에서 공동의 또는 완성된 상호관계로서 묘사했다. 내가 생각하기에 체화된 상호 경험은 우리 모두가 경험하거나 느낄 수 있는 현상이지만, 언어적으로 표현하는 것은 어렵다. 그것은 단순히 함축된 지식이나 함께 만든 공유된 '감각의 느낌'으로 이끌어 가는 두 사람의 만남으로 인해 체화된 경험이 아니다. 이는 Sartre가 설명했듯이 '상대방을 대면할 때의 고조됨'이다(Sartre, 1996: 406). Sartre에게 있어서 이러한 '고조'는 상대방의 '자유로운 주관성'을 파악하기 위해 상대방의 의식을 포착하려는 노력이다. 하지만 Merleau-Ponty는 의도성에 대한 일차적 관점을 공유하는 것이 아니다. 그에게 있어서 이것은 항상 나 역시 접촉될 수 있다는 인식에서만 나는 접촉할 수 있고, 나 역시 감지될 수 있다는 인식 속에서 내가 감지할 수 있는 가역성의 의미를 갖고 있다.

슈퍼비전에서 실존적 섹슈얼리티와 체화로 작업한다는 것은 단순히 축어록을 분석하거나 정보를 보고하는 것이 아니다. 그것은 우리의 전(全) 존재로 경청하는 것을 학습함으로 우리가 서로서로 관계를 맺고 해체하는 미묘한 방식에 대한 인식을 발전시키는 것이다. 실존적 섹슈얼리티는 체화된 구어적

143

묘사를 따라 혹은 우리의 몸을 통해 우리가 서로에게 구술된 이야기의 연결 수준에 따라 작동된다. 그것은 우리 스스로는 결코 될 수 없었던 어떤 사람처럼 춤을 추는 것과도 같다. 우리가 이 춤에서 만나는 사람은 우리가 생각했던 또는 되고자 했던 사람이 아닐 수 있다. 우리는 기쁠 수도 있고 실망할 수도 있으나, 우리가 발견하는 누구든지 그리고 어떤 것이든지 우리에게 내담자 안에 있는 통찰력을 제공할 뿐만 아니라 우리 자신과 우리의 상담을 발전시키는 데 활용될 수 있다. 실존주의적 관점에서 섹슈얼리티를 이해하는 것은 '사이(in-between)'에 대해, 상대방과의 만남에서, 그리고 계획되거나 기대하지 않았던 자신과의 만남을 통한 모호한 가역성을 이해할 수 있도록 도와준다.

다른 사람과 작업할 때 나는 끊임없이 그들에게 미칠 수 있는 나의 영향력을 평가하려고 노력할 뿐만 아니라 그들이 나에게 미치는 영향력의 강도를 자각하려고 노력한다. 나는 주로 접촉과 접촉 상실의 흐름에 대한 신체적 자각을 통해 이것을 경험한다. 종종 나의 몸으로 느껴지는 감각에 집중할 때, 언어들은 질문, 비평, 혹은 자연스럽게 떠오르는 개입의 형태로 나에게 다가온다. 때때로 이러한 암묵적 단어들은 통찰력이 있고 정확하지만 때로는 그렇지 않기도 하다. 그렇지 않을 경우, 슈퍼바이지는 곧바로 나를 수정시켜 줄 것이다. 그리고 이것은 그 자체로 나의 오해와 암묵적 신체감각을 탐색하는 새로운 길을 열어 준다. 다시 말하자면, 상대방의 체화된 현존에 대해 나의 몸으로 느껴지는 감각은 슈퍼바이지가 자신의 내담자와의 경험에 대한 체험적 회상과 슈퍼비전의 현재적 순간에서 이러한 경험을 회상하는 것에 대한 경험을 탐색하기 위한 도구이다.

나는 어떻게 이러한 직관적 감각을 신뢰할 수 있을까? 이것에 대한 답은 다른 사람의 몸에 대한 나의 개방성과 그것이 나에게 말하고자 하는 바를 신뢰하는 것에 놓여 있다. 앞에서 이미 언급했던 바와 같이, 우리의 신체는 습관적 몸의 형태 안에서 개인생활 이전에 연결된 아비투스의 어떤 것에 대한 다양

144

한 측면을 지니고 있다. 또한 여기에는 우리가 가능성의 세상에서 예상하고 참여할 수 있도록 허용해 주는 **현상적 몸**이 있으며, 우리가 위험한 미래적 가능성에 내재된 것을 초월하게 해 주는 **가상의 몸**이 있다. 몸에 대한 이와 같은 초점은 이러한 모든 측면이 작동될 때 놀랍게도 유익하다.

만일 우리가 슈퍼비전 공간에서 우리의 현상적 몸을 제공한다면, 우리는 다른 사람이 언어적으로 표현할 수 없는 방식 안에서 그 자신을 우리에게 각인하도록 허용할 수 있다. 우리는 우리의 몸을 통해 듣고 소통할 수 있다. 나의 슈퍼바이지들 중 한 명은 그가 자신의 내담자들 중 한 명과 함께 공유했던, 대부분 언어 외적으로 '표현된' 적극적이면서도 침묵과 연관된 회기들에 대해 설명한 적이 있다. 슈퍼바이지와 나 자신의 습관적 몸은 함께 만든 체화된 담화 속에서 우리 둘 모두의 역사와 행동 구조를 드러내는 이해와 모든 종류의 단서를 제공한다.

이것은 바로 앞 장에서 논의되었던 사이(in-between)의 경험과 유사하며, 또한 이전 저자에 의해 소개되었던 '메조퍼시(mesopathy)'에 대한 반영이다. 15장에서는 여기서 언급되었던 '몸으로 느껴지는 감각'에 대해 더욱 폭넓게 이해하고 발전시키게 될 것이다.

결론

나는 슈퍼바이저로서의 만남에서 체화된 상호 경험이나 실존적 섹슈얼리티에 있어서 나의 내담자들과 하는 것처럼 동일한 수준의 자각을 보이려고 노력한다. 나는 미묘한 관심사에 대한 공동적 영감 속에서 현재의 상호작용을 둘러싼 나의 지각에 대해 나 자신과 관련된 진술을 통하여 만남에서 일어나고 있는 나의 경험을 공유하고자 노력한다.

먼저, 나는 슈퍼바이지들에게 몸으로 느껴지는 감각 수준에서 자신들에게 어떻게 영향을 주는지에 대해 자각하도록 그리고 발전시키도록 격려한다. 나 또한 앞서 체화된 상호 경험으로 언급하였던, 몸으로 느껴지는 감각으로서 현재 상담실에서 우리 사이에서 경험되는 것에 대해 자각하고 가져오도록 노력한다. 이는 어떻게 그들의 내담자들이 심리치료사로 하여금 복장, 몸짓, 언어를 통해 자신들을 보도록 요청하는가를 의미한다. 나는 때때로 "당신은 이 내담자와 함께 있을 때, 그리고 그가 가고 난 후 기분이 어떠한가? 그리고 이 내담자가 당신을 어떻게 보기를 원하는가? 당신은 이 내담자가 당신과 관계를 맺도록 하기 위해 어떻게 노력하는가? 이 내담자가 당신을 좋아하는 것이 당신에게는 얼마나 중요한가? 당신은 그들을 좋아하는가? 당신은 그들에게서 매력적, 무력한, 성가신, 교묘한, 닿을 수 없는, 혐오스러운 혹은 매혹적인 것을 발견하는가? 당신은 상담실에서 그들과 어느 정도로 편안하게 느끼는가? 당신은 숙련되어 있다고/숙련되지 못하다고 느끼는가? 당신은 그들을 보는 것을 기대하는가, 아니면 그것을 두려워하는가? 당신은 이 내담자와 얼마나 많은 시간 동안 '교감'한다고 느끼는가? 내담자와의 접촉이 되지 않는다는 것에 대해 어떤 감정이 드는가?"와 같은 질문들을 한다.

이와 같은 질문들은 나의 슈퍼바이지가 자신의 내담자들과의 상담에서 실존적 섹슈얼리티와 체화가 어떻게 전개되는지를 밝히기 위해 고안되었다. 이와 더불어 슈퍼비전의 즉시적 경험, 특히 신체적인 혼란에 대해 스스로 보고하도록 격려한다. 요약하자면, 나는 실존에 근거한 슈퍼비전을 통합된 분야 내에서 상호적 관계가 가능한 가역적인 시스템으로 본다. 이는 내가 '내가 상대방이며 그가 바로 나 자신'(Merleau-Ponty, 1998: 230)이라는 인식 안에서 춤을 추도록 나의 슈퍼바이지를 초대하는 현장이다.

참고문헌

Asheri, S. 'Erotic Desire in the Therapy Room. Dare We Embody It? Can We Afford Not To?' (Talk given at the UKCP Conference on 11th September 2004).

Binswanger, L. *Being in the World: Selected Papers*. Trans. J. Needleman (New York: Basic Books, 1963).

Boss, M. *Psychoanalysis and Daseinsanalysis*. Trans. L. B. Lefebre (New York: Basic Books, 1963).

Bourdieu, P. *In Other Words: Essays Toward a Reflexive Sociology*. Trans. M. Adamson (Cambridge: Polity Press, 1990).

_____ *Pascalian Meditations*. Trans. R. Nice (Cambridge: Polity Press, 2000).

Cohn, H. W. *Existential Thought & Therapeutic Practice* (London: Sage, 1997).

DeYoung, P. A. *Relational Psychotherapy: A Primer* (Hove: Brunner-Routledge, 2003).

Foucault, M. *The History of Sexuality: Vol. 1 An Introduction* (London: Penguin, 1990).

Freud, S. *Three Essays on the Theory of Sexuality*. Standard Edition, Vol. 7 (London: Hogarth Press, 1905).

Heidegger, M. *Being and Time*. Trans. J. Macquarrie & E. Robinson (Oxford: Blackwell, [1927] 1962).

Jaspers, K. *Philosophy*. Trans. E. B. Ashton (Chicago: University of Chicago Press, 1969).

Laing, R. D. *Self and Others* (London: Penguin, 1990).

Maroda, K. *Seduction, Surrender, and Transformation* (Hillsdale: Analytic Press, 2002).

Merleau-Ponty, M. *Phenomenology of Perception*. Trans. C. Smith (London: Routledge & Kegan Paul, 1996).

_____ *Signs*. Trans. R. McCleary (Evanston: North Western University Press, 1998).

Reich, W. *The Function of the Orgasm* (London: Souvenir Press, 1983).

Sartre, J-P. *Being and Nothingness*. Trans. H. E. Barnes (London: Routledge, 1996).

2부
실존주의 슈퍼비전의 실제

서언

–Emmy van Deurzen, Sarah Young

이 책의 2부는 실존주의 슈퍼비전의 실제에 집중되어 있고, 특별한 내담자 그룹들과 특정한 상황에 초점을 맞추고 있다. 첫 번째 장(7장)은 진실 추구에 대한 강조와 함께 실존주의 슈퍼비전의 목적을 소개하고 있다. 이 장에서는 실존주의 슈퍼비전 활동을 안내하기 위해 어느 정도의 구체적이고 실질적인 지침을 제공한다. 이는 우리에게 지도와 나침반 모두를 제공하는 것이다. 우울증 내담자와 씨름하고 있는 슈퍼바이지의 생생하고 경험적인 설명은 실존주의 슈퍼비전 과정 전체를 생생하게 가져온다. 이 과정은 슈퍼바이지의 세계관에 필연적으로 연관되어 있고 영향을 주고 있는 내담자의 경험과 관련이 있는 진실과 이해를 위해 공동 탐색이 되는 것을 보여 준다. 우리 자신과 슈퍼바이지들 그리고 궁극적으로 내담자들에게 도전을 주는 수많은 질문의 예는 실존주의 슈퍼비전이 매우 실제적이며 동시에 관련되어 있는 모든 사람에게 삶이 변화되도록 하는 열정적인 노력 모두를 보여 주고 있다. 7장은 실존주의 슈퍼비전의 실제를 위한 전형적인 틀을 제공하고 있다.

2부의 두 번째 장(8장)은 온라인 실존주의 집단 슈퍼비전의 실시간 현장 토의의 실제와 과정에 대한 분명하고 생동력 있는 설명을 제공해 준다. 슈퍼바이지들은 자신의 이면에 감추어진 편견들과 가설들에 대해 생각하고 발표를 준비하도록 격려받는다. 온라인 작업은 적극적인 온라인 상호작용을 위한 자료의 사용과 축어록 보고서(이미 현상학과 관련하여 4장에서 제시한 것처럼)의 구체적인 토의를 위한 독특한 기회를 제공하며, 이는 온라인 슈퍼비전의 본질적인 측면으로 여겨진다. 저자는 온라인 활동의 독특한 이점을 강조하고 있으며, 어떤 실존주의 슈퍼바이저 혹은 상담자들과는 달리 그 과정의 토대로서 '대신 뛰어들기(leaping in)'로 간주하는 것을 인식시킨다(반대되는 관점에 대해서는 다음 장과 13장을 참조하라). 이러한 활동은 '방식이 다르지만 대면하는 방식보다 나쁘지 않다'는 아주 큰 기쁨을 주고, 슈퍼바이저들은 자신과 자신의 업무, 존재 방식에 대해 배우는 기회를 갖는다.

9장은 중독에 관한 상담 환경에서 실존주의 슈퍼비전에 대해 탐구한다. 철학적 관점을 적용함으로써, 저자는 우리가 슈퍼비전, 중독 그리고 중독에 대한 슈퍼비전을 개념화하는 방식에 대해 질문한다. 중독의 문제를 보이는 사람들은 다른 인생 문제를 제시하는 사람들의 하위 집단으로서 명확하게 구별될 수 있는지의 여부 또한 의문시된다. 이러한 구별이 적용되는 이유가 자주 논의되고 있으며, 이는 내담자들을 대면해야 할 우리의 능력이 제한될 수 있다는 가정들이 어떻게 입증되는지를 보여 주고 있다. 실존주의 슈퍼비전을 개념화하는 구체적인 방법들이 제시되고 있다. 그 방법은 독단적이지 않은 반면, 실존주의 상담에서 관계의 기초적인 상태를 인식시켜 주며, 공동으로 구성된 치료적 동맹의 본성을 명료화하는 '실존적 초점'의 기능을 포함하고 있다.

10장은 젊은 여성 범죄자들에 대해 중점을 두면서 이전의 내용을 다시 돌이켜 본다. 저자는 이러한 여성들이 직면하는 실존적 딜레마들은 비록 그들의 상황이 더 심각할지라도 우리 모두와 동일하다는 것을 보여 준다. 이러한 이유로 그들의 특성은 '동일하면서도 다른' 것이다. 이러한 젊은 여성들에게 부과된 제약에도 불구하고 그들의 미래가 끔찍한 과거 경험에 의해서 결정된다는 가정이 도전을 받는다. 다시 말하면, 이 책의 어느 곳에서나 볼 수 있는 것처럼, 관계는 핵심적이고 가장 중요한 요소로 여겨진다. 모두는 아닐지라도 인간의 어려움들은 존재의 관계적 영역에서 나타난다. 우리의 세계관에 대한 중요성 또한 인식되고, 이는 우리 삶의 경험에 있어서 근본적인 것으로 여겨진다. 앞의 여러 장에서 논의되었던 대화의 동일한 과정은 슈퍼비전 관계를 뒷받침하기 위한 것으로 인식된다. 실존적 태도는 세상에 대한 우리의 모든 참여에 있어서 기본적인 역할을 한다는 사실이 가장 중요하게 강조되고 있다. 이것은 단순히 적용되는 어떤 요소가 아니라 실제적인 것이다. 실존주의 슈퍼비전은 이 장 안에서 논의되는 교도소 상황에 특히 적합한 것으로 보인다.

NHS 기관에서의 실존주의 슈퍼비전이 2부 마지막 장(11장)의 초점이다. 실존적 접근이 일반적으로 의료서비스에 선택되는 방법이 아닌 반면에, 이 장에서는 특히 슈퍼비전의 항목에 있어서 공헌할 수 있는 중요한 부분에 대해 논의하고 있다. 수련 받는 정신건강의학과 의사와 작업하는 것에 있어서 NHS 기관에서의 실존주의 슈퍼비전의 적합성과 특별한 관련성이 논의된다. 폭넓은 사례 이야기는 이러한 상황에서 일반적인 의학적 입장이 더욱 묘사적이고 자아성찰적인 담화적 접근을 포함하는 것으로 확장되는 방식을 보여 준다. 실존주의 슈퍼바이저들이 사실적인 환경보다는 다른 것에 대한 새로운 이해의 차원에 기여할 수 있다는 것은 분명하다.

7장
실존주의 슈퍼비전의 목적: 인도하는 빛으로서의 진실

-Emmy van Deurzen

그러나 모든 탁월한 것은 희귀하면서도 어렵다(Spinoza, Ethics: Ⅴ: XLII).

들어가는 말

실존주의 슈퍼비전의 목적들은 복합적이며 다양하다. 그러나 그것들은 항상 다음과 같다.

1. 상담자들과 내담자들이 자신들의 삶과 관계에 대하여 진실을 말할 수 있도록 도우라. 이것은 모든 가르침 중에 가장 중요한 것으로, 그들이 자신의 편견과 개인적 세계관을 인식할 수 있도록 하는 것을 의미한다.
2. 상담자들이 내담자와의 관계와 치유적 활동에 있어서 더욱 개방적이고, 더욱 이해하고, 더욱 차분하고, 안정적이고, 강하게 되는 것을 가능하게 하라.
3. 자신, 다른 사람, 그리고 인간 삶의 복합적인 관련성과 양상들에 대해

새로운 것들을 배우라.

4. 모호하고, 비밀스럽고, 잘 알지 못하거나, 혼란스러운 것을 분명하게 하고 표현하면서, 인간의 문제들과 어려움들에 대한 새로운 관점에 빛을 비추라.

5. 상담자들과 내담자들이 자신의 상황과 재능, 그리고 경험을 최상으로 활용하면서 자신의 가치와 조화를 이루어서 더 나은 삶을 살 수 있도록 하라.

6. 내담자 혹은 상담자의 안전이 위협받을 수 있는 윤리적이고 도덕적인 문제들을 살피라.

존재의 4차원

우리는 이러한 매우 일반적이고 추상화된 목표들을 성취하기 위해서 우리의 활동을 안내할 수 있는 구체적이면서도 실제적인 요소들을 공식화할 필요가 있다. 우리는 내담자들이 어디서 길을 잃었는지 그리고 그들이 어떻게 자

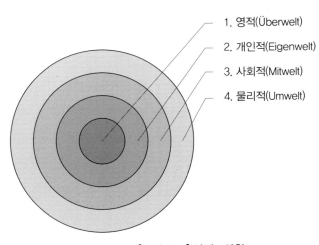

1. 영적(Überwelt)
2. 개인적(Eigenwelt)
3. 사회적(Mitwelt)
4. 물리적(Umwelt)

[그림 7-1] 삶의 4차원

신을 찾을 수 있는지 이해하는 방법을 상담자들에게 보여 주기 위한 지도와 나침반이 필요하다. 그 지도는 성격이론이나 정신병리학이 아니라, 삶 그 자체의 전체적인 영역에 대한 것이다.

만일 우리가 삶의 네 가지 차원을 원형의 별자리([그림 7-1] 참조) 안에 정렬한다고 가정한다면, 개인적인 세계에 있어서 세 가지 차원의 모델이 발생하게 된다. 이 원주의 핵심은 의미가 생성되는 영적 차원이다. 일반적으로 이는 우리 세계의 중심으로 경험된다. 영적 차원은 실존의 가장 친근한 차원이며, 우리 내면적 존재의 핵심에 가깝다. 그러나 그것은 가장 깊숙이 숨겨져 있고, 종종 삶에서 금기시되는 측면이다. 또한 영적 차원은 이러한 중심으로부터 삶의 방향을 찾으며 우리가 진실의 핵심에 연결되어 있다고 느낀다. 그 중심으로부터 다음 층인 개인적 차원에서 우리는 여전히 매우 사적인 개인으로 느끼고, 이곳에서 우리는 자신에 대해 생각하며, 우리의 담화적 역사, 성격, 기질을 정의한다. 우리는 비록 변함없이 염려하고 돌보는 피드백을 통해 우리의 자신감에 에너지의 상승을 제공할지라도, 평가에 대해 두려워하고 많은 것을 숨겨진 채로 유지하는 것을 선호한다. 우리의 상호작용의 대부분은 그다음 층인 사회적 차원에 보관되어 남겨져 있다. 그곳은 우리가 주의 깊게 구성된 사회적 성격이나 자아를 통해 다른 사람들과 관계하는 장소로서, 다른 사람들이 좋아하거나 싫어할 수도 있고, 함께 논쟁하여 찬사를 주거나 도전할 수도 있다. 실존적 현실의 외곽 층은 세상의 물리적인 실재로서, 실제로 객관적 세계와 다른 몸을 접촉하고 반대로 세상으로부터 접촉되는 몸 자체 또는 피부를 형성하는 육체(flesh)에 관한 것이다.

슈퍼비전은 내담자가 세상에 참여하는 방식의 그림에 있어서 윤곽을 그릴 수 있는 유익한 시간이다. 이는 물리적, 사회적, 개인적, 영적 차원들과 그의 강점과 약점, 불안과 거짓된 자신감에 관련된 것이다. 이는 우리에게 가치와 신념에 대한 더 좋은 감각을 얻을 수 있도록 허용한다. 또한 슈퍼바이지들에게도 동일하게 적용되는데, 이는 상담자가 자신에 대해 명료함 없이 다른 사

157

람에 대해 생각하는 것을 돕는 것은 불가능하기 때문이다. 그래서 우리는 내담자의 세계관에 대한 밑그림을 그리며, 이것을 상담자 자신의 것과 비교하고 대조한다.

열정, 가치 그리고 감정

그러나 내담자의 관점과 상담자의 관점을 이렇게 이성적이고 지적으로 파악하는 것으로 충분하지 않다. 슈퍼바이저로서 우리는 내담자와 상담자가 가장 감성적으로 관심을 두고 있는 문제에 초점을 둘 필요가 있다. 우리는 내담자를 혼란스럽게 만들거나 절망 속으로 밀어넣는 것이 무엇인지 그리고 이것이 어떻게 상담자와 공명을 이루거나 불협화음을 내는지에 대해 우리 스스로 자문해야 한다. 물론 이것은 슈퍼바이저가 침착한 태도와 자세로 강한 감정을 탐색하는 데 안정성과 지혜를 제공하기 위해 감정에 대한 자신의 개인적인 이해를 통해 안전함을 느끼는 것이 필요하다는 것을 의미한다.

감정들은 개인의 가치를 얻거나 상실하는 것에 대한 반응이다. 그것들은 우리가 소중히 여기거나 멸시하는 것들과 관련하여 우리 자신의 위치를 발견할 수 있도록 알려 준다. 그러므로 감정의 나침반([그림 7-2])은 존재의 지도 위에 있는 우리의 위치를 이해하고 정확한 위치를 파악할 수 있도록 도울 수 있다. 그것은 우리가 거친 물결 속에서 항해하거나 숲속에서 빠져나가는 길을 발견하도록 돕는다(Deurzen, 2002; Deurzen & Arnold-Baker 참조). 나침반의 바닥에 위치한 감정들이 가라앉아 있는 것처럼 느껴지는 반면에, 나침반의 정상에 위치한 감정들은 고양된 것처럼 느껴진다. 왼쪽에 위치한 감정들은 우리가 가치 있게 여기고 원하는 것에 참여하는 것을 암시하는 염려의 감정들이다. 반면에, 오른쪽에 위치한 감정들은 이탈을 암시하는 우울의 감정들이다. 우리가 높은 곳에서 낮은 곳으로 그리고 반대로 움직일 때, 올라가거나 내려가는 길에 있는 각 눈금은 구체적인 느낌이나 분위기를 가지게 된다. 그래서 예를 들어, 분노는 우리가 현재 위협받고 있는 가치를 되찾으려고 노력할 때 발생되는 감정이다. 또 다른 예로, 시기는 우리가 원하는 것이 어디인지를 알지만 아직도 도달할 수 없다고 생각하는 열망의 감정이다. 우리의 감정들은 우리 실존적 세계의 4차원 범위에 있는 어떤 가치에 귀착하려고 하며, 따라서 우리의 경험을 복잡하게 한다. 슈퍼바이저는 상담자가 내담자의 경험적인 세계에 위치하도록 돕기 위해 나침반을 활용할 수 있다. [그림 7-2]는 이러한 도구들이 실제적으로 적용되며 슈퍼비전에서 진실을 추구하는 데 응용될 수 있도록 설명해 줄 것이다.

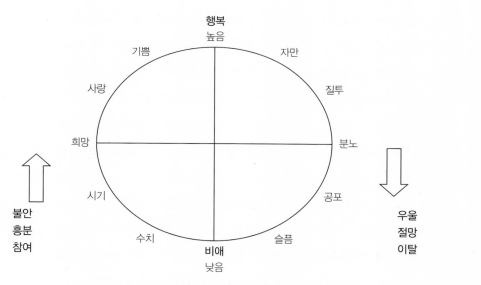

[그림 7-2] 감정의 나침반

우울한 내담자와의 상담 작업에 대한 슈퍼비전

내담자의 이야기

웬디는 1차 의료기관에서 일했던 경험이 많고 잘 훈련된 상담자였다. 그녀는 늘 슈퍼비전에 많은 양의 긍정적인 자료를 가져왔다. 때때로 그녀의 내담자들을 향상시킨 많은 방법을 열정적이고 자신감 있게 토의했다. 일반적으로 그녀는 쉽게 자신의 내담자들과 공명했고 실수로부터 빠르게 배웠으며, 자주 우리의 토론으로부터 새로운 아이디어를 얻고, 그것들을 민첩하게 적용했다. 그래서 그녀가 내담자 카라와 침체되어 있는 상담에 대해 한숨을 쉬고 찡그리며 발표했을 때, 어떤 심각한 작업을 필요로 한다는 것이 분명했다.

50대 초반 여성인 웬디는 수개월 동안 42세의 이 내담자와 상담을 진행해 왔다. 이 내담자는 10년 가까이 기혼 남성과 관계를 가져 온 미혼 여성이었다. 카라는 '임상적으로' 심각한 우울증 때문에 상담을 받으러 왔다. 그녀는 과거에 여러 번 자살을 시도했고, 여전히 자신의 삶을 끝내려는 충동을 느꼈다. 그녀는 삶의 의지를 상실했다고 웬디에게 말했다. 그녀는 애인 짐과의 관계가 끝난 이후로 모든 것이 의미 없는 것처럼 보였다. 그녀는 그가 자신을 위해서 그의 아내와 결국은 헤어질 것이라는 희망 아닌 희망을 가지고 10년 동안 그에게 필사적으로 매달려 왔다. 2년 전 그녀가 그의 아이를 임신했을 때, 그녀는 자신의 때가 되었다고 생각했었다. 그것이 운명을 결정하는 상황이 되었고, 그녀는 당당하게 애인에게 임신한 사실을 알렸다. 그는 그녀가 모든 것이 그들을 위해서 잘될 거라고 생각하도록 만들면서 몇 주 동안 그녀를 현혹했다. 그 후 마지막 순간에 그는 자신의 가족을 결코 떠날 수 없다는 것을 깨달았기 때문에 그녀가 낙태해 주기를 원한다고 결정했다.

카라는 믿지 않았고, 거부하는 상태로 있었다. 그녀는 그가 결국은 돌아올 것이라고 생각하면서 낙태 수술을 하는 것을 미루었다. 그녀는 임신한 상황을 보여 주기 시작했고, 첫 번째 초음파 검사를 받았다. 그녀는 임신 사실을 다른 사람들에게 알렸고, 그녀의 자궁에 있는 아기와 유대감을 형성했다. 어쨌든 그녀는 아기를 가졌고, 아기를 낳은 후에는 짐도 마음을 바꿀 거라고 생각했다. 짐은 그녀의 '불순종'에 대해 매우 분개했고 '또 다른 아이로 힘들어지는 것'을 원하지 않았기 때문에 이 시기에 그들의 관계는 매우 긴장되어 있었다. 그는 어린 시절의 사랑이었던 그의 아내 리즈와의 사이에 세 명의 10대 자녀를 두고 있었다. 또한 40세에 가까운 짐은 그의 아이들이 독립해서 자신의 삶이 좀 더 수월해지는 때를 고대하고 있었다. 그는 새로운 가족이 시작되는 것을 원하지 않았다. 따라서 그는 이러한 이유로 관계를 정리하는 것으로 선택했다. 하지만 카라는 자신이 그와의 성관계를 거절하기 시작했기 때문으로 생각했다. 그녀는 임신 20주가 되었고, 법적으로 낙태를 할 수 있는 시기가 끝나기 전에 그가 그녀에게 낙태 수술을 받도록 압박하려고 한다고 확신했다.

카라는 짐이 은밀한 관계에 대해서 그의 아내가 알게 되는 것을 피하기 위해 필사적이라는 사실을 알고 있었고, 어쨌든 그녀는 지금 아기를 출산하기로 결심했기 때문에 이 문제를 드러내야 할 순간이 왔다고 결정했다. 그녀는 그의 아내가 자신이 임신 중이라는 사실에 대해 동정해 주리라고 착각했으며, 그래서 그녀에게 이 상황을 알리기 위해서 짐에게 말하지 않은 채 리즈와 만나는 약속을 잡았다. 리즈는 짐이 아이의 아빠일 것이라는 사실을 믿지 않았을 뿐만 아니라, 그녀를 파렴치한 거짓말쟁이와 난잡한 여자라고 비난했다. 그날 밤에 짐이 그녀를 보기 위해서 찾아왔고, 낙태 수술에 대해 마지막으로 그녀에게 간청했다. 그는 그녀가 리즈에게 말한 것으로 인해 매우 화가 나 있었다. 그는 그녀를 막 대했고, 철부지 아이로 취급했다. 그는 그녀가 무책임하게 행동하고 있으며, 그녀가 돌볼 수 없는 아이를 지워야만 한다고 말했다. 끔찍한 장면들이 있었고, 카라는 자신의 삶에서 결코 해 보지 못했던 대로 절규하고 소리를 질렀다. 비록 짐이 실제로 그녀에게 신체적 폭력을 행사하지는 않았지만, 그녀는 폭행당하는 느낌을 받았다. 그날 밤 그녀는 출혈을 했고, 입원했으며, 아기는 사산되었다. 그녀는 엄청난 충격을 받았고, 모든 삶이 사라진 것처럼 느껴졌다. 그녀가 합병증으로 몇 주 동안 입원해 있었지만, 짐과 리즈는 병원으로 문병을 오지 않았다. 짐은 그들이 종종 사랑을 나누었던 해변 도시의 그림이 그려져 있는 얼간이 카드를 보냈는데, 카드 뒷면에 단지 "이건 아니었어(it was not to be)."라는 단어만 쓰여 있었다. 그녀는 그의 냉담함에 격노했고 깊은 상처를 받았다.

그녀는 퇴원하고 집으로 돌아온 이후에 몇 개월 동안 일을 쉬었다. 그녀는 공허함과 수치심 그리고 그녀가 결코 가질 수 없었던 아이에 대한 상실감을 느꼈다. 이는 그녀가 처음 약물 과다 복용으로 이런 아픔을 잊으려고 했던 시간들이었다. 짐은 자신이 말한 것처럼 연락을 하지 않았다. 그는 자신의 비서에게 그녀의 전화를 처리해 달라고 말했고, 이로 인해 그녀는 그에게 전화 연락을 하려는 시도를 결국 포기해야만 했다. 그녀의 편지들과 이메일은 답신 없는 상태로 남아 있었고, 그녀가 그를 만나기 위해서 그의 사무실로 갔을 때 그는 자신의 '스토커'에 대해 동료들과 농담을 나누면서 차갑게 그녀에게 돌아서 갔다. 이것이 그녀를 더욱 격분하게 만들었고 그녀는 그의 집까지 그를 따라갔는데, 그곳에서 리즈와의 또 다른 굴욕적인 장면을 겪었다. 그녀는 결국 그와의 관계가 끝났다는 사실을 인식하고 집으로 돌아왔다.

실존주의 슈퍼비전

웬디가 짐과 리즈를 향한 카라의 행동에 상당한 공격성이 있었음을 제시했을 때, 카라는 자신이 화가 난 것이 아니라 '고통'을 느꼈던 것이라고 주장했다. 웬디가 그것에 대해서 그녀와 논의하면서 그녀의 행동이 얼마나 적대적이었는지를 그녀에게 보여 주고자 노력했고, 카라는 온순하게 그녀의 말이 옳을 수 있다고 인정했다. 그러나 그녀가 해 왔던 모든 것은 태어나지 못한 아이를 보호하기 위한 것이었기 때문에 이러한 깨달음이 단지 자신을 더 슬프게 만들 뿐이라고 말했다. 그녀는 자신의 삶이 파괴되었고 삶을 끝내는 것이 최상의 해결책이 될 것이라고 되풀이해서 말했다. 그녀는 단지 자신의 지역 보건의(GP)의 요청을 들어주기 위해 상담자를 만나는 것에 동의했지만, 이미 죽을 것을 다짐하고 있었다.

웬디는 엄청난 압박을 느꼈고, 카라를 도울 방안을 떠올릴 수 없었다. 그녀는 전에 자살하고 싶은 사람들을 상담해 왔지만, 자신의 삶을 끝내려고 결정한 사람과 상담을 해 본 적은 없었다. '카라의 고통을 가볍게 해 줄 수 있는 말은 아무것도 없었기' 때문에 그녀는 카라를 논리적으로 설득할 수 없음을 느꼈다. 내가 이러한 말로 표현할 수 없는 고통을 탐색하기 위해 질문하고 그 것을 나에게 묘사할 때, 그녀는 자신의 낙태와 유산에 대해 나에게 말해 주었다. "그래서 당신은 이론적으로 그러한 고통에 대해 알고 있습니다. 하지만 실제적으로 당신은 카라가 지금 느끼고 있는 동일한 고통의 어떤 것을 경험하도록 당신 스스로에게 허용하고 있습니까?"

그리고 나는 나의 마음속에 형성된 그림을 그녀를 위해 다음과 같이 스케치했다. 한 남자에게 자신의 모든 희망을 걸었고, 대체할 수 없고 유일한 자신의 아이에 대한 갈망 속으로 자신을 온전히 던져 버린 여인에 대한 그림. 그녀는 이러한 소중한 자신을 위해 필사적으로 투쟁했으며, 그녀는 그 남자를 상실했을 뿐만 아니라 그의 아이 역시 잃어버렸고, 자신의 연인과 그의 아내로부터 멸시와 모욕을 당하면서 자신의 자존감마저 상실했다. 웬디는 이것이 얼마나 파괴적이었는지를 알 수 있었고, 그녀는 생각에 잠겼으며 낙심한 것처럼 보였다. 그녀는 또한 카라가 사산의 여파로 초기 갱년기로 접어들었다는 것을 지금 막 기억해 냈다. 카라는 출산의 능력과 미래에 자신의 아이를 가질 수 있을 것이라는 희망을 상실했다. 카라가 고통을 겪었던 많은 상실을 추적함으로써 그녀의 실존적인 고통에 대한 경험이 분명해졌다. 카라가 주장하고 있는 것은 적대감이나 공격성이 아니라 절망과 패배감 그리고 슬픔이었다. 웬디는 자신이 이러한 헤아릴 수 없는 고통에 접촉하는 것에 실패했다는 것을 즉각적으로 알았다.

실제로 우리가 좀 더 탐색했을 때, 웬디는 세상에서 카라의 상태에 대해 갖는 모든 종류의 비판을 자신도 지니고 있었다고 부끄럽게 인정했다. 웬디는 이 상황을 알고 있다고 가정했는데, 이는 자신 또한 이전에 기혼 남성과의 사이에서 딸을 가지고 있기 때문이었다. 이러한 사실로 인해 그녀는 카라에 대해 특별한 동정심을 갖게 되었다. 그러나 이제는 카라의 실패를 회복시키는 데에 있어서 그녀가 다소 잘난 체하며 우월감을 느꼈던 방식을 잘 알게 되었다. 웬디는 자신의 편견을 볼 수 있었고, 자신이 카라를 개선시키고 카라의 실수를 바로잡고 싶어 했다는 사실을 깨달았다. 웬디는 카라가 잘못했다고 생각했던 것에 대한 나의 질문에 대답함으로써 이러한 부분을 더욱 탐색하는 것에 대해 행복해했다. 그녀가 말하기를, 카라는 자신의 카드를 잘 활용하지 못했고 자신의 애인을 추적하는 것에 너무 공격적이고 필사적이었다고 말했다. 어떤 점에서 웬디는 자신의 곤경에 대해 스스로 감사하고 있었다.

내담자의 문제에 대한 재참여

웬디는 이러한 평가가 카라와 진심으로 함께하는 것을 어떻게 중단시켰는지 알았고 느꼈다. 그녀는 또한 카라가 자신의 소외된 상황에서 다른 사람들로부터의 그러한 비난을 두려워했을 것에 대해 예상할 수 있었다. 웬디는 점차적으로 카라의 영역에 있어서 중요한 어떤 것을 알 수 있게 되었고, 그녀의 세계가 어떻게 제한되어 있는지를 감지할 수 있었다. 이제 웬디는 카라가 자신이 한때 경험했던 동일한 상황에 있었다고 상상하는 대신에, 카라의 상황 속에서 그녀 자신을 상상하도록 허용할 수 있었다. 처음에 웬디는 카라의 상태에 대해 슬픔을 느꼈다. 그녀는 카라가 자신을 도박에 던지고 모든 것을 잃어버렸다고 느껴야만 했던 총체적 실패에 대해 깨달았다. 태중의 아이를 잃은 것에 대한 생각에서 지금까지 자기 자신의 유산에 대해 알지 못했던 어떤 깊은 감정들이 떠올랐고, 이는 그녀를 내담자의 곤경에 대한 더욱 따뜻한 이해로 이끌어 갔다.

이제 우리는 카라가 상실의 고통을 경험했던 여러 방식을 추적했다. 실제로 그녀는 존재의 모든 차원을 잃어버렸다. 그녀는 출산할 수 없었고 그녀의 애인에게 더 이상 성적인 매력이 있는 존재가 될 수 없음으로 인해 그녀의 몸에 대한 신체적 확신을 상실했다. 그녀는 자신의 애인과 그의 부인의 면전에서 자신이 경멸당함으로 인해, 또한 직업을 잃어버림으로 인해 사회적 자존감을 상실했다. 그녀는 애인의 사랑을 애원하기 위해 그토록 저자세로 굽신거렸던 것과 그녀 스스로 그에게 감정적으로 의존했던 것으로 말미암아 자존감도 상실했다. 마지막으로 그녀는 삶의 목적을 주었던 모든 목표가 흔들리고 실패했을 때, 그녀의 정신적인 의미에 대한 감각을 상실했다. 종종 자살충동을 느끼는 사람들은 모든 면에서 자신의 가치에 대한 이러한 종류의 총체적 파탄을 경험한다. 그러나 카라의 분노와 그에 따른 절망의 힘은 우리에게 그녀의 위대한 생명력과 그녀가 위협당하고 상실했던 가치들에 대한 갈망의 힘을 말해 주고 있다. 우리는 이 안에 많은 희망이 있다는 것에 동의한다.

진지하게 심리치료를 시작함

웬디는 이러한 모든 생각을 충분히 이해했으며, 그녀는 자신의 방식 안에서 우리가 다음 회기에서 카라와 논의해야 할 보편적인 인간적 질문들을 가져올 수 있었다. 웬디는 카라가 아이를 낳을 수 없었던 것이 자신에게 무엇을 의미했었는지를 카라에게 질문했으며, 그녀는 카라의 반응에 매우 놀랐다. 왜냐하면 카라는 이 시점까지 미루었던 그 작업을 시작하기 전에 오랫동안 울었기 때문이었다. 상담의 종결 시점에 카라는 웬디에게 마침내 이해받았다고 느끼고 서광을 볼 수 있는 것이 얼마나 큰 위안인지를 말했다. 그들 사이의 간격에 다리가 형성되었고, 그 상담은 이후에 안정적으로 진행되었다. 몇 주 후에 카라는 어떤 가치 있는 경험에 대해 감사하러 왔다. 나중에 그녀는 자신과 삶에 대해 배우는 것에 있어서 자신의 고통의 역할을 인정했다. 그녀는 웬디가 고통을 재앙으로 보는 대신에 자신의 경험을 유용성 있게 만들었다고 느꼈다. 이것은 경험을 가치 있고 소중하게 만들었다. 슈퍼비전에서 웬디는 카라의 절망을 진정으로 만나고 그것을 대면하여 제압하도록 용기를 주는 것이 그 비결이었다고 생각했다.

실존주의 슈퍼비전의 역할은 웬디가 슬퍼할 수 있도록 허용하는 것이며 그녀 자신의 영향력과 평가를 제쳐 두는 것이었다. 이러한 평가는 웬디가 그녀 자신의 것으로 인정해야 하는 것들이었다. 웬디는 또한 카라의 세계관이 총체적으로 붕괴되는 것에 대한 구체적인 감각을 습득하고 이해하는 방법을 발견했다. 그리고 이것은 웬디가 두려워하기보다는 지금까지 해 왔던 것처럼 카라의 상황에 관련하여 자신감을 느끼도록 만들었다. 또한 그것은 카라가 자신의 가치에 대해 다시 확신할 수 있도록 하는 방법에 대한 여러 가지 아이디어를 제공했다. 웬디는 카라가 몇 달이 지난 후에 그렇게 하도록 도왔다.

웬디는 자신의 내담자와 함께 안정적으로 동행할 수 있었고, 삶의 가장 밑바닥일지라도 최소한 어느 정도의 안전과 인간적 이해심이 있다는 것을 카라에게 보여 줄 수 있었기 때문에 진전은 가능해졌다. 이것은 카라가 이러한 최저점이 자신의 상실을 깊이 생각할 수 있는 좋은 기회라는 것과 카라가 그토록 절망적으로 잊어버리기를 원했던 것으로부터 다른 세계를 재건축하도록 출발하기 좋은 지점이라는 것을 발견하도록 해 주었다. 당연히 이후에 카라와 웬디 모두의 삶 속에 위대한 새로운 에너지가 발생되었다. 카라는 삶의 가장 극단적인 양극단과 역설 모두에서 살아갈 수 있게 되었다(〈표 7-1〉 참조).

<표 7-1> 인간 존재의 차원과 긴장

	욕구	두려움
물리적	삶 즐거움	죽음 고통
사회적	사랑 소속	미움 고립
개인적	정체성 통합	자유 분열
영적	선 목적	악 무익

진실에 대한 열정적인 추구

웬디가 슈퍼비전으로부터 배운 것들 중 하나는 내담자의 진실이 상담의 길잡이가 되어야 하며 그것의 자원과 영감이 철저히 유지되어야 한다는 것이었다. 상담자들은 종종 어떻게 하면 그들 스스로 내담자의 삶에 대한 투쟁에 더욱 온전히 도움이 되도록 만들고, 내담자가 자신의 진실에 재참여하고 그에 맞추어 내담자의 삶을 정상 궤도로 돌아오게 할 수 있을지 상기시킬 필요가 있다. 슈퍼비전은 그러한 진실을 포괄할 수 있는 넓은 안목을 제공할 뿐만 아니라, 그러한 도상에서 불가능하게 보이는 장애물들을 뛰어넘을 수 있는 능력을 제공한다.

실존주의 슈퍼비전의 철학적 본성은 종종 슈퍼바이지가 자신의 내담자들에게 몰두하고 있는 인간적 이슈들에 대해 그와 함께 개방적이고 폭넓은 논의로 이끌어 간다는 것을 의미한다. 이러한 논의에서 어떤 논점에 대해 토의하거나 확신하기 위해 수사학적 방법을 사용하지 않는다. 대신, 전반적인 내담자의 삶과 특별한 경험에 대해 좀 더 정확하고 적절한 그림을 얻기 위해 슈퍼바이지와 슈퍼바이저는 자유롭게 모든 도구와 이해력을 활용한다. 이것이 개방성과 관대함으로 수행되었을 때, 그것은 공동의 모험이며 가장 기쁜 실존적 탐험이다. 이러한 추구는 그 안에 포함된 사람들 각자가 내담자의 문제에 대한 이해를 삶에 있어서 새로운 어떤 중요한 것을 명료화하는 방식으로 분명히 인식할 수 있을 때 더욱 열정적이 될 것이다.

이는 슈퍼비전을 매력적인 경험으로 만드는 인간 존재의 이러한 상호적인 수수께끼 풀기이다. 만일 진실을 위한 보편적이고 구체적인 이러한 탐색이 활기 있게 수행된다면, 그것은 상담에 있어서 새로운 활력과 역동으로 나아가며 일반적으로 빠르게 새로운 진전으로 옮겨진다. 슈퍼바이지는 다른 질문들을 하기 시작할 것이며, 보이지 않은 채로 남아 있던 내담자의 말과 경험들에 대한 숨겨진 측면들을 언급하게 될 것이다. 그는 자신이 휘말려 있던 어려움들로부터 내담자를 풀어놓는 데 있어서 점점 더 능숙하게 될 것이다.

168

공명과 검증

상담자가 내담자의 경험에 공명하고 내담자의 세계 속에서 느끼도록 하는 것은 상담의 초기에 매우 중요하다. 이것은 Jaspers의 **감정이입**(Einfühlung)의 개념과 유사한 것으로서, 말 그대로 상대방의 내면적 세계에서 느끼는 것을 말한다(Jaspers, 1968). 그것은 종종 슈퍼바이저 혹은 슈퍼바이지가 마치 자신들이 내담자인 것처럼 연극적인 방식의 활용을 통해 도움을 받는다. 이러한 예시처럼, 그것은 또한 슈퍼바이저가 연극이나 영화의 감독처럼 배우가 자신의 역할 안에서 느낄 수 있도록 영감을 줄 수 있는 것보다는, 드러나는 실존적 세계의 다채로운 언어적 그림을 그리는 것을 도울 수 있다. 심층적 심리치료 작업을 위해서 우리는 우선적으로 내담자의 세계를 느끼도록 하며 내담자의 세계에 진심으로 참여하는 것이 필요하다. 이것은 이론적이거나 쉬운 일이 아니며, 상세하고 부담이 있고 어려운 작업이다. 이것은 그들의 염려들을 끄집어내며, 그들의 세계 속에 있는 실제적인 모든 것에 공명하고 이것에 의해 우리 스스로가 감동받도록 하는 것을 의미한다. 그래서 우리는 상담자들이 알아챌 수 있도록 하며, 그들 자신이 스스로 내담자의 세상에 대해 확장하면서 새로운 삶의 경험 속으로 뛰어들도록 해야 한다. 우리는 슈퍼바이지가 단순히 역할 연기를 하는 것이 아니라, 내담자의 현실을 규명할 수 있는 정밀한 음조, 분명한 장단, 리듬, 분위기, 환경을 파악하는 것을 통해 참여하도록 가르친다. 우리는 상담자들이 이해하고 지혜롭게 되기 전에 그들 스스로 영향을 받을 수 있도록 가르친다. 그렇게 하기 위해서, 우리는 바로 그것에 대해 명확히 알고 그것이 옳다고 느낄 수 있을 때까지 충실한 서술의 현상학적 방법을 활용한다.

일종의 묘사로서 "그래서, 당신의 내담자는 비탄에 빠져 있고, 애인의 배반으로 완전히 망가졌군요."라고 말할 수 있다. 그리고 우리는 주저하면서 다음과 같이 말할 수도 있는 상담자의 확인을 기다린다. "저는 그녀가 정말로 비탄에 빠져 있는지 확신할 수 없어요. 오히려 그녀는 그에게 그가 잘못하고 있다는 것을 보여 주기 위해 열심인 것으로 보여요. 그녀 자신의 삶을 유지하는 것은 저에게 비탄에 빠져 있기보다는 분노하고 있는 것처럼 보여요. 하지만 배신이 그녀에게 커다란 문제인 것은 맞아요."

우리는 논쟁하지는 않지만, 지속적으로 탐색하고 상담자가 더 생각하고 느끼도록 요청한다. 우리는 다음과 같이 이야기할 수도 있다. "배신이 갑작스럽게 그녀에게 일어났기 때문에 그녀가 배신을 견딜 수 없었던 그 이상의 어떤 것이 있었는지요? 당신은 그녀가 고통스러움을 느낀다고 말했고, 이는 내적 일체성이 공격당해 텅 비어 있는 감각, 즉 완전한 실패감을 상기시킨다고 했습니다."

슈퍼바이지는 잠시 동안 성찰해 보고 다음과 같이 말할 수 있다. "그래요, 저는 그렇게 생각해요. 그것은 마치 그녀가 관계가 깨진 것을 받아들일 수는 있지만 자신의 삶이 조각조각 파탄되었다는 것은 수용할 수 없는 것이라고

169

볼 수 있어요. 그녀는 삶을 수정하기보다는 차라리 내던지기를 원하는 것 같아요."

슈퍼바이저는 다음과 같이 응답한다. "만일 그녀가 자신의 삶을 올바르게 하는 것을 스스로 신뢰할 수 없다면 그것은 그녀에게 적절할 수도 있습니다. 만일 당신이 당신의 애인과 새로운 삶을 시작하기를 원하고, 인내심 있게 10년 동안 그를 기다렸으며 현재 그의 아기를 임신했기 때문에 당신이 그럴 만한 가치가 있다고 느꼈다면, 당신은 어떻게 느낄 것 같습니까? 만일 이러한 모든 것이 당신으로부터 찢겨 나가고 마치 당신은 결국 이러한 행복을 얻을 자격이 없는 것처럼 취급된다면 어떨까요? 마치 모든 것이 물거품이 되고 당신이 그렇게 하는 것을 단지 실패한 것으로만 여기지 않을까요?"

"저는 매우 화나고 모욕적으로 느껴질 것 같아요!"라며 슈퍼바이지는 소리쳤다.

"그것이 당신의 내담자를 이해할 수 있는 방법일까요?" 슈퍼바이저가 질문했다.

"예, 저는 진실에 더 가까이 다가섰다고 생각해요."라며 슈퍼바이지는 확신했다.

"그래서 자살하고자 한 그녀의 결정은 그녀를 모욕했던 사람들에 대한 복수와 책임을 지도록 만들려는 최후의 몸부림이 될 수도 있지요. 이는 동시에 그렇게 총체적인 실패로 인한 수치스러운 자신을 제거하는 것일 수도 있어요. 이러한 어떤 것들이 그녀를 이해할 수 있도록 만드는지 당신의 내담자와 점검할 가치가 있는 것이지요."

이러한 점에서 슈퍼바이지는 타당성의 중요성을 상기한다. 그녀의 경험에 대한 각각의 추측은 우리가 슈퍼비전에서 도달한 이해가 실제로 인간 존재의 진실과 상담자 자신의 진실에 대한 감각뿐만 아니라 내담자의 현실에도 적합할 때까지 내담자와 함께 점검되고 타당화되어야만 한다.

비밀과 금기를 다룸

이 과정에서 언제나 우리는 시야로부터 숨겨져 있는 모든 종류의 생각들과 경험들을 우연히 깨닫게 될 것이다. 상담은 종종 너무 친숙하거나 잘 닦인 길을 갈 때 멈추어지기도 한다. 이러한 길에서 벗어났을 때 흥미로운 통찰이 떠오른다. 우리는 때때로 새롭고 급진적인 생각들을 떠올리도록 용기 있게 시도해야만 한다. 비통한 절망에 빠져 있으며 상담자로부터 주로 지지와 공감을 필요로 한다고 가정되는 내담자가 만일 그것을 이해하고 역경 안에 있는 목적을 발견할 수만 있게 된다면, 자신의 상황을 극복하기에 충분히 강해질 수도 있다. 비밀스러운 애정 행각에 도박을 거는 그녀의 의지는 검토가 필요하지만, 그것은 또한 일종의 개인적인 용기로서 인식될 필요도 있다. 애인의 나약함에 대한 그녀의 잘못된 판단과 그가 가정을 유지하려는 것에 대한 그녀의 과소평가는 도전받아야 할 필요가 있지만, 그것 또한 일종의 사랑에 대한 순진한 신념과 의심 없는 신뢰의 표현으로 여겨질 수 있다.

여기에 자기기만이 관련된 것인가? 그녀가 스캔들에 시달릴 때 자신에게 상처를 준 또 다른 여성에 대해 왜 그녀가 자신을 괴롭힌다고 그렇게 확신하는가? 슬픔이 되는 그 비밀스러운 생각들과 가정들은 무엇이며, 이러한 선입견에 대한 인식이 어떻게 거의 즉각적으로 더 좋은 삶을 위해 기여할 수 있는가? 기만과 비겁에 대한 파트너의 능력은 실제로 그렇게 크게 놀랍지 않을 수도 있지만, 그것을 기꺼이 견디려는 내담자의 의지는 그녀에게 자신에 대한 새로운 중요한 것을 가르칠 수 있다. 유사하게 생존을 위해 투쟁하는 그녀의 의지는 그녀가 이제 꺼낼 수 있는 끈기와 강렬함처럼 새로운 힘을 드러낼 수도 있다. 슬픔과 고통에 대한 각각의 경험으로부터 이끌어 낼 수 있는 많은 보석이 있고, 우리가 배워야만 하는 어려움에는 많은 장점, 의미, 발전이 있다.

슈퍼바이저들은 슈퍼바이지들에게 삶을 좀 더 자세히 볼 수 있는 방식과 새로운 시각으로 그것을 인식할 수 있는 방법을 보여 주는 위치에 있다. 그들은 내담자들의 일그러진 환상이 삶의 새롭고 더 강한 측면을 탄생시킬 수도 있다는 사실에 대해 자신들의 상담적 경험을 통해 알고 있다. 이는 슈퍼바이저들이 실제적인 지혜와 실질적인 내면적 힘을 얻는 것이 필요한 이유이다. 슈퍼비전은 고통을 직시하는 인간 능력에 대한 경외감과 두려움을 지니고, 솔직하고 용기 있게 삶을 바라보도록 영감을 주는 것이다. 슈퍼바이저들은 강하고 침착하며, 가시적인 안목이 가능한 곳에 서 있기에 충분하도록 현존해야 할 필요가 있다.

희생, 고통 그리고 부도덕한 행동

172

슈퍼바이저들은 또한 질문하는 태도를 지니는 것이 필요하다. 삶의 기저선에 대해 슈퍼바이지와 논쟁하는 것은 도덕적이며 윤리적으로 고려하도록 만들어 줄 것이다. 그러한 낙태는 선택적인 것이었는가? 낙태 수술을 거절하면서 내담자는 진심으로 홀로 아이를 키울 준비를 했는가? 다른 사람들의 희생자로서 자신이 경험하는 것은 무엇을 의미하는가? 그것은 신뢰할 만한 견해인가? 또는 낙태는 희생자로서의 경험보다 더 복잡한 것인가? 상담자는 '우선적으로 낙태는 무엇인가? 유산은 무엇인가? 사산은 무엇인가? 사랑하는 사람을 포기한다는 것은 무엇을 의미하는가? 아기를 정말로 원하는가? 무엇으로 이것을 대체할 수 있는가? 잃은 것은 무엇이며, 반면에 얻은 것은 무엇인가? 그런 것들로 고통을 받는 것이 가지는 삶의 함의는 무엇인가? 그러한 경험을 한 후 어떤 문이 열려 있는가? 무슨 교훈을 배울 수 있는가? 어떻게 그 고통이 유익하도록 할 수 있는가? 어떻게 내담자가 명예심과 위엄을 만들 수 있는 상황들과 함께 지낼 수 있는가? 어떻게 그들은 미래의 삶에 대하여 새롭고 조금 더 나은 결정들을 맛볼 수 있는가?'와 같은 문제들을 고려해 보도록 장려된다. 예측된 반응들을 질문하며 논쟁들이 이루어진다. 슈퍼비전은 상처로부터 생각해야 할 시간이다.

삶의 신념과 목적

슈퍼비전은 또한 슈퍼바이지들이 종교적 확신처럼 금기시하는 문제들을 생각하며 직관이나 신념의 본성을 점검하도록 도와야 하는 시간이다. 그것은 우리가 수행하는 방식으로 살아가는 이유와 우리가 가장 우선시하는 삶에 대해 생각하는 것과 같이 근본적인 인간 질문에 관한 중요한 것들을 제기하는 시간이다. 내담자들은 자신들의 시련과 고난들이 더 위대한 계획을 향한 디딤돌이 되기도 한다는 깨달음을 통해 재난의 위기로부터 되돌려질 수 있다. 어떤 것도 단순하게 명확히 보이는 것이 없으며 슈퍼비전은 다소 주의 깊고 활발한 추측과 또 다른 견해를 허락하는 시간이 된다. 상담자들이 스스로 논쟁적인 문제들을 기꺼이 다루려고 할 때 더 효과적이 된다. 물론 비논리적인 생각에 대해서도 역시 질문해야 할 필요가 있다.

길 찾기

슈퍼비전은 공동 작업의 환경에서 최상으로 이루어진다. 실존주의 슈퍼바이저들은 (만일 수련생들과의 작업이 아니라면) 지시적일 필요가 없으며, (만일 그들이 동료로서 작업하는 것이 아니라면) 특별히 비지시적일 필요도 없다. 그러나 그들은 상황에 있는 모든 것에 대해 직접적이며 명확하게 말한다. 그들은 빙빙 돌려 말하지 않고 그들이 지도하는 상담자들이 자신의 태도와 가정과 개입에 대해 그리고 이러한 것들이 자신들의 내담자들에게 주는 영향에 대해 좀 더 주의 깊게 생각하도록 확실히 배우게 한다. 슈퍼바이지들이 모든 상담적 개입의 방향적 특성들에 대해 좀 더 인식하게 될 때, 이들은 내담자들에게 최상으로 유익할 수 있도록 자신의 권위와 영향력을 부드럽고 정중하게 사용하는 법을 배우게 될 것이다.

슈퍼비전은 실험을 위한 공간이기 때문에 압박을 가하지 않는 공간이며 이를 수행하는 방식을 연습하는 기회이다. 만일 슈퍼비전이 열정적이고 모두가 주역들로 참여한다면, 다음과 같은 혜택이 있을 것이다. 내담자는 새로운 조망 속에서 자신의 삶을 재고하도록 도움을 받으며, 상담자는 내담자의 투쟁에 대해 더욱 깊숙하게 전념하며 또한 새롭게 발견한 원리들을 자신의 삶에 대해서도 적용할 수 있도록 배운다. 그러나 슈퍼바이저에게 가장 유익한데, 이는 슈퍼비전이 인간 삶의 매우 다양하고 변화하는 측면들에 대해 숙고할 수 있는 시간과 공간을 창조하는 커다란 특권이기 때문이다. 슈퍼비전 관계에서 안전한 거리를 유지하는 것을 통해 우리는 상담자로서 놓칠 수 있는 것들을 명료하게 표현하는 것을 배울 수 있다. 이는 우리가 비현실성 속에 있는 내담자를 이해하기 위해 침착함을 항상 지니고 있는 것은 아니기 때문이다.

결론

결론적으로 실존주의 슈퍼비전은 우리가 인간 삶에 대해 더 심층적으로 그리고 더욱 촘촘하게 이해를 창조할 수 있도록 해 준다. 존재의 모든 차원([그림 7-3] 참조)이 철저히 그리고 깊이 있게 탐구되어야 한다. 내담자들의 딜레마와 곤경에 관련되어 있는 상담자들과 일하는 것은 매우 실용적이기도 한 철학적 관점을 창조한다. 결속의 감정은 슈퍼바이저와 상담자, 내담자 사이에 만들어진 연대감으로서 공동 작업의 독특한 예가 된다. 그것은 우리 모두가 인간적 상황의 짐을 공유하고, 우리의 평가에 대해서 공평하고 솔직해짐으로써 숨겨진 비밀과 진실에 좀 더 가까이 다가가며 이를 통해 서로서로 도울 수 있다는 것을 깨달을 수 있게 해 준다. 실존주의 슈퍼비전을 수행하는 것은 사람들이 자신의 고통을 더 위대한 흥미와 활력으로 이끌어 가는 방식과 삶의 열정을 상실했을 때 그것을 회복하는 방식을 발견하는 것이다. 이러한 통찰을 동료들과 공유하는 것은 엄청나고 즐거운 경험이다.

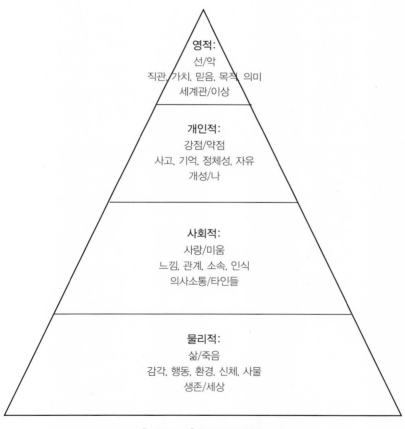

영적:
선/악
직관, 가치, 믿음, 목적, 의미
세계관/이상

개인적:
강점/약점
사고, 기억, 정체성, 자유
개성/나

사회적:
사랑/미움
느낌, 관계, 소속, 인식
의사소통/타인들

물리적:
삶/죽음
감각, 행동, 환경, 신체, 사물
생존/세상

[그림 7-3] 존재의 차원들

참고문헌

Deurzen, E. van *Existential Psychotherapy and Counselling in Practice* (London: Sage Publications, 2002).

Deurzen, E. van & Arnold-Baker, C. (eds) *Existential Perspectives on Human Issues* (London: Palgrave, 2005)

Jaspers, K. 'The Phenomenological Approach in Psychopathology'. *British Journal of Psychiatry* 11(4) 13-23 (1968).

176

8장
온라인 집단 슈퍼비전

-Simone Lee

들어가는 말

온라인 슈퍼비전(online supervision)은 사이버기술의 세계와 심리치료[1]가 결합된 활동이다. 이 장에서 나는 실존주의 현상학적 심리치료 훈련 프로그램을 제공하며 원격교육으로 특화되어 있는 런던 소재의 한 대학에서 수련 슈퍼바이저[2]로서의 온라인 상담에 대해 조명하여 서술하고자 한다. 나는 이러한 상황에서 드러나는 실존적 측면을 고려해 보고자 한다.

상황

일단 전문가의 길에 들어서게 되면, 학생들은 직업적 차원에서 내담자들을

---

1) '심리치료'는 심리치료와 상담 모두를 통칭하여 사용된다.
2) 이 논문을 연구하기 위해 나는 주로 매우 자세히 피드백을 제공했던 과거 온라인 슈퍼바이저들의 견해를 조사했다. 나는 그들 모두에게 매우 감사하고 있다.

보게 된다. 그들의 임상적 책임, 문화, 정책들이 슈퍼비전 내부에 영향을 미칠 것이다. 슈퍼비전에 대해 수련을 받는 것은 불가피하게 중복되는 부분을 지니고 있지만 슈퍼바이지들의 상담활동을 관찰하고자 하는 기본적인 목적을 지니고 있으며, 이러한 모든 것은 실존주의 현상학적 관점을 통해 모인다. 각각의 온라인 집단 모듈은 매주 2시간씩 10주간의 회기로 구성된다. 각 집단은 최대 5명의 참가 학생으로 구성되는데, 이들은 세계 어느 곳에서나 참여할 수 있으며, 이들의 경험과 개인적 발달 및 훈련의 범위는 매우 광범위하다. 그들은 모두 심리치료의 기본 수련을 받았으며 풍부한 인생 경험을 가진 전형적인 30대와 40대이다. 물론 온라인 등록을 위해 그들은 컴퓨터에 접속할 수 있어야 하며 영어로 소통하고 작성할 수 있어야 한다.

비록 이러한 작업의 환경이 실존주의 현상학적 수련 프로그램의 상황이라 할지라도 이러한 온라인 슈퍼비전은 의심할 바 없이 다이론적일 가능성을 지닌다. 어떠한 경향을 지향하든 간에 슈퍼바이지에게 온라인으로 슈퍼비전이 가능하며, 여기서 강조되는 실존적 개념은 보편적인 경험을 언급하는 것이기 때문에 어떤 전문가에게도 유용하게 적용될 수 있다.

채팅방 환경

온라인 슈퍼비전은 안전한 채팅방에서 실시간 라이브 토론으로 이루어진다. 학생들은 서로 보거나 듣지 못한다. 등록된 학생들은 자신의 개인 비밀번호와 로그인을 통해 일련의 안내로 채팅방에 입장한다. 채팅방에는 '대화'를 보여 주는 큰 창으로 된 스크린이 진열되어 있다. 스크린에는 다른 윈도우 창들과 스크린에 다양하게 흩어진 메뉴들이 있다. 'I-Chat'은 별도의 윈도우 창에서 작성되고 대화창에 게시되는 간단한 온라인 대화이다. 각각의 게시물들은 게시자의 이름과 때때로 게시자의 지역 시간이 함께 표시된다.

슈퍼비전 구조

슈퍼비전 회기는 간단한 두 파트의 형식으로 되어 있다. 환영 인사 후 처음 한 시간에는 슈퍼바이지들이 이전의 만남에서 제기되었거나 그 사이 주간에 발생한 전문적인 이슈나 질문을 나눈다. 온라인의 슈퍼바이지들은 특히 이러한 논의에서 수용적이고 적극적이었다. 두 번째 시간도 유사하지만 해석학적 논의와 분석을 위한 발판으로 심리치료 회기에서 보고되는 축어록을 사용한다. 이러한 활동은 보고된 대화의 실제적 언어에 초점을 두고 있는데, 이는 그 안에서 드러나는 추론과 의미를 보기 위함이다.

회기가 진행되는 동안 우리는 의미, 가치, 편견, 모순과 인간의 딜레마를 탐색한다. 우리는 실존주의 철학자들과 상담자들의 사고에 일치하는 점들을 고려한다. 우리는 실존주의 상담자가 되는 것이 무엇을 의미하는가에 대해 이야기하며, 만일 '의료화되고' '이상화되고' 기계적이거나 행동적인 접근의 방향으로 기울어지고 있다면 이것이 검토된다. 대부분의 실존주의 슈퍼비전의 특성은 수련생과 내담자의 '존재 방식'에 초점을 두는 것이다. 즉, 치료적 관계 그 자체에 초점을 두고, 내담자의 '이야기'는 그다음인 것이다. 이러한 과정을 통해 나는 슈퍼바이지들이 주어진 자료에 개인적인 공명을 이루고 자신의 상담을 위해 의미와 관련성을 심사숙고하도록 적극적으로 격려한다.

각 온라인 회기의 마지막에 학생들의 동의를 얻어 나는 우리의 온라인 토론 사본을 모든 집단 구성원에게 이메일로 발송한다. 이 과정에서 주기적으로 우리는 우리의 작업을 검토한다.

비록 내가 축어록이 토론을 시작하기 위해 매우 유용하다는 것을 발견했을지라도, 축어록을 활용하지 않고 온라인 슈퍼비전을 수행하는 것도 가능하다는 것은 명백하다. 이 관점은 4장의 현상학에 대한 Adams의 논의에서 나온 입장과 동일하다. 온라인 슈퍼비전은 현상학적 작업을 위한 훌륭한 수단이다.

환영

첫 번째 만남을 소집하기 전에, 나는 이메일로 집단 구성원들을 연결한다. 나는 온라인 슈퍼바이저로서 얻은 지식과 경험을 토대로 특별히 채팅방과 집단 슈퍼비전에 새롭게 참여하는 학생들을 마음 깊이 염두에 두고, 포괄적으로 다가오는 모임을 위한 기대를 설정하고자 노력하며, 다른 시간대 및 긴급 도움번호와 같은 실제적인 세부사항에 대한 조언을 한다. 나는 첫 회기 모임에 앞서 학생들에게 간략하게 각각의 수련 및 자기이력, 슈퍼비전을 통해 무엇을 얻고자 하는지에 대해 서로서로 보내 줄 것을 요청한다. 흥미롭게도, 이미 서로 온라인상으로 또는 직접 대면하여 만났던 학생들에게조차도 이러한 자기소개서들은 가치가 있고 연결감을 고양시킨다. 자신의 이야기를 서면으로 보는 것과 그것이 다른 사람에 의해 검증되는 것은 다르다.

나는 이메일에 발표를 준비하는 방법과 우리의 실존주의 현상학적 슈퍼비전을 펼칠 수 있도록 이끄는 초점을 발견하도록 제안하는 방식을 첨부한다.

> 당신이 이해하기 위해 노력하는 일, 통제되지 않는 편견/선입견, 당신의 상담에서 특별히 어렵거나 도전이 되는 상황이나 회기를 생각해 보십시오. 당신이 해결하고자 하는 이슈의 어떤 것들을 포함하고 있는 것에 대해 익명으로 작성된 축어록을 준비하십시오. 집단이 탐험과 발견의 정신으로 상담과 선택된 축어록을 점검하고 토론하게 될 것이고, 이는 집단의 포럼을 창조적이고 건설적으로 만들 것입니다.

나는 슈퍼비전에 대한 이러한 첫 소통을 단지 부수적인 요소가 아닌 필수 불가결한 요소로 여긴다. 그 안에는 명백한 메시지와 암시적인 메시지가 들어 있다고 본다. 이것은 환영하는 것이고 지략을 불러일으키는 것이며, 미리 경계하는 것이다. 이것은 슈퍼비전 작업을 위해 자세와 말투, 분위기를 설정하며 잠재력, 흥미와 풍요로움의 어떤 것들을 전달한다. 최소한 나는 학생들이 온라인 슈퍼비전의 경험을 나누도록 격려하고 정당화한다.

> 만일 회기 중 어느 시점에서 누군가가 불편해하거나, 흥미를 잃거나, 오해하거나, 짜증이나 화가 나면, 나는 우리가 그것을 알 수 있도록 해 달라고 강력하게 요청합니다. 나는 한 집단으로서 우리의 과정을 매우 중요하게 여깁니다.

Heaton은 이것을 상기시켜 준다.

> ……Heidegger와 Sartre 모두 만일 우리가 어떤 주체에 대해 그것이 무엇인지를 발견하기 위해 접근하고 단지 외적인 것을 파악하려 한다면 우리는 그것의 '존재-의미(Seinssinn)'를 파악할 수 없고, 그것의 존재-의미를 이해하기 위해 우리는 반드시 '구현-의미(Vollzugssinn)'를 먼저 파악해야 한다고 가르친다(1999: 21).

실존주의 심리치료와 유사하게 실존주의 슈퍼비전은 철학적 적용을 위한 그리고 어떤 기획으로부터 의미를 만들기 위한 철학적 실천이기 때문에 우리는 온전히 함께해야 한다.

헌신

Marcel은 우리가 스스로 기꺼이 개방하고 상대방에 대해 우리 자신을 초월하는 상호적 관계를 '유효성(availability)'이라고 명명하였다(Macquarrie, 1972: 111). 그의 '성실(fidelity)'에 대한 개념은 상호보완적이다. "공동체는 우리 스스로 체결한 약속에 대한 충실함인 성실의 기반 위에 세워진다."(ibid: 112)

슈퍼비전 집단에 대해 헌신하는 것은 다른 집단들에서의 상황보다 더 많은 것이 요구될 수 있다. 그 이유는 우리가 내담자들(종종 우리가 매우 강하게 방어적이라고 느끼는 내담자들)과의 관계를 만들어 가는 방식을 밝히는 것뿐만 아니라 진지한 자기성찰을 위해 스스로 드러내야 하기 때문이다. 온라인의 요소들은 이것을 한층 심화시킬 수 있다.

> 슈퍼바이지: 저는 웹캠이나 그와 유사한 어떤 것들을 가지고 있지 않습니다. 그래서 당신이 당신의 생각이나 감정을 어떤 의미에서는 텅 빈 공간에 표출하는 것과 같았기 때문에, 그리고 무슨 일이 발생할지, 그것이 어떻게 받아들여질지 알 수 없었기 때문에 더 많은 모험을 감수해야 했습니다. 여기에서는 신체적 언어가 없기 때문에 인지적으로 더 많은 작업을 필요로 합니다.

그럼에도 불구하고 온라인 슈퍼비전에서의 헌신적이고 진솔한 참여는 모든 참여자에게 항상은 아니겠지만 어떤 참여자들에게는 그리고 어떤 회기에서는 매우 환영받고 안전하며 학습을 위한 풍요로운 포럼을 생성한다.

> 슈퍼바이지: 온라인상에서 형성된 저의 관계적 경험은 제가 그들을 직접 보지 않고 그들에 대한 명확한 감각을 갖지 않고도 어떤 사람을 제대로 **알** 수 있다고 느낀다는 면에서 매우 긍정적입니다.

온라인 작업의 초기 어떤 경험에 있어서 또 다른 학생은 소외와 오해에 대해 넌지시 언급하고 있다. "때때로 매우 외롭고 고통스러운 공간으로 느껴졌습니다." 그녀는 말할 수 있는 용기와 자신감을 발견하고 "내가 실제로 이 상황에서 나를 드러냈고 그것이 즐거웠기 때문에 내가 그것을 했다는 것이 기쁩니다."라고 강조했다.

지속적인 소외감이 느껴지는 학습이 바람직하거나 도움이 되지 않지만, 이러한 불편함을 표현하면서 참여하는 것은 집단과 개인들을 깊은 깨달음으로 이르도록 하는 경우가 있다. 다음은 이러한 현상을 보여 주는 것에 대해 편집하여 재현한 대화이다. 어떤 학생이 집단에 참여하려고 노력하였는데 그 집단은 계속해서 어긋났다. 결국 나는 나의 어려움을 집단에 표출하였다. 우리 모두에게서 서로 다르면서도 여전히 불편한 반응들이 일어났다. 우리는 발생된 일에 대해 언급하였지만 여전히 긴장감은 지속되었다.

> 슈퍼바이지 A: 저는 이것이 어떻게 저에게 도움이 될지 확실치 않아요. 저는 이것이 회피처럼 보일까 봐 두렵습니다(아마 그럴 수도 있고요). 그렇지만 계속하시죠.
>
> 슈퍼바이저: 이 논의 과정 중 다양한 시점에서, 저는 계속 나아가야 할지에 대해 생각했습니다. A 슈퍼바이지님, 그런데 저는 정말로 흥미 있는 어떤 일들이 발생하고 있다고 생각했는데, 이는 우리가 우리를 드러내고 있는 것들과 우리가 소통하는 방식, 우리가 다른 사람들과 함께하면서 통제하거나 통제가 결여된 반응의 방식들입니다. 경험의 시금석으로서 우리 자신을 활용하는 것은 아주 유익합니다. 나는 A 슈퍼바이지님께서 지금 이것이 어떻게 도움이 되지 못한다고 생각하는지 그리고 다른 사람들이 다르게 반응하는지에 주목하고 있습니다.

나는 진행 과정에 머무르도록 집단을 초대하였고, 더 많은 것이 표출되었다.

> 슈퍼바이지 A: 그래요. 저는 한 발 물러서서 이것에 대한 저의 반응과 힘을 잃어버린 이유가 무엇인지를 점검해 보아야 한다고 생각해요. 저는 어떤 중요한 초점으로 되돌아가서 제가 점검하고 더 많은 것을 배울 수 있으면 좋겠습니다. 아마도 당신의 도움을 통해 배울 중요한 점이 있겠지요. 그 경우에, 만일 우리가 상담자들로서 '상담'에서 벗어나고 있는 내담자에게 도전한다면, 우리는 그들이 세상에서 존재하는 방식과 그들의 중요한 무언가를 만나게 되는 건가요? 두려운데요.
> 이런 일들이 상담에서도 일어난다고 생각해요? 심지어 시간 제한이 있는 목적 지향의 상담에도 그런가요? 제가 탐색하기를 원하는 것을 탐색해 왔지만, 제가 예상한 대로는

아니에요. 좋은 방법이네요. 그렇지요?

슈퍼바이지 B: 이것이 우리 자신의 감정들을 노출하는 실제적인 개방식 소통인 거죠.

슈퍼바이저: 저는 다른 사람들과 함께하면서 불안을 야기시키는 집단으로 인해 당황됩니다. 저는 다른 사람들에 대한 불확실성과 위협을 낮추도록 할 수 있을 것 같습니다.

슈퍼바이지 C: 저는 이것이 더 개방적인 소통 방식을 창조하기 위한 이해와 의미의 충돌이라고 여겨집니다. 이것은 관계에서 항시 일어나는 일이지요.

슈퍼바이저: 불안을 견디는 것이 어렵지 않나요?

슈퍼바이지 A: 네. 중요한 점은 이것이 무시되지 않고 집단 내에서 언급되었다는 것입니다.

슈퍼바이지 B: 불안을 견디는 것은 매우 힘든 일이죠. 아주 잘하고 있어요. 저는 이것이 곤란한 관계 속에서 중요하게 해야 될 어떤 것들이 필요할 때 치료적 대화를 위한 예로서 아주 좋은 훈련이라고 생각해요. 아마 내담자에 대해 우리 자신의 감정을 드러내는 것과 같은 것이지요.

184슈퍼바이저: 우리 작업의 큰 부분은 우리에게 어떠한 불편함이 있더라도 그 불편함에 대해 작업을 하는 것입니다. 만약에 우리의 작업이 힘든 부분을 피해 가고 있지 않다면 우리에게 무슨 일이 일어나고 있는지를 살펴보아야만 한다는 생각을 가지고 있습니다. 결국 슈퍼바이지 C가 언급하고 있듯이 관계는 다면적인 것입니다.

슈퍼바이지 B: 저의 불편함은 용기에 대한 것이에요.

슈퍼바이지 A: 저의 불편함은 제가 듣고 의미를 해석해야 할 필요가 있는 메시지예요.

슈퍼바이저: "당신은 세계적인 댄싱스타가 되기 위해 당신 안에 있는 혼란을 견뎌야만 합니다."[3]

슈퍼바이지 A: 때때로 나는 용기를 가지고 나아가야 할 필요가 있고, 나 스스로를 돌아보아야 할 필요가 있어요. 저에게 중요한 것은 그 음성을 듣는 거예요.

슈퍼바이지 B: 저에게 있어서 핵심적인 것은 의문을 제기할 수 없는 저 자신의 진솔한 감정

---

3) From Zarathustra's Prologue (5) Nietzsche, F. *Thus Spoke Zarathustra*. Trans: R. J. Hollingdale (London: Penguin, 1961)

을 전달하는 것에 있습니다. 아마도 그들의 인식은 다르겠지만 발생한 것에 대한 나 자신의 감정에 관련된 것이라면 그것은 많은 혼란을 야기할 것 같지는 않습니다.

이 대화는 다음과 같은 실존적 실제의 요소를 전형적으로 보여 주고 있다. "……존재는 이미 파악된 명제로 설명될 수 없다. …… 그것은 우리 자신의 자유에 관심이 있을 때 깨닫게 된다."(Heaton, 1999: 22)

또한 기꺼이 불확실함에 대해 머물고자 하는 의지가 어떻게 우리를 배움으로 이끌어 가는지도 알려 준다. Kočiūnas는 일반적으로 집단에서 말할 때 다음과 같이 표현한다. "진정한 참여는…… 참여자들이 주위에서 일어나고 있는 모든 상황에 대해 성실하고 민감하게 반응할 때만, 그리고 그들이 끊임없이 그리고 기꺼이 집단의 생명력이 변화하는 상황에 대해 반응하는 경우에만 가능하다."(2000: 107)

온라인 슈퍼비전의 특성

온라인 첫 만남에서, 실시간 채팅방이 할 수 있는 것처럼 Husserl 학파의 판단중지와 같은 괄호치기를 할 필요가 없다. 판단중지와 괄호치기는 '우리가 사물들에 대해 지니고 있는 친숙한 결합을 깨뜨리고 그러한 친숙한 것들을 새롭게 보기 위해 고안된 장치'(Ihde, 1986: 120)이다. 독자들은 이 책 4장의 괄호치기에 대한 논의를 기억할 것이다. 여기서 우리는 세계에 대한 괄호치기가 어떤 면에서는 불필요하다는 것을 발견할 것인데, 이는 온라인 안에 존재하고 있다는 것은 온라인 그 자체가 친숙한 결합을 깨뜨리고 있기 때문이다. 그러므로 온라인 슈퍼비전의 초기 경험에서 많은 사람이 처음에 '바다에' 있는 것 같이 느끼는 것은 놀라운 일이 아니다.

채팅방에 입장하여 로그인을 한 사람들의 명단이 있는 보조창에 들어가 있지만, 만일 실시간 채팅을 보고 있지 않다면 여러 반응에도 불구하고 당신은 혼자 있는 것 같을 것이다. 당신은 명단에 이름이 없는 사람들이 그곳에 없다는 것을 추론할 수 있지만, 그렇다고 해서 명단이 있는 사이버 슈퍼바이지들이 거기에 존재하고 있다는 것을 확신할 수도 없다. 그들은 자신의 컴퓨터 앞에 있지 않을 수도 있고 바로 전에 로그아웃했었을 수도 있고 접속이 끊어졌을 수도 있다. 이러한 의심은 텅 빈 집에 도착해서 "거기 아무도 없어요?"라고 부르는 것과 유사하다. 당신이 체화된 슈퍼비전 집단에 입장할 때 그곳에 어떤 긴장감이 분명히 존재하는데, 이것은 그런 것과는 다른 긴장감이다. 온라인에서 대화가 한창 오가는 때일지라도 집단에서 좀 더 조용한 어떤 멤버는 출석체크가 되기도 전에 대화창을 떠나 버릴 수도 있다. 동료 슈퍼바이저를 '잃어버리는' 것은 나쁜 상황이지만, 가장 안 좋은 것은 **스스로 단절하는 것**이라는 데 많은 사람이 동의한다.

온라인에서 과정이 미약한 것은 매우 분명하다. 대면 상황에서 말하는 한 학생은 자신의 연결성 또는 단절의 본질을 해석하고자 하는 것에 예민하게 의존했었다고 다음과 같이 언급했다. "미세한 시각적 단서는 내가 상대방과 '나란히' 그리고 개방적으로 참여할 수 있도록 도와줍니다." 온라인 슈퍼비전에서 주어지는 한계로 인해 사람들이 내용을 읽고 보조를 맞추는 것을 통해 대화를 '듣고' 함께하는 것에 익숙해질 필요가 있다. 미숙한 가상현실 체험자는 혼란스러운 발표들 사이에서 불규칙한 리듬과 다른 억양을 발견한다. 그리고 다양한 대화가 발생하는 것은 '소음' 같이 '들릴' 수 있다. 즉, '그것은 마치 작은 모임에서 칵테일파티를 하는 것과 같은 느낌이 든다.' 이 채팅방 화면은 당혹스럽게 할 수 있을 정도로 주기적으로 새롭게 되는데, 이는 지속적인 대화를 방해할 수 있다. 그리고 화면이 '없어지기' 전에, 이전에 작성된 내용을 읽고 지나갈 수 있는 시간이 없다. 자판을 치는 데 익숙하지 않거나 컴퓨터에 문제가 있는 사람들 역시 이러한 어려움을 해결해야만 한다.

일반적으로 온라인 경험 초기에 발생하는 이러한 어려움은 슈퍼바이지들

186

을 혼란스럽게 하고 집단에 온전히 몰입할 수 있게 하는 것과 컴퓨터와 스크린에 집중하는 것을 방해할 수 있다. 이것에 대해 어떤 학생은 다음과 같이 언급하고 있다. "온라인 슈퍼비전 집단에 참여하는 것은 집단이라는 측면을 뛰어넘는 '온라인'이라는 기획적인 특성을 고양시키며 나 스스로를 안내하기 위한 자신의 판단과 지혜를 사용할 수 있는 능력에 다소 영향을 주었습니다."

어떤 참여자들은 더 쉽게 적응하는 것을 볼 수 있다. 타이핑에 능숙한 한 슈퍼바이지는 이렇게 보고했다. "저는 저에게 적합한 이러한 특별한 방식으로 글쓰기를 통해 나 자신을 표현하는 것이 즐거웠습니다." 그녀는 '타이핑'이 아니라 '글쓰기'라는 단어를 사용했는데, 이는 그녀가 컴퓨터와의 관계에 대해 명확한 것을 제시하고 있는 것이다(ibid: 141). 다른 학생들은 시행되는 새로운 분야와 소통하기 위해 타이핑하는 것에 의존해야 한다는 사실을 발견했다. "그것들을 타이핑하는 것이 말하는 것보다 더 많은 시간이 들어서 나의 생각을 정제하고 그것들을 간결하게 표현하도록 부추깁니다." 그녀는 이것을 실제 상담 현장으로 옮기는 방식을 덧붙여서 다음과 같이 언급했다. "이것은 상담실에서 내가 더 적은 말로 더 신중하게 나 자신을 표현할 수 있는 능력을 개발하도록 도왔습니다."

또한 언어를 응축화하는 것은 어떤 사람에게는 위기로 여겨지는 환경에서 대가를 치르는 경험을 하도록 했다. "풍요로움이 감소될 수 있고, 이것은 특히 (다른 사람의 마음뿐만 아니라 자기 자신의 마음에서) 내담자와의 관계에서 초기에 신뢰를 형성하지 못했다면 불리한 점이 될 수 있습니다." 그리고 타이핑이나 글쓰기를 통해 자신을 표현하는 것에 익숙한 사람이라 할지라도 어떤 경우에는 그룹을 쫓아가야 하는 압박감을 받는다. "상당히 복잡한 것에 대해 소통하는 것은, 특히 즉석에서 빠른 속도로 소통하려고 노력할 때 글로 표현하기 매우 어렵습니다."

적응

결국 대부분의 슈퍼바이지는 별난 음악과 혼합된 대화에 익숙해지고, 심지어는 즐기기도 하며, 사이버 환경에서 조우하는 변덕스러움에도 적응하게 된다.

채팅방 담화는 단일적이지 않다. 학생들이 서로서로 지지하고 인정하거나 거의 농담이 없을 때 부수적 소통이 발생한다. 대화 사이의 전환이 원활하지 않다. 슈퍼바이지들은 결국 대면적일 때 잘 활용하는 "그것에 대해 좀 더 말씀해 주실 수 있으신지요?"와 같이 조금 더 느슨한 형식의 스타일을 포기하고, 예를 들어 "진 폴 씨, '불신 가운데 있는 것'에 대해 더 설명해 주실 수 있어요?"와 같이 더 명백한 형태를 드러낸다. 이러한 대화 방식은 대화가 서로 엉켜 있을 때에도 내용을 더 쉽게 읽을 수 있도록 해 준다. 그리고 사람들은 이 천상의 영역 주변으로 가는 자신의 방식을 발견할 때 좀 더 따뜻한 온라인 인성으로 발전한다. 그래서 게시물들이 조용히 읽히며 문자적으로 의미를 지니는 동안, 그들은 말, 소음, 억양을 사용하고, 품격 있는 대화를 유지하며, 여유와 미소가 가미되고 '웃게' 된다. 역동적이면서도 게시물이 실제적으로 순서적으로 올라오지만 순간적으로 의미들이 구별될 수 있다. 어떤 슈퍼바이지가 이것을 다음과 같이 요약했다. "화면에 나타나는 문장들에서 드러나는 리듬, 타이밍 또는 비율은 상호작용의 의미라는 관점에서 중요한 현상이 되었습니다." 이것은 때때로 읽는 동안에 내용을 상실하는 이유에 대해 설명한다. 그들은 '당신이 거기에 있어야만 한다'는 특성을 지닌다.

그리고 온라인 집단 내에서 공유하는 자연스러운 태도에 대한 강한 가능성이 있다. 이는 그 자체로 긴장시킬 수 있다. 한 슈퍼바이지가 슈퍼비전에 대해 가장 싫었던 점에 대해 질문을 받았을 때 그녀는 다음과 같이 대답했다.

우리의 마지막 회기에서 채팅방에 '문 닫힘'이라고 표시되었을 때 이것은 무례하다는 인식을 주었는데, 이는 실제적이고 진솔한 결과로 창조된 친밀감이 일시적 환상을 끝냈다는 것입니다. 일상의 인간다움이라는 용어로, 비현실적인 것이지요. 친밀감은 사이버 공간 안에서 무음의 내용으로, 컴퓨터와 이룬 것이었습니다.

온라인 슈퍼바이저로서의 발전

Kasket은 "공유된 물리적 공간의 부재는 다른 종류의 공간에 대한 제거를 용이하게 한다."(2003: 66)라고 언급했다. 이러한 새로운 영역은 내가 슈퍼바이저로서 적응하도록 밀어넣었다. 나는 온라인에서 작업한 결과로서 온라인에서의 반응에 있어서 나의 작업 스타일과 태도가 변화되는 어떤 부분들을 제시하고자 한다.

사람들은 온라인상에서 '좀 더 차갑게' 보이기 때문에(Wallace, 1999: 15), 나는 우리가 '환영하는 시간'을 통해 실제 시작하는 회기 전부터 따뜻하고 소통하는 관계를 발전시키기 위해 적극적으로 노력한다. 슈퍼비전을 하는 동안, 나는 상황과 조화를 이루는 비공식적이고 접근하기 쉬운 스타일을 갖춘다. 그리고 '미소 이모티콘'이나 색채를 활용한 내용, 그리고 다양한 크기의 글자 형태와 같은 유용한 도구들을 사용한다(온라인으로 슈퍼비전을 시행하기 이전에는 그런 경망스러운 것들에 대한 나의 모든 편견에도 불구하고, 적절한 지점과 시점에서 사용하는 '이모티콘'의 효용성을 부인할 수 없다). 여러 다른 곳에 있으면서 동시에 온라인에서 만나는 매혹적인 현상을 이야기하는 것은 어떤 온기와 상황적 변화를 가져다준다.

여기에 이러한 예가 있다.

슈퍼바이저: 제가 생각하기에 우리가 각자 지금 어디에 있는지를 간략하게 이야기하면서 시

작하면 좋겠습니다. 저는 저희 집 서재에 있습니다. 밖은 흐리고 창문을 통해 나무들을 볼 수 있습니다. 집은 아주 조용해요.

슈퍼바이지 A: 저는 지금 직장 사무실에 있습니다. 블라인드가 쳐져 있고 세 개의 램프가 있는데, 이로 인해 아늑한 느낌을 받아요. 팀원들 모두 다른 빌딩으로 점심을 먹으러 가서 매우 조용해요.

슈퍼바이지 B: 저는 서재에 있는데 오후 햇볕이 가득 내리쬐고 있고 꽃이 만개한 정원이 너무 멋져요. 지금은 집이 조용하지만 잠시 후 가족들이 집에 와서 방해가 될 것 같아요.

슈퍼바이지 C: 저는 집 거실에 있습니다. 저는 밖에서 아이들이 노는 소리를 들을 수 있고, 뒤쪽 길 건너 역에서부터 기차 소음이 들려와요.

이러한 슈퍼비전 모임에서 나는 즐거움과 기쁨, 심지어 환희까지도 경험한다. 응집된 집단은 슈퍼비전의 실제적 작업을 위한 열정과 에너지를 생성하기 때문에 이러한 연결점은 매우 중요하다.

그러나 때때로 어떤 사람들은 '친근한 슈퍼비전'의 경계를 인식하는 것에 혼란이 생기기도 한다. 나는 이러한 것이 일정 부분 비공식적인 수단인 이메일을 통한 온라인 작업, 즉 쉽게 접근 가능하지만 단순히 문장이 오고 가면서 회기를 유지하는 것에 기인한다고 생각한다. 학생들이 긴 이메일을 통해 나와 교류하려는 경우에, 나는 보통 그들의 현재 이슈나 관심사항들을 집단으로 가져오도록 요청한다. 가끔 어떤 상황에 따라 유익함이 있다면, 나는 학생과 개인적으로 온라인 만남을 가지기도 한다. 실존적 관점에서 볼 때, 우리가 어떤 환경적 변수에 반응하는 방식은 상황 자체를 제한하는 것에 대해 반응하는 방식을 드러낸다. 이것은 **그 자체로** 의미에 대한 풍성한 근거를 가리킨다.

한계에 의해 제한되는 것과 자유롭게 되는 것은 실존적 긴장이다. 그것의 '나쁜 억압'에도 불구하고, '대신 뛰어들기(leaping in)'[4]는 나의 슈퍼비전 실제에서 초석이 되었다. 나는 유용하도록 관리하는 것을 수행하는 개입주의자의 방식이 온라인 슈퍼비전에 유익을 준다고 주장한다.

> 슈퍼바이지: 적절한 의사소통과 학습을 촉진했다는 점에서 제가 발견한 가장 생산적인 점은 집단을 견고하게 지탱한 슈퍼바이저였습니다. 그래서 우리는 쓸모없는 길로 빠져서 소중한 시간을 낭비하는 일이 없었으며, 동시에 우리의 경험에 대한 모험과 마음을 개방할 수 있도록 적극적으로 격려할 수 있었습니다.

'대신 뛰어들기'와 '앞서 뛰어들기'의 개념은 다음 장에서 규명되고 (우리는 또한 13장에서 보게 될 것인데) '앞서 뛰어들기'는 일반적으로 실존적 실행과 관련하여 올바른 방식으로 이해되고 있다. 그러나 온라인 슈퍼비전의 특수한 설정에서 '대신 뛰어들기'는 슈퍼비전 과정을 더욱 촉진시킬 수 있다.

슈퍼바이지가 자신의 축어록을 발표할 때, 나는 종종 기본적인 현상학적 질문을 하면서 탐색을 이끌어 간다. 선택한 회기와 상담자의 경험 및 만남에 대한 이해를 묘사하도록 격려하면서 질문을 한다. 이것은 내가 집단 속으로 초대하기 전에 그것 자체의 계기를 발견하기 위한 대화공간을 마련한다. 만일 경험이 적은 집단이라면, 그리고 만일 더욱 초점화해야 할 필요가 있는 민감하거나 핵심적인 부분이 있다면, 또는 내담자의 이야기가 특히 감정적이거나 '흥미롭고' 일화가 구체적으로 전환될 가능성이 있다면, 또는 만일 큰 집단이라면, 우리의 대화는 더욱 길어질 수도 있다.

특별히 큰 집단은 속도가 가속화될 때 더욱 다루기가 힘들어질 수 있다. 이러한 상황에서 나는 우리의 대화를 정확한 스냅샷과 현재의 흐름을 문서화하여 전체 대화를 복사하기도 한다. 이것은 나에게 우리의 실제적인 교류를 확인시켜 주며, 미묘한 릴레이 속에서 인식하지도 못하고 누락된 게시물들을

---

4) 믿든지 믿지 않든지 간에, Heidegger(1927: 156-60)는 '대신 뛰어들기'에 관련한 다른 가능한 방식을 넘어서도록 '앞서 뛰어들기(leaping ahead)'의 가치를 부여했다. '앞서 뛰어들기'는 실존주의적 영역에서 '유익한 실용'을 위한 건전한 인식이 되었다.

점검할 수 있게 해 준다. 그러면 이것으로부터 나는 논의와 과정의 중요한 초점들을 요약하고 간과된 게시물들을 주목한다. 피드백은 집단을 재고하도록 도와준다. 슈퍼바이지들이 온라인에서 침묵하거나 말을 하는 자신들의 상황을 어떻게 해석하는지 확신할 수 없다. 나는 이러한 개입을 통해 더욱 침묵하거나 낙오하거나 투쟁하는 슈퍼바이지들을 토론 속으로 이끌도록 노력한다.

지각은 온라인에서 드문 일은 아니지만 이는 특별한 어려움들을 야기한다. 간헐적으로 채팅방에 들어오는 것은 집단이 인사와 소개를 지속하도록 만들어서 슈퍼비전의 시작을 지연시킨다. 늦게 들어온 사람은 분위기와 흐름에 대한 단서가 부족하여 중간에 따라잡는 것이 힘들다. 이미 온라인에 있는 사람은 어떤 사항이 미묘하게 뒤얽혀 있는 중에 입장하는 사람으로 인해 방해를 받는다고 생각할 수 있다. 보통 나는 늦게 온 사람들과 일시적으로 퇴장했다가 재입장한 사람들이 집단으로 속히 들어오도록 재촉함으로 개입하며, 그들에게 현재 진행되는 상황에 대해 알려 주면서 그들이 흐름을 속히 파악하도록 요청한다.

텍스트를 통한 작업은 많은 유익이 있다. 학생들은 자신의 축어록 보고서를 전체 집단 구성원에게 미리 이메일로 보내서 질문과 관찰을 위한 시간을 마련할 수 있게 해 준다. 이 사전 준비는 나에게 실제 회기를 진행하는 동안 용이하게 작업할 수 있도록 해 준다. 온라인 의사소통의 수단인 텍스트는 대화를 펼쳐서 볼 수 있도록 하며, 이는 토의에서 사용된 언어 선택에 더 큰 초점을 맞출 수 있도록 한다. 때때로 이것은 흥미로운 토론을 촉진시킨다. 기록된 문자로 작업하는 것의 가장 큰 유익은 그 대화를 저장하여 회기 후에도 읽을 수 있다는 것이다. 이러한 점에서 나는 때때로 우리가 함께 설명할 시간이 없었던 철학과 실제, 그리고 과정에 대한 요점과 질문들을 게시한다. 슈퍼비전을 위한 '각주'처럼 그들을 밀어 넣는다. 나는 또한 제한된 시간 속에서 풍부한 생각들이 넘쳐 날 때 혹은 어떤 개별 학생이 받는 압박을 전환시키려 할 때 이와 동일한 것을 수행하도록 요청한다.

192

슈퍼바이저: 저는 당신이 공평과 불공평에 대해 생각해 보셨으면 합니다. 비록 C는 다른 두 사람과 작업 중이지만 실제로 당신은 슈퍼비전 방에서 마치 '편을 들기 위해' 또는 사람들 사이에서 특별한 결과를 얻기 위해 한 사람 외에 더 이상 필요가 없는 것 같습니다. 이것에 대해 이전의 관점을 통해 철학적으로나 임상적으로 또는 양쪽 모두에 대한 다른 생각이 있으신지요? 감사합니다.

슈퍼바이지들은 일반적으로 기록 내용을 보는 것이 얼마나 유용한지에 대해 언급한다. 어떤 사람은 "저는 상담의 실제를 강화하기 위해 이러한 내용을 몇 번이고 반복해서 사용했습니다."라고 말했다. 나 역시도 이러한 기록을 자세히 살펴보는 결과로서 나의 작업 스타일을 연마하고 있다.

침묵은 다양한 의미가 있다. 온라인에는 침묵이 명확하지 않고 때로는 혼란스럽게 만드는 것과 같은, 항상 인식되지는 않는 다양한 다른 현상들이 있다. 한 가지 예는 망각 속으로 사라져 멍한 상태로 있는 것이다. 그래서 학생이 한동안 침묵할 때, 나는 잠시 그들이 여전히 거기에 있는지 또는 없는지를 주시해 본다. 학생들이 자신의 작업을 발표할 때 좀 더 자주 발생하는 침묵의 다른 형태는 생각하는 시간뿐만 아니라 읽고 또다시 읽고 타이핑하는 시간을 포함하기에, 이것은 매우 바쁜 활동적 침묵이다. 슈퍼바이지들은 때때로 그들이 혼란스러울 때 혹은 대화에 참여할 단서를 놓쳤을 때 침묵 속으로 들어간다. 또한 드문 경우지만 집단이 통일되고 전체에 맞추면서 침묵하게 된다. 다른 종류의 침묵들은 그들 자신의 감정과 기질적 특성들이 있다. 어떤 사람들은 충분히 표현하지만 어떤 다른 사람들은 그렇지 않다.

한 학생은 내가 그녀의 침묵에 대해 나의 생각을 공유했을 때 우리의 작업에서 있었던 중요한 점 하나를 다음과 같이 상세히 언급했다.

나 자신에 대해 알게 된 것은 내가 개인과의 대면 상황에서 관찰을 많이 하는 경향이 있다는 것입니다. 나는 온라인 슈퍼비전에서도 처음에 똑같은 방식으로 반응했습니다.

그리고 당신이 나에게 관심을 보이고 혹시 내가 지루한지의 여부를 물어보았던 회기까지 그랬습니다. 나는 이러한 특별한 학습의 방식에서 내가 줄 수 있는 오해에 대해 이해하게 되었습니다. 내가 관심이 없는 것으로 인식되었다는 것뿐만 아니라 당신의 반응에 대해서도 이해했다는 것은 나에게 놀라웠습니다. 정확히 기억나지는 않지만 나는 주제에 대해 확신할 수 없기 때문에 조용히 하고 있었습니다. 그러나 이것은 나 자신에 대해 도전할 수 있는 새로운 기회라는 것을 인식했습니다. 온라인에서 주제에 대한 저의 관심을 다른 사람들에게 직접적으로 인식시키는 것이 중요하다는 것을 두 배로 느꼈습니다. 그렇지 않으면 저의 침묵이 쉽게 잘못 해석될 수 있으니까요.

Ihde(1986: 139)는 다음과 같이 강조하고 있다. "이 '세상'은 간접적이고 중재적인 접근 수단을 활용하여 발전되었고, 이는 우리의 지각을 심각하게 변형시켰다. 그러나 명확하지 않은 지각이라 할지라도 놀랍게도 그것은 우리가 서로 이해할 수 있게 해 준다. 특히 우리가 우리 자신을 설명하고 해석을 공유하기에는 너무 큰 고통에 처해 있을 때 더욱 그러하다." 나는 이 슈퍼바이지의 설명으로 매우 기뻤는데, 그는 또한 내가 온라인에서 궁금해하고 있는 가정들을 더욱 섬세하게 겸손한 모습으로 상기시켜 주었다. 그리고 집단이 특히 수치심, 의심, 취약점, 소외감과 같이 힘든 감정들을 표현하기 위한 안전한 방법을 촉진시키는 역할을 했다. 또한 나는 온라인에서 존재하는 나의 방식이 어떻게 경험되고 해석되는지에 대해 고려할 필요가 있다.

온라인으로 작업하면서 나는 다른 슈퍼비전 형태의 이점에 대하여 의문을 갖게 되었다. 인간적 성숙과 전반적인 능력과 유연성, 책임감 있는 업무 윤리, 집중하고 협력할 수 있는 역량을 갖춘 슈퍼바이지들은 어떤 슈퍼비전 환경에서도 적응하고 성장할 수 있는 커다란 잠재력을 지니고 있다. 슈퍼비전이 우리와 우리의 작업에 대한 도전으로 단정되기 때문에, 모든 슈퍼바이지는 양성될 필요가 있으며 온라인에서 학생들이 사이버 환경에 적응하도록 돕기 위해 추가적인 지원이 요청될 수 있다. 역설적으로, 관점들이 온라인에서 정착되어 있지 않기 때문에, 방향성 정립이 결여된 사람과 연결점을 형성하는 것은 어려울 수 있다. 이러한 슈퍼비전 형태에 대한 개인적 적합성을 평가할 때, 나는 좀 더 광범위한 집단들의 필요를 고려하는 것이 중요하다고 믿는다. 어떤 학생은 온라인으로 일을 잘하지 못하는 것은 "각자의 전문성과 대인관계에서 매우 다른(새로운) 동료들과 일하는 것이며 개인적 여행에 도전하는 것"이라고 말하였다. 그 학생은 덧붙여서 "어느 때는 이것이 부담스러운 짐처럼 느껴지고 두렵고 관여하고 싶지 않은 것 같이 느껴졌어요."라고 말했다. 연구에서는 사이버 환경이 놀랍게도 억압적이지 않은 것으로 드러났고, 수줍은 사람들이 매우 개방적이 될 수 있는 곳이며 자신을 스스로 합리적이고 냉철하다고 여기는 사람들이 다른 사람들과 상호작용할 때 더욱 쉽게 분노를 터뜨릴 수 있는 곳으로 드러났다(Wallace, 1999: 2). 새로운 온라인 슈퍼바이지들이 하는 방식을 명백하게 예측할 수 없을지라도, 나는 다음에 제시하는 것들이 적절한 학생들을 모집하는 것을 도와주는 선택 기준에 포함되어야 한다고 제안한다.

- 어느 정도의 슈퍼비전 경험
- 이미 상담자로서 일한 경험
- 이전의 수련에서 보여 준 협력적인 자세

결론

신비스럽게도 '……다른 사람들에 대한 마음의 경험이나 생각, 감정들 또는 동기를 결코 직접적으로 경험하지 않아도 종종 우리는 여전히 경험한다고 느낀다'(Owen, 1999: 24). 우리가 온라인으로 다른 사람들과 관계할 수 있다는 것은 분명히 덜 신비로운 일이다. Husserl이 '본질직관'으로 언급한 것으로, 이는

"내재된 생명의 흐름이라는 의식이 있는 '나와 같은' 인간으로서 다른 사람들에 대한 감각"이다(ibid). 역설적이게도 '나와 같은' 사람들이 있는 반면, 그들은 또한 나와 같지 않다. 이는 많은 상황에 대한 그들의 반응이 종종 다르다는 의미에서 그렇다. 이것은 그 어떤 상황에서 오해의 여지가 있지만, 온라인에서는 실제 물리적 실재가 없으며, 이해를 위한 도전은 더욱 상승된다. 하지만 우리 인간은 매우 발달된 본성적 전달자들이며(Pinker, 1995) '틈새 속에서' 말하지 않고 보이지 않는 것으로부터 추론을 이끌어 내는 놀라운 능력을 지니고 있다(ibid: 229). 우리는 경계가 없고 모험적인 공간인 온라인을 조정하고 정복할 수 있도록 잘 갖추어져 있다. 그리고 분명한 단서와 정보가 결여된 온라인에서 우리는 우리가 지니고 있는 정보에 대해 높은 주의력을 가지고 있다. 아마도 이는 온라인에서의 관계가 강화되는 것이기도 하다. 대화 속에 몰입되어 있을 때 그것은 마치 컴퓨터가 실제로 나의 체화된 의도에 대한 감각을 슈퍼비전 포럼 속으로 확장시켜 주고, 나는 스스로 그들과 거기서, 즉 그 공간에서 존재하고 있는 것으로 느낀다(Ihde, 1986: 141).

나는 온라인으로 슈퍼비전을 하는 것이 실존적 탐구를 위한 독특한 기회를 제공한다고 믿는다. 가장 좋은 온라인 슈퍼비전은 면대면 슈퍼비전보다 나쁘거나 희석된 방법이 아니면서 학습과 나눔, 그리고 다른 의미에서 접촉하고 생생하고 실제적인 친밀감의 영역으로 들어가는 것이다. 어떤 이들에게 온라인 슈퍼비전은 정착하기 위해 시간과 헌신을 필요로 하고, 어떤 슈퍼바이지들은 다른 사람들과 접촉하는 기회를 놓치기도 한다. 이러함에도 불구하고 나는 모든 온라인 슈퍼바이지가 매체의 결과로서 그들의 상담 실제를 위해 의미 있는 방식에 대해 중요한 것을 부가적으로 학습할 수 있다는 것을 제안한다. 그러므로 나는 상담자들의 이론적 지향성이 무엇이든, 실존주의 현상학에 관심을 갖도록 강력하게 추천한다. 그리고 실험적이며 자신의 편견을 '괄호치기'하고, 본성적 태도를 돌파할 준비를 하기 위해 온라인 실존주의 집단 슈퍼비전을 위한 사이버 공간으로 뛰어들기를 추천한다.

참고문헌

Heaton, J. M. 'Is Existential Therapy Just Another Approach?', *Existential Analysis* 10(1) (1999) 20-6.

Heidegger, M. *Being and Time*. Trans. J. Macquarrie & E. S. Robinson (Oxford: Blackwell, [1927] 1962).

Ihde, D. *Experimental Phenomenology: An Introduction* (Albany: University of New York, 1986).

Kasket, E. 'Online Counselling', *Existential Analysis* 14(1) (2003) 60-8.

Kočiūnas, R. 'Existential Experience and Group Therapy', *Existential Analysis* 11(2) (2000) 91-112.

Macquarrie, J. *Existentialism* (London: Penguin, 1972).

Owen, I. 'The special Hermeneutic of Empathy', *Existential Analysis* 10(2) (1999) 21-40.

Pinker, S. *The Language Instinct* (London: Penguin, 1995).

Wallace, P. *The Psychology of the Internet* (Cambridge: Cambridge University Press, 1999).

9장
중독의 세계

-Simon du Plock

들어가는 말

중독 문제에 대한 치료 작업과 관련하여 실존주의 슈퍼비전의 본질을 고려할 때, 우리는 중독에 대한 실존적 치료의 의미와 중독 그 자체의 의미를 확립하는 것부터 시작해야 한다. 또한 '실존적'이라는 단어의 중요성도 무시할 수 없다. 왜냐하면 그 단어가 슈퍼비전의 분위기를 결정하기 때문이다. Deurzen은 다음과 같이 말했다.

> 실존주의 접근은 그 무엇보다도 철학적이다. 그것은 세상에서 인간의 위치를 이해하고, 살아 있다는 것의 의미를 명확히 하는 것과 관련이 있다. 또한 그것은 독단적인 태도보다는 수용적인 태도로 이러한 질문들을 탐색하는 것과 관련이 있다. 이때 목적은 내담자를 미리 정해진 범주와 해석에 끼워 맞추는 것이 아니라 열린 마음과 경이로움의 태도로 진실을 추구하는 것이다(1990: 1).

실존주의 슈퍼비전의 독특한 특징은 상담자들이 내담자와 함께 작업하는 과정에서 철학적 태도를 유지할 수 있도록 지지하는 방식에서 발견할 수 있다.

중독 문제를 실존적으로 작업하는 것을 구체적으로 다룬 문헌은 많지 않다. 사실 이는 그다지 놀라운 일이 아니다. 왜냐하면 실존적 접근법은 특정한 내담자 집단에 대한 구체적인 치료 방법을 장려하지 않기 때문이다. 일반적으로 우리는 과정과 그 과정에서의 장애물에 관여하고자 하며, 치료 매뉴얼의 진단명에 의해 내담자를 보지 않으려고 한다. 이 장에서 나는 이러한 우려들이 실존주의 슈퍼비전의 핵심을 이루고 있다는 것과 특히 중독에 관한 슈퍼비전 방법에 대해 논의할 것이다.

'중독'에 대한 재개념화

왜 중독에 대한 슈퍼비전을 찾는가? 이 영역은 실존주의 접근과는 다른 전문 치료 영역으로 여겨져 왔기 때문에 대부분의 다른 내담자 집단과의 작업보다 더 큰 관심을 받았으며, 중독의 세계를 비교적 명료하게 서술된 세계로서 기술하는 문헌들이 나왔다. 실존주의 치료는 중독과 관련된 작업 방법에 대한 통찰력을 제공하면서, 이러한 가정에 대한 비판을 하기에 좋은 위치에 있다. 비록 실존주의 치료와 슈퍼비전은 치료 매뉴얼의 진단명을 활용하기보다는 비판하는 입장이지만, 의미를 명확히 하는 것은 이 접근 방식의 핵심이다. 우리 혹은 내담자가 '중독'이라는 용어를 사용할 때 그 의미를 명확히 함으로써 그 용어가 무엇을 의미하는지 질문하도록 돕기 때문이다.

지난 10년 동안 영국과 북미 문헌 연구에서는 중독에 대한 중요한 움직임이 있었다. 이는 특정 물질(일반적으로 '약물')에 의해 자발적 행동 능력이 급격히 감소하는 상태로서 중독을 보는 것이 아니라, 상당히 평범한 활동을 할지라도 특별한 의미를 부여하게 된다면 사람들은 중독되거나 사로잡힐 수 있다는 개념으로 재해석되었다. '당신의 기분을 빠르고 강력하고 예측 가능한 방법으로 변화시킬 수 있는 것이라면 무엇이든지 중독일 수 있다'는 Shaffer(Baker, 2000: 10 참조)의 주장에 따라, 나는 중독자들을 자가 처방(self-medicate)을 내리는 사람이라고 주장하고 싶다. 중독은 물질 혹은 경험이 될 수도 있다. 예를 들어, 쇼핑, 도박, 먹는 것(또는 먹는 것을 금하는 것)도 이 정의를 똑같이 충족시킬 수 있다.

아마 나의 내담자 중 절반은 직접적이거나 간접적으로 물질 사용과 관련된 문제로 내방하며, 다른 1/4은 강박적 운동과 같은 '강박적이고 충동적인' 행동과 관련된 문제로 내방한다. 또 다른 이들은 강박적으로 포르노물을 이용하거나, 모든 여가 시간을 컴퓨터 앞에 앉아 채팅방이나 가상현실 웹사이트를 배회하는 데에 써 버리는 자신을 발견하고 내방한다. 만약 외부적으로 규정되고 구속되는 방식으로 감정적 상황에 휘말렸다고 불평하는 내담자들까지 포함한다면, 나는 나의 내담자 대부분에 대해 말하는 셈이다.

그들이 중독이라는 고전적 개념을 충족시키는 정도는 다양하지만, 나는 Walter의 '지속적이고 반복적인 행동 패턴의 정립'이라는 중독에 대한 정의에 매료되었다. 이 정의에는 다음의 네 가지 요소가 포함되어 있다(1999: 10).

- 진행(혹은 심각도의 증가)
- 활동에 대한 몰두
- 통제력 상실에 대한 인식
- 장기간의 부정적 결과에도 불구하고 지속성 유지

실존주의 슈퍼비전에 대한 함의

이러한 중독의 재개념화는 우리가 중독 치료법에 대해 어떻게 생각하는지, 나아가 이 치료의 슈퍼비전을 어떻게 생각하는지에 깊은 영향을 미친다.

이 작업은 특별한 개입과 개입에 대한 감독을 필요로 하는 전문 작업보다는, 오히려 우리의 일상적인 관행처럼 보인다. 슈퍼바이지들과 함께 중독 문제를 탐구할 수 있는 가장 용이한 방법은 Spinelli와 Strasser가 '자기구성(self-construct)'이라고 불렀던 개념을 통해서이다. 자기구성의 개념은 시간이 지남에 따라 우리 개개인이 자신은 누구라고 믿는지에 대한 일련의 믿음과 가치, 열망을 통합하는 방식으로 우리의 관심을 이끈다는 점에서 가치를 지닌다. 이것의 필수적인 요소는 우리가 스스로 허용할 수 없는 자신의 모습에 대해 판단을 내리는 것이다. 이러한 존재하지 않음(無)에 직면하였을 때 자기구성, 즉 본질을 창조하고자 하는 시도는 반드시 문제시되는 것이 아니다. 그것은 오히려 인간의 불가피한 부분이다. Sartre가 남긴 명언처럼, 인간은 "쓸모없는 열정을 가진 존재"(Sartre, 1943: 615)이다. 그럼에도 우리는 스스로를 규정하고 본질적인 존재로 만들기 위한 시도를 하는 과정에서, 필연적으로 우리의 자유와 인간 본성의 무언가를 부정한다.

　　내가 슈퍼바이지들과 함께 하는 대부분의 작업은 내담자의 고유한 자기구성이 세계 내 존재 방식(way-of-being-in-the-world)에 개방적인 동시에 이를 제한하는 독특한 방식에 초점을 맞춘다. 슈퍼바이지가 '내담자를 어떠한 방향으로 이끌도록' 하는 것이 아니라, 그들이 내담자와 가능한 한 완전히 관계를 맺을 수 있게 하여 두 사람 모두가 '그곳에 무엇이 있는지 볼 수 있게' 하려는 의도를 더욱 명확히 하는 과정에 착수한다. 내담자들은 자신이 어떻게 '세계 내 존재하는 방식'을 구성해 왔는지를 진정으로 바라볼 때, 비로소 그것을 어떻게 조율할지를 선택할 수 있다. 그렇다고 해서 이 과정이 얼마나 까다로운지, 치료적 동맹의 지원을 얼마나 필요로 하는지를 과소평가하는 것은 아니다.

　　슈퍼바이지들은 종종 내담자가 자신의 현재 행동이 해롭거나 역기능적이라는 사실을 스스로 수용하도록 내담자를 이끌어 가는 것이 상담자의 의무라는 것에 반대한다. 특히 내담자가 중독으로부터 벗어나고자 할 때 그들이 이

202

러한 결과를 이끌어 낼 어떤 행동을 해야만 하도록 내담자를 이끌어 가는 것이 상담자의 의무라는 것에도 반대한다. 나는 내담자가 자기구성을 만들어 가는 데 있어 자신의 역할을 기꺼이 받아들일 때, 내담자가 소망하는 변화가 일어날 수 있다고 반박한다. 그때 상담자는 내담자가 자유를 회복하고자 하는(심지어 처음으로 자유를 발견하고자 하는) 내담자의 여정에 직면해야 하고, 뒤따르는 실존적 불안을 직면하게 될 것이다. Heidegger(1927)가 기술한 바와 같이, 상담자의 입장에서는 어려움에 처한 내담자들이 그들 자신에 대한 책임감으로 돌아갈 수 있도록 '앞서 뛰어들기(leap ahead; Vorspringen)'보다는 내담자를 구해 주기 위해 '대신 뛰어들려(leap in; Einspringen)'는 유혹을 받는다. 우선, 후자는 내가 생각하는 치료에 대한 '구명보트' 접근법으로서 내담자를 깊은 물 밖으로 끌어낼 수는 있지만, 미래의 위험을 피하기 위해서 그들이 어떻게 삶을 헤쳐 나가야 하는지에 대해 성찰하게 만들 수는 없다. 설상가상으로, 이는 내담자에게 '최후의 구조자(ultimate rescuer)'가 가까이에 있기에 스스로 기능을 회복하기 위해 노력할 필요가 없다는 것을 시사할 수도 있다.

실존주의 슈퍼바이저는 상담자로 하여금 내담자에게 '행동하는' 것이 아니라 '함께하는' 것의 중요성에 주목하게 함으로써 내담자의 존재와 질적으로 다른 만남을 촉구하는데, 이는 일반적으로 이루어지는 중독에 대한 작업과 대비된다. 상담자는 내담자와 직접적이고 진심을 다해 관계를 맺기보다는 전문가로서 관계를 맺는 것이 더 일반적이다. 실존주의 상담자 자신이 내담자의 관계적 세계의 일부분에 속한다는 것은 명백하지만 때로는 불편한 사실을 받아들여야 한다.

상담자는 내담자에게 회복적 관계(reparative relationship)의 가능성을 제공하는데, 이러한 관계 속에서 내담자는 자신을 성찰할 수 있는 공간과 안전 모두를 발견할 수 있다. 이러한 형태의 도전적 관계 형성은 상담자에게 있어 내담자만큼 많은 것을 요구한다. 이때가 바로 슈퍼바이저의 역할이 뚜렷하게 실존주의적인 성격을 띠는 시점이다. 슈퍼바이저는 서로 다른 존재 간의 상

203

호협력적인 만남 속에서 슈퍼바이지를 지지하도록 요구받기 때문이다. 이 만남은 필연적으로 치료사 자신의 존재 방식과 '마음 저편에 가라앉아 있던'(Spinelli, 1989: 51) 세상에 대한 고정된 신념에 의문을 갖게 할 것이다. 상담자는 스스로 이러한 도전을 제한하거나 거부하려는 방식을 탐색하는 것에 대해 개방적이기 위해 슈퍼비전 관계에서 필요한 지원을 찾는 것이 매우 중요하다. 보다 근본적으로 상담자들이 최대한 내담자의 생생한 세계에 들어가려면, 그들이 방해된다고 여기는 내담자의 가치와 믿음의 중요성을 수용할 필요가 있다고 말하고 싶다. 왜냐하면 중독에 대해 작업할 때 그렇듯이 상담자들이 내담자들의 부정적이고 파괴적으로 보이는 행동과 마주했을 때 치료적 동맹은 양측에 대해 해명할 기회를 제공하기 때문이다. 내담자가 세상을 바라보는 관점으로 신념과 가치의 수용을 통해 내담자의 세계로 들어가고자 하는 상담자들은 그들이 내담자에게 시도하는 것과 매우 유사한 과정으로 내담자의 자기구성에 대한 명확한 설명에 내담자는 자신을 개방한다. 특히 이러한 시점에서 전문가 역할이라는 허구의 안전망으로 후퇴하고 싶은 유혹은 강하게 작용할 수 있기 때문에, 슈퍼바이저들은 공감적 도전과 적절한 자기개방에 능숙할 필요가 있다.

상담자는 내담자의 경험을 경험할 수 없다. 우리가 결코 다른 사람의 입장에 설 수 없다는 것은 실존적 사고와 현상학적 사고의 기본 원칙이다. 상담자가 내담자의 신념과 가치만을 반영하기 위해 자신의 모든 신념과 가치를 포기할 수 있거나 포기해야 하는 것은 분명히 아니다. 종종 실존적 치료법을 뒷받침하는 현상학적 방법은 상담자와 내담자가 거의 '융합(merging)'되는 것으로 오해받을 때도 있지만, 그런 융합은 내담자로 하여금 자신의 의미 있는 세계를 명확히 하기 위해 요구되는 거리를 파괴할 수 있기 때문에 재앙이 될 수 있다. 그러나 슈퍼바이저는 아무리 불완전할지라도 슈퍼바이지에게 판단을 보류하도록 권장해야 하며, 그들이 내담자의 의견을 듣고 내담자가 자신의 존재 방식을 변경하는 데 도전하도록 해야 한다. 요구, 간청, 교육을 넘어 그 도전이 내담자에게 어떤 의미를 갖기 위해서는 내담자의 관계적 영역의 고유성에서 벗어나야 한다. 슈퍼바이저는 상담자와 작업하는 과정에서 바로 이러한 고유성을 특히 중요시해야 한다. 내담자는 단순히 '중독'이라는 진단명을 대표하는 어떤 현상이 아니다.

이처럼 힘들지만 보상이 있는 만남은 특히 중독과 관련된 문제를 호소하는 내담자와의 만남에서 두드러진다. 왜냐하면 이러한 만남은 흔히 내담자로 하여금 심리적 · 생리적 '갈망'을 동반하는 질병으로 '교묘히 변명해 왔던' 것의 목적과 의미를 명확히 제공하기 때문이다. 이러한 만남은 내담자에게 그들의 행동, 즉 스스로 통제할 수 없는 생리적 상태의 결과로 치부되기 쉬운 행동에 대한 의미를 명확히 할 수 있는 가능성을 제공한다. 나는 내담자들이 이러한 의미를 명확히 할 수 있도록 촉진하는 것이 무엇인가에 대한 Spinelli 의 주장에 깊이 공감한다. 그는 내담자들이 상담자에게 자신을 노출함으로써 상담자가 자신의 행동을 포기하도록 요구하게 될 것이라고 두려워할수록 내담자들이 자신의 행동이 의미하는 바를 명확히 할 가능성이 훨씬 높다고 주장했다(1997: 140). 슈퍼바이저는 내담자의 변화를 일방적으로 이끌어 내고자 하는 어떠한 시도도 경계하고 도전할 필요가 있다. 내담자의 행동을 바꾸려는 그러한 일방적인 시도는 상담자가 소위 그 '역기능적인' 행동이 의미 있고 목적이 있는 것이라는 사실을 무시한다는 점에서 반(反)치료적이다. 이와 관련하여 방어 메커니즘은 불안을 방어하기 때문에 야기된 불안이 해결될 때까지 포기하지 않는다는 것을 상기하는 것이 좋다.

어떤 중독 패턴으로부터 벗어나고 싶어 하는 내담자를 만나고 있는 상담자가 있다면, 이러한 내담자가 목표를 달성하도록 돕는 것이 윤리적 의무이며 이것이 일반적인 접근 방식이다. 그러나 우리가 생리적 '갈망'을 하나의 관점으로 보면, 그 내담자는 자신의 습관을 바꾸고자 하는 진정한 욕구가 한편으로 있으면서도 다른 한편으로는 비슷한 강도로 변화하고 싶지 않은 욕구와 자신이 바뀐 이후 결과에 대한 두려움 사이에서 긴장하고 있을 것이다. 이 두

205

가지 입장 사이의 갈등에 바로 지금 그들이 위치해 있다. Davies는 그의 저서 『The myth of addiction』에서 갈망과 금단 증상의 개념에 대한 매우 명확한 설명을 제공한다.

> 간단히 말해서, 갈망은 우리가 경험하는 불편과 그것을 줄이거나 피하고 싶은 욕구를 묘사하기 위해 사용할 수 있는 대안적인 단어이다. …… '갈망'이라는 단어의 사용은 귀인에 대한 흥미로운 실습이며, 그 주된 목적은 우리가 중독 과정을 인식하는 방식을 전달하는 것이다. 이는 사람들이 가끔 자신이 선호하는 약물을 사용하거나 더 많이 사용하고자 하는 강한 욕구를 느끼지만, 그 욕구는 저항할 수 없는 자율적인 힘이라는 인상을 준다. 사실, 사람들이 그 경험에 저항하는지 아닌지는 그렇게 할 정당한 이유의 여부에 달려 있다. 치과의 환자용 의자에 앉아 의사에게 치료를 받고 있는 사람들은 그 의자를 서둘러 떠나고 싶어 하지만 대체로 그들은 그대로 머물러 있는다(1997: 50-1).

실존주의 슈퍼비전에서는 중독 문제를 어떻게 다루는가

실존주의 슈퍼비전은 내담자와의 관계에서 존재하는 것에 대한 개방성과 한계성을 다루는 실제적 연구(practical research)의 한 부분이다. 이러한 접근 방식에서는 슈퍼바이저와 슈퍼바이지가 '관계'라는 현상의 공동 연구자가 된다. 내담자가 안고 있는 삶의 문제를 제시하기 위해 우리가 사용하는 진단명은 상담자와 내담자가 만나고자 시도하는 관계적 토대보다 더 우위에 있지 않다.

세상에 대한 우리의 지식과 이해는 관계성에 대한 타협할 수 없는 근거를 통해 얻어진다. 우리는 자기 자신뿐만 아니라 고립된 인간을 결코 이해할 수 없다. 세상은 공존세계(Mitwelt)이며, 인간은 '세계와 함께하는 존재(with world)'이다. 실존주의 슈퍼비전에서 슈퍼바이저는 특정 유형의 관계적 영역에 깊이 관여한다. 슈퍼바이저들은 그들과 함께 앉아 있는 상담자나 물리적으로 함께하지 않는 내담자 중 어느 한 사람에게만 집중할 수 없다. 또한 그들은 상담자가 보고하는 대로 내담자-상담자의 2인 관계를 그들의 주요 초점으로 삼을 수도 없다. 대신, 관계성에 대한 근본적인 원리를 진정으로 인정한다면, 그들의 초점은 관계성 그 자체를 표현하는 특정한 방법을 포괄해야 한다. 이 초점은 다음과 같이 세 가지의 연계된 측면으로 구성된다.

1. 슈퍼바이지에 의해 보고되는 내담자의 존재 경험에 대한 내러티브
2. 슈퍼바이지에 의해 보고되는 내담자와의 관계 내 존재 경험에 대한 내러티브
3. 슈퍼바이저와 슈퍼바이지의 현재 존재하는 관계성에 대한 경험은 슈퍼비전 만남의 공간에서 전개되고 다루어진다.

우리는 슈퍼비전의 동맹관계를 세 명의 분리된 개인과 각각의 역할이 아닌 내담자-상담자-슈퍼바이저라는 세 명의 관점에서 개념화해야 한다. 이와 같이 관계성을 중시하는 독특한 방법은 실존주의를 다른 형식의 슈퍼비전과 구분되게 한다. 논의에서의 편의를 위해 이를 실존주의 슈퍼비전의 특정 차원으로 가정했지만, 이것을 슈퍼비전의 특정한 단계 혹은 일부에서만 다루어지는 윤리적 관행이나 치료적 계약 또는 특정한 슈퍼비전 회기에서의 별도의 활동으로 보는 것은 실수일 것이다. 이러한 관계성에 대한 관심은 오히려 치료와 마찬가지로 슈퍼비전의 기본이다. 내용은 다양할 수 있겠지만 형식(즉, 관계)은 변함이 없다.

일반적으로 전문직 종사자들로 이루어진 치료의 세계는 종종 매우 미묘하고 복잡하며 정확한 단계들로 구성되어 점점 더 '매뉴얼화되어 가고 있다'. 수련생들은 종종 중독을 호소하는 내담자들과 무엇을 '해야' 하는지 알고 싶어한다. 내담자들 중 스스로, 특히 12단계 프로그램과 같은 지시적 치료 단계

를 경험한 사람들은 비슷한 질문을 제기한다. 실존주의 슈퍼비전에 관하여 슈퍼바이저의 '존재'의 자질과, 슈퍼바이지가 슈퍼바이저와의 작업에서 어떻게 '존재하는가'에 대해 반추하는 슈퍼바이저의 역할에 상당한 관심이 있음은 명백하다. 관계에 대한 관심은 실존주의 슈퍼비전을 구별해 주는 특징이며, 유용하게 모델링된다. 슈퍼바이저는 그들이 내담자를 '치료'하지 않는다는 것을 명심해야 한다. 내담자는 방 안에 없다. 내담자를 만나는 상담자가 방 안에 있을 뿐이다(Cohn, 1997: 33 참조). 그래서 이러한 상황은 공동으로 구성된다. 즉, 세계는 내담자를 만나는 (혹은 진정으로 만나는 데 실패한) 상담자와 그 상담자들을 만나는 슈퍼바이저에 의해 만들어진다. 이것이 상황에 대한 정교한 사고방식으로 보일지 모르지만, 이것은 실제로 도움이 되며 우리를 자유롭게 만든다고 주장하고 싶다. 왜냐하면 그것은 우리가 관심이 있는 특정한 유형의 관계성을 예견하고, 관계성 패턴의 '현실성'을 존중하기 때문이다. 또한 그것은 정신분석과 관련된 '수련' 슈퍼비전 모델과 유사한 방식으로 내담자를 '치료'하는 방법을 상담자에게 가르치려는 유혹으로부터 슈퍼바이저를 해방시키기 때문이다.

대신 이 관계 모델은 상담자가 내담자의 살아 있는 세계에 접촉하기 위해 어떻게 그들의 가능성을 개방하거나 폐쇄하는가에 대한 근본적인 관심을 근간으로 한다. 치료적 관계는 새로운 방식의 관계 내 존재 방식을 제공하기 때문에, 내담자가 회복적인 경험이 가능하게 한다. 내담자의 세계와 결합하는 데 방해되는 장애물의 식별과 제거에 초점을 맞춘다는 점에서 실존주의 슈퍼비전은 치료적 지향성을 공유하는 다른 슈퍼비전보다 실존주의적 치료법과 더 많은 공통점이 있다. 그렇다고 실존주의 슈퍼비전이 정서적 지지를 제공하거나, 멘토링하거나, 윤리적인 실천을 모니터링하는 것 등의 슈퍼비전의 다른 측면이 무시되어야 한다는 것은 아니다(Feasey, 2002). 실존주의 슈퍼비전의 핵심은 슈퍼바이지가 내담자에게 제공할 수 있는 관계성의 질에 주의를 기울이는 것이 되어야 한다. 실존주의 슈퍼비전은 상담자—내담자 관계의 질과 관련된 차원과 내담자와 상담자 모두가 서로 참만남(encounter)할 수 있는 공간을 형성하는 방법이 포함되어야만 오직 '실존적인' 특성을 지닌다.

치료 작업의 대부분은 내담자가 스스로의 세계에서, 자유롭거나 자유롭지 않은 자신을 경험하고, 외부에 의해 결정되거나 주체성을 가지고 있는, 즉 중독되었거나 그렇지 않은 자신을 경험하는 방식과 관련이 있다. 따라서 치료의 구체적인 영역을 중독 치료, 또는 나아가 중독 치료에 대한 슈퍼비전에 관한 것으로만 한정하는 것은 問題가 된다. 이러한 주장에 직면했을 때, 처음에는 기존의 상식과 충돌을 일으킬 수 있다. 아마 우리 모두는 '중독'을 특별하고, 특히 상담실무에서 도전적인 영역으로 보아 왔을 수 있다. 이때 우리는 내담자를 마주하는 우리의 능력이 미묘하지만 강력한 방법으로 변화했다는 것을 알게 된다. 나는 슈퍼바이지들이 '중독자'와의 작업 개념이 '경계선' 환자와 작업하는 것과 다르지 않다는 것을 알아챘다. 중독 작업에 대한 많은 선입견이 존재한다(이러한 선입견은 처음에는 완전히 부정적으로 나타나지 않는다). 이러한 선입견에 대한 탐구와 도전이 실존주의 슈퍼비전에서 동맹을 구축하는 첫 단계이다. 상담자들이 나와 함께하는 슈퍼비전에서 보이는 선입견은 다음과 같다.

- 상담자는 특별한 기술이 필요하다. 특정한 정신적 능력은 종종 강인함, 탄력성, 경계를 유지하는 능력 등으로 개념화된다.
- 상담자는 최근에 훈련을 마친 사람보다 경험이 풍부해야 한다.
- 상담자는 기민하고 재빠르게 대처해야 한다.
- 상담자는 내담자가 춤(dance)을 이끌어 가지 않는 경우, 내담자와 함께 춤을 출 수 있어야 한다.
- 내담자는 '게임'을 하거나, 경계를 넓히거나, 거절하거나, 혹은 역설적으로는 의존적으로 될 가능성이 있다.
- 내담자는 '버텨 주기'나 '안전한 공간'이 필요하거나, 또는 역설적으로 유

연성을 보여 줄 상담자가 필요하다.

- 상담자는 내담자의 신뢰와 확신을 얻고자 한다면, 중독에 대한 지식과 12단계 프로그램 같은 주요 치료 프로그램에 대한 '광범위한' 지식을 입증할 필요가 있다.
- 내담자는 그들의 습관을 속일 뿐만 아니라 기만할 것이다.
- '중독'은 내담자의 밖에 존재한다. 상담자가 비록 중독에 대해 '알고 있다'고 하지만, 개인적으로 내담자를 '알지'는 못한다.

이러한 선입견들은 중독자들이 결국 특별한 상담자를 필요로 하는 특별한 내담자임을 암시한다. 이는 결과적으로 상담자들로 하여금 특별한 슈퍼비전을 필요로 하게 한다. 성찰을 위한 여지를 남기는 것이 치료의 목표라는 사실을 떠올린다면, 우리는 이 수많은 선입견이 상담자가 편견 없고 개방적인 태도로 내담자와 마주하는 것을 방해할 수 있다는 사실을 알 수 있다. Rollo May가 제안한 관계적 작업은 슈퍼바이지들에게 내담자들과 관계를 맺는 대안적 방법을 제공한다. 나는 그가 『Existence』(1958)에서 논의한 '새로운 사람(Here-is-a-new-person)'과 '지금의 나(I-Am)' 경험이, 비록 충분하지 않을지라도 실존주의 슈퍼비전을 특징짓는 필수 조건을 구성한다고 믿는다. 슈퍼바이저가 다음과 같은 슈퍼비전 방식을 유지하는 경우, 이러한 필수 조건들은 슈퍼비전 동맹에서 참조해 볼 수 있다.

- 호기심이 많고 편견을 갖지 않으며, 내담자나 상담자의 세계에 대한 특권적인 지식을 가정하지 않는다.
- 슈퍼비전의 또 다른 세 가지 차원에 수반되는 담론의 노매틱(noematic) 요소(슈퍼바이지가 보고하는 이야기)보다는 노에틱(noetic) 요소(슈퍼바이지가 내담자와의 작업을 어떻게 경험하는지)[1]에 초점을 맞추도록 노력한다 (Spinelli, 1989: 11, 114 참조).

- 슈퍼바이지 곁의 동료 여행자가 되고자 하며, 그 과정에서 사전에 합의된 치료의 목적지나 결과보다 여행 자체에 집중한다.
- 상호작용 과정에서 가르치려 하기보다는 슈퍼바이지와 대화를 시작한다.
- 용기 내어 도전을 제공하고 받아들일 수 있도록 의지를 다독이고, 그렇게 함으로써 상담자를 격려한다.

따라서 슈퍼비전에서 강조하는 것은 확실히 관계의 중요성이다. 이러한 관계에 대한 강조는 실존적 관점에 내재된 이론의 통합과 여러 이론을 넘나드는 가능성을 강화시킨다.

실존주의 슈퍼비전의 예시: 최근 자격을 갖춘 상담자, 셀린

나는 종종 상담자들에게 다음과 같은 질문을 통해 개인적인 정체성 및 전문적인 정체성에 대해 성찰하기를 요청한다.

1. 중독상담자라고 스스로를 소개할 때, 나는 누구라고 생각하는가?
2. 중독을 다루지 않을 때에는 할 수 없었던 일인 데 비해, 중독상담을 하면서 내가 할 수 있는 것은 무엇인가?
3. 중독상담을 중단한다면, 나는 무엇을 놓친 것일까?
4. 내가 더 이상 중독상담자가 아니라면, 나와 나 자신의 관계, 나와 타인의 관계는 어떻게 달라질 것인가?
5. 내가 '나는 중독상담자'라고 말할 때, 이 뒤를 바로 잇는 단어는 무엇인가?

---

1) 역자 주: 1913년에 Husserl이 출판한 『Ideas』에서 순수 현상학에 대해 소개한 개념으로 '노에틱 (noetic)'은 의도적인 의식 행위(믿음, 원함, 증오, 사랑 등)를 의미하고, '노매틱(noematic)'은 노에틱(noetic) 행위에 나타나는 대상 또는 내용(noema)을 의미한다.

이것은 중독 문제를 호소하는 내담자와 이 내담자와 작업하는 상담자와 작업할 때 특히 유용한 활동이 될 수 있는데, 이는 그들이 이 분야에 입문하는 데 있어서 그들 자신의 의제를 파악하는 데 도움이 되기 때문이다. 슈퍼바이지들에게 앞의 활동을 하게 하는 것이 항상 도움이 되는 것은 아니다. 이러한 질문들을 염두에 두는 것은 내가 슈퍼바이지들과 대화할 때 종종 도움이 된다. 흥미롭게도 이러한 질문들은 실존주의 슈퍼바이저들이 다른 환경이나 맥락에서 염두에 두는 질문들과 유사하다(예: 제3장 참조). 실존주의 슈퍼바이저들은 슈퍼바이지에게 질문하거나 도전하는 것을 결코 반대하지 않는다. 특히 가정(추론)에 대해 성찰하지 않는 것을 드러내기 위해 더욱 그렇다.

나는 셀린과의 첫 번째 회기에서 '남을 돕는 것'이 그녀에게는 그녀의 가족, 파트너, 친구들 및 직장 동료들과의 관계에서 주요 이슈라는 것을 알아챘다. 나는 내담자와 작업에서 이러한 '조율'이 어떻게 그녀를 돕거나 방해하는지 궁금했고, 그녀를 초대하여 자신의 '중독' 문제에 대해 성찰해 보도록 하기로 결심했다. 그녀는 처음에는 나의 이런 생각에 큰 충격을 받았고, 특히 내가 그녀에게 '도움을 주는 사람'이라는 자기구성이 내담자와의 관계에서 도움과 자원인 동시에 방해물이 되는지에 대해 생각하도록 부드럽게 격려했을 때 더욱 그랬다. 이러한 생각을 밝히며, 나는 향후 만남에서 셀린이 자진하여 그 주제를 다루기를 바라면서 슈퍼비전의 또 다른 주제로 넘어가기로 했다. 나는 슈퍼비전에서 당신이 귀중한 통찰력이라고 생각할 수 있는 것을 슈퍼바이지에게 장황하게 늘어놓는 것이 슈퍼비전 동맹 형성에 항상 해롭다는 사실을 염두에 두는 것이 중요하다고 생각한다. 치료 회기에서 나는 종종 그 단어가 내담자를 위한 것인지 아니면 단순히 내가 말하고자 하는 것인지 성찰하기 위해서, 직접 말하기에 앞서 내 마음을 통해 먼저 언어적 개입을 점검한다. 만약 후자라면 나는 일반적으로 개입 내용을 언급하지 않고 내버려 둔다. 나는 슈퍼비전에서도 같은 전략이 유용하다는 것을 안다. 슈퍼바이지는 종종 부적절한 조언에 의해 혼란을 느끼거나 자신의 성찰을 회피하게 될 것이다.

개인적인 영역이라 생각하는 부분에 대한 나의 관심에 셜린이 상당히 짜증을 느꼈다고 이 기회에 말하고, 다음 만남에서 자신의 '중독'에 대한 주제를 소개한 것에 대해 기뻤다. 그러나 그 과정에서 그녀는 자신이 이 주제로 반복해서 되돌아오는 것을 발견했고, 일종의 판도라 상자를 열었다는 것을 발견하며 놀랐다. 곰곰이 생각해 보면, 그녀의 거의 모든 타인과의 상호작용은 타인을 돕는 사람으로서의 자기개념을 유지하기 위해 고안된 것처럼 보였고, 여기에 수반되는 비용이나 불편함과는 상관없이 그녀는 그러한 방식을 유지했다. 그녀가 자신의 치료에서 이것을 더 자세히 살펴볼 수 있겠지만, 우리는 그녀의 자기구성에 있어 '이타적인 조력자'라는 핵심 개념이 어떻게 그녀가 특별히 도움이 필요한 '특별한' 내담자 집단과 함께 일을 할 때 작동하는지에 대해서도 생각해 보는 것이 중요했다. 그녀는 몇 회기에 걸친 이러한 성찰을 통해, 그녀가 '도움을 주는 사람'이라는 자기정체성을 포기하고 내담자가 회기에 어떤 문제를 가져오든 내담자에 대해 좀 더 개방적인 태도를 취할 수 있도록 스스로를 허락한다면 그녀가 무엇을 얻고 무엇을 잃을 것인가에 대한 더 큰 인식에 도달한다는 것을 알았다.

실존주의 슈퍼비전의 예시: 회복 중인 중독자, 루디

중독상담을 특별한 기술을 요구하는 전문가 범주로서 보는 것을 비판하는 실존주의 현상학적 관점은 이 분야에서 일해 오고 있는 상담자의 특성에 의문을 제기한다. 영국과 북미에서는 오랫동안 상담자의 상당수가 처음에는 중독자였다가 '회복 중인 중독자' 집단을 거친 뒤 넘어온 사람들이다. 익명의 알코올 중독자 및 마약 중독자 집단은 치료 공동체로서 기능해 왔으며, 이뿐만 아니라 자원봉사활동 및 공식적인 상담자 교육 훈련에 이르기까지 잘 확립된 경로가 존재한다. 우리는 이러한 방식으로 상담자가 수급되는 패턴이 심리학 분야 연구를 통해 충분히 지지되는 결과가 없음에도 중독을 질병 모델(disease of model of addiction)로 보는 것을 치료의 핵심으로 보고 있지는 않은지 스스로에게 질문해 볼 수 있다(Schaler, 2000). 또한 우리는 중독 그 자체가 중독성이 있는지 의문을 가져 볼 수 있다. 중독상담자로서 일하는 것은 과거 '중독' 상태에서 가지고 있었던 구조물과 의미를 개인에게 제공하는 것이며 치료 공동체의 구조를 제공하는 것일 수 있다. 이것이 일부 실무자들에게는 해당될 수 있다는 것이 특별히 새롭지는 않다. '상처 있는 치료자(wounded healer)'라는 개념(Jung, 1983)은 수년 동안 심리치료 문헌에서 자주 언급되었던 개념이다. 그러나 그것은 우리가 중독에 대한 작업을 어떻게 바라보았는지 관점의 변화를 가져다주며, 더불어 이러한 관점의 변화는 상담자 자신의 자기구성에 어떤 영향을 미칠 수 있는지에 대해 우리 스스로에게 질문하도록 이끈다.

이와 관련하여, 유명 클리닉에 있는 중년의 마약 및 알코올 선임상담자인 '루디'와 함께 수년간 슈퍼바이저로 일했던 일이 생각난다. 우리가 처음 만났을 때 루디가 자신에 대해 말해 준 이야기는 나에게 종교적 개종을 연상케 했다. 10대부터 30대 후반까지 다양한 물질(주로 알코올)을 사용해 온 그는 심각한 질병과 결혼 생활의 파탄으로 약물 사용을 포기하게 되었고, AA 멘토링을 통해 약물상담 훈련의 길에 들어섰다. 10년 후, 그는 이 분야에서 자신의 경력을 쌓았고, 중독을 질병 모델에 의해 설명하는 것에 대해 공부하면서 자신을 '회복 중인 중독자'로 구분했다. 이러한 방식을 통해 그는 클리닉의 높은 지위의 사람들 및 유명한 내담자들과 종종 친밀한 관계를 맺게 되었다. 그는 뮤지션과 영화배우를 진단하고 치료하며, 그들이 자신의 '죄'를 인정하도록 독려하고, 때로는 내담자들이 가족 모두를 치료에 데려오도록 하는 자신의 능력에 자부심을 느꼈다.

나는 그의 열정이 매력적이라고 느꼈고, 유명한 인물들에 대한 그의 이야기들이 묘한 매력을 지녔다고 느꼈지만, 그가 '중독'을 넘어 그 개인을 '바라보는 것'이 가능한지 궁금했다. 왜냐하면 그의 세계는 거의 전적으로 '중독자' '회복 중인 중독자' '중독의 희생자(그의 내담자 가족을 칭하는 용어)'라는 세 가지 범주로만 구성되어 있는 것 같았기 때문이다. 루디는 처음에 자신이 생각했던 것만큼 자신이 내담자에게 도움이 되지 않을 수 있다는 생각에 심란했다. 그가 특히 걱정했던 것은 상담자로서 그의 정체성이 '회복 중인 중독자'로서 내담자의 세계에 접근할 수 있는 특권을 가졌으며 그들을 도와서 해로운 행동을 거부하도록 도울 수 있다는 생각을 둘 다 가지고 있었기 때문이다. 그가 나와 함께 슈퍼비전에 끈기 있게 임했다는 것은 현상학에 대한 그의 관심을 증명하는 것이었다. 그는 자신의 자기구성 수준에서 그것을 작업에 적용할 수 있다는 가능성에 매력과 도전을 분명히 발견했다. 우리가 함께 작업하면서 발견한 가장 유용한 점은 루디가 전문가의 시선을 통해 내담자들을 점검하는 것이 아니라 새로운 내담자가 펼치는 이야기에 점점 더 '함께 있을 수 있다'는 것을 알게 된 것이다. 그는 '전문가' 역할을 포기하기가 힘들다는 것을 항상 발견하지만, 그 역할이 내담자를 보호하는 동시에 내담자로부터 멀어지게 하는 것임을 이해할 수 있게 되면서, 그는 '루디로서' 내담자들과 함께하기로 결정했다.

결론

나는 중독 문제에 대한 슈퍼비전을 위한 구체적인 기술과 기법을 제안하지 않았지만, 삶에서 그러한 문제를 다룰 때 실존주의 현상학적 태도(attitude)에 기여할 수 있는 몇 가지 요소를 제시했기를 바란다. 모든 내담자와 우리 모두는 상당히 이해하기 쉬운 것부터 어쩌면 기괴하고 명백하게 '무의미한' 반응에 이르기까지 다양한 삶의 문제를 경험한다. 만약 우리가 '중독'의 생생한 세계로 들어가기를 원한다면, 중독이 아닌 다른 호소 문제로 우리를 찾는 내담자들에게 우리가 그러듯이 호기심과 관심을 기울이는 태도를 보이고 이를 구체화해야 한다.

내가 제안하고 싶은 바는 중독이 의미하는 바가 무엇인지 고려하는 것이 도움이 될 수 있다는 것이다. 중독의 의미가 상대적으로 소집단의 내담자에게 적용이 되고 있는지, 아니면 중독이라는 이름표를 붙이는 행동이 모든 사람에게 널리 통용되고 있는지를 살펴보는 것이 도움이 될 수 있다. 이러한 가능성을 고려할 때 자기구성이라는 개념이 도움이 된다고 생각한다. 이러한 관점은 중독자가 반드시 전문가 슈퍼비전에 의해 지원되는 전문 치료가 필요한 특수 집단이 아니라는 점을 상기시켜 주기 때문에 슈퍼비전에도 도움이 된다. '그들'과 '우리'는 없으며, 근본적으로 구별되는 건강과 질병의 범주 또한 없다. 우리 모두는 중독자가 되는 경향이 있으며, '중독'이 의미하는 바가 무엇이든지 간에 이를 경험하지 못한 사람은 거의 없을 것이다.

216

참고문헌

Baker, A. (ed.) *Serious Shopping. Essays in Psychotherapy and Consumerism* (London: Free Association Books, 2000).

Cohn, H. W. *Existential Thought and Therapeutic Practice* (London: Sage, 1997).

Davies, J. B. *The Myth of Addiction* (London: Harwood Academic Press, 1997).

Deurzen-Smith, E. van *Existential Therapy* (London: Society for Existential Analysis, 1990).

Feasey, D. *Good Practice in Supervision with Psychotherapists and Counsellors* (London: Whurr, 2002).

Heidegger, M. *Being and Time*. Trans. J. Stambaugh (Albany: University of New York Press, [1927] 1996).

Jung, C. G. *Memories, Dreams, Reflections* (London: Fontana Books, [1961] 1983).

May, R., Angel, E. & Ellenberger, H. F. (eds) *Existence: A New Dimension in Psychiatry and Psychology* (New York: Basic Books, 1958).

Sartre, J-P. *Being and Nothingness*. Trans. H. Barnes (London: Routledge, [1943] 1969).

Schaler, J. *Addiction is a Choice* (Chicago: Open Court, 2000).

Spinelli, E. *The Interpreted World* (London: Sage, 1989).

_____ *Tales of Un-Knowing* (London: Duckworth, 1997).

Walters, G. D. *The Addiction Concept: Working Hypothesis or Self-fulfilling Prophesy?* (Needham Heights: Allyn & Bacon, 1999).

217

10장
어린 범법자와의 작업

-Karen Weixel-Dixon

들어가는 말

모든 관계, 모든 만남은 치료적일 수도 있고 그렇지 않을 수 있다. 관계는 정도의 차이는 있지만 치유될 수 있고, 심오할 수 있으며, 때로는 교육적일 수 있다. 또한 관계는 좌절할 수 있으며, 약화시키고, 신체적인 측면을 비롯한 다양한 수준에서 위험이 될 수 있다. 모든 관계는 바람직하다고 생각되는 측면뿐만 아니라 바람직하지 않은 요소들로도 구성된다는 관계의 질에 대한 설명은 완전하거나 완벽하지 않다.

인간의 모든 관계는 이러한 가능성들을 가지고 우리 각자에게 도전장을 내민다. 관계를 처음 시작할 때 우리는 이 관계가 어떻게 진행될지 확신할 수 없다. 그래서 우리는 첫 순간부터 위험 요소와 안전 요소를 평가하고 있다. 관계에 내재되어 동반되는 불안은 좀처럼 사라지지 않는다. 가장 친밀한 관계에서조차, 우리는 종종 우리가 잘 알고 있다고 믿는 사람이 비정상적인 태도를 취하거나 행동을 할 때 종종 '놀라워'하곤 한다. 만약 어떤 사람이 민감하게 행동한다면, 이러한 놀람은 모든 관계에서 일어날 수 있는 일이다.

사람과의 만남에서 안전하다는 환상을 주기 위해 사용하는 전략은 분명히 육체적인 측면만을 의미하지 않는다. 육체적 측면 이외에 매우 중요한 측면이 있는데, 그것은 스스로에 대해 자신이 바라는 이미지이다. "…… 실존주의 현상학적 이론은 자아가 관계적 경험의 **산물**이거나 관계적 경험에서 생겨난 것이라고 말한다. …… 이는 자아를 관계적인 의미 이외의 다른 말로 설명할 수 없다고 본다."(Spinelli, 1994: 342)

다른 사람들과 세계-내-존재

'관계성'은 분명히 사람뿐만 아니라 사물을 가리킬 수도 있다. 우리는 '나는 의자가 아니다'에서처럼 우리가 아닌 것으로 스스로를 구별할 수 있다. 이 말에 함축되어 있는 것은, 내가 경험하고 싶은 만큼 '경험'하기 위해서는 다른 사람의 확인이 필요하다는 것이다. "…… 인간의 관계성은 주로 '주어진(the givens)' 것이다. …… 우리는 항상 다른 사람들과 함께 이 세상에 존재한다는 것을 알게 된다. 우리가 다른 사람들을 정의 내리듯이 그들도 우리를 정의 내린다는 점에서, 우리는 결코 분리된 개체로서가 아니라 항상 다른 사람들과 함께 세상에 존재한다는 것을 알게 된다."(Cohn, 1997: 25)

종종 내가 되고 싶은 사람에 대한 나 스스로의 기대를 실현하기 위해 나는 내가 보이기 원하는 대로 다른 사람이 나를 보도록 타인에게 호소하곤 한다. 내가 똑똑하게 보이고 싶다면 나는 어휘력을 향상시킬 수 있으며, 다른 사람들이 나를 보살피는 사람으로 보게 하고 싶다면 나는 아픈 친구에게 꽃을 선물해 줄 것이다. 그러나 이 원칙이 적용되지 않는 만족스럽지 않은 극단의 상황을 상상하는 것은 어렵지 않다.

환상은 언뜻 보기에는 자신이 원했던 것을 이룬 것처럼 보이지만, 그것은 우리가 원하는 대로 완벽하지도 않고, 고정되어 있지도 않으며, 영구적인 것이 아니다. 그것은 항상 타인의 변덕에 따라 쉽게 변할 수 있다. 스스로가 인식하는 이미지에 대한 이러한 불안정은 결국 스스로가 어떤 특징을 가지고 있으며 어떻게 평가되는지에 대한 무력감과 불안감을 불러일으킬 수 있다. 우리 각자가 원하는 것을 찾아다니고, 제공하거나, 제공하지 못하는 이러한 우리 사이의 춤(dance; 관계의 변화무쌍함을 의미)은 모든 관계에 공통된다. 주어진 만남의 질에는 (모든) 참가자의 책임이 있다. 책임은 항상 똑같은 양으로 적용되는 것이 아니고, 관계의 특징에 부여되는 가치가 반드시 일치하는 것도 아니지만, 각각의 개인은 그 만남이라는 창조에 기여한다.

다른 저자들이 이미 본문에서 주장했듯이, 전부는 아닐지라도 대부분의 사람들의 딜레마는 이 실존의 관계적인 영역에서 명백하게 나타난다. 이는 멀거나 가까운 다른 사람들 모두에게 암시하는 바가 있으며, 우리의 어려움은 우리의 사회, 가족, 심지어 문화에 영향을 미친다. Sartre(1969)가 강조하듯이, 누군가는 우리가 처한 상황에 대한 우리의 대응이 어느 정도 모든 인간의 실존에 영향을 미친다는 점을 강조할 수도 있다.

이러한 불안과 두려움이 인간의 모든 관계에서 필연적이라는 것을 인식하는 것은 개인 간 공감과 이해의 강력한 원천이 될 수 있다. 우리는 모두 Sartre(1989)가 간결하게 설명한 것처럼 세상 속에서 살아가야 한다. '타인은 지옥이다'라고 언급한 이유는 여기에 정확히 설명되어 있다. (여기서 다른 사람의 관점을 이해하고 알아 가는 것은 그것을 용납하는 것과는 다르다는 것에 주목해야 한다.) 게다가 우리 모두는 완전히 터무니없지는 않지만 실존의 몹시 고된 측면을 받아들이기 위해 애쓰고 있다.

우리 모두가 외형상의 안전과 이러한 불안의 감소를 위해 투쟁하고 있다는 것이 명백해지고 나면, 각 개인이 다른 사람과 함께 살아가고 세상에 존재하는 방법이 이러한 의도를 반영한다는 것이 보다 쉽게 드러난다. 심리치료와 슈퍼비전의 실제가 모두 관계의 맥락에서 일어난다는 점에서, 이 논의는 독자들에게 매우 중요하다. 이러한 만남의 효과는 관계의 질과 직접적으로 관런이 있다. 게다가 모든 관계는 그 자체로 더 넓은 맥락에 포함되기 때문에, 이러한 만남의 결과는 여러 환경에 영향을 미칠 수 있고, 이로써 우리의 책임은 무한정으로 늘어난다.

이 원칙은 슈퍼바이저로서의 나의 역할로도 확장된다. 삶에서 대체로 그러하듯, 슈퍼바이저로서 나는 신뢰할 수 있고, 성찰적이고, 지지적인 사람으로 인식되기를 바란다. 이와 유사하게, 슈퍼바이지는 사람으로서 그리고 그들이 되고자 열망하는 전문가로서 경험되고 싶다는 소망을 품는다. 이러한 양쪽의 소망이 일부 또는 전부 실현되지 않을 때, 이는 우리가 어떻게 세상 속에서 다른 사람들과 함께 있고, 함께 하는 이러한 방식이 소망의 좌절에는 어떠한 영향을 미치는지 탐구하는 기회를 제공할 수 있다. 또한 이러한 만남이 다른 관계들과 어떻게 동일하고 어떻게 다른지를 고려함으로써, 이 상황에 특징적인 것이 무엇이며, 내담자와의 만남을 비롯한 타인과의 만남에서 보다 일반적인 것이 무엇인지를 분명히 하는 것은 매우 도움이 될 수 있다.

같고도 다른 것

내담자가 자신과 상담자 사이의 관계를 어떻게 경험하는지, 즉 내담자가 인간으로서 얼마나 가치 있고, 이해받고, 인정받았다고 느끼는지에 대해 상담자는 슈퍼바이저가 하는 것처럼 시기적절하게 질문하기를 바란다. 만약 관점의 차이가 개인이 어떻게 경험되기를 바라는지에 대한 비판과 억압으로 경험된다면, 이러한 위협이 어떻게 경험되는지를 고려하는 것이 유익하다. 이러한 탐색은 양측의 만남에서 그 만남의 특징을 결정짓는 무언가를 고려할 수 있는 길을 열어 줄 수 있다. 그렇게 함으로써 각자는 자신이 상황에 대해 어느 정도 책임이 있다는 것을 인식할 수 있는데, 이것이 불안감을 유발할 경우 이러한 깨달음은 큰 힘을 불어넣어 줄 수 있다. 한 개인은 자신이 다른 사람과 어떻게 관계 맺을지는 결정할 수 있지만, 자신이 어떻게 경험되는지를 완전히 통제하지는 못할 것이다.

그러한 탐색은 자신의 몸과 영혼에 가해진 위협을 견디어 온 사람들에게 이러한 역동이 얼마나 근본적인 문제에서 시작되었는지를 분명하게 보여 줄 수 있다. 거의 예외 없이, 이 장의 초점인 어린 여성들은 어려서부터 대상화되었고, 폭력을 경험했으며, 끔찍하고 불법적인 활동을 하는 양육자들을 위한 무기와 도구로 사용되어 왔다. 어린 여성들은 이러한 학대의 본질을 가장 안 좋은 방식으로 예리하게 인식하고 있었다. 바로 그들의 인간성을 부인하는 것이었다.

이러한 학대는 어떤 측면에서는 그들 스스로를 유용하고 유능한 사람으로 경험하게 했고, 결과적으로 소속감을 느끼게 했다. 그러나 범죄의 길에 들어선 사람들에게 그들의 노력은 극히 제한적인 가치를 창출했다. 그들의 미시적 사회 질서는 그들의 효용성을 검증하고 가치 있는 사람임을 제공할 수 있지만, 더 큰 정치적 힘을 가진 지역사회는 그들의 자유를 박탈할 수 있다. 일부 가치가 실현되었지만, 많은 대가를 필요로 했고, 다른 많은 가치는 박탈되었다.

대부분의 사회가 이러한 청소년들을 긍정적인 가능성이 없고 구제할 수 없는 부적응자로 인식한다. 일반적으로 대부분의 '전문가'들은 이러한 여성들이 더 나은 삶을 살 수 있다는 어떠한 희망을 갖는 것이 불가능하다는 것을 인정한다. 일단 범죄자로 인식되면, 이 어린 여성들은 그들의 주체성과 가능성이 다시 부정되는 하나의 범주로 분류된다. 이러한 관점은 그들이 자신과 타인에게 언제든지 폭력적일 수 있기 때문에 엄격한 통제를 필요로 한다고 우리가 인식하게 하는 결과를 가져온다.

이러한 점에서 치료적인 만남은 이러한 여성들에게 그들이 스스로의 삶 및 관계의 질에 어떻게 기여했는지를 살펴볼 수 있는 기회를 제공할 수 있다. 그들의 범죄행동으로 인해 부과된 대가는 부정할 수 없다. 그들의 선택권은 문화적 · 사회적 규약에 의해 축소되었지만, 이러한 제약조건들 안에서 그들 자신의 주체성을 언급하는 것이 불가능하지는 않다. 상담자는 이러한 여성들의 미래가 오로지 그들의 과거에 의해 좌우될 것이라는 가정에 이의를 제기할 수 있다. 또한 그들이 자신의 관계에 어떻게 참여했는지를 분명하게 성찰할 수 있는 기회를 갖기도 하는데, 이는 그들이 상담자를 만났을 때 가장 빈번히 논의되는 내용이다. 이 탐색은 치료적인 장면의 외부에 있는 가족, 연인, 친구, 심지어는 교도관과의 관계로까지 확대될 수 있다.

이러한 어린 사람들은 어린 나이에 그들이 감당한 트라우마의 심각도가 우리 대부분과 현저하게 다르다. 하지만 이 청소년들은 우리 모두가 직면했던 어려움과 똑같은 어려움에 직면했었다. 그들의 과거나 잘못된 선택에 의해 야기된 제약들을 고려하면 여전히 그들에게 존재할 수 있는 미래가능성은 도전받는다. 같고도 다른 것은 우리 모두가 자신의 실수로 인한 결과에 책임을 져야 하지만 우리가 처한 위기 상황과도 싸워야 한다는 것이다. 우리가 서로 다른 배경을 가진 사람들과 치료적으로 작업할 수 있는 것은 이 보편적인 어려움에 대한 인식 때문이다. 대부분의 경우, 이것은 인식과 변화의 가능성을 불러올 수 있는 유일한 방법인 것 같다. 실존주의 슈퍼비전이 이러한 유사성과 차이점 둘 다의 긴장을 인식하고 작업할 수 있게 해 줄 것이다.

세계관

관계에 내재된 위험으로부터 우리를 안전하게 지키기 위해 우리가 구성하고 사용하는 전략은 각 개인의 세계관이다. 우리의 세계관은 자아, 세계(우주), 타인에 대한 우리의 태도로 구성되어 있으며, 거기에 이러한 차원들과 관련된 우리의 가치관이 포함되어 있다. 이러한 가치와 관점의 실현은 부분적으로 우리의 선택과 행동의 기초가 된다. Emmy van Deurzen은 "……실존치료의 기본 과제로서…… 자신이 어떤 가치를 위해 사는지 결정하는 것은 내담자의 몫이다."라고 가치 명료화에 대한 명제를 제시했다(Deurzen & Arnold-Baker, 2005: 240). 실존주의 상담자들이 내담자와 함께 명료화하고자 하며 성찰하고자 하는 것이 바로 세계관이다. 또한 치료적 맥락에서 내담자와 상담자의 세계관이 만나고 교차하게 되며, 슈퍼비전 맥락에서 슈퍼바이저와 상담자의 세계관이 만나 교차하게 된다.

　상담자와 슈퍼바이저의 가정(assumptions)과 가치관이 일치할 때는 관점들이 도전적이지 않고 유지된다는 점에서 결탁의 위험이 있을 수 있다. 이러한 융합에 주목하고, 우리의 편견이 우리의 관점을 모호하게 하고 제한할 수 있음을 인정하는 것이 중요하다. 세계관의 다양성에 주목하는 것도 마찬가지로 중요하다. '진리'와 '지식'은 그들의 상황 및 맥락과 관련되어 이해되기 때문이다. 그러한 논의는 우리가 삶과 타인에 대한 접근 방식이 엄격한지 아니면 유연한지를 깨닫게 해 주고, 이러한 전략이 이점과 손실을 초래한다는 것을 깨닫도록 도움을 줄 수 있다. 우리의 가정(assumptions)을 분명히 하는 것은 우리의 선택과 행동에 대한 보다 명확한 이해를 제공할 수 있다.

　상담자/슈퍼바이지는 그들의 세계관이 명료화된 상황에서 그들의 내담자들이 경험하는 비슷한 종류의 어려움들을 다루게 될 것이다. 이것은 내담자의 기대와 욕구가 때로는 좌절되거나 방치되는 상담자와 내담자의 만남에서 가장 쉽게 촉발되는데, 이는 모든 인간관계에서 일어날 만한 상황이다. 앞에서 말한 바와 같이, 실존주의 슈퍼비전에서는 내담자/슈퍼바이지의 세계관을 명확히 하는 것이 근본적으로 중요하다. 분명하게도, 내담자의 존재 방식을 어느 정도 이해하지 못하면 우리는 내담자들이 그들의 가치에 부합하는 선택과 결정을 내리도록 할 수 없다. 이는 유약하며 자신의 선택과 가능성을 잘 알지 못하는 젊은 사람들과 작업하는 상담자를 슈퍼비전할 때 특히 중요하다.

실존주의 심리치료 및 슈퍼비전의 목표

다른 사람들과 함께 세상 내에 존재하는 것(being-in-the-world with others)은 실존적인 것이다. 그러므로 실존주의 심리치료의 목표 중 하나가 우리가 어떻게 다른 사람들과 관계를 맺고 어떻게 다른 사람들이 우리와 관계를 맺는가에 대해 성찰하는 것이라는 것은 놀라운 일이 아니다. 게다가 한 개인의 세계관과 한 개인이 실존적인 것이 서로 어떻게 관계하는가에 대한 성찰은 우리의 선택과 행동의 기저에 있는 삶의 목적에 대한 통찰력을 제공할 수 있다. 모든 선택은 목적이 있는 것으로 생각되어 왔다. 우리가 실현하기 위해 노력하는 가치와 가정(assumptions)을 인정하는 것은 우리의 결정과 행동에 대한 근거를 명확히 하는 데 도움이 될 수 있다.

이러한 것들은 양쪽 모두에게 엄청난 용기를 요구하는 철학적 질문을 통해 내담자와 동행하고 내담자의 가치에 도전하며, 내담자를 지지하는 실존주의 심리치료자의 근본적인 고민이다. 이 과정을 수행할 때 진실로 다른 사람과 '함께 있기(being with)' 위해서는 삶의 어려운 측면에 직면해야 하고, 이러한 문제들에 대한 자신의 선택과 믿음에 질문하는 것에 개방적일 필요가 있다. 우리가 우리 내담자에게 기대하는 만큼 우리 스스로도 그렇게 해야 한다.

이와 같이 실존주의 심리치료의 임상적 목표는 슈퍼비전 실제와도 관련이 있다. 이러한 목표는 상담과 슈퍼비전 두 실무 사이의 근본적인 유사성을 보여 준다. 이러한 작업, 즉 삶과 상담 실무에서의 성찰은 대화적 개입을 통해 진전될 수 있다. 슈퍼바이저와의 대화를 통해 치료자는 자신이 내담자와 맺고 있는 관계를 성찰하고 자신이 관계의 질에 어떻게 기여하는지를 생각해 보도록 요구받는다. 여기에는 치료적이거나 반대로 도움이 되지 않는 것으로 생각되는 만남뿐만 아니라 내담자와 관계를 맺는 것에 있어서의 어려움 또한 포함될 수 있다. 또한 그들 자신의 관계에서 무엇이 어떻게 유용하거나 유용하지 않은지, 그리고 이러한 측면이 치료자와 내담자 사이의 관계와 어떻게 같거나 다른지를 고려하는 것도 유용할 수 있다. 이것 또한 앞서 설명한 세계관의 다른 차원에도 적용되는데, 우리의 신념과 가치체계의 모호함과 불일치는 모든 차원에서 드러난다. 우리의 가정과 가치관이 검토되고 수정될 때에도, 새로운 애매모호함이 나타난다. 이와 같이 보여지는 불일치에 대한 탐색이 치료자와 내담자 모두에게 필요하다.

치료자는 슈퍼바이저와 함께 자신의 세계관과 그 세계관이 내담자와 그들의 작업 및 관계를 어떻게 변화시키는지를 검토한다. 내담자는 그들 자신의 관점과 행동에 대해 같은 방식으로 성찰하도록 요청받는다. 이 마지막 제안은 내담자의 근본적인 책임, 즉 자신의 능력이 미치는 한 자신의 세계관에 의문을 제기하고 그를 고려해 볼 의지를 의미한 것이다. 이러한 기대는 내담자에게 명확하게 전달되어야 한다. 이 도전으로 인해 발생하는 어려움들이 치료 작업에 중요하기 때문이다.

철학적 전통에서, 일과 삶에 대해 질문하는 관점을 유지하는 심리치료사들에게는 심리치료와 슈퍼비전 간에 유사점이 크다고 느껴질 것이다. 이러한 유사점, 즉 '실존적 태도는 적용되는 어떤 것이 아니라 살아가는 어떤 것'이라는 것에 주목할 필요가 있다. 그것은 세계 및 타인과 맺는 모든 관계의 토대가 되는 관점이기 때문이다.

축어록 예시

다음은 슈퍼비전 회기의 축어록이다. 슈퍼바이지는 교도소의 젊은 여성 수감자들의 상담자로 일한다. 이 회기는 슈퍼바이저인 나와 전화로 진행되었다.[1]

---

1) 역자 주: 이후 나올 내용에서 C는 상담자, S는 슈퍼바이저를 의미한다.

C: 저는 경찰과 법원에 제출할 보고서를 쓰고 있어요. 저는 이것을 처음부터 끝까지 내담자와 이야기 나누며 진행했어서, 그녀는 보고서에 어떤 내용이 포함되어 있고, 이것이 그녀에게 어떻게 도움이 될지를 줄곧 알고 있었어요. 저는 그녀가 상담을 위해 저를 만나는 동안, 그녀의 주호소 문제와 주요 주제가 아이였을 때부터 아버지에게 당한 성적·정서적 학대임을 보고서에서 언급했어요. 우리는 이러한 측면들과(그녀는 관련된 내용들을 요약한 목록을 확인했다) 당신도 알다시피 법적 절차 등에 대해 다루었어요. 저는 당신이 어떻게 생각하는지, 그리고 저희가 포함시킬 다른 내용이 있는지, 혹은 제가 놓친 부분이 있는지 궁금했어요.

C가 이러한 내용을 전달할 때, 나는 배가 당기고 초조함이 올라오는 것을 느꼈다. 전화 회기였기 때문에 나는 자유롭게 방 안을 움직일 수 있었다. 당연하게도 C는 이 시점에서 내가 얼마나 당황했는지 알지 못했다. 나는 즉시 생각하기 시작했다. 치료자가 보이는 행동과 태도에서 나를 이토록 괴롭히는 것은 무엇인가? 내 반응이 왜 이렇게 강력할까? 내가 이렇게 방어적인 느낌이 들 정도로 위협받고 있는 것은 무엇인가? 전화 통화 중 양측 모두에서 긴 침묵이 흘렀다. 나는 어디서부터 시작할까 고민하고 있었으며, C는 나의 조언을 기다리고 있었다. 내가 별로 우호적이지 않다는 것을 그녀가 깨닫는 데는 단 몇 초밖에 걸리지 않았다.

C: (머뭇거리며 질문함) 어떤 생각을 하고 계세요? (그녀는 분명히 나의 반응을 걱정하고 있었다.)
S: 저는 이번 일에서 당신의 결정에 대해 제가 어떤 반응을 보일지를 생각하고 있어요. 제가 말하고 있는 동안에도 가장 먼저 떠오르는 것은, 이것이 당신과 당신의 내담자를 위험에 빠뜨릴 수 있다는 거예요. 그에 대해 더 생각해 보겠지만, 우선 이러한 종류의 보고서 작성은 사실상 기관

과 당신의 계약 중 일부라고 기억하는데, 제가 맞게 기억하는 건가요? 그리고 그 계약이 당신이 보고서를 쓰는 주된 동기인가요?

C: 음, 맞아요. 저는 법정 소송이 일어나면 서면으로 보고서를 작성해야 할 의무가 있어요. 물론 이것이 8페이지나 되지만, 다른 것들은 매우 짧고 저는 그것들이 어쨌든 사용되지 않을 것이라는 것을 알고 있어요. 저는 그들이 다른 분야의 상담자들과 저를 혼동하지 않도록 저만의 작업 내용에 대해 많은 정보를 포함시켰어요. ……하지만 가장 중요한 건 제가 증언하도록 법정에서 연락이 올 수도 있어서 저는 이에 대해 준비해야 해요. …… 그런데 위험에 빠뜨릴 수 있다는 것은 무슨 뜻인가요?

그녀의 목소리에 약간의 흔들림이 있었고, 작은 목소리로 말했다. 나는 지금 이 순간 우리 둘 다 취약함을 느끼고 있다는 것을 알고 있었고, 나의 경우에는 이러한 취약함이 나의 개인 생활과 직업 생활 둘 다를 어느 정도 특징지었음을 알고 있었다. 게다가 나는 내 질책이 정당한지, 또는 내가 그것을 합리적으로 설명할 수 있을지 확신할 수 없었다. 나는 또한 C가 자신이 노출되었다고 느꼈다는 것을 깨달았는데, 이는 그녀와 그녀의 내담자와의 상호작용에 내가 호의적으로 반응하지 않는 일은 드문 경우였고, 이 예상치 못한 상황은 그녀에게 속상한 일이었기 때문이다. 그 작업은 충분히 어려웠기에 나 또한 그녀를 속상하게 한 사람이 되었다는 것이 기쁘지 않았다! 나는 나의 경험을 명확히 하려고 노력하고 생각하며 서성이고 있었다.

S: 우선, 저는 당신을 보호해야 한다고 느끼고 있어요. 당신이 스스로 알고 있는 것처럼, 저는 당신이 법정에 출두하는 것에 대해 불안해하고 있다는 것을 알고 있고, 그래서 준비하는 것은 좋은 생각이에요. 하지만 만약 당신이 심문하는 사람들에게 많은 자료를 미리 준다면, 그들은 당신의 보고서와 더불어 거기에 제시되어 있는 내담자 입장의 신빙성을 거

부할 시간과 기회를 너무 많이 갖게 돼요.

나는 잠시 멈추었다. 나는 우리가 그 문제의 핵심을 정말로 건드리지 않았다는 느낌을 받았다. 나는 그녀에게 도전해 보기로 했다.

S: C, 그것이 무엇일까요? 여기서 당신을 정말 속상하게 하는 것은 무엇인가요?

그 대답은 여러 가지 가능성과 관련되어 있을 수 있다. 그녀는 슈퍼바이저인 나의 평가에 신경이 쓰였고, 법정 출두나 내담자의 안녕에 대해 걱정했으며, 나쁜 하루를 보내고 있었거나 또는 내가 전혀 예상하지 못했거나 직감하지 못한 무언가가 있었다.

C: 그 누구도 그녀를 믿지 않아요, 아무도요! 저와 그녀의 사회복지사만이…… 그녀의 목소리는 희미해졌고, 그녀는 조용히 울고 있었어요.

나는 그녀가 한 말의 의미를 생각해 보며 침묵을 지켰다. 나는 그보다 더 많은 뭔가가 있고, 그녀가 준비되면 더 많은 이야기를 할 거라고 생각했다.

C: 내담자와 저는 너무 힘들어요! 아무도 그녀를 믿지 않아요. 그녀의 어머니도, 친구도, 가족도……. 필요하다면 나는 온 세상에 내가 그녀를 정말 믿는다는 것을 보여 주어야 해요! 무엇보다, 저희 둘 다 그 나쁜 놈으로부터 벗어나야 하고…… 언젠가 또 그 짓을 할 거라는 걸 알고 있어요! 이건 정말 불공평해요. 이런 식으로 몇 번이고 반복되고 있어요.

나는 기다렸다.

C: 그리고 치료만으로는 **충분하지 않아요!**

아, 바로 이것이었다. 이것이 바로 이전 상황에서 수면 위로 올라온 논쟁이었다. 내 슈퍼바이지는 항상 그녀의 작업에서 나보다 실용적인 접근법을 선호했다. 나는 '참견(interference)'이 실제로 내담자의 주체성을 훼손시킨다고 주장하는 전통에 확고한 기반을 두고 있다. 나는 그녀의 이러한 성향에 이의를 제기하는 데 실패한 적이 없었고, 그녀는 자기 일과 관련하여 책임을 져야 하는 범위까지는 인정했었다.

그러나 이후의 대화와 논의는 이것들을 훨씬 더 명확하게 해 주었다. C는 그녀의 내담자와 마찬가지로 삶의 부당함에 대해 어려움을 겪고 있었다. 실제로 심각한 부당함은 극도의 고통을 초래한다. 그러나 그러한 심각한 상황에서도 나는 내담자를 대신하여 실제적인 행동을 취하는 것을 꺼릴 것이다. 왜냐하면 그것은 헛수고로 끝날 가능성이 있으며, 나는 평등과 고통이라는 주제보다 철학적인 접근을 선호하기 때문이다. 내가 보기에는 내담자가 피할 수 없는 '부당함'(그리고 삶에서 다른 피할 수 없는 측면들)과 관련된 태도와 행동을 선택하도록 힘을 북돋아 주는 것이 보다 효과적이다. 수감되어 있는 이 젊은 여성들의 삶을 지배했던 괴로움과 고통은 항상 우리를 감정적으로 깊이 건드렸다. 평소에도 그랬듯이 나 또한 C의 열정과 보살핌에 감동과 감명을 받았다. 그에 비해 나는 다소 냉소적이고 비겁하게 느껴졌다.

결국 나는 나의 의구심과 생각했던 내용에 대해 솔직해졌다. 우리는 C가 하는 이 행동이 누구에게 도움이 될 수 있는지와 어떻게 도움이 될 것인지에 대해 계속해서 논의했다. 이 보고서에 작성된 내용은 어느 정도 C의 무력감을 달래는 데 도움이 되는 행위였다. 또한 나는 동일한 문제에 대한 나의 두려움, 즉 무력감과 그것이 어떻게 나의 삶과 치료에서 나 자신을 소극적으로 이끄는지에 대해 다시 숙고했다. 나는 나의 내담자들에게 이러한 부정적인 기대를 전달했을 수 있다.

231

우리의 논의는 예측 가능한 결과를 낳았고, 선택은 본질적으로 옳거나 그르지 않았다. 어느 길을 선택했든 가능한 결과들이 있을 뿐이다. C는 자신의 보고서를 최소한의 사실적인 자료로 수정했지만 자신의 입장을 방어할 준비가 되어 있었고, 또한 자신의 선택에 대해 보다 명확함을 느꼈다. 나의 경우 나는 익숙하고 힘든 질문으로 돌아왔다. 내가 세상의 고통을 충분히 다루고 있는가?

추가적인 성찰

앞에 제시된 축어록은 이 장의 앞부분에서 논의된 많은 이슈를 보여 줄 수 있다. 나는 그것이 치료적 대화라고 믿는다. 두 사람은 서로에게 도움이 되었고, 변화의 가능성이 보였다. 해당 대화는 두 사람의 태도 덕분에 검토와 성찰이 가능했다. 슈퍼바이저는 촉진자의 역할을 하는 입장이었으며, 이는 두 사람 간의 관계에 도움이 되었다.

슈퍼바이저 역할을 하면서, 내가 C에 대해 품었던 기대뿐만 아니라 나 자신에 대한 기대로 인해 제약을 받는다는 것이 분명해졌다. 이러한 가정들은 이번 상황이나 슈퍼바이저로서의 나의 역할과 관계있을 뿐만 아니라, 나의 전반적인 자기개념과 관련이 있었다. 예를 들어, 나는 내 분야에 대한 지혜가 부족한 것처럼 보일 수 있기 때문에 내 의견과 관련된 불확실함을 드러내는 것을 경계했다. 내가 원하는 자아상이 위험에 처기기도 한다. 마찬가지로, C 역시 옹호자나 챔피언으로서 자신의 이미지를 구성하는 관점을 스스로 가지고 있었다는 증거가 있다. C는 이 역할에서 자신이 보여지는 것을 자랑스러워했고, 이것이 자신과 내담자 사이의 관계에 어떤 영향을 미쳤는지를 성찰해 보고자 했다. 이는 바람직한 결과와 부정적인 결과 모두를 야기할 수 있다.

이러한 자아상이 전적으로 부적절한 것은 아니지만, 그것들을 알아차리고 인정하고 그것들이 어떠한 제약을 주는지를 인식하는 것은 도움이 되었다. 결과적으로 자아상은 검토되고 수정되고 더 유연하게 만들어졌으며, 이는 어떻게 해야 하는지에 있어 보다 다양한 선택을 가능케 했다. 이러한 깨달음이 이 만남의 결과였다.

이 짧은 발췌록에는 자유와 선택, 의미와 무의미, 자신과 타인과의 연결성, 시간 및 가능성의 소멸(한 선택사항이 실현되면 다른 선택이 소멸되는 것)과 같은 실존적 딜레마들이 분명히 드러났다. 또한 부당함, 무력함, 악과 불평등과 같은 삶의 공통적인 문제들이 증명되었다. 희망, 결단력, 더 나아지기 위한 변화, 인도주의, 분명히 깊은 수준의 보살핌 및 책임감과 같이 보다 칭찬할 만한 가능성들 또한 설명되었다.

내담자 집단

> 상처도 되지 않았고, 더 이상 나를 아프게 하지 않아요. …… 봐 봐요.

이 짧은 발췌문은 논의 중인 슈퍼비전에서 언급하는 젊은 여성 집단을 괴롭히는 심각한 어려움을 보여 준다. 이 집단은 가장 심각한 위법 행위 및 폭력 범죄로 수감되어 있는 14세부터 17세까지의 어린 여성들로 구성되어 있다. 동시에 그들 중 대다수는 상상할 수 없을 정도로 심각한 학대와 착취의 피해자이기도 했다. 이 집단의 10대 대부분은 극단적인 자해와 자살시도를 하는 경향이 있었다.

이 집단의 특수한 상황은 그들의 비참한 개인적 이력과 수감뿐만 아니라 청소년으로서 그들이 처한 상황이다. 이들은 어른에게 부여되는 책임감을 감당해야 할 정도로 나이가 들었지만, 경험과 성숙함이라는 자원을 갖지 못할 정도로 어리기도 했다. 이러한 모순에도 불구하고, 이 어린 존재들은 우리와 정확히 똑같은 실존적 딜레마에 직면했다. 이 문제는 그들이 치료 장면에 가져온 문제에서 분명히 드러났다.

많은 사람은 자신에게 닥친 고난과 불평등을 이해하고, 그들이 무엇을 바꿀 수 있는지와 어떤 상황이 그들의 능력 밖에 있는지를 구별하려고 애썼다. 전과 기록으로 인해 그 직업을 갖지 못하겠지만, 어떻게 그들은 감히 유치원 교사라는 꿈을 꾸었을까? 가능성과 한계가 끊임없이 드러났다.

심지어 이 어린 나이에도, 사려 깊지 못했던 선택들과 남은 일생 동안 그들을 괴롭힐 결과와 후회로 씨름했다. 그들은 가족에 의해 강요된 마약 밀거래에 참여하는 과정에서 정말 이것이 어떤 일인지 사전에 알고 동의했던 것일까? (이 집단에서 상당히 논란이 되고 있는 관점) 그들은 무슨 기준으로 선택을 했었고, 때로는 올바른 의사결정을 내릴 때조차도 고통을 더 받았다면, 그들도 (부분적으로) 책임이 있는 것일까? 제한된 환경 내에서의 자유와 책임이 있었던 것이다.

그들이 무엇을 하든, 나를 멈추게 할 수 없어요…….

24시간 감시가 있었던 경우에도 자살은 선택 가능한 옵션이자 가능한 일이었다. 묵주알은 끈 역할을 하고, 변기 고정 장치의 금속 고리는 칼날로 사용될 수 있었다. 그러나 그 행위는 어떠한 목적을 갖는가? 누가 '승리자'일까? 누가 '권력'을 휘둘렀는가?

그녀는 나와 달리, **정말로** 자해를 하는 사람이 아니에요. …… 이것 좀 봐요!

그들은 자존감 문제로 괴로워했다. 가장 충격적인 것은, '베기(cutting)'나 다른 형태의 자기 학대에 '위계'가 있었다는 것이다. 존경과 인정에 대한 그들의 명백한 욕구에 이의를 제기하는 것이 하나의 유용한 방법임이 증명되었다.

다음에 내가 여기 다시 오면, 그건 뭔가 특별한 일 때문일 거예요!

자신의 의지와 반대되는 다른 존재의 세계에 존재하는 책임의 본질, 복잡성, 함의 등을 그들 각자 고려했다. 그들은 질문했다. 그들이 10대에 경험한 성적·정서적 학대를 받을 만했거나 이에 대한 책임이 있는 것인가, 아니면 다른 사람들의 지배를 어느 정도 받아들임으로써 자신의 생명을 구하거나 다른 사람들의 생명을 보호했다는 것을 인정할 수 있을까? 그들은 정말 자신이 통제할 수 없는 상황과 사건들로 인해 완전히 통제된 상황에 있었으므로, 이것은 그들 개인의 과거사의 결과인 것일까? 그리고 이 어린 존재들 모두는 사랑 및 보살핌의 본질에 대해 분노하고 이에 대해 곱씹어 보았음이 분명하다. 그들은 그들이 추구했던 종류의 사랑을 누군가에게 줄 수 있을까? 그들은 자신이 인정하게 된 자신만의 취약한 부분들과 모호한 부분들을 다른 사람들에게 그대로 제공했던 것일까?

그들이 알아차리지는 못했지만, 자신의 고통 속에서 고통의 소리를 듣고, 거기에 도전하며 때로는 단지 그들과 함께 있을 수 있는 용기가 있는 개인과 동행하며 철학자의 길을 가고 있었다.

상담자들이 수행한 작업은 실존주의의 관점에 근거하고 있었다. 즉, 우리 내부에도 그리고 사람들 간에도 존재하는 취약성과 파워에 대한 인정과 행위자로서의 각 개인의 주체성에 대한 건강한 존중이라는 것에 바탕을 두고 있었다. 대화는 드러내고 숨기며, 다가가고 물러나는 베일의 춤(dance of veil)[2]

235

---

2) 역자 주: 마가복음에 일곱 겹의 베일을 벗는 춤으로 세례요한을 참수한 살로메(Salome)의 이야기가 나오는데, Oscar Wilde는 이 복음서에서 영감을 받아 희곡 〈살로메(Salome)〉를 썼다. 이 춤은 Richard Strauss의 오페라 〈살로메〉를 통해서 유명해졌다. 오페라 〈살로메〉는 살로메가 갈릴리의 왕 헤롯 안티파스(Herod Antipas)가 불륜으로 결혼한 부인 헤로디아스(Herodias)의 부탁을 받고 섹시하고 관능적인 춤으로 세례요한을 유혹해 죽인다는 내용의 이야기이다.

처럼 진행되었다. 완전한 노출이나 절대적 신중함은 없었다. 만남은 방어, 포부, 세계관을 보여 주는 계기를 제공했다. 이러한 관계의 양측은 모두 이러한 방식으로 참여했다.

도전적이고 지지적인 슈퍼비전 과정을 통해 이러한 여성들의 삶에서 가능성과 한계, 의미와 고통, 자유와 선택, 관계성과 그것의 함의, 죽음과 덧없음과 같은 명백한 실존적인 딜레마가 표면화되었다. 이러한 딜레마들은 다른 모든 '내담자 집단'과 다른 모든 사람의 경우와 같지만 다른, 그들의 주제였다.

결론

실존주의 관점은 삶의 모든 측면에 닿아 있다. 그것은 우리 모두가 염려하는 문제들과 직접적으로 관련 있다. 따라서 이는 심리치료 및 슈퍼비전과 관련된다. 우리 개개인이 인간 삶의 공통 요소인 존재의 '주어져 있는 것(givens)'을 만난다는 것 또한 언급되었다. 그러나 우리가 이러한 측면들과 관계를 맺는 방식이 우리 존재에 대한 개별적인 윤곽을 만들어 낸다는 점 또한 언급되었다. 이런 식으로 우리 모두는 같지만 다르다.

이러한 실존적 상황과 우리의 관계, 그리고 그것이 어떻게 우리의 세계관에 나타나는지에 대한 성찰은 삶에 대한 보다 강력하고 책임감 있는 참여로 이어질 수 있다. 이러한 철학적 방식의 질문은 대화를 통해 행해질 때 강력한 과정이 될 수 있다. 그 영향은 그들과 관련된 많은 대인관계 맥락의 일부 또는 전체로 확대될 수 있다. 따라서 책임 범위는 당면한 상황들을 넘어 슈퍼바이저에서 슈퍼바이지, 슈퍼바이지에서 내담자, 내담자에서 가족, 가족에서 문화 및 전반적인 네트워크에 이르기까지 포괄한다.

어려움은 결코 멈추지 않지만, '가치 있는 삶'을 사는 것은 심오하고 만족스러운 과정이 될 수 있다.

참고문헌

Cohn, H. W. *Existential Thought and Therapeutic Practice* (London: Sage, 1997).

Deurzen, E. van & Arnold-Baker, C. (eds) *Existential Perspectives on Human Issues* (Hampshire: Palgrave Macmillan, 2005).

Sartre, J-P. *No Exit and Three Other Plays*. Trans. S. Gilbert (New York: Vintage Books, 1989).

_____ *Being and Nothingness*. Trans. H. Barnes (London: Routledge, [1943] 1969).

Spinelli, E. *Demystifying Therapy* (London: Constable, 1994).

237

11장
NHS(국가의료서비스)기관에서의 실존주의 슈퍼비전

-Digby Tantam, Brijesh Kumar

들어가는 말

영국 국가의료서비스(National Health Service: NHS)[1]는 영국에서 가장 큰 고용기관이다. 이곳에 속해 있는 상당수의 의사들은 상담 및 심리치료 기술을 사용하며, 지정 슈퍼바이저가 아닌 경우 직속상관으로부터 슈퍼비전을 받는다. 점점 더 많은 사람이 실존주의 관점에 관심을 갖고 있지만, 슈퍼바이저들 중 실존주의 슈퍼비전 경험을 가진 것으로 확인된 사람은 거의 없다. 따라서 이 장에서는 지금의 현실을 반영하기보다 수련생의 실존주의 슈퍼비전이 NHS에 어떻게 적용될 수 있는지 알아보고자 한다.

실존주의 관점이 특히 NHS에 적용 가능하다고 생각하는 몇 가지 이유가 있다. 그중 하나는 많은 NHS 의사가 환자들의 죽음과 근접해 있다는 것인데, 이는 슈퍼바이저들이 죽음과 죽어 가는 것에 관한 문제를 잘 이해할 필요가

---

1) 역자 주: 영국의 국가의료서비스(National Health Service)는 우리나라의 국민의료보험과 비슷하게 국가에서 운영되는 무료 의료서비스이다.

있다는 것을 의미한다. 영국에는 훌륭한 민간 병원들이 많이 있지만, 대부분의 응급 치료는 NHS가 제공하고 있다. 급사 및 난치병은 모든 NHS 병원에서 항상 발생하며, 환자의 급성 정신병 또는 자살(Bergsma et al., 2007)은 대부분의 NHS 정신과 의사가 정기적으로 다루어야만 한다. 실존주의는 이러한 문제를 회피하는 것이 아니라, 문제들이 야기하는 불안감과 함께 생활할 수 있는 방안을 제공한다(Deurzen, 2001). 회피는 개인의 심리적 문제로 이어지며, 이를 통해 다른 사람의 고통을 부인하는 등(Goldenberg et al., 2001) 업무 효율성을 감소시킨다(Arndt et al., 2005). NHS의 심리치료 슈퍼비전은 주로 심리학자와 정신과 의사에게 일반 교육으로 제공된다.

많은 NHS 심리치료 부서의 분위기는 입원병동이나 응급실과 달리 의도적으로 친절하고 안전하게 유지된다. 그러나 죽음 및 한계 상황에 대한 불안감을 피할 수 있다고 생각하는 수련생들 역시 환자들의 죽음과 죽어 가는 것에 대한 공포와 위험을 무릅쓴다. 이러한 일이 일어나지 않도록 하는 것이 슈퍼바이저의 임무이며, 실존주의 슈퍼바이저는 이것을 누구보다 더 잘 알고 있다. 이들 중 일부는 공황장애와 죽는 것에 대한 두려움이 있는 한 남성의 '사례 연구'에서 설명될 것이다.

NHS 심리치료 및 슈퍼비전의 상당 부분은 집단으로 제공되며, 실존주의 관점은 집단 심리치료 및 집단 슈퍼비전에서 특히 가치 있다(Frankel, 2002; Tantam, 2005). 특히 실존주의 관점은 전문교육과 임상실무가 신경과학에 의해 점점 더 많은 영향을 받는 정신과 의사 및 심리학자의 슈퍼비전에 적합하다. 그들의 임무는 사람의 뇌에서 일어날 수 있는 일을 이해하는 동시에 그들의 마음과 존재에서 발생하는 것을 추적하는 것이다.

영국에서 시행된 실존주의 심리치료의 핵심 요소 중 하나인 현상학(Deurzen, 1997)은 사람의 뇌에서 일어날 수 있는 일과 마음에서 발생하는 일 사이의 간극을 줄일 잠재력을 가지고 있다(Mishara, 2007).

실존주의적 사고와 NHS의 현실

 의료서비스 기반 슈퍼비전의 어려움 중 하나는 치료의 중퇴 비율이 높다는 것이다. 캐나다의 심리학 교육 클리닉에 관한 연구에 따르면, 환자의 40% 미만이 자신의 치료 목표를 달성했다고 생각하고, 31%는 더 이상 치료에 관심이 없거나 휴식을 원하거나 아무런 이유 없이 떠남으로써 치료를 중단했다 (Hunsley et al., 1999). 유사하게, NHS 업무로 인해 바쁘게 일하는 슈퍼바이지들은 종종 긴급 상황에 관여되며, 업무와 상충된다는 이유로 슈퍼비전에 참석하지 않게 된다. 따라서 슈퍼비전을 얼마나 준수하는지 추정하기 어렵지만, 우리는 다른 NHS 직원이 슈퍼바이지의 시간을 통제하고 슈퍼비전 참석을 막을 수 있기 때문에 슈퍼비전 미준수에 대한 문제가 심각하다는 것을 경험적으로 알 수 있다. 예를 들어, 지도를 맡고 있는 정신과 의사는 수련생이 심리치료 슈퍼비전에 참석한다는 것을 알고, 슈퍼비전이 행해지는 시간에 병동순회를 예약할 수 있다. 그러므로 슈퍼비전과 관련된 모든 당사자에게 영향을 미치는 것은 NHS 자체의 가치와 정서적인 분위기이다. 슈퍼바이저는 이 배경을 무시할 수 없다는 것을 인식하는 동시에 슈퍼바이지들이 환자의 주호소 문제에 주로 초점을 맞추도록 돕는 데에 집중함으로써, NHS 자체의 가치와 정서적 분위기를 고려해야 한다.

NHS 내 실존주의 슈퍼비전

 많은 실존주의 치료자는 NHS의 가치와 정서적 분위기(Tantam, 2006)가 실존주의 심리치료에 해롭다고 주장할 수 있다. 그들에게 근거기반(evidence-based)실무라는 정해진 틀은 삶의 고독함과 무의미함에 직면하는 실존적 태도를 방해한다. 실존주의 치료자들은 수용하는 태도, 심지어는 불안감을 느끼는 것을 격려하고, 움츠러듦 없이 불확실성에 도전하도록 격려하는 것도 가치 있게 여긴다. 이러한 설명할 수 없는 고려사항에 대한 명백한 모순에서, 측정 가능성(measurability)은 NHS의 핵심 가치이다. 사회적 관계망의 크기처럼 고독함을 대신 측정할 수 있는 것이 있더라도, 고독함은 측정할 수 없는 경험의 질이다. 마찬가지로, 측정 가능성은 의미와 관련이 없다. 사실, 일부 상담자들은 무언가를 측정하는 것이 측정하는 것의 크기를 줄이고, 그렇게 함으로써 그것을 파괴하는 것이라고 생각할 것이다.

NHS 실무자와 관리자는 측정이 효율성에 대한 가장 명백한 의심할 여지가 없는 근거를 제공한다고 생각한다. 슈퍼바이저를 포함한 심리치료사는 이러한 종류의 근거에 대해 잘 알지 못하지만, 그렇다고 적절한 근거가 없는 것은 아니다. 현상학에 뿌리를 두고 있는 실존주의 심리치료사들은 Husserl이 측정이 아닌 현상학적 및 초월적 환원(transcendental reduction)[2]을 통해 근거를 제공하는 방법을 입증했다는 것을 알고 있다. 많은 NHS 직원이 Husserl의 이러한 종류의 근거 평가 방법을 습득하기를 원하지는 않을 것이지만(Lee, 2007), 많은 사람은 Husserl의 이러한 근거가 지향성(intentionality)에 초점을 맞춘다는 것을 알아차릴 것이다. 이것은 물속에 있는 막대기를 보면 구부러진 것처럼 보이지만 실제로는 곧게 뻗어 있다는 것을 알 때 사용하는 근거의 종류이다. 이때의 근거는 외형이나 묘사가 아닌, 이것을 초월하는 것에 기반을 둔다. Noe(2004)는 막대기를 어떻게 다룰지 아는 데서 이 지식이 발생한다고 설득력 있게 주장한다. 말 그대로 물건을 '잡는' 것이다.

이 지식은 의식에 기초한다. 우리는 대상을 보는 것에 내재된 대상에 대한 행동과 관련된 도식에 질문을 던진다(Gallese & Metzinger, 2003). 하지만 이런

---

2) 역자 주: 환원주의(還元主義, reductionism)는 철학에서 복잡하고 높은 단계의 사상이나 개념을 하위 단계의 요소로 세분화하여 명확하게 정의할 수 있다고 주장하는 견해이다.

종류의 증거는 '그것을 아는 것'이 아니라 '무엇을 해야 할지 제대로 아는 것'과 관련된다. 즉, 그것은 측정이 아닌 경험을 바탕으로 한다.

이러한 종류의 실용적인 지식은 실제로 NHS 직원에게 매우 친숙하다. 훌륭한 관리자는 조직에 대한 통계에 정통하기 때문이 아니라, 목표를 달성하기 위해 무엇을 해야 하는지를 알기에 복잡한 조직을 이해한다.

물론 NHS 슈퍼바이저는 근본적인 NHS의 조직 가치에 부응하기 위해 그 조직이 얼마나 효과적인지에 대한 근거를 제공해야만 한다. 그러나 우리는 슈퍼바이저와 심리치료사가 측정으로 얻은 것 이외의 다른 근거를 추가할 수 있으며, 현상학적 원칙을 적용하더라도 NHS의 가치가 여전히 유지될 수 있다고 생각한다. 우리는 Husserl의 근거 기반 정신이 지각의 언어보다는 행동 및 지향성의 언어를 사용함으로써 유지될 수 있다고 제안한다.

예를 들어, 아무리 양적 또는 과학적 방법에 익숙해진 슈퍼바이지일지라도, 우리의 경험상 슈퍼비전의 상황에서 슈퍼바이저와 슈퍼바이지의 관계 내에서의 어떤 행동이 슈퍼바이지와 내담자의 관계에서 증명 가능한 의도된 변화를 낳는다는 것을 인정할 것이며, 이 방법을 효과적인 하나의 근거기반방법으로 받아들일 것이다.

243

병원의 분위기

우리 대부분은 병원과 의원이 종종 낡힌 카펫과 이상한 장식, 특이한 냄새가 지배하는 분위기를 가지고 있다는 것을 알고 있다. 그러나 우리는 지금 병원이라는 조직과 체계 그리고 치료자 개인의 정서적인 기운과 분위기를 언급하고 있다. 만약 NHS를 지배하는 하나의 정서적 분위기가 있다면, 그것은 실증주의적 낙관론일 것이다. 이 정서적 분위기가 특히 매력적이거나 입맛에 맞는다고 생각하는 실존주의 상담자들은 거의 없다. 실존주의 상담자들은 '나는 할 수 있다'라는 낙관주의를 장려하지 않고, 낙관주의와는 거리가 먼 다른 무언가를 장려한다. 그것은 Jaspers가 한계 상황(Jaspers, 1951)이라고 불렀던 것인데 어떻게 인내하고 다루는가이다. 그렇다면 실존적 치료는 낙관주의와 희망보다는 다른 감정들에 기반하여 끊임없이 죽음의 상황을 다루는 NHS의 한계 영역에만 국한되어야 하는가? 우리는 그렇게 생각하지 않는다. 그럼에도 불구하고 우리는 실존주의 치료자들이 NHS에서 일하기를 원한다면, 다른 NHS 동료들이 좋아할 만한 정서적 지표를 보여야 한다고 생각한다. 성공적인 실존주의 슈퍼바이저는 낙관주의의 중요성을 존중해야 하지만, 그것을 육체적 또는 정신적 회복에 대한 낙관보다는 환자의 역량에 대한 낙관주의로 전환해야 한다. 이때 환자의 역량이란 영적 알아차림과 Kierkegaard가 말한 일종의 믿음의 도약을 의미하는 것이다. 그것은 자신이 무엇을 두려워하는가 혹은 무엇을 원하는가보다는 자신이 진정 누구인지를 향해 자기 자신을 개방하는 믿음을 의미한다. 이는 두려움을 피하거나 욕망을 추구하는 것보다 더 깊은 만족감을 가져다준다(Kierkegaard, 1983).

슈퍼비전에 적용된 현상학

NHS 심리치료의 대부분은 재정적 긴급함뿐만 아니라 많은 NHS 이용자가 기대하는 것에 따라 단기적이어야 한다. 이러한 요구를 충족시키기 위해 우리 중 한 사람(Tantam, 2002)은 어느 한 특정 양식을 사용하지 않고 현재 치료적 변화에 사용할 수 있는 근거를 기반으로 단기치료 및 슈퍼비전 방법을 개발했다. 이러한 접근 방식은 Frank(1961)의 '재정상화(renormalisation)' 이론과 NHS 업무에 맞게 Balint 등(1972)이 개발한 초점 정신분석(focal psychoanalysis)에서 유래한다. 이 방법은 이론적 지향이 다른 치료사들의 치료 결과가 비슷하다는 반복된 확인을 통해 만들어졌는데(Stiles et al., 2008), 이는 치료적 결과가 심리치료 이론이 아니라 치료적 노력이라는 어떤 다른 측면에 의해 결정된다는 것을 시사한다. 이것은 실존주의적 관점을 지지하는 슈퍼비전에 있어 매우 중요한 발견이다.

Lambert와 Ogles(2004)는 치료적 효과에 관한 문헌 고찰을 했었는데, 심리치료 이론이나 훈련보다는 초기의 치료적 동맹, 지속적인 치료관계 및 상담자의 기술이 중요함을 강조했다. 또한 치료에 있어 지속성은 중요한 요소인데(Tantam, 1995), 초기에 상담자를 향한 내담자의 불만에 대해 피드백해 줌으로써 지속성이 증가할 수 있고(Whipple et al., 2003), 치료적 동맹을 단단하게 만들 수 있다. 피드백은 상담자가 내담자에게 내담자가 중요하다고 생각하는 것에 대해 집중하고 있다는 것을 확실하게 하는 데 도움이 된다. 즉, 내담자의 불만에 대한 피드백은 정서적 선호 및 가치에 대한 일치와 마찬가지로 치료에서 지속성을 결정하는 중요한 요소이다(슈퍼바이지와 슈퍼바이저 간의 지속성도 이와 같다.; Tantam, 2002).

우리는 실존주의 관점이 NHS 관리자 및 동료의 가치와 일치하면서도, NHS 내담자들에게 맞는 정서적 분위기를 포함한다고 주장해 왔다. 그러나 지금까지 이야기하지 못한 세 번째 요소가 있는데, 바로 '의미(meaning)'이다. 우리는 관계, 사건, 활동 및 치료에 자주 적용되고 반복적으로 사용되는 전문 용어인 '의미'가 진지하게 받아들여져야 한다고 믿는다. '의미'에 대한 실존적 강조는 단순한 독단적 견해가 아니라, 내담자들의 뇌리를 떠나지 않는 실제적인 관심사에 대한 정확한 반영이자 안내이다. 의미는 내담자에게 규정해 줄 수 없고 내담자가 스스로 발견해야 하는 것이며, 현상학적 방법은 내담자들이 이것을 하도록 돕는 일종의 청사진이다. 예시로 든 사례를 통해 이를 설명하고자 한다.

사례

　조지는 수면부족에 대한 어려움을 호소하며 의사를 찾아왔다. 그는 창문 청소부였기에, 수면부족은 특히 걱정이었다. 그는 밤에 잠을 잘 이루지 못했을 때는 몸을 움직이기 어려웠고 자신이 사다리에서 떨어질까 두려웠다. 이미 그는 과거에 집중을 잘할 수 없어 컴퓨터 프로그래머라는 직업을 그만둔 적이 있었다. 조지는 전남편과의 사이에서 태어난 자녀가 있는 사라와 함께 살고 있다. 그는 사라와의 관계 문제는 없지만, 자신이 잠을 자지 못함으로써 사라도 밤에 깨어 있게 되었고, 결국 사라와 다른 방에서 잠을 자기 시작했다고 말했다.

　그의 주치의는 조지가 잠들기 힘들고 밤에 공황상태로 자주 깨는 것을 확인했다. 조지는 기억력과 집중력에 어려움을 겪고 있었으며 종종 심장이 두근거림을 느꼈다. 주치의는 조지에게 심장 두근거림에 대한 베타 차단제를 처방했고, 잠을 잘 수 있도록 도와주는 약은 단기적으로만 효과가 있다고 설명했다. 그는 빠르게 이 약에 적응할 것이기에 장기적인 수면 문제에는 도움이 되지 않을 것이며, 의존의 위험도 있다고 말해 주었다. 주치의는 조지가 불안을 관리하는 것을 통해 나아질 수 있을 것이라고 생각하고 그에게 스스로 불안을 다룰 수 있는 방법을 알려 주는 몇 권의 책을 제공했다. 그리고 그를 지역사회 정신과 간호사에게 소개했다. 그녀는 조지가 나아지지 않고 있으며, 이것은 그의 불행한 어린 시절에 기인한다는 사실에 주목했다. 그녀는 그가 외상 후 스트레스 장애(post-traumatic stress disorder)를 앓고 있으며 전문가의 도움이 필요하다고 생각했다. 따라서 조지를 지역의 정신과 의사에게 의뢰했고, 조지는 의사를 보기 전에 병력을 기록하는 수련의를 먼저 만나게 되었다. 조지는 자신이 주치의에게 설명한 불안 증상을 더 자세히 설명했는데, 그는 하룻밤에 최대 여덟 번이나 잠을 깼으며, 그 때문에 때때로 다시 잠드는 노력을 포기했다고 했다. 또한 호흡곤란이 심해져 심장마비가 올 경우를 대비해 응급실에 가서 치료를 받기도 했다고 했다.

조지는 그의 부모가 모두 살아 있고 건강하며 세 명의 여동생이 있다고 말했다. 그는 부모가 자신보다 여동생들과 더 친밀하다고 생각했다. 조지는 자신이 겨우 만 2세였을 때 어머니가 자신을 버렸다고 생각했다. 조지가 만 2세였을 때 그의 남동생이 겨우 4주 만에 갑작스럽게 사망했고, 그 후 그의 어머니는 아이들을 거의 돌보지 못했다. 조지의 가족은 심리학자들과 정신과 의사들에게 자주 진찰을 받았으며, 아이들은 사회복지사에 의해 임시 보호소로 옮겨졌다. 조지는 오줌을 싸기 시작했고(야뇨증), 심한 변비로 자신도 모르게 변으로 바지를 더럽히는 일(분변 실금)이 발생했다. 그의 어머니는 그가 자기 자신과 침대를 적시거나 더럽힐 때마다 심하게 벌을 주었고, 때때로 어머니는 배변을 처리할 양동이를 그에게 주고는 침실에 가두기도 했다. 신체적 학대에 대한 두 건의 조사가 있었지만, 어머니가 그의 생일을 축하해 주지도 않고 그가 위탁 양육 시설에 보내졌던 만 9세가 될 때까지 아무런 조치도 없었다. 그는 첫 번째 위탁 가정에서도 신체적 체벌을 받았지만, 다른 친절한 부부에게 다시 위탁되었다. 그의 분변 실금은 그가 위탁되기 훨씬 전에 해결되었고, 그가 두 번째 위탁 가정에 들어온 직후인 만 12세에는 야뇨증도 중단되었다.

NHS 슈퍼비전에서는 슈퍼바이저가 개인의 배경을 모두 알지 못하는 경우가 종종 발생한다. 슈퍼바이지 그리고 슈퍼비전에서 슈퍼바이지의 반응만을 가지고 작업해야 하는 슈퍼바이저들에게, 슈퍼바이지의 배경을 아는 것은 내담자의 배경을 아는 것보다 더 중요할 수 있다. NHS에서 이 '역전이(counter-transferential)' 접근 방식을 다루고자 할 때 한 가지 어려움은 슈퍼바이저와 슈퍼바이지가 종종 다중관계를 맺고 있다는 것이다. 예를 들어, 슈퍼바이저는 슈퍼바이지의 상담자로서의 능력뿐만 아니라 슈퍼바이지의 훈련과정을 보고해야 하는 수련 담당자이기도 하다. 역전이에 초점이 맞추어진 수련 슈퍼바이저가 슈퍼바이지의 개인적인 정보를 갖고 싶어 하는 것은 부적절할 수 있다. 수련 슈퍼바이저가 슈퍼바이지의 정서적 반응에서 그 역전이에 초점을 맞추는 것은 또 다른 문제가 될 수 있는데, 그것은 반대로 그것이 슈퍼바이지가 내담자의 전이 문제에만 초점을 맞추도록 요구하기 때문이다. 인지행동치료의 도입에도 불구하고 정신분석학적 사고가 NHS에서 여전히 지배적이고, 많은 슈퍼바이지는 오로지 이러한 정신분석적 접근만을 선호한다.

이 책의 다른 장에서는 슈퍼비전이 훈련이나 자기개발에 중점을 두기 때문에 슈퍼바이지에게 초점을 맞추고 있다. 상담자나 치료사가 될 의도가 없는 정신과 의사와 같은 NHS 직원에 대한 교육 훈련은 매우 다른 부분에 중점을 둔다. 즉, NHS 직원들은 환자 또는 내담자를 사로잡은 문제를 파악하고 이에 대처하는 기본 기술을 습득할 필요가 있다. 이를 달성하기 위한 우리의 방법(또는 우리가 사용하는 방법 중 하나인 DT)은 현상학적 환원(phenomenological reduction)과 유사한 과정을 사용하는 것이다. 이것은 슈퍼비전에서 슈퍼바이지가 보고하는 회기나 회기 내에서 발생했던 일에 대해 슈퍼바이지의 기억에 환원을 적용하도록 슈퍼바이저가 돕는 것을 의미한다. 이러한 환원의 결과는 슈퍼바이지가 내담자의 사회적·심리적 세계에 대해 가지고 있던 스스로의 가정(assumptions)을 설명하도록 슈퍼바이저가 슈퍼바이지를 격려하거나 때로는 도전하게 하는 것이다. 두 번째 단계는 슈퍼바이지가 관련성이 있거나 중요하다고 가정한 경험뿐만 아니라 내담자의 모든 경험에 대해 개방적이 되는 것이다. 슈퍼바이저의 관심, 즉 슈퍼비전의 초점이 슈퍼바이지로 옮겨지는 것은 오직 슈퍼바이지가 그들 자신의 현상학적 세계에 너무 사로잡혀 있고 그들이 현상학적 환원을 수행할 수 없을 때이다.

광범위한 정보를 획득한 결과 중 하나는 그것이 다양한 접근을 가능하게 한다는 것이다. 행동치료사, 대상관계치료사 및 애착이론가는 모두 조지의 과거에서 자신의 접근 방식을 뒷받침할 수 있는 많은 것을 발견했을 것이다. 어떤 사람들은 그의 과거 경험이 너무 충격적이어서 치료자가 제공하는 단기

치료가 부적절하다고 결론을 내릴 것이다. 슈퍼비전 세미나(주임 정신과 의사/심리치료사/슈퍼바이저가 참여하는 세 명의 수련과정에 있는 정신과 의사에 대한 슈퍼비전)에서 이 부분이 고려되었지만, 그럼에도 불구하고 조지가 가능한 자원이 전혀 없었기 때문에 아무런 치료도 하지 않는 것보다는 어떠한 치료라도 하는 것이 낫다는 결론을 내렸다. 그러나 슈퍼바이저는 그와 상담자 모두 더 이상의 절망이나 버림받았다는 좌절감이 들지 않도록 조지를 보호해야 할 추가적인 책임이 있다는 것을 언급했다.

다음 회기에서 조지는 자신이 열심히 일하는 사람이기에, 20대 초반(현재 27세)에 현재 거주하고 있는 침실이 두 개인 아파트에 대한 담보 대출을 받을 수 있을 만큼 돈을 모았다고 말했다. 그는 그곳에서 2년 동안 여자친구와 함께 살았는데, 그녀는 10대 후반이었고 정신적 문제가 있었다. 조지는 어느 날 집에 돌아와서 그녀가 약물을 과다 복용한 것을 발견했다. 수련의는 그것이 그의 불안에 영향을 미쳤는지 물었고, 조지는 그녀가 언제 그 행동을 반복할지 모르겠다고 말했다. 수련의는 그것이 그의 수면장애와 관련 있는지 궁금해했고, 조지는 때때로 아침에 여자친구가 죽어 있는 것을 발견하지 않을까 하며 잠에서 깨곤 했다고 말했다.

슈퍼바이지의 본능은 의미를 찾는 것이었지만, 앞서 언급했듯이 의미는 규정될 수 없고 드러날 뿐이다. 따라서 슈퍼바이저는 여자친구 문제와 조지의 두려움과의 관련성에 대해 불가지론[3]적인 태도를 유지하면서 조지가 이 상황을 설명하고 묘사하는 정도에 머무르도록 권고했다. 그러나 슈퍼바이지는

---

3) 역자 주: 불가지론(不可知論)
 1. 철학
 의식에 주어지는 감각적 경험만이 인식되고, 그 배후에 있는 사물의 본질이나 실재 그 자체는 인식할 수 없다는 설이다.
 2. 종교 일반
 인간은 신(神)을 인식할 수 없다고 주장하는 종교적 인식론으로, 유신론(有神論)과 무신론(無神論)을 모두 배제하는 것이다.

조지가 자신에게 일어난 이 모든 일에도 불구하고 계속 일을 해 오고 있는 결단성에 주목했다. 조지는 자신의 증상을 다음과 같이 설명했다. 그는 낮 동안에 불안감을 느낄 수 있지만, 전날 잠을 잘 잤다면 지나치게 불안해하지 않았다. 이틀 중 하루 정도, 조지는 불안이 솟구칠 때 잠에 들 준비를 하기 위해 침대에 눕곤 했다. 불안이 한번 발생하면, 그는 자신이 죽을 것 같다고 생각될 정도까지 그의 증상이 심각해질 것을 알았고, 밤새도록 뒤척이며 잠을 자지 않았다. 그 결과, 그는 여러 관계에서 고통받고 있었다.

상담자는 조지가 여자친구의 예측할 수 없는 자해에 대한 두려움에서 기인한 공황장애를 앓고 있다고 결론지었다. 상담자는 항우울제를 처방하고 조지가 인지행동치료를 받도록 했다. 수련의는 슈퍼바이저의 지도하에 조지의 사례를 맡을 수 있는지 물었고 허락을 받았다.

우리는 이 사례가 전형적인 NHS 사례이기에 이를 선택했다. 정신요법과 약물치료는 종종 NHS에서 함께 사용되며, 인지행동치료는 불안 관련 장애에 선택적 치료로 가능하다. 조지가 누웠을 때 불안감을 느끼게 할 수 있는 희귀 심장질환이 있을 수도 있지만, 그의 과거 이력 중 이 사실을 암시할 만한 것은 없었고, 추가적인 건강검진에서도 그 징후는 거의 없었다. 여자친구에 대한 그의 두려움과 그의 연관성은 그럴듯하지만, 조지는 그것에 동의하지 않는 것 같았다. 그것은 분명히 그를 사로잡은 문제가 아니었다. 슈퍼바이지는 조지의 이야기에 빠진 요소가 있다고 생각하고 더 깊은 과거 이력을 확인하고자 했다.

NHS 전문가들, 특히 의사와 심리학자는 행동하기 전에 평가를 하도록 반복적으로 교육받는다. 이것은 심리치료에서의 도구주의적 개념(instrumentalist conception)으로, 때때로 환자와도 공유되는 사실이다. 정밀한 평가 후에 특정한 치료적 개입이 뒤따를 수 있다는 생각은 Ehrlich의 '마법의 탄환(magic bullet)'[4]과 심리적으로 동일하다. 그러나 현상학적 탐구는 이와 다르게 진행된다. 행동(코멘트, 관찰, 자극)은 보다 정확한 인식이 가능하도록 해 준다. 이에 슈퍼바이지에게 해결책을 제안하거나 해석을 하는 것이 아니라 현상학적 결(phenomenological lines)을 따라가며 어떻게 계속해서 탐색하는지가 보여진다.

조지는 아버지와의 관계는 항상 좋았지만, 아버지는 어머니의 손 안에 있었다고 말했다. 조지는 그가 어머니와는 잘 지내지 못했고, 어머니가 조지에게 화가 나 있었다고 말했다. 그녀는 끊임없이 조지가 성가신 존재라고 말하며 그를 방으로 보낼 구실을 찾았다. 슈퍼바이지는 그의 방으로 보내는 것이 무엇을 의미하는지 물었다. "글쎄요. 어머니가 저를 풀어 줄 때까지 제 방에 있어야 했어요. 오후부터 다음 날 아침까지일 수도 있고요. 어머니가 제 방문을 잠그거든요."

다음 슈퍼비전에서 우리는 밤에 혼자 갇혀 있는 것에 대한 공포에 대해 논의했다. 이것은 조지가 갖고 있는 현재의 공황상태 증상과 어떠한 현상학적 관계가 있는 것 같았다. 이에 현재의 불안에 영향을 주는 과거 사건의 중요성에 대해 이야기를 나누었다. 슈퍼바이지는 내담자가 과거의 불안이 아닌 지금의 불안에 대해 도움을 원한다고 확신했다. 슈퍼바이지는 정신분석 이론에 익숙하지 않았기 때문에 어린 시절의 경험이 이후 어른이 된 뒤에 정신병리가 생긴 주요 결정요인이라고 가정했다. 어떻든 슈퍼바이지는 과거를 극복하려는 내담자의 용기와 결단력에 깊은 인상을 받았다.

정신과 수련의는 정신역학, 인지행동치료 및 체계적 치료라는 세 가지 양식으로 심리치료 실습에서 슈퍼비전 받아야 한다. 슈퍼바이저는 인지행동치료 슈퍼바이저로서의 역할을 했으며 그 방법에 만족했다. 인지행동치료 방법은 NHS 가치관과 일치하고 치료시간을 구조화하여 수련의의 불안을 줄이는 명확한 절차와 구조를 제공하기 때문이다. 그러나 슈퍼바이저는 인지

---

4) 역자 주: 환자의 몸에 주사했을 때 정상 조직은 비껴가면서, 없애고 싶은 암세포나 병원성 미생물만을 골라 죽이는 약물을 말한다. 면역학 연구 노벨상 수상자인 Ehrlich가 매독 치료제 살바르산을 개발한 화학요법에서 유래하였다.

행동치료 개입에 철학적 지평을 제공하고 내담자의 세계에서 실제로 무슨 일이 일어나고 있는지 수련의가 이해하도록 돕기 위해 실존주의 현상학적(existential-phenomenological) 접근을 사용했다.

슈퍼바이지는 조지에게 자신의 증상 및 그와 관련된 사건이나 생각에 대해 일기를 작성하도록 요청했다. 많은 수련의가 이것을 요청하지만, 내담자들은 이를 잘 따르지 않는다. 그러나 슈퍼바이지는 조지와 좋은 치료 관계를 형성했고, 그는 이를 따랐다. 조지의 일기장을 보면 조지가 이전에 말했던 내용을 확인할 수 있었다. 예를 들어, 조지는 어느 날 밤 잠을 잘 자지 못하면 다음 날에는 잠을 잘 잘 수 있었다. 일기장에는 조지의 불안이 항상 잠들 때 시작되는 것으로 나타났다. 일기장은 수련의가 이미 걱정했던 것, 즉 치료가 시작된 이후 불안이 올라오는 것이 더 빈번해졌다는 것을 보여 주었다.

내담자의 불안이 잠들 때 시작되었다는 것은 인지행동치료 관점에서는 놀라운 것이다. 인지행동치료는 불안의 신체적 증상이나 부정적인 자동적 사고가 불안을 일으키고, 그 후 다른 생각이 불안을 공황 수준으로 몰아간다고 가정하기 때문이다. 그러나 잠에 드는 것, 즉 수면의 1단계에 들어가는 것은 교감신경 활성의 감소와 관련 있으며, 그에 따라 심장의 두근거림이나 숨 가쁨의 가능성이 감소한다. 또한 방향성을 가진 사고(directed thinking)[5]는 감소하고, 꿈 같은 생각(dreamlike thinking)은 증가한다. 그러므로 수면의 1단계는 불안 증상이나 부정적인 자동적 사고와 연관되어서는 안 된다. 슈퍼바이

---

[5] 역자 주: 사고(thinking), '생각한다'는 말은 여러 의미가 있는데, 기억("생각이 잘 안 나!")이나 주의집중("잘 생각해 봐!"), 신념('신은 있다고 생각하는가?') 등과 같은 의미로 쓰일 수 있다. 따라서 '생각한다'는 말은 관찰이 거의 불가능한 거의 모든 심리과정에 해당한다. 그러나 사고, '생각한다'는 말은 '추리하다(reason)'나 '사색하다(ponder)' '숙고하다(reflect)'와 같은 단어로도 표현할 수 있다. 사고를 연구하는 심리학자들은 이러한 의미의 사고에 관심을 두고 다른 유형의 사고와 구분 짓기 위해 방향적 사고(directed thinking)라 부른다. 방향적 사고는 문제해결(problem solving)을 위한 내적 행위이다. 예를 들어, 고장 난 자동차를 고치거나, 친구가 약속한 장소에 나타나지 않는 이유를 찾는 것일 수도 있다[오세진 외 공저(2015). 인간행동과 심리학(4판). 학지사.].

저는 슈퍼비전 집단의 다른 구성원들에게 불안과 관련이 있을 수 있고 수면의 1단계 중에 발생할 수 있는 현상을 다루어 보도록 제시했으며, 몇 가지 의학적 가능성이 제안되었다. 슈퍼바이저는 자신의 경험을 통해, 특히 수면유도와 관련된 증상이 환각(일반적으로 자신의 이름을 부르는 소리를 들음)과 근간대성 경련이라는 것을 알게 되었다. 후자는 여러 근육의 자발적 경련으로, 때로는 그로 인해 자신이 쓰러지고 있는 꿈을 꾸거나 잠에서 깰 정도로 강력하다. 내담자는 환각을 경험하지 않았지만, 아마도 일종의 근간대성 경련을 겪고 있었을 것이다.

내담자의 실제 경험에 대한 추가적인 현상학적 설명이 필요했다. 조지는 심장의 쿵쿵 소리를 느낄 때 특별히 불안해하지 않고 잠에 든다고 말했다. 그런 다음 그는 자신의 심장 박동에 문제가 생기거나 기능에 문제가 생기면, 심장이 완전히 멈출 수 있다고 생각할 것이다. 이런 생각 직후 그는 잠들지 않는 편이 낫다고 생각했는데, 그가 잠이 든 상태에서 그의 심장이 심하게 문제를 일으킨다면 그는 그것을 인식하지 못하거나 도움을 받을 수 없기 때문이다. 그래서 그는 끔찍한 '심장의 쿵쿵 소리'를 일으키는 것이 무엇인지에 대해 항상 걱정하면서 의도적으로 잠자는 것을 포기했다.

슈퍼바이지는 그것이 흉부 안쪽의 심장에서 전해지는 감각인 심장의 쿵쿵거림이 아닌, 흉벽이 수축되는 일종의 경련이 아닐지 궁금해했다. 내담자는 실제로 그 쿵쿵거리는 느낌이 흉부 안쪽이 아닌 흉부의 위에서 느껴지는 것 같았기에, 그것이 경련일 수 있다는 의견에 동의했다. 슈퍼바이지는 근육과 근간대성 경련, 이것들과 수면유도와의 연관성, 그리고 이러한 것들의 무해함에 대해 설명했다. 내담자는 모든 것을 받아들였으며 왜 그것이 일부 밤에만 일어났는지 물었다. 슈퍼비전 집단에서 충분히 설명 가능한 경련에 대한 생리학적 논의가 있었고, 그에 따라 이후의 내용 역시 다음 회기에서 조지에게 전달될 수 있었다. 수면이 부족한 사람은 수면 1단계와 2단계를 건너뛰고 수면 시작 후 몇 초 내에 바로 3단계 수면에 빠질 수 있다. 따라서 내담자가

253

피곤했을 때, 그는 근간대성 경련과 관련된 수면 단계에 들어가지 않았다. 내담자는 우리가 슈퍼비전에서 다룬 진화심리학에서 설명하는 경련의 반사작용에 대한 설명도 들었다. 원숭이가 밤에 잠을 잘 때는 누울 수 있는 평평한 장소를 찾지만 낮잠을 잘 때는 엄마의 등의 털이나 나뭇가지를 부여잡고 잠이 들었다가 깜빡 손의 힘이 빠져 떨어질 위험에 놓인다고 설명해 주었다. 잠들 때의 경련은 손의 힘을 잃는 것이 아니라 더 꽉 쥐는 것을 의미한다. 이는 생존을 위한 유용한 반응이다. 조지는 이 설명을 좋아했고 확실히 가슴에 새겨 두었다.

이후 그리고 마지막 심리치료 회기에서 조지는 더 많은 경련을 경험했다고 보고했지만, 이제는 그 경련이 자신의 심장 때문이 아니며 잠을 못 자게 하지 않는다는 것도 알았기에 더 이상 경련이 자신을 괴롭히지 않는다고 보고했다. 그는 처음에는 상담자를 완전히 믿지 않았지만, 인터넷에서 근간대성 경련을 찾아보고 많은 사람이 자신과 비슷한 경험을 하고 있다는 사실을 알게 되면서 결국 상담자를 믿게 되었다. 조지와 그의 여자친구는 다시 같은 침대에서 자게 되었고, 그는 창문 청소 일로 복귀하게 되었다.

결론

우리의 사례는 실존주의 슈퍼비전을 다룬 장에서 이질적으로 보일 수 있다. 언뜻 보기에, 이 사례는 실존주의 예시가 아니라 의학적 진단의 승리처럼 보인다. 우리가 NHS에서 일한다는 것은 종종 내담자에 대한 담론이 다른 NHS 직원에게 익숙한 언어로 적절하게 전달된다는 것을 의미한다고 주장한다. 우리는 조지가 의학적 개입이 아닌 실존주의적 개입 덕분에 나아졌다고 생각한다. 그의 증상에 대한 설명은 너무 많았고, 치료는 길고 힘들었을 수 있다. 그는 자신의 증상과 그 이유를 전혀 알지 못했고, 상담자는 어느 곳에도 도달하지 못한 채 이 모든 것을 탐색하는 데 수개월이 걸렸을 수 있다. 그러나 현상학적으로, 그를 깨어 있게 한 것은 알지 못하는 것에 대한 두려움이었다. 그의 불안이라고 하기보다는 사실 그의 두려움은 자신의 죽음과 관련이 있다는 점에서 실존적이었다. 남아 있는 4회기 이상의 시간이 필요하겠지만, 이것에 대해 생산적으로 작업하는 것은 가능했을 수 있다. 그러나 우리는 내담자를 불안하게 만든 것이 자신이 곧 죽을지 모른다는 자신의 죽음에 대한 인식이라고 생각하지 않는다. 왜냐하면 그는 여러 면에서 결단력 있고 심지어 용감한 사람이었기 때문이다. 그를 불안하게 만든 것은 어려움에서 어떠한 의미도 찾지 못한 것이었다. 그에게 의미를 제공하는 것은 쉬웠을 것이다. 예를 들어, 그가 어린 시절에 트라우마를 경험했거나, 침대에 있는 것을 벌 받는 것과 연관 지어 생각했을 수 있다. 그러나 슈퍼비전 과정에서 중요한 점은 설명(explanations)하는 것을 늦추고, 묘사(description)가 끝날 때까지 알지 못하는 것(not knowing)을 참고 용인한 것이었다.

치료는 매우 간단했지만, 처방이나 해석보다는 묘사에 지속적으로 중점을 두었다. 치료는 환자를 사로잡은 문제를 완전히 드러내기 위해 관련 없는 부분을 묶어 괄호 치는 과정으로 진행되었다(심장이 쿵쿵거리는 것을 경련으로 느낀 것일까, 아니면 실제로 흉벽 근육의 경련일까?).

물론 내담자를 사로잡은 문제가 명백히 신체적이거나 그에 대한 간단하고 빠른 해결책이 있는 경우는 드물다. 우리의 경험상, 내담자를 사로잡은 문제가 명백하게 드러나면 많은 내담자가 새로운 방식으로 그 문제를 바라보게 될 것이다. 그러면 내담자의 관심은 새롭고 덜 파괴적인 방향으로 불안의 에너지를 전달하면서 새로운 의미를 찾는 데 박차를 가함으로써 내담자의 관심과 에너지를 사용하게 된다.

조지의 치료는 한 가지 의미, 즉 심장이 터질 것 같은 고통스러운 경험에서 시작된 그 의미를 떨쳐 버릴 수 있을 때 끝났다. 그는 슈퍼바이지가 진화심리학에 관해 말한 것에서 또 다른 의미를 발견하였는데, 그것은 불안을 유발하지 않았으며 그가 다시 삶의 편안함을 느낄 수 있게 했다.

세 번째 회기가 끝나는 길에, 슈퍼바이지는 조지가 자신과 함께 온 친구 중 한 명에게 "의사는 내가 밤에 원숭이가 된다고 생각한다."라고 말하는 것을 듣고 안도의 웃음을 지었다.

참고문헌

Arndt, J., Routledge, C., Cox, C. & Goldenberg, J. 'The Worm at the Core', *Applied and Preventive Psychology* 11(3) (2005) 191-213.

Balint, M., Ornstein, P. & Balint, E. *Focal Psychotherapy* (London: Tavistock Press, 1972).

Bergsma, A., Liefbroer, A. & Poot, G. 'Happiness in the Garden of Epicurus', *Journal of Happiness Studies* (2007).

Deurzen, E. van, *Everyday Mysteries* (London: Routledge, 1997).

_____ *Existential Counselling and Psychotherapy in Practice*, 2nd edn (London: Sage, 2001).

Frank, J. *Persuasion and Healing* (Baltimore: Johns Hopkins University Press, 1961).

Frankel, B. 'Existential Issues in Group Psychotherapy', *International Journal of Group Psychotherapy* 52 (2002) 215-31.

Gallese, V. & Metzinger, T. 'Motor Ontology'. *Philosophical Psychology* 13(3) (2003) 365-88.

Goldenberg, J. L., Pyszczynski, T., Greenberg, J., Solomon, S., Kluck, B. & Cornwell, R. 'I am not an animal', *Journal of Experimental Psychology* 130(3) (2001) 427-35.

Hunsley, J., Aubry, T., Verstervelt, C. & Vito, D. 'Comparing Therapist and Client Perspectives on Reasons for Psychotherapy Termination', *Psychotherapy: Theory, Research, Practice, Training* 36(4) (1999) 380-8.

Jaspers, K. *The Way to Wisdom* (New Haven: Yale University Press, 1951).

Kierkegaard, S. *Sickness unto Death* (Princeton: Princeton University Press, 1983).

Lambert, M. & Ogles, B. M. 'The Efficacy and Effectiveness of Psychotherapy'. In *Berger and Garfield's Handbook of Psychotherapy and Behavior Change,* 5th edn (New York: Wiley, 2004).

Lee, N. I. 'Experience and Evidence', *Husserl Studies* 23(3) (2007) 229–46.

Mishara, A. L. 'Missing Links in Phenomenological Clinical Neuroscience', *Current Opinion in Psychiatry* 20(6) (2007) 559–69.

Noe, A. *Action in Perception* (Cambridge: Massachusetts Institute of Technology, 2004).

Stiles, W. B., Barkham, M., Mellor–Clark, J. & Connell, J. 'Effectiveness of Cognitive-behavioral Person-centred, and Psychodynamic Therapies', *Psychological Medicine 38*(5)(2008) 677–88.

Tantam, D. 'Why Select?', *The Art and Science of Psychotherapy Assessment.* In C. Mace (ed.) (London: Routledge, 1995).

_____ *Psychotherapy and Counselling in Practice: A Narrative Framework* (Cambridge: Cambridge University Press, 2002).

_____ 'Groups'. In *Existential Perspectives on Human Issues* E. van Deurzen & C. Arnold–Baker (eds) (London: Routledge, 2005).

_____ 'The Flavour of Emotions', *Psychological Psychotherapy* 76(1) (2006) 23–45.

Whipple, J. L., Lambert, M. J., Vermeersch, D. A., Smart, D. W., Nielsen, S. L. & Hawkins, E. J. 'Improving the Effects of Psychotherapy', *Journal of Counselling Psychology* 50(1) (2003) 59–68.

3부
실존주의 슈퍼비전에 대해 의심해 보기와 발전시키기

서언

–Emmy Van Deurzen, Sarah Young

이 책의 마지막인 3부에서는 일반적으로 정의되는 슈퍼비전 개념에 의문을 던질 것이며, 실존주의 슈퍼비전의 미래와 현장에서의 변화 가능성에 대해 숙고해 볼 것이다. 첫 번째 장(12장)은 슈퍼비전의 일반적인 네 가지 가정과 이 네 가지 가정이 어떻게 실존주의 현상학에 기반한 슈퍼비전과 맞지 않는지 논의한다. 이러한 가정들은 실존주의 현상학의 매우 핵심적인 개념인 개방성을 저해할 수 있다. 특정 작업 맥락에서 그러한 가정들은 실현되기 어렵다. 여기에는 책임의 문제가 포함되는데, 특히 등록과 규제가 갈수록 요구되는 상황을 고려했을 때 이러한 문제가 실존주의 슈퍼비전과 어떻게 관련되는지 보여 준다. 이 장에서는 실존주의적 사고를 기반으로 슈퍼비전을 재정의하는 것에 대한 가능성, 슈퍼비전을 '성찰적인 논의(reflective discussion)'로 재명명할 가능성도 살펴볼 것이다. 또한 '임상적' 책임감이라는 개념의 한계에 주목해서 다음 장에서 논의해 볼 것이다.

13장은 실존주의 사고에서 가장 중요한 주제 중 하나인 책임감인데, 자신에게 부여된 한계가 무엇이든 자신이 삶을 어떻게 살아야 하는지에 대한 궁극적인 책임이 스스로에게 있다고 여길 때, 이 주제는 슈퍼바이저와 슈퍼바이지 모두의 입장에서 더욱 완전히 개방되고 다루어질 것이다. 저자는 슈퍼바이저와 슈퍼바이지의 관계에 대해 깊게 파고들 것이며, 슈퍼바이저의 책임의 정도에 대해 굳게 유지되어 온 몇몇 신념에 도전하고자 한다. 온라인 실존주의 슈퍼비전의 경험과는 대조적으로 여기에서 강조되는 점은 '앞서 뛰어들기(leaping ahead)'이며, 슈퍼바이지에게 책임감을 되돌려주는 것이다. 앞 장에서 설명했던 것처럼 슈퍼바이저는 슈퍼바이지와 내담자 사이에 정확히 어떤 일이 일어나는지 알 수 없다. 경험이 많은 상담자일수록 반드시 '더 나은' 상담자일 것이라는 생각은 훈련 중인 치료자가 자격을 갖춘 상담자들보다 모니터링이 더 필요하다는 가정과 마찬가지로 받아들이기 어렵다. 슈퍼바이지로 하여금 그들의 내담자들에게 안전하고 비판단적인 공간을 제공하도록 격려하는 것과 슈퍼비전에서 슈퍼바이저가 슈퍼바이지에게 안전하고 비판단적인 공간을 제공해 주지 않는 것 사이에는 모순이 있다.

앞의 내용과는 다소 대조적일 수 있는데, 14장의 저자는 슈퍼바이저가 되는 데 있어서 상담자가 또 다른 수준의 책임을 지는 것을 제안한다. 더 중요한 점은, 이 장에서는 실존주의적 사고가 심리치료 및 상담 분야에서 보편적인 관련성을 가지고 있으며, 따라서 실존주의 슈퍼비전은 참여자의 지향점이 무엇이든지 간에 모든 슈퍼비전에 관련이 있다는 현재의 주장을 강조한다는 것이다. 슈퍼비전의 바퀴는 폭넓은 배경을 가진 슈퍼바이저들이 다양한 맥락에서 사용할 수 있는 접근 가능하고 명확한 실무적 체계를 제공한다. 단순화된 도식 틀로서, 슈퍼비전 시스템은 실존주의 철학에서 파생된 '주어져 있는 것(givens; 소여)'을 포괄한다. 이러한 실존주의적 방법을 따라 했을 때 도움이 되었는지 보여 주는 유용한 사례들이 있다.

15장은 우리를 '환기의(evocative)' 영역으로 이끌며, 제한적인 치료 방법론들을 초월하는 주제를 요약하여 전달한다. 이 환기적 방법은 1부에서 묘사된 영성이라는 주제로 우리를 돌아가게 할 것이다. 이것은 6장에서 논의된 실존적 섹슈얼리티 및 체화와 강하게 연관된다. 실존주의 슈퍼비전은 슈퍼바이저들에 의해 간과되고 있는 실존의 측면을 탐구하도록 하는데, 이때의 슈퍼바이저에는 스스로를 실존주의자라고 칭하는 사람들도 포함된다. 저자는 '임상적(clinical)'이라는 단어의 사용과 이것이 실무에서 함의하는 바에 대해 의문을 던진다. 임상적이라는 단어는 실존주의 치료에 반하는 것일 수 있는데, 임상적이라는 단어와 그것이 내포하고 있는 의미(심리치료가 의학적 모델이며 내담자를 수동적이고 치료가 필요한 아픈 사람으로 여기는)들이 실존주의 장면에서 자주 입에 오르내리는 것은 놀라운 일이다. 환기(evocative)에 대한 민감성은 슈퍼비전에서의 만남에 반가운 활력을 가져오면서 슈퍼비전에서의 관계에 활기와 생기를 띠게 하는 것으로 보인다.

책의 마지막 장인 16장에서는 이 책 전반에 걸쳐 논의된 모든 주제를 함께 다루며 실존주의 슈퍼비전이 의미하는 바를 요약할 것이다. 16장에서는 특별히 최근 추세인 근거기반실무와 법적인 이슈 그리고 규제의 관점에서 실존주의 슈퍼비전의 과정이 나아갈 수 있는 방법을 간단히 소개한다. 하지만 우리의 분명한 의도는 실존주의 슈퍼비전을 체계화하거나 치료 방법론의 한 형태로 축소하는 것이 아니라, 다양한 관점과 여러 형태의 치료 방법론을 허용하는 것이 슈퍼비전에 대한 실존주의적 접근이라는 것이다.

12장
우리가 알고 있는 슈퍼비전:
실존적 불가능성

-Martin Milton

들어가는 말

이 장은 '슈퍼비전'의 개념과 슈퍼비전이 행해지는 맥락들을 탐색한다. 이 장에서는 '슈퍼비전'이라는 용어의 의미에 대해 질문하고, '슈퍼비전'과 같은 것이 실존주의 심리치료에서 가능한지의 여부를 묻는다. 또한 실존주의 심리치료를 촉진시킬 수 있는 의미 있는 만남을 발전시키고자 할 때, 실존주의 슈퍼바이저들이 그 활동을 자신의 것으로 주장하고 그 활동을 재정의해야 할 필요가 있는지를 살펴보고자 한다.

'실존주의 슈퍼비전'의 본질이 어떤 모습일지 또는 어떻게 경험될지를 생각해 보기 이전에, 우리가 작업하는 맥락들을 살펴보는 것이 중요하다. 왜냐하면 개별 슈퍼바이저와 슈퍼바이지가 그 관계에서 무엇을 원하는지에 관계없이, 다른 사람들의 기대가 종종 슈퍼비전 관계는 어떤 것인지에 영향을 미치기 때문이다. NHS에서의 슈퍼비전을 다룬 이전 장은 특정한 상황에서 발생하는 제약 요건들을 분명하게 제시했다. 이 장에서는 이러한 상황적인 영향 요인들을 살펴볼 것이다. 또한 이러한 상황적 영향이 일반적으로는 '슈퍼비전'을,

보다 구체적으로는 '실존주의 슈퍼비전'을 어떻게 지원하거나 방해할 수 있는지 살펴볼 것이다. 이 장은 실존주의 치료자의 작업을 저해하기보다는 용이하게 하는 슈퍼비전의 본질이 무엇인지에 대한 의견들로 마무리된다.

우리가 아는 것은 무엇인가

슈퍼비전이라는 분야는 계속해서 성장하는 넓은 이론적 모델들의 집합체이며(Carroll, 1996; Hawins & Shohet, 1989, 1993; Holloway, 1999; Langs, 1994; Mason, 1993; Page & Wosket, 1994 참조), 방대한 양의 연구논문(『The Clinical Supervisor』『APA Journal of Counselling Psychology』 참조), 그리고 많은 전문기관이 실무자에게 적용되는 슈퍼비전에 대한 규정을 가지고 있다(British Association for Psychotherapy and Counselling, 2007; Division of Counselling Psychology, 2005, 2007 참조). 이에 더하여, 훈련 과정들은 종종 슈퍼비전을 위한 자격 요건을 갖고 있다(Carroll, 1999; Henderson, 1999; Tholstrup, 1999).

그럼에도 불구하고 '실존주의 슈퍼비전'에 분명하게 초점을 맞추는 문헌은 부족하다(Du Plock, 2007; Mitchell, 2002; Wright, 1996 참조). 이러한 상황은 몇 가지 질문을 하게 만들기에 흥미롭다. 첫째는 실존주의 상담자가 단순히 슈퍼비전에 관심이 없는지, 둘째는 이러한 문헌의 부족이 실존주의 관점에서 일하는 사람들의 특정한 어려움을 가리키는지이다.

첫 번째 질문에 관련한 나의 의견은 실존주의 실무자들이 문헌에서 그다지 눈에 띄지 않은 것은 사실이지만, 적어도 이러한 작업에 참여하려는 움직임들이 있다는 것이다. 누군가는 기술적으로 접근하여 작업하거나(Strasser, 1999) 다른 누군가는 보다 직접적으로 개념적인 접근을 사용해 왔다(Du Plock, 2007; Mitchell, 2002; Wright, 1996 참조). 이 책 또한 이러한 관심의 증거이다.

두 번째 질문을 고려해 보면, 슈퍼비전이 실존주의 실무자에게 도움을 줄 수 있는 방법들에 대해 논의하기 전에, 주의를 기울여야 할 많은 어려움이 있다는 것은 분명하다. 이 장에서는 이러한 어려움에 대해 더 자세히 설명할 것이다.

정의 및 가정

인간이 경험하는 많은 현상처럼, 슈퍼비전의 본질을 탐구할 때도 언어의 문제를 고려해야 한다. '슈퍼비전'이라는 용어는 슈퍼바이저가 타인의 실무를 '관리, 통제, 담당하거나 책임지는 자의 수행을 감독하고 지시하는 과정'이라고 명시적으로 언급한다면, 이는 문제가 된다(Mitchell, 2002: 92). 이러한 정의는 슈퍼비전의 관계가 권위주의적 입장을 취하며, 이러한 관계가 가능하고 바람직하다는 것을 암시한다(Strasser, 1999).

이러한 정의뿐만 아니라 '슈퍼비전'을 논의하기 위해 사용되는 언어가 종종 문제가 되는데, 그것은 비판적 사고의 결핍을 낳기 때문이다. 그 이유는 슈퍼비전에 대한 문헌은 슈퍼비전이 어떠해야 하는지에 대해 이론과 규정에서 하는 말과, 슈퍼비전에 참여하는 사람들이 필요로 하고 원하는 바를 혼합시켜 놓았기 때문이다. 어쩌면 그것이 가능할지도 모른다. 슈퍼비전에 대한 어떤 기대들은 다양한 신념을 지닌 심리치료사들의 세계관과 상충될 수 있다. 이러한 상황에서 고용주나 정책 입안자의 영향으로 심리치료사들은 실증적 증거의 함의를 무시하거나 오해하거나 또는 소속된 기관의 행정적인 결정과 실증적 증거를 혼합시켜 버릴 수 있다. 이러한 일이 발생할 때 우리는 정책의 지시사항들이 실제로 실행 가능하고 윤리적인지를 조사하지 않고 진행할 가능성이 크다. 이런 식의 수용은 우리가 지식보다는 가정(assumptions)에 안주해 버리는 나쁜 습관을 가지고 있다는 것을 의미한다. 이는 마치 제목을 보고 전체 이야기가 그러하다고 여기고, 어쩌면 '아니야'라고 말해야 하거나 최소한 '잠깐만, 그것에 대해 생각해 보자'라고 말해야 할 때 '맞아'라고 하는 것이다! 하지만 이에 대해서는 후에 더 논의하도록 하고, 지금은 각기 다른 이해당사자들이 슈퍼비전에 대해 뭐라고 말하는지를 살펴보도록 하자.

알지 못한다(un-knowing)는 입장(Spinelli, 1997)에 기반해서 당연하게 여겨지는 현상의 의미에 대해 지속적으로 의문을 제기하는 것이 도움이 되며, 이를 위해 이 장에서는 슈퍼비전 개념과 관련되는 네 가지 가정에 초점을 맞출 것이다. 이러한 접근은 각기 다른 이해당사자들 간에 있을 수 있는 관점의 충돌을 명백히 해 줄 뿐만 아니라, 실존주의 심리치료가 '실존주의 슈퍼비전'이 무엇이어야 하는지를 설명하는 데에 도움을 줄 것이다. 즉, 이는 '실존주의 슈퍼비전'이 '슈퍼비전'에 대한 다른 이론적 관점들과는 구분되며, 실존주의 철학을 충실히 따르는지와 상관없이 주류의 슈퍼비전에 도움이 될 수 있는 방법들에 대한 내용이다.

네 가지 가정이란 슈퍼비전이 다음의 내용을 촉진하는 방법이라는 의견이다. ① 수련 상담자의 발전(Carroll, 1996), ② 이론의 학습(Shipton, 1997), ③ 지속적인 자기개발(Henderson, 2001; Thomas, 1997; Zorga, 1997), ④ '양질의 관리'(Carroll, 1996; Wheeler, 1996)이다.

네 가지 가정 그리고 많은 딜레마!

가정 1: 슈퍼비전은 상담자의 수련을 더욱 확장시키는 수단이다

슈퍼비전은 상담자의 끊임없는 자기개발의 핵심적인 측면으로 비추어진다(Carroll, 1996). 이것은 단지 책에서만 권고되는 말이 아니다. 영국에서도 슈퍼비전은 지속적인 전문성 개발(Continuing Professional Development: CPD)

의 일환으로 기대된다. 이는 슈퍼비전을 통해 치료자들이 새로운 지식과 아이디어에 자기 자신을 개방하고, 그들이 할 수 있는 한 내담자들에게 열린 태도를 갖고자 시도할 때 지지를 받게 되며, 전문성이 요구되는 상당한 자기개발을 실천할 때 지지받고 도전한다는 느낌을 갖는 공간이자 과정을 의미한다(많은 상담자에게 실제로 그러하기 때문이다.; Milton & Ashley, 1998; Tholstrup & Shillito-Clarke, 2007; Thomas, 1997).

이처럼 슈퍼비전이 개인이 성장한다는 느낌을 제공할 수 있지만, 이것은 슈퍼바이저와 슈퍼바이지의 관계가 어떠한가에 달려 있기 때문에 결코 보장된 것이 아니다. 관계에 대한 의존과 관계에 영향을 미치는 많은 요소 때문에, 슈퍼비전은 항상 개인이 성장한다는 느낌을 제공하지 않을 수도 있다. 고려해야 할 한 가지 특별한 요소는 슈퍼바이지의 수행에 대한 슈퍼바이저의 영향력이다. 슈퍼바이저는 슈퍼바이지가 수련을 '통과(pass)'하거나 '실패(fail)'하는 데에 있어 중요한 역할을 담당한다. 이는 진실되지 않은 관계 방식에 대한 충동이 존재하고 이것이 문제를 일으킬 수 있다는 것을 의미한다. Strasser(1999)가 제안한 것처럼, 슈퍼비전의 두 참가자인 슈퍼바이저와 슈퍼바이지는 가능한 한 가장 개방적인 관계를 추구해야 하지만, 개방적인 관계에서는 슈퍼바이저와 슈퍼바이지 둘 다의 자기개념에 그리고 그들의 전문성 발달에 있어 커다란 위험이 존재한다. 어떤 점에서는 (성공 혹은 통과와 같은) 특정한 결과에 힘을 쏟는 것이 적절하지만, 이러한 태도는 심리치료와 슈퍼비전이라는 복잡한 과정에 주목하는 데 둘 다를 제한할 수 있다.

슈퍼비전의 발달적인 기능에 내포된 평가의 역할은, 상담과 슈퍼비전에서 실제로 경험되는 것을 들어 보려는 시도일 뿐만 아니라 슈퍼비전과 상담이 어때야 하는지에 대해 두 사람이 아이디어를 얻는 것이다. 때때로 이들은 일치하기도, 일치하지 않기도 한다. 이렇게 슈퍼비전이 평가의 영향을 받게 되면, 슈퍼비전은 슈퍼바이지가 탐색을 하는 장소로 작용하지 못하고 오히려 '나쁜 믿음(bad faith)'[1]의 망토를 선택하도록 압력 받는 장소가 될 위험이 있다(Sartre, 1995; Mitchell, 2002). 나쁜 믿음의 예로는, 내담자와 함께함으로써 그들이 옳다고 '느끼는(feel)' 것을 하는 것이 아니라 매뉴얼에 고착되어 '근거기반실무'와 같은 오늘날의 관점에 따라 그들이 '해야 하는(should)' 것을 하는 것을 들 수 있다. 이것은 단지 수련생에게만 국한되는 문제는 아니다. 나는 한 명의 슈퍼바이저를 심판으로 활용하지 **않**기로 분명히 결정했다. 이는 나의 실제 능력 혹은 한계와 상관없이, 내가 그들의 **핵심** 전문성에 동의하지 않는 것을 의미하며, 이는 **사실상** 내가 '차선(sub-optimal)'임을 의미하기 때문이다. 따라서 슈퍼바이지에 대한 슈퍼바이저의 평가가 슈퍼비전의 핵심적인 요구사항이기는 하지만, 실존주의 심리치료와 슈퍼비전과 같은 만남(encounter)에 있어 매우 중요한 개방성을 허락하는지와 그 영향을 고려하는 것이 매우 중요하다.

270 가정 2: 슈퍼비전은 이론을 가르치는 수단이다

이론을 배우는 것은 특히 초심자나 지속적인 전문성 개발(CPD) 수련을 하는 사람들에게 슈퍼비전의 주요 기능 중 하나로 여겨질 것이다. 슈퍼비전은 실무의 기반이 되는 이론 혹은 철학을 이해할 수 있는 중요한 토론의 장이 될 수 있다. 슈퍼비전이 이론적인 개념들을 '실험'해 보고, 이러한 지식과 아이디어들이 슈퍼비전이 이루어지는 장소에서 우리의 존재 방식에 어떻게 영향을 미치는지를 경험할 수 있는 안전한 장소이기 때문이다. 이는 사람들이 공부하는 상담이론이 무엇이든 간에 똑같이 적용되며, 실존주의 심리치료의 세

---

1) 역자 주: 나쁜 믿음(bad faith)이란 Simone de Beauvoir와 Jean Paul Sartre와 같은 실존주의 철학자들에 의해서 사용된 철학적 개념이다. 나쁜 믿음은 인간이 사회적 강요에 의한 억압하에서 거짓된 가치관을 받아들이고 자기의 내적 자유를 포기하여 진정성 있는 행동을 하지 않는 것이다. 이것과 밀접하게 관련된 개념이 자기 자만과 르상티망(ressentiment)이다. 이 개념은 Max Stirner의 유령의 개념과 관련되는데, 추상적인 개념으로 자기의 참된 가치를 갖지 못하지만 자기 자신의 가치를 가지고 싶은 사람들에 의해서 추구되는 개념이다(출처: https://ko.wikipedia.org).

계에 들어서는 사람들에게도 마찬가지이다. 어떤 점에서는 필수 요구사항들을 보다 크게 경험할 수 있는데, 이는 일상이나 다른 교육적 경험에서는 철학이나 세상을 바라보는 관계 방식을 배우는 일이 드물기 때문이다. 따라서 슈퍼비전은 상담자가 이론을 가장 충분하게 탐험할 수 있는 장소이다.

첫 번째 가정과 마찬가지로, 두 번째 가정 또한 문제를 가지고 있다. 첫째, 우리는 슈퍼비전이 명시적으로 경험을 기존 이론과 연결시키는 것을 목표로 한다는 것을 인식해야 한다. 이는 스스로를 어느 정도 이미 **경험되고, 인지되고, 이론화된 내용**으로 제한하는 것이다. 이것은 슈퍼바이저와 슈퍼바이지가 그 경험을 명확히 언어로 분명하게 표현할 수 있어야 하고 관련 이론을 인지하고 있어야 한다는 것을 전제로 해야 말이 될 수 있다. 힘든 경험은 어떠한 것인가? 느껴지기는 하지만 표현하기는 어렵다면, 두 번째 가정 또한 슈퍼바이저가 슈퍼바이지를 지도할 만큼 이론과 이론의 함의에 충분히 **정통**할 것이라는 생각에 기초한다. 이뿐만 아니라 우리는 슈퍼바이지가 경험했지만 아직 실존주의 전문가들에 의해서도 논의되지 않은 경험을 슈퍼바이지가 어떻게 언어로 설명할 수 있는지에 대한 의문도 고민해 보아야 한다. 15장에서 저자는 지금 언급되는 '힘든' '표현하기 어려운' 것들의 일부를 다룬다.

이론은 슈퍼바이지와 슈퍼바이저 관계가 체계의 요구에 영향을 받을 수 있는 또 다른 영역이라는 것을 유념해야 한다. 그리고 많은 체계가 우리에게 '근거기반모델'을 선언하고 있다(또는 분명하게 요구하고 있다). 이러한 요구는 단순히 윤리적이고 과학적인 태도를 취해야 한다기보다는(실존주의 현상학적 '모델'이 할 수 있는 것을 넘어서는 것), 과학과 증거, 윤리의 본질에 대한 매우 분명한 실존적이지 않은 관점에 의해 장악되었다는 것을 의미한다. 이는 대개 단순히 인지행동치료를 의미하며, 내담자 및 맥락과 관련된 특정한 요인들을 고려하여 인지행동치료를 평가했는지와는 상관없다(Wilkes & Milton, 2008 참조). 이것은 슈퍼바이저와 슈퍼바이지의 관계에 영향을 줄 수 있는데, 이것이 매뉴얼화되지 않은 모든 것에 가해질 수 있는 공격에 사용되며, 실무자들이 모든 관련된 이론을 자유롭게 활용하는 데 큰 장애가 될 수 있기 때문이다. 특히 보건국(Department of Health: DoH), 국립임상수월성연구소(National Institute for Clinical Excellence: NICE)는 물론, 영국심리학회(the British Psychological Society: BPS)까지도 내담자와 상담자가 만나기 전에 사용되어야 하는(should) 이론이 있다. 이러한 태도는 진실로 과학적이고 개방적이며 현상학적인 접근 혹은 이론에 대한 광범위한 이해를 제한한다.

가정 3: 슈퍼비전은 자기개발과 지지의 수단이다

슈퍼바이지는 수련이 끝나고 더 이상 슈퍼바이저의 과제와 시험이 없는 날을 고대하며, 이제는 실존주의 실무자로서 더 이상 의무가 아닌 자신이 원하는 슈퍼바이저를 선택하고, 모든 것이 이상적인 날을 꿈꿀 것이다. 또한 슈퍼비전을 통해 지지받고 개인적인 성장을 이룰 수 있을 날을 기대할 것이다. 그렇지 않은가?

슈퍼바이지들이 꿈꾸는 미래는 그럴 수도 있지만 꼭 그렇지만도 않다. 나와 많은 졸업생의 경험은 슈퍼비전 경험이 다른 분야와 마찬가지로 종종 우리의 슈퍼비전 관련 문헌, 정책 및 지침보다 더 복잡하다는 것을 시사한다. 이렇게 말하는 데에는 여러 가지 이유가 있다. 가장 먼저, 그 일이 행정이나 비용상의 문제로 당신에게 가장 적합하다고 느끼는 슈퍼바이저와 연결되지 않을 수 있다. 그래서 당신은 아마도 당신에게 배정된 누군가로 만족해야 할 수도 있다. 여기서 벌써 딜레마가 발생한다. 당신은 당신에게 제공된 슈퍼비전을 받거나 스스로 슈퍼비전을 준비해서 그 비용을 감당하는 것이다. 전자의 경우 '어떻게 당신의 개인적 필요를 안전하게 확인하고 관리할 것인가?'라는 질문들이 제기될 것이다. 이것은 슈퍼바이저와 슈퍼바이지의 협업이 잘이루어지고 있다면 문제가 아닐 수도 있다. 그러나 만약 당신과 당신에게 배정된 슈퍼바이저 사이에 아무런 스파크가 일어나지 않는다면 어떨까? 혹은 관계가 냉담하고 가혹하며 많은 사람에게 잘 알려진 해리포터와 세베루스 스네이프처럼 감정적인 관계라면 말이다(Rowling, 2007). 이러한 캐릭터 설정은 아마도 과장되었겠지만, 이는 강조를 위한 과장이다. 인간관계의 다른 분야에서도 사람들과 유대감을 형성하는 데 실패하는 것은 당연히 가능한 일이다. 이러한 일은 가족 구성원 그리고 애인 관계에서 발생하며, 상담자와 내담자 사이에서도 발생한다. 따라서 우리는 어떤 슈퍼비전 관계에서는 지지와 보살핌이 제공될 수 없다는 가능성을 고려해야 한다. 이러한 관계는 우리로 하여금 'CPD 조건을 충족할 수' 있게 하지만, 그러한 경험들이 과연 '실존주의 슈퍼비전' 혹은 단순하게 '슈퍼비전'을 보장할 수 있을까?

가정 4: 슈퍼비전은 양질을 보장한다

우리 중 대다수가 슈퍼비전의 유용함을 경험할 것이며(Milton & Ashley, 1998; Strasser, 1999; Wright, 1996), 이러한 경험은 종종 슈퍼비전이 상담실무를 예외 없이 '바로잡거나' 향상시킨다는 신념에 근거한 정책으로 구현된다. 심리치료 전문직은(또는 적어도 심리치료에 대한 규제 구조는) 슈퍼비전이 도움이 된다는 가정하에 작업하는 반면, 내담자의 만족과 개선이 슈퍼비전의 빈도 혹은 특성과 관련되었다는 증거는 없다고 보고하는 문헌들도 있다(Green & Sherard, 1999).

우리 모두는 우리가 하고 있고 할 수 있는 업무를 잘하고 있는지 확인받고 싶기 때문에 표면적으로는 걱정할 것이 없다. 하지만 슈퍼비전이 우리가 하는 일의 질을 향상시킨다는 관점은 효율성을 선호하는 오늘날의 문화적 분위기 안에서 '읽혀야' 한다. 이는 상담자들이 현재 하고 있는 일에 상당한 문제가 있음을 전제로 하는데, 모든 것이 '근대화' '합리화' '표준화'의 대상이 되고 있는 정부의 건강, 사회복지, 교육, 농업 분야 정책에서 명백하게 나타난다. 구체적으로 심리치료를 생각해 보면, Du Plock은 "우리는 치료가 갖는 예술성을 억누르고, 교육의 목표와 배움의 결과에 대해 신경증적으로 '증거제시' 를 요구하는(나는 이를 종종 해악적이라고 말한다) 품질보증사회의 노예로 점점 더 변해 가는 환경 속에서 가르치고 상담실무를 수행하고 있다.''(2007: 33)라 고 말한다.

질 관리에 대한 가정의 또 다른 함의는, 현재의 체계에서는 슈퍼바이저가 슈퍼바이지의 내담자의 치료에 대해 '임상적으로 책임'을 진다는 것이다. 이 에 대해 '그래서? 이게 뭐가 문제라는 것인가?' 하는 타당한 질문이 떠오를 수 도 있다. 우선, 슈퍼바이저가 슈퍼바이지의 내담자에 대한 임상적 책임을 지 는 것은 불가능하다. 이러한 다소 오만한 가정이 진정한 의미를 가지려면, 슈 퍼바이저는 무슨 일이 일어나고 있는지를 파악하고 있으며, 그것을 이끌어 갈 힘이 있다고 우리는 가정해야 한다. 하지만 A가 B와 C 사이에 무엇이 일어나 고 있는지 파악하는 것이 정말 가능한가? 이것은 모든 시간 함께하는 사람끼 리도 충분히 어려운 일이다. 심지어 부모조차도 종종 조니가 메리를 때렸는 지 아닌지 혹은 메리가 조니를 먼저 다치게 했는지 알 수 없다. 그리고 심지 어 이것이 가능할지라도, Mitchell이 언급한 대로 "실존주의와 현상학에 기초 한 심리치료사가 자신의 내담자가 다른 관계에서 무슨 일이 일어나고 있었는 지를 '감독하고' 객관적으로 판단할 수 있다고 가정하는 것은 상상하기 어렵 다"(2002: 94).

또 다른 문제가 되는 가정은 바로 슈퍼바이지가 (고의나 실수에 상관없이) 해를 끼칠 가능성이 있다는 것이다. 이러한 가정을 하는 이유는 슈퍼바이저 가 치료 과실이나 기량 부족(혹은 약점)이 존재한다는 것을 가정하고 이를 찾 아내야 한다는 것을 의미한다. 혹은 적어도, 치료 맥락의 기풍에 도전하지 않 는 것을 의미한다. 이러한 가정이 받아들여진다면, 우리는 이것이 관계성에 끼치는 영향에 대해 질문해 보아야 한다. 이러한 태도는 관계의 어려움에 주 목할 뿐만 아니라 인간의 삶에서 긍정적인 존중, 희망, 믿음에 대한 중요성을 강조하는 실존주의 심리치료의 가치에서 벗어나는 것이다. 또한 이러한 태도는 아마도 '슈퍼바이지의 방어를 증가시키기 때문에 성공적인 수련(그리고 성장)을 방해할 것이다'(Strasser, 1999: 119).

이러한 태도는 슈퍼비전의 관계를 점차 갉아먹을 수 있다. 감독하고 책임을 져야 한다는 명제는 해석학에 대한 의심으로 흐를 수 있다. 그리고 이것은 '최선을 다하지 않는' 관계를 만들어 낼 수 있다. 만약 이러한 상황이 발생한다면, 상대적으로 정서적으로 의존적이며 힘이 더 약하다고 느낄 수 있는 슈퍼바이지가 자신을 완전히 개방하고, 슈퍼바이저를 신뢰하며, 자신의 자연스러운 의심을 거두는 것이 매우 어렵다는 것은 놀랄 일이 아니다. 이는 우리가 서구적이고 합리적이며 법률을 존중하는 마인드가 이러한 논란을 얼마나 수용하는지와는 상관없다. 정책 혹은 관례가 그렇게 해야만 한다고(ought) 하기 때문에 이러한 진화하는 안전장치가 힘을 잃을 것이라고 여기는 것은 순진한 생각이다. 오늘날 슈퍼비전에 대한 논의에서 만연해 있는 단순화된 관점보다 이러한 관계의 복잡성이 모든 심리치료사의 업무 현장에서 더 많은 인정을 받아야 한다. 이것이 실존주의 심리치료와 '슈퍼비전'에 적용될 때, 이는 실로 매우 긴박한 상황이 된다.

지금 어디에 있는가

실존주의 치료가 슈퍼비전에 대한 현재의 정책에 깔려 있는 가정들에 대해 도전하고자 하기 때문에 실존주의 현상학 기반의 치료는 외부로부터 우려와 의심을 받기 쉽다. 이는 실존주의 현상학 세계관에 대한 이해가 부족하기 때문에 더욱 악화되고 있으며, 종종 실존주의 치료에 대한 지지를 감소시키는 결과를 초래한다. 이것은 실존주의 현상학 치료자에게 딜레마를 불러일으킨다. 실존주의 심리치료사들이 단순히 이러한 상황을 받아들이고, 우리가 어디 있든지 우리를 찾아오는 이들에 대한 치료적 기여를 제한할지도 모르기 때문이다. 그렇지 않으면 우리는 다른, 더 포괄적인 가능성에 대해 생각할 수 있다. 예를 들어, 우리는 치료의 의미를 잃지 않고 많은 사람이 이해할 수 있게 지나치게 단순화하지도 않으면서 다른 사람이 이해할 수 있는 방식으로 슈퍼비전에 대한 우리의 접근과 입장에 대해 이야기할 수 있을까? 물론 이 책은 전체적으로 그것을 하기 위한 시도이다. 이 문제에 대한 나의 의견은 우리가 '슈퍼비전'이라고 부르는 것에 실존적 요소들이 자리하는 방법을 고려할 필요가 있다는 것이다. 그리고 첫 번째로 제안되는 것이 그것의 정의와 관련 있음을 독자들은 깨달을 것이다.

새로운 정의?

앞에서 언급한 바와 같이, '슈퍼비전'은 너무 많은 사람이 서로 다른 의미를 계속해서 부여해 왔기 때문에 무의미해질 위험이 있는 용어이다. 슈퍼비전에 대한 논의에 노력해 온 몇 안 되는 실존주의 저자들은 모두 '슈퍼비전'을 마치 하나의 단일 개념인 것처럼 말하지 말고 '실존주의 슈퍼비전'을 특정한 것으로 여길 것을 독려한다(Du Plock, 2007; Mitchell, 2002; Wright, 1996).

이러한 상황 탓에 우리는 단순히 슈퍼비전이라는 용어를 사용하는 것을 멈추고, 나에게 어떠한 **종류**의 슈퍼비전이 필요한지를 논의하기를 바랄 수 있다. 어떠한 관점이 유용할 것인가? 어떤 슈퍼바이저가 그 문제들과 관련해 나를 도울 수 있을 것인가? 실존주의 치료가 우리에게 던지는 불안과 위험, 도전들을 다룰 수 있을 만큼 충분한 안전을 경험하기 위해 어떤 사람과 구조, 형식이 나에게 필요한 것인가? 이러한 성찰은 우리가 각기 다른 상황과 다른 시간에 필요로 하는 관계의 유형들을 재정의하기 위해 적절한 방식을 고려하는 것을 의미할 수 있다. '슈퍼비전'이라는 이름을 고수해야 하는가, 아니면 새롭게 명명하고자 하는 노력이 우리를 새롭고 창조적인 용어로 이끌 것인가? 혹은 '성찰적 논의(reflective discussion)'와 같은 용어가 적절하고 더 정직할까?

관계의 질

현재 슈퍼비전이라고 부르는 성찰적이고 지지적인 노력을 이 분야에서 결국 어떻게 명명하든지 간에 실존주의 접근에서 중요한 핵심 요소는 삶과 치료에서 관계에 대한 이해에 초점을 맞추는 것이다. Du Plock은 '관계, 만남, 의미 만들기라는 개념들이 실존주의 현상학적 심리치료를 하는 사람들이 공통으로 갖는 핵심이며'(2007: 35), '우리는 슈퍼바이저와 슈퍼바이지가 슈퍼비전 동맹 관계에서 동등한 지위를 갖도록 보장하는 방법을 찾을 필요가 있다.'(Du Plock, 2007: 35)고 제안했다. 따라서 논의되는 치료는 관계적인 이슈에 주목하는 치료이다. 마치 상담자가 내담자, 치료적 관계, 그 만남을 이해할 수 있는 최선의 방법을 고민하는 것처럼 말이다.

초점

실존주의를 좀 더 명료하게 설명하기 위해, 우리는 현존재(Dasein)의 관계의 본질과 이것이 관계에 미치는 함의를 생각해 보아야 한다. 당연히 그것은 다양할 것이다. 이는 상담자와 그의 동료들 사이의 성찰적인 논의에서 적절한 핵심을 짚어 내는 것이 어렵다고 말하는 것이 아니다. Mitchell은 슈퍼비전에서 실존주의 접근을 구분하는 한 가지 방법은 슈퍼비전을 실존주의 심리치료와 비교해 보는 것이라고 말한다. 다음은 Mitchell의 말이다.

실존주의 심리치료와 실존주의 슈퍼비전의 차이는 특정한 사고의 차이에 있는 것이 아니라 상담자와 내담자 사이, 슈퍼바이저와 슈퍼바이지 사이에서 합의하는 일에 있다. 슈퍼비전의 초점과 의도는 심리치료의 초점과 의도와 다르다. 슈퍼비전은 치료적 관계에서 나타나는 주제 및 이슈에 대한 특정한 탐색을 촉진한다. 반면, 실존주의 심리치료에서는 내담자가 어떤 주제에 대해 이야기를 하든 공동의 탐색이 이루어진다(2002: 91).

또한 Du Plock은 슈퍼비전에서 실존주의 접근의 궁극적인 핵심이 '내담자가 의미를 만들어 내는 방법을 명료하게 하기 위해 내담자와 함께 일련의 공동 연구를 수행하는 것'(2007: 33)임을 명백하게 제시한다. Strasser는 '슈퍼비전의 목표는 특정 내담자들의 어려움에 대해 구체적으로 이야기하고, 관련된 이론적인 이슈에 대해 논의하는 것'이라고 말하며 Du Plock의 주장을 지지하는 것 같다(1999: 139). 따라서 슈퍼바이지의 욕구, 이론의 전개, 질 관리와 관련한 주제들은 오직 내담자에 대한 이해를 돕기 위해 필요한 경우에만 고려되고, 그 외에는 모두 뒷전으로 사라진다. Du Plock은 앞과 같이 이야기했음에도 불구하고 이러한 "실존주의 작업의 본질을 '고정하는' 것이 가능하다는 생각은 어리석다"고 언급했다(2007: 32). 따라서 공적인 언어로 이야기하면, 슈퍼바이지와 슈퍼바이저는 창조적인 자유를 가질 수 있는 권리뿐만 아니라 윤리적 책임에 대한 '권리'를 가지고 있어야 한다.

실존주의 원리를 따르면, 상담자들과 동료들이 나누는 성찰적인 논의들은 서로 동등하고 평등해야 하며, 그들의 치료와 내담자 사이의 관계성에 초점을 두어야 한다. 이러한 성찰적 논의는 각기 다른 다양한 구조, 형식, 대화들로 이어질 것이다. 작업에서 자신의 역할에 대해 염려하고 있는 개인들은 분명히 책임감이라는 주제를 갖게 될 것이다. 자, 이제 슈퍼비전에 대한 실존주의 접근에 유용한 맥락적인 요소들을 간단히 다루어 보겠다.

맥락적 요소

맥락과 관련된 주제들은 상담실무의 모든 측면을 개방하고 드러내는 것을 촉진하거나 방해할지 모르기 때문에, 실존주의 상담자들과 그들의 슈퍼바이저들은 아마도 맥락에 관련된 이슈들을 논의해 가야 할 것이다. 치료에 대한 성찰은 상담자로 하여금 그들 존재의 섬세한 측면을 검토하고 논의하도록 하며 때로는 치료에 영향을 주는 그들의 '의식 아래 가라앉아 있는(sedimented)' 신념에 도전하도록 하기 때문에 맥락의 역할을 명료하게 하는 것은 중요하다 (7장에서 언급되었듯이). 예를 들어, 치료사들이 많은 공공 부문 장면에서 이슈가 되고 있는 신경증 '위험 평가'에 반대하는 것은 명백하다. 이는 슈퍼바이저와 슈퍼바이지에게 다양한 방식으로 영향을 끼칠 수 있다. 그러나 슈퍼바이저와 슈퍼바이지 관계에서 이러한 이슈들에 대해 논의하는 것뿐만 아니라, 둘의 관계가 기초하고 있는 특정한 체계 내에서 논의하는 것이 유용하며 가치관의 차이가 명백할 때 어떤 일이 일어나는지에 대해서도 논의해 보는 것이 중요하다.

슈퍼바이저, 슈퍼바이지, 다른 이해당사자들 간에 대화를 시작함으로써, 각자의 관점 사이의 양립할 수 없는 부분이 발견되고 논의될 수 있다. 이 과정의 결과로 성찰적인 과정을 통해 문제해결의 방향을 찾게 될 것이다. 국가 의료서비스, 교도소, 수련 환경에서 논의하는 구체적인 이슈로는 자유, 책임, 실존주의 심리치료사와 내담자에게 핵심적인 이슈들이 있을 수 있다.

논의는 보통 매우 유용하지만, 모든 관련된 사람에게 불안감을 일으키는 어렵고 해결할 수 없는 상황을 야기할 수도 있다. 예를 들면, 실존주의 관점은 다음과 같다. '일반적인 규칙은 슈퍼바이지가 그들 자신의 이슈를 깨닫도록 돕고 슈퍼바이지가 자신의 개인적인 세계관을 탐색하는 것이 그들의 의무이다.'(Strasser, 1999: 139)

어떤 환경에서는 이런 것을 받아들이는 것이 어려울 수 있으며, 나쁜 신념의 경험을 성찰하도록 이끌 수도 있다. 또한 이는 몇몇 실존주의 심리치료사에게 작업 맥락을 바꾸도록 만들어 내담자 및 상담자가 치료에 책임을 지고, 가능한 한 조직의 개입으로부터 독립하도록 만들 수 있다.

결론

우리가 슈퍼비전이라고 부르는 것에 이미 활용 가능한 유용한 것들이 있다는 것은 분명하다. 명료화 작업과 논쟁을 하면 할수록 우리로 하여금 각기 다른 역할과 기대를 명확하게 해 줄 수 있는 개념과 언어들을 발전시킬 것이다. 다른 사람들이 언급한 것처럼 최근 심리치료가 구조화되고 규제화되는 방식으로 중요한 변화가 일어나고 있기 때문에 이것은 시급한 문제이기도 하다. 이는 인간 경험에 대한 우리의 이해를 높일 수 있는 시간과 공간을 제공하므로, 우리가 하고 있는 일에 대해 명확하고 설득력 있게 제시할 필요가 있다.

참고문헌

British Association for Counselling and Psychotherapy *Ethical Framework for Good Practice in Counselling and Psychotherapy* (BACP: Rugby, 2007).

Carroll, M. *Counselling Supervision: Theory, Skills and Practice* (London: Cassell, 1996).

_____ 'Supervision in Workplace Settings'. In M. Carroll & E. Holloway (eds) *Counselling Supervision in Context* (London: Sage, 1999).

Division of Counselling Psychology *Professional Practice Guidelines* (Leicester: British Psychological Society, 2005).

_____ *Qualification in Counselling Psychology: Candidate Handbook* (Leicester: British Psychological Society, 2007).

Du Plock, S. 'A Relational Approach to Supervision', *Existential Analysis* 18(1) (2007) 31–8.

Green, D. & Sherard, C. 'Developing an Evidence-base for Post-qualification Clinical Supervision', *Clinical Psychology* 133 (1999) 17–20.

Hawkins, P. & Shohet, R. *Supervision in the Helping Professions* (Milton Keynes: Open University Press, 1989).

_____ 'Approaches to Supervision of Counsellors'. In W. Dryden and B. Thorne (eds) *Training and Supervision for Counselling in Action* (London: Sage, 1993).

Henderson, P. 'Supervision in Medical Settings'. In M. Carroll & E. Holloway (eds) *Counselling Supervision in Context* (London: Sage, 1999).

_____ 'Supervision and the Mental Health of the Counsellor'. In M. Carroll & M. Tholstrup (eds) *Integrative Approaches to Supervision* (London: Kingsley, 2001).

Holloway, E. 'A Framework for Supervision Training'. In E. Holloway & M. Carroll (eds) *Training Counselling Supervisors* (London: Sage, 1999).

Langs, R. *Doing Supervision and Being Supervised* (London: Karnac Books, 1994).

Mason, B. 'Towards Positions of Safe Uncertainty', *Human Systems: The Journal of Systemic Consultation and Management* 4 (1993) 180–200.

Milton, M. & Ashley, S. 'Personal Accounts of Supervision: Phenomenological Reflections on "Effectiveness" Counselling', *The Journal of the British Association for Counselling* 9(4) (1998) 311–14.

Mitchell, D. 'Is the Concept of Supervision at Odds with Existential Thinking and Therapeutic Practice?', *Existential Analysis* 13(1) (2002) 91–7.

Page, S. & Wosket, V. *Supervising the Counsellor: A Cyclical Model* (London: Routledge, 1994).

Rowling, J. K. *Harry Potter and the Deathly Hallows* (London: Bloomsbury, 2007).

Sartre, J. P. *Being and Nothingness*. Trans. H. E. Barnes (London: Routledge, 1995).

Shipton, G. *Supervision of Psychotherapy and Counselling: Making a Place to Think* (Milton Keynes: Open University Press, 1997).

Spinelli, E. *Tales of Un-Knowing: Therapeutic Encounters from an Existential Perspective* (London: Duckworth Press, 1997).

Strasser, F. *Emotions: Experiences in Existential Psychotherapy and Life* (London: Duckworth Press, 1999).

Tholstrup, M. 'Supervision in Education Settings'. In M. Carroll & E. Holloway (eds) *Counselling Supervision in Context* (London: Sage, 1999).

Tholstrup, M. & Shillito-Clarke, C. *Supervision: A Secure Base.* A workshop presented at the Division of Counselling Psychology Annual Conference (2007).

Thomas, S. 'Supervision as a Maturational Process', *Psychodynamic Counselling* 3(1) (1997) 63–76.

Wheeler, S. *Training Counsellors: The Assessment of Competence* (London: Cassell, 1996).

Wilkes, R. & Milton, M. 'Therapists' Experience of Evidence Based Practice: Towards a Grounded Theory', Unpublished Doctoral Thesis, University of Surrey (2008).

Wright, R. 'Another Personal Approach to Existential Supervision', *Existential Analysis*, 7(1) (1996) 149–58.

Zorga, S. 'Supervision Process Seen as a Process of Experiential Learning', *The Clinical Supervisor* 16(1) (1997) 145–62.

13장
실존주의 슈퍼비전에서의 책임

-Diana Mitchell

우리는 특정한 선택을 피할 수는 있지만, 반응의 거부는 그 자체로 반응이 되기에 책임을 회피할 수 없다(Cohn, 2002: 110).

들어가는 말

책임과 책임에 대처하는 방식은 우리가 세상에 존재하는 방식과 우리가 맺는 모든 관계에 영향을 미친다. 이 장에서는 실존주의 슈퍼비전의 관계와 실존주의 슈퍼비전의 맥락 안에서의 책임에 대해 중점적으로 다룰 것이다. 나는 슈퍼바이저와 슈퍼바이지가 경험한 책임감이 어떻게 변화할 수 있는지 보여 줄 것이며, 이는 슈퍼비전 실무를 변화시키고 향상시킬 것이라고 믿는다.

Heidegger에게 **염려**(care; sorge)라는 개념은 세계-내-존재의 가장 기본적인 형태이다. Heidegger(1962: 156)는 두 가지 '존재론적(ontic)' 또는 경험적 염려 형태를 언급했다. 그중 하나는 배려(concern), 즉 우리가 주위 세계의 대상이나 사물과 어떻게 관계하는가 하는 것이고, 또 다른 하나는 심려(solicitude), 즉 우리가 인간과 어떻게 관계하는가 하는 것이다. 앞 장에서 살펴보았듯이, Heidegger는 두 가지 유형의 심려에 대해 기술하고 있다. 첫째는, 타인 대신 뛰어들어 타인의 염려를 대신 하면서 타인을 지배하는 (leaping-in; Einspringende Fürsorge) 심려로, 여기서 '타인이 책임감을 면제받거나 자신의 방식으로 자신의 존재에 반응할 수 있는 능력의 상실과 관련된다'(Karban, 1995: 8). 둘째는, 타인에 앞서 뛰어들어 타인이 스스로 자신의 염려를 하도록 하는(leaping-ahead; Vorspringende Fürsorge) 심려로, '책임감을 허락하지 않는 것이 아니라, 상대방과 자신의 책임감을 촉진시키고, 타인이 자기 자신의 실존으로 있도록 해 주는 일과 관련된다'(ibid).[1]

우리는 타인에 대해 책임을 지거나(leaping in), 타인이 자신의 대응 능력 (response-ability)을 신뢰하고 허용하도록(leaping ahead) 선택할 수 있다. 이런 식으로 책임이라는 단어를 분해해 봄으로써, 인간으로서 우리는 항상 이미 대응할 수 있는 능력을 가지고 있다는 것을 강조한다. 필연적으로 우리는 세상과 우리가 처한 상황에 반응한다. 우리는 타인과 주위 세계의 사물, 우리 자신만의 특별한 방식으로 보는 모든 것에 우리 자신이 반응하고 있음

---

[1] 역자 주: Heidegger에 따르면 현존재가 타인에 대해 긍정적으로 심려하는 양태에는 두 극이 있다. 하나는 '타인 대신 뛰어들어 타인의 염려를 대신 하면서 타인을 지배하는(leap-in)' 심려이다. 다른 하나는 '타인에 앞서 뛰어들어 타인이 스스로 자신의 염려를 하도록 하는', 그리하여 '타인으로 하여금 그 자신이 그의 염려 안에서 투명해지고 그의 염려에 대해서 자유롭게 되도록 도와주는 (leaping-out)' 심려이다. 전자는 타인이 현존재로서 자신의 실존에 직면하여 감당해야 할 가능성에 내가 직접 관여하여 나 자신의 실존적 요구를 타인에게 투사하는 사태이다. 그리고 후자는 상대가 스스로의 실존적 가능성을 감당하도록 이러한 투사 가능성을 스스로 차단하는 것이다. 전자의 경우 현존재는 다른 사람이 할 염려를 대신 떠맡는다. 그러면서 타인은 암묵적이건 아니건 간에 떠맡는 그 사람에 의존하여 지배받는 사람이 된다. 타인은 타인 자신이 아닌 나의 염려에 따라 움직이게 된다. 후자의 경우는 이와 반대로 타인에게 타인 자신의 염려를 본래적으로 되돌려 준다. 타인이 자기 자신의 실존으로 있도록 해 주는 것이다. 타인으로 하여금 그 자신이 그의 염려 안에서 투명해지고 그의 염려에 대해서 자유롭게 되도록 도와준다. 나 자신의 염려를 투사하지 않고 타인이 온전히 자기 자신이 되도록 해 준다. 현존재가 긍정적으로 심려하는 방식은 이 두 극단 사이의 혼합 양상이다[임현진(2017). 타인과 더불어 있음의 현사실성: 하이데거의 실존범주 "심려". 철학논집, 51, 183-212 참조].

을 발견한다. 타인과 함께하는 세계-내-존재로서 반응하지 않는다는 것은 불가능하다. 그러나 우리는 반응하는 방법을 스스로 선택할 수 있다. 개인을 무시하거나 침묵 속에서 외면하는 것도 하나의 선택된 반응이다. 세계와 항상 상호 연결된 부분인 인간의 주어진 반응 능력을 우리 존재론적 책임감(ontological Responsibility)으로서 대문자 R이라고 말할 수 있다면, 우리가 선택할 수 있는 책임감은 우리가 선택한 존재적 책임감(ontic responsibility)으로 소문자 r이라고 부를 수 있다(Jyoti Nanda, 2008). 물론 두 가지 유형의 책임감은 분리되어 있지 않다. 존재론적 책임과 존재적 책임은 항상 관련되어 있으며 연결되어 있다.

Heidegger는 한 개인과 같은 것은 존재할 수 없음을 보여 준다. 각 개인은 타인, 세계, 역사, 시간의 맥락 안에서만 볼 수 있고 이해될 수 있다. 그는 다음과 같이 말한다. "양심은 본질적으로 각각 자신의 것이니, 양심의 부름은 자신의 존재 각각으로부터 온 것이다."(Heidegger; Cohn, 2002: 99 참조) 우리의 개인적 책임과 우리가 회피할 수 없는 선택들은 우리의 '각자성(mineness)'과 마주하게 한다(ibid: 99). 세상과 분리된 존재로서 개인은 없다. 그러나 선택의 순간에 우리는 '혼자' 있음을 경험하게 된다. 선택은 내 것이며, 혼자의 것이다. 우리가 하는 선택이 '올바른' 것인지 완전히 확신할 수 없기 때문에 선택하는 것은 매우 위험할 수 있다. 이것은 우리 자신으로 하여금 책임지도록 하기보다는 우리의 선택에 대해 다른 사람이 '책임지게' 하고 싶은 욕구를 건드린다.

실존주의 슈퍼비전

나는 슈퍼비전이라는 용어 대신에 새로운 단어를 찾고 싶다. 그 이유는 슈퍼비전이라는 단어 안에는 슈퍼바이저와 슈퍼바이지의 관계가 '상담'을 가장 잘할 수 있는 방법을 모니터링하고 바로잡아 줄 것으로 기대되는 관계가 이미 내포되어 있기 때문이다. 이는 외부인인 슈퍼바이저가 상담자/슈퍼바이지와 그의 의뢰인 사이에 실제로 무슨 일이 일어나고 있는지 보고 알 수 있다는 것을 함축하며, 무슨 일이 일어나고 있는지 슈퍼바이저에 의해 파악된 부분이 아마도 교정될 수 있음을 의미한다. 슈퍼-비전은 '감독하는 것(oversee)'을 의미하며, 한 사람이 다른 사람 '위에 있는(above)' 특정한 관계를 의미한다.

이 장에서 언급되는 실존주의 상담자나 실존주의 슈퍼바이저는 항상 '실존주의 현상학 상담자나 슈퍼바이저'를 의미한다. 실존주의 상담자 겸 슈퍼바이저로서 나는 존재의 실존적 차원(존재론적; ontological)을 알고 있지만, 치료의 초점이 되는 것은 상황의 현상학적 차원(존재적; ontic)이다. 존재의 두 가지 차원인 존재론적 차원과 존재적 차원은 실존주의 슈퍼비전에서 다루어진다.

나는 상담 실무에 대해 우리가 당연하게 여기는 가정에 의문을 품고 도전하는 것에 스스로 자부심을 갖는 실존주의 현상학이 슈퍼비전 실무를 크게 간과했던 것은 참으로 '기묘한' 일이라는 Du Plock의 의견에 동의한다. 이 책은 이와 같은 간과된 것들을 자세히 다룬다.

'임상' 슈퍼비전이라는 용어와 개념은 실존주의 현상학 사상가들의 기여 없이 분명히 존재했다. 나중에 15장에서 살펴보겠지만, '임상'이라는 용어는 실존주의 사고(thinking)와는 무관하다. Gilbert와 Evans는 다음과 같은 일반적인 합의가 있다고 말했다.

> 슈퍼비전은 심리치료사가 진행 중인 전문성 개발 과정에서 자신의 능력을 향상시키기 위해 보다 많은 경험을 가지고 있는 전문가와 협력하는 학습 과정이다. 이것은 결국 내담자의 안녕을 장려하고 보호한다(2000: 1).

슈퍼비전에서 보다 경험이 많고 숙련된 상담자가 다른 상담자, 특히 수련

상담자를 감독하고 지도 및 교육해야 한다. 그러나 슈퍼바이저는 자신의 치료적 관계 안에서 슈퍼바이지의 존재 방식을 완전히 통제할 수는 없다. 슈퍼비전의 기능 중 하나인 치료의 질 관리라는 주제는 이전 장에서도 같은 점이 제기되었다. 경험이 적은 상담자가 자신의 내담자와의 작업에 대해 더욱 경험이 많은 상담자에게 말하고 싶어 하는 것은 당연하다. 또한 내담자들과 보낸 시간이 많은 경험 있는 상담자가 내담자와 보낸 시간이 매우 적은 상담자보다 그들이 무엇을 해야 하는지에 대해 더 능숙할 것이라고 생각할 수 있다. '연습은 완벽을 만든다.' 그러나 경험은 반드시 좋다거나 더 낫다는 가정과 동의어일까? 아마도 대답은 그렇기도 하고 그렇지 않기도 하다고 할 것이다.

'그렇다'는 관점에서는 상담자로서 그리고 슈퍼바이저로서 우리가 삶의 경험에서 배우고 얻은 것이 우리의 내담자와 슈퍼바이지에게 제공하는 것에 중요한 역할을 한다는 점이다. 상담자로서 우리는 내담자와 관련하여 내가 누구인지를 활용한다. 다른 상담자의 도움으로 우리 스스로는 결코 할 수 없는 방식으로 듣고 보는 것은 매우 중요하다. 그러나 어떤 상황에서는 경험이 상담자/슈퍼바이저의 자만심, 과신, 심지어 오만으로 이어질 수 있기 때문에 '그렇지 않다'라고도 할 수 있는 것이다. 내 생각으로는 상담자가 경험이 많다 하더라도, 내담자들이 우리에게 말하고 있는 것을 진정으로 듣기 위해서는 우리가 가지고 있는 지식의 일부로는 '알지 못하기(un-know) 때문에' (Spinelli, 1997, 2007) 어려움이 있다고 생각한다. 경험이 적을수록 '덜 숙련되었고' 경험이 많을수록 유능할 것이라는 가정이 있다. 하지만 우리 모두는 상담자로서 알고 있다. 상담자로서 아무리 오랫동안 상담을 해 왔다 하더라도 혼란스럽거나 능력이 부족하다고 느끼는 자신을 계속해서 발견한다는 것을 말이다. 슈퍼바이저로서 우리는 '자격을 갖춘' 상담자가 되려면 아직 상당한 기간이 필요하고 지금은 내담자와 보낸 시간이 훨씬 적지만 '타고난' 것처럼 보이는 슈퍼바이지들도 마주한다.

경험이 많은 상담자가 더 나은 상담자라는 가정은 선형적 사고의 한 형태로서, 경험이(역량이) 적은 단계에서 경험을 쌓는(역량을 갖춘) 단계로의 점진적 진행이다. 이것은 수련상담자가 아직 치료실무에 능숙하고 책임감 있으며 신뢰할 수 있는 상담자로 아직 발전하지 않았음을 의미한다. 수련 중에 있는 실존주의 상담자들은 내담자에게 도움이 될 수 있는 기술이나 기법을 훈련받지 않는다. 상담자의 치료 기술은 그들 자신의 개인적 자질과 민감성에서 발전한다. 어떤 치료적 효과가 생긴다면, 그것은 두 존재 사이에 일어나는 것이며 그들만의 독특한 관계에서 나오는 것이다(Mitchell, 2002: 94).

슈퍼비전 수련에서의 가정

실존적 관점에서 보면 슈퍼비전의 밑바탕에는 몇 가지 의심스러운 가정이 있다. 그중 하나는 치료 전문가의 유형이 다르고 각 유형에 따라 특정한 방식으로 슈퍼비전이 제공되어야 한다는 점이다. 상담자들은 그들의 자격과 경험 수준에 따라 여러 집단으로 나뉜다. 슈퍼바이저의 책임의 수준은 슈퍼비전하는 특정 집단 또는 유형에 따라 달라질 수 있다. 슈퍼바이지는 수련상담자, 자격을 갖춘 상담자, 경험이 풍부한 자격을 갖춘 상담자의 세 집단으로 분류될 수 있다. 이러한 유형을 진지하게 받아들이기 위해서는 각 상담자들이 속한 집단에 따라 하나의 특정한 방식으로 이들을 일반화하고 접근하는 것이 가능하다는 것을 믿고 받아들여야 할 것이다. 내 생각이지만 슈퍼바이지가 어디에 속하는지를 알았다고 해서 상담자로서 그 사람에 대한 어떤 것도 말해 주지 않는다.

먼저, 수련상담자 집단을 고려해 보자. 여기서, 수련 중인 상담자들은 아직 '충분히 좋은' 상담자의 능력을 갖추고 있지 않다는 보편적인 견해를 가지고 있다. 이러한 가정은 대부분의 수련상담자들의 대학 생활 내내 따라다닌다. 나는 일부 수련상담자가 인간으로서의 자질과는 전혀 상관없이 '적절한' 상담자가 되기 위해서는 많은 것을 배워야 한다는 견해를 어떻게 비판 없이 따르는지에 주목했다. 그럼에도 불구하고, 우리는 수련생들이 다양한 문화, 다양한 연령, 인생 경험, 사회적 배경, 가족 배경, 민감성, 강점과 약점을 지닌 다양한 범위의 성인으로 구성되어 있다는 것을 안다. Emmy van Deurzen은 상담자의 훈련이란 '적절한' 양의 상담 시간과 슈퍼비전 시간을 채우는 것이 아니라고 말한다. 왜냐하면 '어떤 사람들은 아무리 많은 양의 상담을 해 왔음에도 필요한 시각과 깊이에 도달하지 못하는 반면, 어떤 사람들은 수년간의 자기성찰 훈련을 통해 훨씬 앞서갈 수 있기 때문이다.'(Deurzen, 2007: 208) 그러므로 수년간의 치료와 슈퍼비전의 시간을 쌓아 왔다고 해서 그 사람이 더 나은 상담자가 되는 것은 결코 아니며, 그것은 '양의 문제가 아니라 질'의 문제이다(ibid: 208).

슈퍼바이저에게 있어서 책임의 수준은 슈퍼바이지의 '유형'에 따라 달라진다. 수련상담자들을 감독할 때 슈퍼바이저의 역할, 상담자의 경험, 슈퍼바이지와 슈퍼바이지가 속한 기관의 정책에 따라 슈퍼바이저는 슈퍼바이지의 치료 내용에 대해 어떤 책임감을 갖거나, 심지어는 슈퍼바이지 내담자의 '안전'까지도 책임지도록 요구받는다. 대개 수련상담자들은 수련을 마치고 졸업한 사람보다 더 엄격한 방법으로 모니터링이 필요하다고 여겨진다. 그렇다면 이는 경험 있는 상담자의 경우는 경험이 있기 때문에 슈퍼비전이 필요하지 않다는 것을 의미하는 것일까? 이는 동의할 수 없는 가정이다. 그 이유는 우리가 상담을 해 온 횟수와 상관없이 우리 모두가 '공동으로 모니터링'이 되어야 하기 때문이다. 이러한 '필요'는 다양하며 끊임없이 변화하는 개인의 생활과 우리가 관계를 맺는 특정 내담자에 따라 다르다.

그럼에도 불구하고 누군가가 자격을 갖춘 경험 있는 상담자가 되면 모든 것이 바뀌는 것 같다. 적절한 자격을 갖춘 경험 있는 사람은 동료 슈퍼비전을 위해 자격을 갖춘 다른 상담자를 만날 정도로 신뢰받는다. 이러한 슈퍼비전 관계는 경험이 적은 상담자와 슈퍼바이저 사이의 관계보다 위계적이지 않고 더 평등할 수밖에 없다.

그러나 실존주의 슈퍼바이저로서 나는 현재 우리가 점점 더 실수를 용인하지 않으며, 내담자의 증상과 요구, 치료법을 평가하는 방법들이 계속해서 소개되고 있는 문화 속에서 살고 있다고 느낀다. 슈퍼바이저가 자신의 슈퍼바이지가 상담자로서 일하는 맥락을 잘 인지하고, 수용하며, 그러한 맥락을 고려하여 작업하는 것은 매우 중요하다. 이전 장에서는 슈퍼바이지가 일하는 특정 맥락에서 요구되는 제약조건을 슈퍼바이저가 고려하는 것이 얼마나 중요한지 살펴보았다.

나의 견해는 상담자/슈퍼바이지의 경험이 있는지 없는지가 중요한 것이 아니라, 슈퍼바이지를 한 인간으로서 내가 인식하고 있는지와, 더불어 슈퍼바이지가 자신의 내담자와 관련하여 나에게 어떻게 말하는가가 오히려 중요하다는 것이다. 또한 나는 평가자로서의 역할도 가지고 있기 때문에 슈퍼바이지가 나에게 잘 보이고 싶어 할 가능성도 고려해야 한다. 슈퍼바이저는 슈퍼비전 시에 상담자의 다른 접근과 새로운 이해를 촉진하기 위해 개방성과 자유로운 표현을 장려할 것으로 기대되지만, 지극히 수련상담자의 입장에서 보면 바로 그 슈퍼바이저는 상담자/슈퍼바이지의 능력을 평가하고 판단하는 사람, 즉 판사와 배심원과 같이 보일 수 있다. 실존주의 슈퍼바이저로서 내가 어떻게 이 두 가지 특성을 결합하고 이 두 가지 요구조건을 수행할 수 있을까?

슈퍼바이저는 특히 수련 상황에서 수련상담자들이 좋은 실존주의 상담자가 될 수 있도록 지도해야 한다. 이 가르침과 안내는 내가 의도적으로 뭔가를 하려고 제시할 수 있는 성격의 일이 아니다. 그러나 슈퍼비전 관계가 상호 존중되고 개방적이며 창조적일 때 가르치고 안내하는 일이 발생한다. 가르치는 것과 안내하는 것은 종종 양방향 과정이며, 나도 슈퍼바이지들로부터 끊임없이 배운다.

나는 많은 사람이 참여하는 집단 슈퍼비전을 진행하면서, 누군가가 자신과 내담자의 관계에 대해 이야기하는 어떤 패턴에 주목했다. 점차 집단 내 모든 사람이 질문을 하고 지켜보기 시작하면서, 생각해 보고 탐색해 볼 만한 새롭고 예상치 못한 영역을 발견하기도 한다. 나는 이 혼란스럽고 창조적인 상호작용 속에서 새롭고 놀라운 것이 생겨날 수 있다고 믿는다. 그 과정이 자발적이고 예측할 수 없는 경우에 그러한 일이 발생한다. 실존주의 슈퍼바이저로서 불확실성을 포용하고, 뛰어들어서 질서를 창조하고자 하는 유혹을 뿌리치고, 나 자신과 나의 슈퍼바이지에게 명료함(clarity)을 가져다주려고 노력한다. 실존주의 슈퍼비전은 실존주의 치료를 이상적으로 반영해야 한다. 상담자와 마찬가지로 슈퍼바이저도 슈퍼바이저로서의 자신의 존재 방식에 책임을 져야 한다. 이러한 희망적인 존재 방식은 슈퍼바이지와의 치료 관계에 유용하고 중요한 '새로운' 것을 촉진한다. 학습은 이미 알려진 것에 다른 관점의 보다 밝은 빛을 던짐으로써 새로운 시각으로 재확인하고 명료화하는 것이 대부분이다. '발견(discover)'이라는 단어는 이미 존재하는 어떤 것의 덮개를 벗기는 것을 의미한다. 슈퍼바이저와 슈퍼바이지 모두 그 관계에 영향을 받는다. 그러나 슈퍼바이지가 슈퍼비전에서 어떤 것을 얻어 가는지 혹은 어떤 영향을 받는지에 대해서는 슈퍼바이저에게 책임을 물을 수 없다.

슈퍼바이저와 슈퍼바이지, 내담자와 상담자, 친구 또는 연인 등 우리가 서로에게 누구이건 간에 그 관계는 상호주관적이며, 각각 자신의 필요와 세계관을 가지고 있다. 물론 어떤 사람은 화자가 의도한 것과는 다르게 이해할 때도 있을 것이다.

슈퍼바이저의 실존적 태도

실존주의 슈퍼바이저는 슈퍼바이지가 내담자와 어떻게 관계하고 있는지 확신을 가지고 알 수 없는데, 그 이유는 이것은 과정 중의 관계(a relationship in process)이기 때문이다. 이 과정은 두 사람 사이의 특정한 맥락 안에서 일어난다. 그것은 상담자나 내담자의 것이 아니며, 그것을 결코 완전히 포획해서 물병에 담아 슈퍼비전에 원래의 모습 그대로 가지고 올 수 없다. 나는 슈퍼바이저의 책임 중 하나는, 슈퍼바이저의 존재 방식을 통해 우리가 상담자로서 갈망하는 것들, 예를 들어 경청과 자격을 갖추는 데 필요한 것들을 전달하는 것이라고 믿는다(Spinelli, 2007: 135). 물론 이것은 가르침을 주지 않는 교육 방식의 형태로 보일 수 있다. '좋은 본보기가 되는 것'이 슈퍼바이저가 일종의 완벽주의를 달성하려고 노력한다는 뜻은 확실히 아니다(ibid: 128-9). 내 경험에 따르면, 수련 중인 많은 상담자는 졸업해서 일단 경험 많은 상담자가 되면 난처한 실수를 하지 않을 것이며, 정교하고 제대로 자각하고 자신감 있고 유능한 상담자가 되리라는 생각을 갖고 있는 것 같다. 만약 슈퍼바이저가 언제나 모든 딜레마에 대해 지혜롭고 현명한 의견을 가지고 있고, 모든 것을 알고 있으며, 쉽게 흔들리지 않고, 확신에 차 있는 것처럼 보인다면, 슈퍼바이저는 수련 중인 상담자의 근거 없는 믿음을 영구화할 위험이 있다.

나는 슈퍼바이지들이 자신의 딜레마에 대해 그들 자신만의 방식으로 이해하고 해결책을 스스로 생각해 보도록 격려한다. 어떤 슈퍼바이지는 그들의 슈퍼바이저를 자신의 역할모델로 삼는 경향성이 있는데, 슈퍼바이지와 내담자들에게 자신이 실수할 수 있는 (초인적인 존재가 아닌) 현실의 보통의 인간 존재라는 것을 보여 줄 용기를 갖는 것이 슈퍼바이저의 또 다른 책무라고 생각한다. 슈퍼바이저는 상담자와 마찬가지로 불완전한 인간 존재로서 불가피한 실수나 오판, 민감하지 못한 것에 대해 자신이 책임을 지도록 자신을 믿고 신뢰하고, 그런 실수로부터 배울 수 있도록 조력하는 촉진자이다. 우리의 내담자들이 우리가 인간이라는 것을 알아야 하며 우리 또한 '부족'하고 고군분투할 수 있다고 한 Emmy van Deurzen의 말을 슈퍼바이저에게 이야기할 수 있다. 완벽은 우리에게 필요한 것이 아니며, '진정한 나로 존재하는 것이 전부이다'(Deurzen, 1998: 113). 만약 슈퍼바이저들이 이런 식으로 자신의 책임감에 접근한다면, 슈퍼바이지에게 수련을 시킬 때조차도 슈퍼바이지 스스로를 책임감 있는 어른으로 신뢰하도록 격려할 것이다. 수련 슈퍼바이지들로 하여금 자신의 실수를 인정하고 그것으로부터 배우도록 격려해야 하며, 자신을 신뢰하고 결코 자신의 강점을 놓치지 않도록 배우게 해야 한다.

슈퍼바이지의 관점에서 슈퍼비전에서 때때로 예기치 않게 '조언'을 들을 수 있다. 슈퍼바이지는 '제안한 모든 충고를 받아들이되 자신의 판단에 따라 행동하라'는 것이 가능하다는 것을 이해할 필요가 있다(Judas, 2005). Rasputin의 노트에서 따온 이 문장은 '조언'이 자극적으로 생각될 수 있지만, 결국 다른 관점의 제안이다. 그러나 슈퍼바이지가 내담자에게 돌아갔을 때 자신의 판단과 책임을 감당할 수 있는 자신의 능력을 믿어야 한다. 슈퍼바이지가 슈퍼바이저의 인식을 '정답'으로 이해하기보다 또 다른 관점 중 하나로서 이해한다면, 슈퍼비전 관계가 보다 존중되고 신뢰로운 관계가 될 것이다.

'상담자인 당신을 만나는 내담자는, 당신이라는 사람을 만나러 온 내담자이다. 똑같은 내담자는 없다. 두 명의 상담자가 같은 내담자를 만난다고 해도, 같은 내담자가 아니다.'(Cohn, 1997: 33)라는 이 믿을 수 없을 정도로 간단한 진술은 슈퍼비전에도 똑같이 적용될 수 있다. '슈퍼바이저인 당신을 만나는 슈퍼바이지는 당신이라는 사람을 만나러 온 슈퍼바이지이다. 똑같은 슈퍼바이지는 없다. 두 명의 슈퍼바이저가 같은 슈퍼바이지를 만난다면, 같은 슈퍼바이지가 아니다.' 슈퍼바이저와 슈퍼바이지가 만나는 순간부터 그들은 서로에게 각각 반응한다. 슈퍼비전이라는 맥락 안에서 각자 상대방을 판단하고 평가하고 이해하려고 노력해야 한다. 슈퍼바이저는 상담자와 마찬가지로 슈퍼바이지를 이해하고 알아 가기 위해 노력할 것이며, 슈퍼바이저는 슈퍼바이지에게 슈퍼바이저 자신을 알아 갈 수 있는 기회를 주어야 한다. 물론 '알아 가는 것'과 '서로 아는 것'은 슈퍼바이지마다 느끼는 것이 다를 것이다. 나는 상담자로서 내 '역할'보다 슈퍼바이저로서의 나 자신을 더 많이 드러내고자 한다. 나는 나의 한계, 판단, 개인적인 감정에 대해 더 개방적이다. 왜냐하면 이러한 모습이 슈퍼바이저로서 나를 더욱 유능하게 만드는 방법 중 하나인 것 같기 때문이다.

앞에서 말했듯이, 슈퍼비전이라는 맥락에서 슈퍼바이저는 교사, 촉진자, 평가자 역할을 하도록 요구된다. 실존주의 슈퍼바이저는 집단 내의 각 개인에 대한 나 자신의 반응이 객관적이거나 분리되어 있는 것이 아니라 독특하고 주관적일 것이라는 것을 알고 있다. Merleau-Ponty는 우리가 존재하는 상황 밖에(stand outside) 우리가 존재하는 것이 불가능하다는 것을 상기시킨다. '우리는 세계에 사로잡혀 있고, 세계에 대한 의식에 도달하기 위해 그곳으로부터 빠져나오는 데 성공하지 못한다.'(Merleau-Ponty, 1962: 5) 슈퍼바이저의 어떠한 평가도 슈퍼바이지와의 관계와 그것이 일어나는 맥락에서 이루어진다. 동일한 집단과 작업하는 다른 슈퍼바이저는 그 집단의 구성원들에게 각각 다른 인상으로 남을 것이다.

슈퍼바이저 또는 아마도 더 나은 이름인 촉진자(facilitator)는 자신이 '상담 기술을 다룰 줄 아는 자격을 갖춘 존재'가 아니라 '관계 안의 존재'라는 길을 가는 데 책임을 져야 하고 자신에게 있는 '존재의 특성'을 신뢰해야 한다 (Spinelli, 2007). 이것은 '아무것도 하지 않는 것'으로 오해할 수 있는데, 이는 사실과 다르다. 슈퍼바이저로서 우리의 존재 방식과 우리가 무언가(우리의 이론)에 대해 어떻게 생각하는지는 슈퍼비전 과정에서 우리가 무엇을 하는지 또는 무엇을 하지 않는지로 표현된다. 만약 이러한 것들이 우리가 상담자로서 사용하는 기술이라면, 이것들 또한 슈퍼비전에서 길러져야 할 기술이다. 슈퍼비전 관계는 다른 어느 관계처럼 독특하며, 변화 가능성과 한계로 가득할 것이다. 슈퍼바이저에 대한 평가는 집단의 다른 구성원들과의 관계 안에서 슈퍼바이지에 대한 슈퍼바이저의 반응으로 전달된다. 슈퍼바이지가 내담자와의 이야기를 '가져올 때' 항상 슈퍼바이지 자신의 이야기도 '가져온다'. Merleau-Ponty는 우리가 타인에 대해 이야기할 때, 그것이 오직 우리 자신을 통해서만 가능하다는 것을 보여 준다. '나는 타인으로부터 나 자신을 빌린다.

294

나는 나 자신만의 생각으로 타인을 창조한다. 이것이 타인을 인식하는 데 실패하는 것이 아니다. 그것은 타인의 인식이다(Merleau-Ponty, 1992: 37). 슈퍼바이지는 슈퍼바이저(및 집단)에게 특정한 방식으로 반응하는데, 이를 통해 자신의 내담자에 대해 이야기할 때 드러난 것과 드러나지 않는 것을 볼 수 있는 역할을 하게 된다.

실존주의 슈퍼비전 실제에서의 도전

도전에 대한 나의 접근 방식은 우리가 어느 수준의 상호 신뢰와 이해를 확보한 뒤에 슈퍼바이지에게 도전해 보도록 노력하는 것이다. 슈퍼바이지에 대한 이해가 선행되지 않고 성급하게 도전하도록 하는 것은 슈퍼바이지의 가능성을 열어 주고 자신에 대한 이해를 촉진하는 것보다 역효과를 부를 수 있고 생산적이지 않을 수 있다. 다음의 예는 일대일 슈퍼비전을 받기 위해 내게 찾아온 상담자 메리에 대해 내가 어떻게 걱정하고 있는지를 보여 준다.

메리는 자신이 어려워하는 내담자에 대해 이야기하고 싶어 했다. 메리는 어린 자녀와 아내를 둔 자신의 내담자가 자신은 바람을 피우면서 아내에게는 좋은 아내가 되기를 기대하는 것은 '옳지 않다'고 말하면서, 화나고, 속상하며, 당황한 것처럼 보였다. 이어서 메리는 자신의 내담자에게 그가 현재 가족을 대하는 것에 대해 어떻게 느끼는지 물어봄으로써 내담자를 직면시켰다고 말했다. 나는 그녀에게 직면에 대한 내담자의 반응은 어땠는지 물었다. 메리는 잠시 생각하다가 내담자가 즉시 화제를 바꾸었다고 말하면서, 그것은 그가 아마 죄책감을 느껴 자신의 책임을 직시하고 싶지 않다는 신호로 보였다고 했다. 나는 메리와 내담자 사이에 무슨 일이 일어났었는지 알 수 없었고, 메리의 개인적인 견해가 내담자가 자신과 자신의 상황을 이해하는 것을 돕는 것을 어떻게 방해했는지는 알 수 없었기 때문에, 메리의 말을 들으면서 점차 걱정스러워졌다. 그녀가 볼 수 있는 것은 '그녀가 옳다고 생각하는 길'이 전부였다. 나는 그녀의 가치관과 세계관이 내담자와 다르기 때문이 아니라, 그녀가 '뒤로 한 걸음 물러나서' 그녀의 견해가 단지 그녀 자신의 관점이라는 것을 볼 수 없을 것 같았기 때문에 점점 더 걱정되었다.

이쯤에서 나는 그녀의 말을 들을수록 점점 더 불편해졌으며 그녀가 개인적인 견해에 사로잡힌 것 같다는 인상이 강하게 든다고 그녀에게 말했다. 그제야 우리는 무슨 일이 일어나고 있었는지 명료화하고 이야기할 수 있었다. 메리는 내담자의 행동이 자신의 상황과 얼마나 비슷했는지 그리고 그것이 곧 그녀의 가치관과 어떻게 충돌하는지 보기 시작했다. 메리는 그녀의 개인적인 상황에 대해 이야기한 후, 내담자의 경험과 내담자의 존재 방식을 탐색하지 않고 방치한 채로 메리가 어떻게 자신의 세계로 휩쓸려 들어갔는지를 쉽게 발견할 수 있었다. 나의 답변은 메리와 내담자에 대한 나의 걱정에서 나온 것이었는데, 그것은 단지 그녀의 슈퍼바이저로서의 나의 의무였기 때문이 아니라, 나의 전 존재가 그 순간에 내가 해 왔던 방식으로 내가 반응하도록 요구했기 때문이다. 분명히 슈퍼바이저는 항상 내담자를 배려하고 걱정한다.

Martin Adams는 이렇게 표현했다. "사람으로서, 슈퍼바이저로서, 우리는 자신과 타인에게 문제가 되고 있는 사안에 대한 우리의 인식을 교환할(커뮤니케이션할) 책임이 있다. 그것이 바로 슈퍼비전에서는 슈퍼바이지의 치료 행위이다."(Adams, 2002: 207) 우리가 소통하는 것을 선택하고 어떻게 소통하느냐는 우리가 있는 맥락(슈퍼비전)에 대한 우리의 반응에 의해 영향받으며, 맥락 안에서 우리의 역할을 우리가 어떻게 보는가에 의해 영향을 받을 것이다. 메리는 한 내담자에 대해 개인적인 반응에 사로잡히는 것 같았고, 이러한 반응은 그렇게 잘못된 것은 아니다. 내가 생각하기에 '잘못된' 것은 치료적 관계의 맥락 안에서 그녀 자신의 개인적 견해가 갖는 영향을 의식하지 못하는 것이었다.

그녀가 스스로 할 수 없는 것을 알아차릴 수 있도록 돕는 것이 한 사람으로서, 그녀의 슈퍼바이저로서 나의 책임이었다. 나는 그녀가 새롭게 이해할 수 있도록 내 책임을 다했고, 이는 메리가 다른 방식으로 그녀의 책임을 감당할 수 있게 한다. 또한 메리가 그녀의 내담자와 관련해서 '관계 속에서의 자기'에 대해 생각해 볼 수 있는 기회를 주었기 때문에 그녀가 자신의 감정을 그렇게 솔직하게 말해 준 것이 고마웠다. 나는 아마도 그녀의 내담자의 안녕을 살피고 있었을지 모르지만, 메리가 다음에 그녀의 내담자를 볼 때 다르게 느끼고 행동할 것이라는 보장은 절대 없다. 이는 내가 통제할 수 없는 영역이다. 몇몇 슈퍼바이저는 메리가 상담 과정에서 드러난 자신의 문제를 다루어야 한다고 제안할 수도 있지만, 이런 상황에서 의례적으로 제안할 일은 아니다. 그것은 이런 종류의 상황이 얼마나 자주 발생했는지와 슈퍼바이지의 자각 수준에 모두 달려 있을 것이다. 슈퍼바이저로서의 나의 책임은 슈퍼바이지로 하여금 나 자신, 내가 생각하는 가정과 나의 관점을 활용할 수 있도록 하면서 동시에 관계하고 살아가며, 조율해 가는 관계에서 이미 경험을 쌓은 동료 성인으로서 슈퍼바이지를 존중하고 신뢰하는 것이다. Adams는 다른 자율적인 존재들과 함께 살아가는 것이 고통스러울 수 있지만, '…… 우리 각자는 우리 자신의 견해와 타인의 견해를 모두 인정할 책임이 있다.'(ibid: 208)는 점을 우리에게 상기시켜 준다.

'충분히' 안전하고 판단하지 않는 공간

교사들은 훈련과정의 훈련생들이 먼저 탈숙련화된 후에 (희망컨대) 다시 통합되어야 한다고 믿는 것 같다. 나에게 이 접근법은 타인의 존재에 대한 실존적 태도와 반대된다. 실존주의 현상학적 관점에서 보면 '올바른' 혹은 '잘못된', '건강한' 혹은 '건강하지 않은' 방법은 없다. 나는 나에게 '제시되고' 인식된 대로 그 사람과 함께 일하고 수용하려고 노력한다. 내가 할 일은 그 사람의 세계관을 바꾸는 것이 아니라, 오히려 궁극적으로는 상담자로서 슈퍼바이지에게 도움이 되기를 바라는 마음으로 새로운 가능성과 자기이해를 촉진하는 것이다. 결과적으로 당연히 상담자/슈퍼바이지의 세계관은 매우 잘 변화할지도 모른다. 슈퍼바이저가 존중하고, 신뢰로운 관계가 형성되기 전에 그리고 타인을 알아 가는 과정을 통해 이해하기 전에 대신 뛰어들어(leap in) 지배하려는 심려를 보인다면, 어떤 의미에서는 슈퍼바이지를 존중하지 않을뿐더러 그들의 대응 능력을 훼손할 수 있다.

> 우리가 내담자를 위해 안전하고 판단하지 않는 공간을 만드는 것을 목표로 하지만, 아이러니하게도 동시에 그 누구보다도 그 공간을 더 필요로 하는 사람, 즉 그의 내담자를 위해 그 공간을 만드는 것에 대한 거대한 책임이 있는 수련상담자들은 그들 스스로 그것을 거부한다(Hall, 1997: 310).

앞의 인용문은 슈퍼비전 수련이 잘못되었을 때 어떤 일이 일어날 수 있는지를 보여 주는데, 슈퍼비전에서의 경험이 슈퍼바이지들이 내담자와 함께 만들려고 하는 것과 모순된다. 수련상담자들은 대개 스스로 '진정한' 내담자를 바라보는 상담자가 되기를 연습한다. 내가 보기에는 수련상담자들이 수련받는 동안 따르는 몇몇 가정과 판단에 대해 의문을 제기하고 도전하는 것이 더욱 중요해 보인다. 수련상담자는 이미 검증되고 축하받을 수 있는 삶, 관계, '존재의 기술'에 대한 경험이 있다고 가정해서는 안 되는가?

나는 단지 수련상담자로서만이 아니라 고전 발레 무용수로 훈련받으면서 나의 개인적인 경험에 근거해서 여기에서 말하고 있다. 나는 재능 있는 선생님과 함께 일할 수 있는 행운이 있었을 때에야 비로소 정말로 나 자신을 표현하기 시작했다. 대부분의 발레 훈련은 무용수의 약점에 초점을 맞추고 있으며, 대부분의 무용수는 수련상담자들이 하는 것과 상당히 비슷한 방식으로 자신과 자신의 능력에 대해 매우 비판적이다. 이 선생님은 우리에게 스스로를 신뢰하고 우리의 강점에 가치를 부여하고 이를 최대한 활용하라고 가르쳤다. 또한 그녀는 우리에게 책임감을 가지고 스스로의 훈련에 책임지도록 격려했다. 우리는 선생님들로부터 훈련 받는 일반적인 경험이 아니라 새로운 자기 훈련 방법을 발견했다. 우리는 우리의 몸에 '귀를 기울이고' 그에 맞추어 몸을 움직였다. 우리는 존중받으며 다루어졌으며, 결국 우리는 우리 자신도 존중하게 되었다. 이것은 우리가 여전히 극복하기 위해 노력했던 우리의 약점을 알아차리는 것을 막지는 못했지만 우리가 극복할 수 있도록 싸우게 해 주었다. 우리가 새롭게 발견한 자신감과 '자신의 두 발로 설 수 있고', 우리의 강점을 소유할 수 있는 능력이 인간 존재로서 그리고 무용수로서 새로운 가능성을 우리에게 열어 주었다.

이것이 상담자로서 우리가 원하는 것이기도 하다. 우리는 타인과 관계를 맺을 때, 순간순간에 우리가 누구인지를 사용한다. 슈퍼비전은 때로는 모순되는 우리의 많은 자질과 감정들이 표현될 수 있고 차이점들이 용인되고 인정받고 축하받는 곳이다. 또한 댄스 스튜디오처럼 슈퍼바이지가 자신을 더 선명하게 볼 수 있도록 거울을 들어 비추어 주는 책임이 슈퍼바이저에게 있다.

슈퍼비전의 정치적 맥락

실존주의 관점은 존재론적 맥락에서부터 매일매일의 일상의 맥락까지 우리가 살고 있는 맥락에 대한 알아차림을 항상 포함한다. 특히 NHS와 같은 기관에서 상담자나 슈퍼바이저로 일하는 것은 특히 과실로 고소될 가능성으로부터 우리 자신과 조직을 보호하는 것을 수반할 수 있다. 수련기관은 수련생, 강사 및 슈퍼바이저에 대한 보편적인 지침을 따르고 준수해야 하는 압력을 점점 더 많이 받고 있다. 나는 실존주의 상담자와 슈퍼바이저들이 이 새로운 현실을 받아들이고 지침에 따라 함께 일할 수 있는 방법을 찾아야 한다는 것을 잘 알고 있다.

나는 때때로 어떤 의미에서 제3의 이해당사자를 슈퍼비전하는 상황에도 직면한다. 나는 실존주의 현상학적 사고방식과는 상충하는 시스템에 순응하도록 요구하는 기관에서 실존주의 상담자를 슈퍼비전을 위해 만나기도 한다. 계약서에 따르면 상담자는 먼저 내담자를 '평가' 회기에서 만나 내담자의 역사를 세밀히 기록한 후 내담자가 집중하는 영역을 확인하는 작업으로 이어지게 된다. 마지막으로 상담자는 언제 어떤 결과가 나올지 예측하도록 요구받는다. 슈퍼바이저로서 내 역할에서 우리는 상담자가 일하는 맥락에 대해 이야기하고, 슈퍼바이지가 느끼고 있는 다양한 가능성과 선택들을 함께 살펴본다. 나의 책임은 슈퍼바이지가 자신의 답을 스스로 찾을 수 있도록 돕는 것이다. 나는 슈퍼바이지의 선택에 대해 책임을 질 수는 없지만 슈퍼바이지가 스스로 자신을 신뢰하고 책임을 행사하도록 하는 데에 책임이 있다.

300

결론

나는 슈퍼바이저가 책임을 행사하는 것과 책임을 대하는 태도가 보다 평등하고 개방적이며 상호 존중하는 관계를 형성하는 데 중요한 요소 중 하나가 될 수 있음을 보여 주고자 노력했다. 나는 실존주의 슈퍼바이저가 한 인간 존재로서 자신의 대응 능력을 명확하게 인지하고 있으며, 동시에 슈퍼바이지가 스스로 책임을 감수할 수 있다고 확신하는 독특한 위치에 선 인간임을 명확하게 인지하고 있다고 믿는다. 이것은 아마 상담자/슈퍼바이지가 이미 자신의 내담자가 타인과 존재하는 방식에 대해서 자신이 결코 책임질 수는 없다는 것을 알고 있다는 것과 매우 동일한 이야기이다. 그것은 내담자의 책임이다.

참고문헌

Adams, M. 'Reflections on Reflection', *Existential Analysis* 13(2) (2002) 204-13.

Cohn, H. W. *Existential Thought and Therapeutic Practice* (London: Sage, 1997).

_____ *Heidegger and the Roots of Existential Therapy* (London: Continuum, 2002).

Deurzen, E. van *Paradox and Passion in Psychotherapy* (Chichester: Wiley, 1998).

_____ 'Existential Therapy'. In W. Dryden (ed.) *Dryden's Handbook of Individual Therapy* (London: Sage, 2007).

Du Plock, S. 'A Relational Approach to Supervision', *Existential Analysis* 18(1) (2007) 31-8.

Gilbert, M. & Evans, K. *Psychotherapy Supervision* (Buckingham: OUP, 2000).

Hall, M. 'Stepping Off the "Game Board": A New Practitioner's View of Accreditation'. In R. House & N. Totton (eds) *Implausible Professions* (Ross-on-Wye: PCCS Books, 1997).

Heidegger, M. *Being and Time*. Trans. J. Macquarrie & E. S. Robinson (Oxford: Blackwell, [1927] 1962).

Judas, E. *Rasputin, Neither Devil Nor Saint* (California: Life & Liberty Publishing, 2005).

Karban, B. 'Leaping in' and 'Leaping ahead': An Exploration of Heidegger's Notion of Solicitude' (unpublished paper, 1995).

Merleau-Ponty, M. *The Phenomenology of Perception*. Trans. C. Smith (London: Routledge & Kegan Paul, 1962).

Merleau-Ponty, M. Quoted by Michael Yeo. In T. W. Busch (ed.) *Merleau-Ponty, Hermeneutics and Postmodernism* (New York: State University of New York Press, 1992).

Mitchell, D. 'Is the Concept of Supervision at Odds with Existential Thinking and Therapeutic Practice?', *Existential Analysis* 13(1) (2002) 91-7.

Spinelli, E. *Tales of the Un-Knowing* (London: Duckworth, 1997).

_____ *Practising Existential Psychotherapy: The Relational World* (London: Sage, 2007).

14장

슈퍼비전에 주어져 있는 것 (the givens; 소여)[1]: 상호이론체계

-Alison Strasser

들어가는 말

심리치료사가 된다는 것은 개인적인 여정을 떠나는 것과 같다. 이러한 여정에서 철학적·이론적 방향을 파악하는 데 있어 슈퍼바이저와 슈퍼비전 경험이 매우 중요하다. 슈퍼비전은 학습 사이클(learning cycle)의 핵심적인 부분으로 슈퍼바이저는 지지적이고, 촉진적이며, 평가가 가능한 환경을 조성함으로써 슈퍼바이지의 요구를 충족시킬 수 있어야 한다. 성장과 학습은 개인의 의식과 비판적 사고의 격려를 통해 이루어지며, 이것은 슈퍼비전의 핵심인 '실무에 대한 성찰(reflection on practice)'의 일부이다.

슈퍼바이저가 되는 것은 상담자로 일하는 것에서 비약적 발전을 요구하는 여정이기도 하다. 이는 다른 체계, 추가적인 기술, 광범위한 지식, 또 다른 수

---

1) 역자 주: '주어져 있는 것', 즉 소여(the givens)는 경험의 영향을 받지 않은 선험적이고 불변하는 것을 의미한다. 인식과정에 있어서 사유작용에 앞서 전제되는 것으로, 사유 자체에서 이끌어 낼 수 없는 '주어져 있는' 것을 말한다. 그것은 의식에 주어지는 것이지만, 그 의미는 이것을 어떻게 보느냐에 따라 달라진다(출처: http://www.laborsbook.org/dic/).

준의 책임을 지려는 의지가 필요하다. 현재 대부분의 나라에서 심리치료사와 상담자들에게 슈퍼비전이 권고되고 있지만, 실제로 슈퍼비전을 구성하는 것은 무엇인지, 슈퍼비전의 모델은 어떻게 개발하는 것인지에 대한 규정이 명확하지 않다.

실존주의 심리치료사 및 슈퍼바이저는 실존적 사고와 일치하는 체계와 전문적 정체성을 개발하는 것이 중요하다. 이는 엄격한 개발 모델을 뒤로하고 슈퍼바이지의 개인적이고 사적인 기대에 더 초점을 맞추는 것을 의미한다. 실존 현상은 관계 영역에서 분리할 수 없기 때문에 모든 체계는 슈퍼바이저, 슈퍼바이지, 내담자, 상황적 맥락 사이에서 나타나는 다양한 측면을 받아들일 필요가 있다. 슈퍼바이지와 계약된 단체 모두로부터 교육에 대한 요구가 있으며, 슈퍼비전은 집단으로 진행되기 때문에 집단 진행자의 기술 또한 필수적 요소이다. 슈퍼바이저 훈련 프로그램은 일반적으로 상호이론적이고 모든 것을 포괄한다.

이 장은 나의 여정의 결과물이다. 나는 '슈퍼비전의 수레바퀴(상호연결성)'라는 체계를 개발하여 박사학위를 취득했다. 이 수레바퀴(상호연결성)의 개념은 『Existential Time-Limited Therapy』(Strasser & Strasser, 1997)에서 처음 사용되었으며, 실존으로부터 주어진 것들(the givens of existence)을 도식적으로 표현한 용어이다. 『Existential Time-Limited Therapy』에 따르면, 수레바퀴(상호연결성)는 상담자가 내담자의 문제를 다루면서 상호 연결된 인간 실존의 본성을 인식할 수 있도록 돕는다. 비슷한 방식으로 '슈퍼비전의 수레바퀴'는 슈퍼바이저와 슈퍼바이지가 작업하는 특정한 맥락에 관한 슈퍼비전의 모든 측면을 주의 깊게 들여다보고 탐구할 수 있는 체계를 제공한다. 이 장에서는 어떻게 수레바퀴의 각 영역이 슈퍼비전의 실제에 주어져 있는 것(the givens)을 설명하고 이러한 영역이 실존주의적 틀 안에서 구체적으로 어떻게 활용되는지를 살펴볼 것이다. 이러한 '슈퍼비전의 수레바퀴'에 대한 개요에서는 수레바퀴가 어떻게 상호이론적 체계로 사용될 수 있는지를 입증하는 몇 가지 핵심 요소만을 강조한다.

주어져 있는 것(the givens)에 대한 설명은 다음과 같다([그림 14-1] 참조).

- 슈퍼바이저와 슈퍼바이지
- 슈퍼바이지와 내담자
- 슈퍼바이지/슈퍼바이저 자기(self)
- 슈퍼바이지/슈퍼바이저와 외부기관
- 정서와 자존감의 중요성
- 이론, 가치, 가정의 확인
- 선택과 의미에 대한 인식
- 틀과 계약 설정

수레바퀴의 중심에는 주어져 있는 것 모두를 연결하는 세계관이 존재한다. 원의 바깥쪽에는 실존을 아우르는 주어져 있는 것들(the givens)이 존재한다.

305

- 불확실성
- 시간
- 불안
- 선택
- 안전
- 대인관계

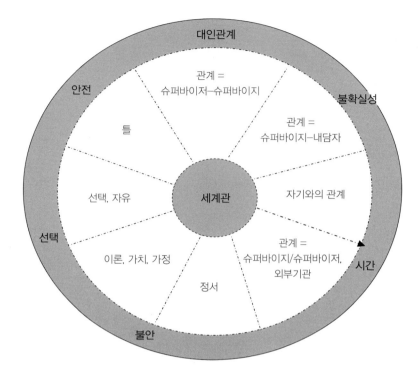

[그림 14-1] 슈퍼비전의 수레바퀴(상호연결성)

수레바퀴(상호연결성)의 활용

이 수레바퀴는 슈퍼바이저와 슈퍼바이지가 수레바퀴의 모든 영역이 상호연결되어 있다는 것을 유념하며, 슈퍼비전의 모든 측면을 탐색하는 배경으로 사용된다. 이러한 수레바퀴의 영역은 모든 이론적 패러다임에서 보편적인 것으로 설명되기 때문에, 수레바퀴는 각 개인이 자신의 방식으로 작업할 수 있게 하며, 자신의 이론적 접근법에 맞추어 그들의 관계 동맹을 발전시킬 수 있도록 한다.

현상학적 조사 방법은 실존주의 슈퍼비전과 치료의 핵심이다. 내담자의 세계에 대한 이해를 넓히기 위해 개인적인 가정(assumptions)과 판단을 유예

하는 것, 즉 채널을 맞추는 것(tune in)이 반드시 필요하다. 이는 슈퍼비전 작업 시 동일하게 적용되는 과정이다. 즉, 슈퍼바이저는 슈퍼바이지가 살아가고 있는 세계에서(그들이 일하는 맥락을 포함해서) 슈퍼바이지가 경험한 것과 최대한 비슷하게 현상을 경험하고 묘사하도록 노력해야 하며, 슈퍼바이지가 그들의 내담자와 있을 때의 느낌을 최대한 이해하려고 노력해야 한다. 이전 장의 Mitchell의 의견과 동일선상에서 슈퍼바이저가 슈퍼바이지에게 보다 어렵고 교훈적이며 많은 사고를 요구하는 질문을 하고 직면시키는 것은 오로지 슈퍼바이지가 슈퍼바이저의 지지를 느낄 때에만 적절하다. 이러한 질문들은 '행동에 대한 성찰(reflection-on-action), 정확히는 행동을 이끌어 내기 위한 성찰(reflection-for-action)을 위해 실제적인 행동 중에 이루어지는 성찰(reflection-in-action)'을 이끌어 낸다(Carroll, 2007: 36).

실존적으로 주어져 있는 것

수레바퀴의 안쪽 원은 이론적 모델, 개발 단계, 상황적 맥락 또는 슈퍼비전의 유형과는 관계없는 슈퍼비전의 특성으로, 그 과정은 핵심적이며 본질적이다. 수레바퀴의 각 부분은 서로 연결되어 있어 유동적이며 변화가 가능하다. 한 부분의 변화는 다른 부분들에도 영향을 일으켜 수레바퀴의 체계적인 특징을 나타낸다. 예를 들어, 틀은 슈퍼바이저, 슈퍼바이지, 내담자와의 관계, 슈퍼비전의 맥락에 의해서 형성되었다는 점에서 틀의 형태는 다른 주어져 있는 것들과 공존한다. 결국 슈퍼비전에 참여하는 각 구성원들의 이론, 가치, 가정은 슈퍼비전에 대한 관계와 접근 방식에도 영향을 미친다. 슈퍼비전에 임하는 각 구성원들이 주어져 있는 것(givens; 이론, 가치, 가정)에 반응하는 방식은 그들의 정서적 태도, 자기 개념, 슈퍼비전에 대한 일반적인 접근의 한 부분이자 집합에 의해서 결정된다.

실존주의 철학의 근본적인 개념은 실존적으로 '주어져 있는 것(given)'에 대한 존재론적인 개념이다. 이러한 삶의 존재론적인 측면들은 보편적으로 진실되며, 피할 수 없다. 예를 들면, 우리는 우리 자신이 어디서 그리고 누구에게서 태어날지를 선택할 수 없다. 그리고 우리 중 그 누구도 영원히 사는 것을 선택할 수 없다. 하지만 우리는 각자 주어져 있는 것들에 자신이 어떻게 반응할 것인지는 선택할 수 있다. 즉, 우리는 사는 것과 죽는 것에 대해 (자기) 자신만의 개인적인 의미를 만들어 낼 수 있는 능력을 가졌다는 것이다.

수레바퀴 바깥쪽 원은 실존적으로 주어져 있는 것 또는 매일의 일상적 삶에서 경험하게 되는 존재의 역설로 구성되어 있다. 예를 들어, 우리 모두 불확실한 세계에서 확실성(또는 안전)을 확보해 내려고 노력하고, 유한한 존재(실존) 안에서 삶의 의미를 만들고, 관계의 세계에서 태어났으면서도 개인의 정체성을 찾으려고 하는 역설적인 세계에 살아가고 있다. 이러한 역설 안에서 살아가는 것은 불안을 야기한다. 이러한 불안감에 대처하기 위해 우리는 특정한 신념, 가정, 태도 안에서 살기로 선택한다. 우리의 선택은 세상에 대해 완충작용을 제공함으로써 스스로 안전하다는 느낌을 만들어 낸다. 이것이 우리의 세계관이다.

세계관

수레바퀴의 중심에는 세계관이 자리 잡고 있는데, 이는 '세계와 함께 존재하거나 세계에 관여하는 우리의 특별한 방식에 대한 총체적 표현'이다(Strasser, 1999: 11). 즉, 우리의 세계관이 슈퍼바이저, 슈퍼바이지, 혹은 내담자의 세계관인지의 여부는 슈퍼비전 과정에 내재되어 있다. 이 과정은 수레바퀴의 모든 부분을 포함하며 모든 측면 간 연결을 추구한다.

우리의 세계관은 고정되어 있지 않다. 우리는 불확실한 세상에 직면할 때

마다 우리의 세계관을 지속적으로 변화시키고 있다. 때때로 우리는 모든 것을 한계로 여기고 의미를 잃어버리기도 하지만, 한편으로 세계는 하나의 가능성이 되고 새로운 의미가 될 수 있다. 이는 우리가 슈퍼비전을 보는 방식과 슈퍼바이지와의 작업 그리고 내담자와의 작업을 보는 방식과 일치한다. 우리의 세계관은 우리 자신이 누구라고 믿는지, 우리가 특정한 순간에 세상을 어떻게 이해하는지에 대한 현재의 표현이며, 우리의 가치, 신념, 태도, 감정, 자존감 등 모든 것을 아우르는 것이다. 이는 Binswanger가 처음 언급하고 Van Deurzen(2002)이 정교화한 네 가지 세계(물리적, 사회적, 개인적, 영적)를 포함한다.

틀

앞에서 언급되었듯이, 인간이 계속해서 직면해야 하는 실존적으로 주어진 것 중 하나는 불확실성이다. 치료 장면에서처럼 슈퍼비전에서도 우리는 안전한 틀을 구축할 필요가 있다. 안전한 틀은 슈퍼바이저와 슈퍼바이지 모두의 불확실성과 불안 수준을 줄이기 위해 슈퍼비전 환경에서도 동일하게 중요하다. 하지만 안전한 틀을 구축할지라도 불안은 여전히 존재할 것이라는 사실은 불가피하다.

틀은 본질적으로 슈퍼바이저와 한 명 혹은 그 이상의 슈퍼바이지 간의 계약으로 이루어지지만, 교육기관, 관리자, 기관 및 다른 외부기관과 같은 제3자가 포함될 수 있다. 나아가 슈퍼바이저의 이론적 성향 또한 변수가 될 것이다. 이러한 이유로 계약은 슈퍼비전의 환경과 특성에 따라 다양하게 나타나지만, 만남 횟수, 비용의 유무, 목적, 내담자가 나타내는 성격 및 성향, 비밀보장 및 개인에 의해 결정될 수 있는 기타 측면들을 포함할 것이다. 이 틀은 모든 잠재적인 이중 관계와 이를 가장 잘 다루는 방법들을 포함할 것이다.

치료에서와 마찬가지로 슈퍼비전에서 맺는 계약은 슈퍼비전의 맥락과 특성(환경)에 따라 명시적(때로는 암묵적)인 기대 혹은 목표를 갖는다. 다음은 설득력 있게 주장되어 온 내용이다.

> 슈퍼비전에서 슈퍼바이지의 목표에 주목하는 것은 슈퍼비전 효과성, 슈퍼비전 동맹, 슈퍼바이지의 경험과 같은 슈퍼비전의 다양한 측면을 더 명확히 이해할 수 있는 일관성 있는 체계를 제공한다(Lewis & Carey, 2007).

치료 목표를 갖는다는 개념은 실존적 작업과는 정반대처럼 보이지만, 기대를 탐색하는 것은 유동성과 변화를 허용한다. 슈퍼바이저와 슈퍼바이지는 기대치의 탐색을 시작으로 그들의 세계관과 그들이 중요하게 여기는 것들을 드러낼 수 있으며, 이러한 과정을 통해 보다 명료한 관계를 형성할 수 있다. 또한 그들은 비현실적인 기대에 대해 함께 논의할 수 있으며 수레바퀴의 맥락에 적용시킬 수 있다. 예를 들어, 초심상담자인 조안나는 다른 사람들을 돕는 것이 훈련의 목적이 아닌 것을 알고 있었음에도 불구하고, 첫 마디에 자신의 역할은 타인을 돕는 것이라고 말했다. 이에 따라 우리는 조안나가 생각하는 도움의 정의를 살펴보고, 도움을 주는 것이 그녀에게 중요한 이유를 살펴보았다. 그 결과, 그녀는 자신이 덫에 걸려 있어서 빠져나올 수 없다는 특정한 공포를 가지고 있다는 사실을 깨닫게 되었다.

관계의 영역

'슈퍼비전의 수레바퀴'에서 관계를 네 가지 단계로 구분했다. 이는 슈퍼바이저와 슈퍼바이지 간의 관계, 슈퍼바이지와 내담자 간의 관계, 슈퍼바이저와 슈퍼바이지 각각 자기와의 관계(개인 대 개인), 다른 외부세계와의 관계이다. 더불어 슈퍼비전을 단체로 실시할 경우, 모든 참여자 간에 여러 단계의 관계가 존재한다.

슈퍼바이저와 슈퍼바이지의 관계

슈퍼비전에서는 여러 단계의 관계가 논의되는데, 논의되는 수준은 슈퍼비전 모델에 부분적으로 영향을 받지만 개인의 슈퍼비전 참여와 자기개방 의지에도 영향을 받는다. 슈퍼비전의 발달 모델에서는 초심상담자들이 대인관계 수준의 질문보다는 상담 기술에 중점을 둘 필요가 있다고 주장한다. 다른 모델들에서는 상담자 개인의 문제가 슈퍼비전 영역이 아닌 개인이 치료를 별도로 받아야 할 영역에 있다고 여긴다.

실존주의 관점에서 슈퍼비전은 관계에 주안점을 두고 있다. '사람들은 자신, 타인, 세상과의 관계 안에서 존재하는 것으로 보인다. 각각의 개인과 사람들은 서로가 서로의 세계를 함께 이루고 있다고 할 수 있다.'(Valle & Halling, 1989: 7) 나는 '내가 초점을 맞추는, 네가 초점을 맞추는, 우리가 초점을 맞추는, 그들이 초점을 맞추는' 관계의 영역을 탐색하며(Spinelli, 2007), 이는 복잡하게 얽힌 모든 것의 상호연결성을 탐색하게 한다. 이러한 일은 실제적으로 슈퍼바이지와 내담자의 세계관과 더불어 슈퍼비전의 관계에서 발생하는 일들에 대한 이해를 가져다준다. 예를 들어, 나는 내담자가 상담회기에 참여하는 태도가 어떤지, 상담에서의 내담자의 모습은 슈퍼바이지에게 어떤 영향을 미치는지 궁금하다. 슈퍼바이지는 자신의 내담자를 좋아하는가, 좋아하지 않는가? 또한 내담자에 대한 슈퍼바이지의 태도가 현재의 문제에 어떤 영향을 끼치며 어떤 울림을 주는가?

당연하게도 내가 인터뷰한 모든 슈퍼바이지는 관계가 중요함을 언급했거나 의미 있는 관계가 부족했음을 언급했다. 신뢰는 모든 단계의 관계를 연결하는 특징이지만, 각 개인이 어떻게 신뢰를 정의하고 발전시키는지는 독특하고 개인적인 특징을 보였다. 예를 들어, 어떤 슈퍼바이지는 슈퍼바이저와의 관계에 대해 '두 영혼의 만남'과 같다고 전했다. 하지만 다른 슈퍼비전 관계에서는 진솔성, 신뢰 및 안전성이 결여되었고, 스스로 영향력이 없다고 느껴지며, 화가 나서 슈퍼비전을 중단했다고 말했다. 다른 상담자는 슈퍼비전의 관계를 서로 다른 의견을 나누어도 안전하다는 의미에서 신뢰할 수 있다고 묘사했으며, 또 다른 상담자는 경찰관의 비유를 사용하여 내재된 힘의 역학을 설명하였다(이는 윤리적 문제가 관여된 특정 시기에 사용될 수 있다).

슈퍼바이저와 슈퍼바이지 간의 권력 문제는 각 참여자의 관점에서 탐색해야 할 또 다른 영역이다. 슈퍼비전은 학생이 훈련받을 때 시작되며, 이러한 종류의 슈퍼비전에는 공식적인 평가 과정이 필수적이다. 따라서 이러한 평가에 대한 알아차림은 슈퍼비전의 과정에 영향을 미칠 것이다. 또한 이러한 평가 과정은 모든 슈퍼비전의 관계에 내재되어 있다고 주장할 수 있다. 특히나 그 슈퍼비전이 기관의 필수 요구사항인 경우에는 특히나 그렇다.

그러나 슈퍼바이저의 책임 중 하나는 우리 모두가 작업하는 환경 내에서 법적·윤리적 규범의 보호자가 되어야 한다는 것이다. 이를 통해 슈퍼바이저는 권위자의 위치를 유지할 수 있다. 슈퍼바이지가 탐색하고 책임을 질 수 있도록 허용하는 것과 슈퍼바이저가 언제, 어떻게 책임을 질 수 있는지의 관계는 종이 한 장 차이이다. 슈퍼비전 관계 내에서 발생하는 책임 문제는 앞의 장에 더욱 자세히 설명되어 있다.

슈퍼바이저와 슈퍼바이지의 서로의 입장에 대한 반응은 슈퍼비전의 여정의 일부이다. 실제로 Lawton(2000)은 슈퍼비전을 받는 대부분의 사람은 그들의 슈퍼바이저에게 더 많은 경험과 지위의 권한을 부여할 필요가 있다고 언급했다. 여기에는 '슈퍼바이지가 취약함을 느낄 때 슈퍼바이저는 이들의 불안을 잠재워 주고 실패하지 않을 것이라고 격려해 주며 의지할 수 있는 전문가'로 존재할 필요가 있다는 소망을 포함하여 다양한 이유가 존재하기 때문이다(Lawton, 2000: 34). 슈퍼비전이라는 단어와 제도가 선생님과 학생의 관계에 뿌리를 둔 요소를 가지고 있다는 것은 문화적 세뇌의 일부인 것처럼 보일 것이다. 이는 12장과 13장에서 논의된 슈퍼비전이라는 용어가 지닌 본질적인 문제를 의미한다.

자기와의 관계

슈퍼비전에서 신뢰할 만한 관계가 형성되면, 슈퍼바이지가 내담자와 관계를 맺을 때 발생하는 개인적인 문제가 포함될 가능성이 높다. 즉, 이러한 사적 세계가 어떻게 탐구되는지 혹은 실제로 이것이 계약의 일부인지 아닌지는 치료 이론의 영향을 받는다. 슈퍼비전이 중단되고 치료가 시작되는 지점에 대한 질문은 지속적으로 요구된다. 이는 대체로 개인적인 결정과 계약에서 협상된 사항으로 비춰질 것이다. 때때로 슈퍼바이저들은 슈퍼비전에서 드러난 슈퍼바이지의 개인적인 문제를 '치료에서 다루어야 한다'고 제안할 것이다. 물론 실존적 관점에서 살펴보면, 모든 것은 항상 개인적인 것을 포함하기 때문에 '사적인 것'과 '전문적인 것' 간의 명확히 구분되는 선은 존재하지 않는다.

실존주의 슈퍼바이저들에게, 또한 다른 이론을 추구하는 사람들에게도 자기인식(self-awareness)은 슈퍼비전의 필수 요소이다. 베티는 슈퍼비전에서 '그녀가 처음으로 자기 자신을 어떻게 만났는지' 그 과정을 열정적으로 이야기했으며, 그녀가 자기인식을 활용하여 내담자들과 작업했던 방식을 설명했다. 크리스티는 두세 명의 내담자로부터 막막함과 고립감을 느꼈는데, 좀 더자세히 들여다보니 그녀 자신의 문제라고 볼 수 있는 '옴짝달싹 못 하는 느낌'과 연관되어 있다는 것을 알고 슈퍼비전을 받기 위해 찾아왔다. 일단 우리는내담자 문제에서 슈퍼바이지 자신의 문제가 연결되었음을 확인할 수 있었으며, 그 후 크리스티는 더욱 명확해진 사실을 인정하고 슈퍼비전에서 논의된문제가 내담자에게서 더 이상 나타나지 않는다고 보고했다. 예상대로 개인

인식은 내담자와의 작업에 직접적인 영향을 미치는 것으로 볼 수 있다.

또한 슈퍼바이지가 내담자에게서 막막함을 느끼거나 내담자의 세계관에 튜닝하는(tuning) 어떠한 수단도 찾지 못한다고 느낀다면, 내담자의 세계－내－존재(being-in-the-world)와 평행 과정을 이루는 슈퍼바이지의 상황과 감정을 탐색하는 것이 도움이 될 수 있다. 마가렛은 매 상담회기의 시작과 끝에 해결책을 요구하며 치료가 진행되는 방식에 불만을 표현하는 루퍼트라는 내담자에 대해 이야기했다. 그러나 회기 동안 그는 명료함과 알아차림(awareness)을 얻어 가는 것처럼 보였고 그의 삶에 변화가 생기기 시작했다. 슈퍼비전에서 마가렛에게 그녀가 루퍼트가 되어 연속적으로 질문을 받는 것을 상상해 보라고 하자, 마가렛은 그 경험이 통제력을 상실한 공포감을 준다는 사실을 깨달았다. 처음에 루퍼트는 상담자가 나와 연결되어 있다고 느꼈지만, 회기가 끝나 갈 무렵 상담이 곧 끝난다는 것과 이로 인해 상담자와 나의 연결이 끊어진다는 사실에 대해 극심한 공포를 느꼈고 완전히 혼자라는 느낌을 받았다. 마가렛은 루퍼트와의 다음 회기에서 친밀감을 주제로 그들의 관계를 탐색하기 시작했다.

슈퍼바이지와 내담자의 관계

이 부분은 그 자체로 최고의 중요성을 지닌다는 점에서 수레바퀴의 별도의 영역을 차지한다. 나의 관점에서 슈퍼비전의 주요 기능은 슈퍼바이지와 내담자의 성장과 안녕감에 대한 약속이다. 즉, 내담자와 슈퍼바이지 간 계약과 평가 과정처럼 수레바퀴의 모든 영역은 상호 연결되어 있다.

실존적 관점에서 상담자와 내담자의 관계는 종종 내담자가 보다 넓은 세상 속에서 맺고 있던 다양한 관계를 반영하며, 때로는 '또 다른－구성(other-construct)'으로 묘사되기도 한다(Spinelli, 2007). 예를 들어, 제인은 그녀의 내담자가 화가 나 있다고 묘사했는데, 내담자가 상담을 중단하고 나가 버리거나 제인이 상담에서 했던 말로 인해 어떤 모욕감을 느꼈는지 제인에게 편지를 보냄으로써 끊임없이 자신과의 관계를 시험한다고 전했다. 이는 상담 장면에서 내담자의 직장 환경이 반영된 것으로, 내담자는 해고당한 직장의 매니저로부터 자신이 얼마나 과소평가당했는지, 그리고 필요한 절차가 무시되었다고 느꼈는지 설명했다. 제인은 시간이 지날수록 자기혐오를 드러내는 내담자의 태도에서 유사점을 발견했고, 내담자는 반복적으로 타인이 자신을 해고하도록 만듦으로써 이것을 입증할 필요가 있다는 것을 깨닫게 되었다. 내담자의 딜레마는 제인이 내담자를 떠나는 것을 거부한다는 것이었다. 결과적으로 제인은 내담자에게 다른 종류의 관계 경험을 해 보도록 제안했고, 그 과정에서 내담자는 버림받는 것과 거절당하는 것에 대한 두려움을 털어놓을 수 있었다.

비록 치료적 관계는 실존주의 상담자들에 따라 다양하게 인식되지만, 1장에서 논의되었듯이 대부분의 치료사는 치료적 관계를 '전이' 혹은 '역전이'로 언급하기보다는 단순히 내담자와 상담자 간 관계의 문제나 편견이라는 관점에서 치료적 관계를 형성하여 작업할 것이다. 그러나 앞서 논의되었듯이 이러한 관계 영역은 슈퍼비전에서 탐구되는 중요한 요소이며, 여러 단계의 평행 관계에 대한 가치 있는 통찰을 제공할 수 있다.

슈퍼바이지/슈퍼바이저와 외부기관 간의 관계

분명 슈퍼비전은 독립적으로 이루어지는 것이 아니라, 언제나 훈련기관, 사설기관, 기업 혹은 정부기관 등의 환경을 포함한 다양한 맥락 안에서 이루어진다. 이러한 영역은 보고서 작성 시 법적 요구사항, 전문 윤리 강령, 기관의 비전과 의무와 같은 외적 통제를 포함한다. 이러한 맥락에는 슈퍼바이저와 슈퍼바이지가 지켜야 하는 경계, 이중관계를 포함하여 내담자와 연락할 때의 세부 규칙과 같은 구체적인 실습 규정이 포함되어 있다. 기관 내에서 작업하는 것은 특정 모델에 기반하며 시간제한이 있고 전문 슈퍼바이저와 함께 작업해야 한다. 그러므로 슈퍼비전에서 슈퍼바이저가 특정한 맥락과 규범을 이해하는 것이 가장 중요하다.

외부기관과의 관계는 특정 국가 또는 주(州)의 법률뿐만 아니라 상담자가 속해 있는 다양한 기관의 광범위한 맥락을 포함한다. 이는 내담자, 사회, 자기보호, 직업 전체와 모든 관련 기관과의 관계에서 '무엇이 옳은 것인지' '무엇이 좋은 것인지'에 대한 시나리오를 기반으로 작업할 필요성과 더불어 윤리적 실천의 차원을 다룬다. 비록 옳고 그름에 대한 확신은 없으나, 필자의 연구에서는 이에 대해 슈퍼바이저와 슈퍼바이지 모두 취약함을 느끼고 생각해 볼 영역임을 강조했다는 사실은 그리 놀라운 일이 아니다. 슈퍼바이지들은 자신의 슈퍼바이저들이 법적 기준과 더불어 자신들이 확실한 윤리적 틀 안에서 작업하고 있다는 것을 확인해 줄 수 있는 능력을 인식하고 있는 것이 중요하다는 것을 매우 강하게 느꼈다.

이론, 가치, 가정

슈퍼비전에서 슈퍼바이저와 슈퍼바이지 모두 상담자로서 그들 작업의 핵심인 삶, 치료, 슈퍼비전에 대한 특정 이론을 가져와 관계에 적용시킬 것이다. 도덕, 윤리, 윤리 강령과 법적 실체에 대한 태도에는 각 개인의 가치가 포함된다.

이러한 이론, 가치, 가정은 슈퍼바이저와 슈퍼바이지가 지향하는 이론적 틀과 슈퍼비전 과정에서 체화되는 다중 관계로 이어지는 개인적인 세계관에 의해 뒷받침된다. 일반적으로 슈퍼바이저의 심리치료 이론 모델은 틀을 설정할 때, 슈퍼비전의 방향과 목적을 수립하는 지침이 되며, 내담자를 이해할 수 있도록 뒷받침하는 이론이 되고, 슈퍼바이저-슈퍼바이지 관계와 슈퍼바이지-내담자 관계를 구성하고 이 관계가 어떻게 작동하는지에 대한 해석으로 활용된다. 최대한 슈퍼바이지의 관점을 탐색하고 그 관점을 이해하는 것은 슈퍼바이저의 임무 중 하나이다. 실제로 슈퍼바이저는 다른 방법을 주장하는 슈퍼바이지와 함께 일하는 경우가 종종 발생한다. 이는 다름을 받아들이고 성찰적인 학습이 이루어질 수 있도록 하는 도전이다.

실존주의 분야 내에서는 상담자의 수만큼이나 철학과 이론을 다르게 해석하는 많은 방법이 있으며, 상담자들은 각각 슈퍼비전을 받으면서 탐구하며 자신만의 고유한 방법을 갖게 된다(Cooper, 2003). 어떤 상담자들은 네 가지 세계에 초점을 맞출 수 있고, 누군가는 철학을 탐구할 수도 있으며, 누군가는 관계의 차원을 강조할 수도 있다. 유사하게도 실존적 시간제한 치료 수레바퀴에서 강조한 것과 같이 우리의 신념, 가치, 가정과 관련하여 우리의 세계관을 탐구하고 이해하게 되는 것이 우리 작업에서는 매우 중요하다. 왜냐하면 그것은 자신에 대한 이해, 행동, 대처 방법에 영향을 미치기 때문이다. 슈퍼비전에서는 내담자, 슈퍼바이지, 슈퍼바이저의 신념을 탐구하고, 그것이 어떻게 상호작용을 하며, 각 수준의 관계에서 어떠한 영향을 미치는지 알기 위해서 동일한 방식의 탐색과 이해가 사용된다.

슈퍼비전에서 페니는 위기관리 부서에서 근무했던 한 내담자에 대해 이야기했다. 여섯 번의 회기가 끝난 후 내담자는 갑작스럽게 이것이 마지막 회기가 될 것이라고 밝혔다. 슈퍼비전에서 페니가 내담자에게 어떤 반응을 했는지, 내담자와 그녀가 어떻게 관계를 맺었는지, 그가 그의 세계에 있는 다른 이들과는 어떻게 관계를 맺었는지 탐색했다. 이야기에 등장했던 전체적인 주제는 내담자가 자신의 환경을 통제하기를 원한다는 것이었다. 나는 페니에게 다음(이자 마지막인) 회기에서 그녀가 내담자에게 좀 더 초점을 맞추고, 말을 더욱 줄이며, '통제되거나' 혹은 '통제되지 않는'이라는 이 주제가 다루어지는 것을 허용하도록 제안했다. 다음 마지막 슈퍼비전에서 페니가 내담자에게 침묵을 유지하는 동안 내담자가 어린 시절 아버지가 자신을 죽일 것이라는 공포로 인해 밤에 잠을 이루지 못했던 기억을 떠올렸다는 사실에 놀라움을 표현했다. 치료 장면을 포함하여 주변 환경을 통제하는 것은 그의 안전에 대한 결핍에서 오는 불안으로부터 자신을 보호하는 수단이었다. 흥미롭게도 페니는 자신의 가정(assumptions)에 안전한 환경을 만드는 것이 치료의 필수적인 부분이라고 생각하고 있었음을 깨달았다. 페니가 생각하는 안전의 의미와 내담자가 생각하는 안전은 상당히 달랐던 것이다.

감정

우리는 결코 감정 없이 존재하지 않으며 '감정으로…… 우리는 인간 현실을 재발견할 수 있다. 왜냐하면 감정 그 자체로 인간 현실을 가정하며, 세상을 향해 나아가고 있기 때문이다'(Sartre, 2002: 10). 감정은 우리의 가치관, 행동, 궁극적으로 우리의 자아감이나 자존감과 같은 우리의 존재 모든 측면에 내재되어 있다. 감정은 고립되어 존재하지 않고 연결되어 있다. 예를 들면, 분노는 슬픔과 연관되거나 기쁨은 질투와 연관되어 있을 수 있다. 이와 동시에 감정은 항상 무언가를 향한다. 다른 사람에 대한 사랑이나 음식에 대한 사랑과 같은 것에 말이다.

다른 사람의 의견은 우리가 스스로를 어떻게 보는지에 얽혀 있고, 이것은 결국 우리가 스스로를 얼마나 가치 있게 생각하는지에 영향을 미치며, 다른 사람과 관계를 맺는 것에 영향을 미친다. 실존주의 관점에서 불안은 우리의 자기개념과 자존감에 내재되어 있다. 이러한 감정들은 자아존중감, 자기표현, 타당화, 지지, 평가, 개인적 · 전문적 역량 등 슈퍼비전에서 나타날 수 있다.

슈퍼바이저는 슈퍼바이저, 내담자, 기관 수준에서 각 슈퍼바이지가 자신과 다른 사람과의 관계를 어떻게 경험하는지 이해해야 한다. 앞에서 언급한 것과 같이, 슈퍼비전에서의 관계는 공식적인 평가 혹은 비공식적인 평가의 일부 요소를 지니고 있어 슈퍼비전의 관계에서 정서적 영향을 탐구하는 것이 중요하다. 어떤 슈퍼바이지는 자신에게 향한 질문을 비판적으로 받아들일 수 있지만, 다른 슈퍼바이지는 동일한 질문을 통해 삶을 향상시킬 수 있다고 받아들일 수 있다. 물론 슈퍼바이저는 슈퍼바이지가 비판에 대해 어떻게 반응하는지 그리고 자존감에 어떤 영향을 미치는지도 살펴볼 필요가 있다.

여기에서와 마찬가지로 전통적인 치료 이론들은 효과적인 심리치료 이론에 감정이 어떻게 동화되는지에 대한 그들만의 합의점을 가지고 있다. 예를 들어, 인지행동 상담자들은 우리가 사고 과정을 변화시키면 감정 상태가 변화될 것이라고 믿지만, 전통적인 인본주의 상담자들은 우리가 진정한 자기를 처음부터 드러내는 것은 어려울 것이라고 믿기에 감정이 드러나고 이해되고 동화될 때까지 감정에 초점을 맞춘다.

우리의 위치와는 상관없이 감정은 우리의 세계관을 드러내며, 결과적으로 우리의 의도를 명확히 하는 데 도움이 된다. 이는 슈퍼비전에서 내담자, 상담자, 슈퍼바이저에게 무슨 일이 일어나고 있는가에 대해 더욱 풍부한 자각을 불러일으킨다. 제이슨은 개인적인 사정으로 내담자와의 회기에 임박해서야 약속을 취소했고, 이로 인해 자신이 '전문가답지 못하다'는 죄책감을 느끼게 된 경험을 다루었다. 더 깊이 이 문제를 다루자, 제이슨은 그 내담자도 취소하려고 했다는 것을 깨달았고, 우리는 순간 제이슨이 내담자와의 회기를 취소한 것에 대한 정당성을 느꼈다. 그러나 우리가 무엇이 내담자를 치료에서 멀어지게 했을까를 탐색하게 되는 순간 제이슨은 내담자가 이미 몇 달 전에 급격한 깨달음과 함께 달라져야 한다고 했던 점이 생각났다. 제이슨은 자신이 내담자의 이 약속에 주목하지 않았다는 것이 부끄러웠다. 이 내담자는 상담자가 상담 예약 취소 과정에서 느꼈던 것처럼 상담자를 실망시키고 싶지 않았다. 내담자 자신과 다른 사람을 실망시키는 것에 대한 실망, 약속, 두려움이 앞으로 탐구될 주제로 떠올랐다.

선택과 의미를 확인하기

  선택과 의미는 넓은 개념이지만, 슈퍼비전에서는 중요한 개념이다. 먼저, 선택과 의미는 우리가 슈퍼비전을 바라보는 방법을 탐구하는 것을 허용한다. 슈퍼비전을 받는 어떤 사람은 슈퍼비전이 이론을 배우는 것이라고 여길 수 있다. 또한 다른 사람은 슈퍼비전을 효과적이지 않은 치료적 접근을 예방하는 보험 정도로 여기거나, 또 다른 사람은 자기성찰의 수단으로 여기거나, 또 다른 사람은 의무적인 요구사항으로 받아들일 수 있다. 슈퍼바이지의 입장을 이해한다는 것은 슈퍼비전과 슈퍼바이저에 대한 감정과 태도를 강조하는 것이다. 실존주의적 관점에서는 우리가 지닌 한계가 무엇이든 간에 태도를 선택할 수 있다. 슈퍼비전을 제한적으로 여길지라도 우리는 특정한 방식으로 행동하는 것을 선택한다. 그러므로 이 주제는 자기 자신, 다른 사람, 조직에 대한 책임과 연관되어 있다.

  로라는 석사과정의 일환으로 진행된 집단 슈퍼비전에서 슈퍼바이지 중 한 명이었다. 첫 주부터 그녀는 시무룩했고 그 집단에 참여하고 싶지 않다는 의사표현을 분명히 했다. 셋째 주에는 로라는 그 집단의 한 구성원이 그러한 태도에 대해 불평을 하자, 자신이 단지 졸업장이라는 '종잇조각'을 위해 석사과정을 하고 있는 것이고 새로운 것을 배우기를 기대하지 않는다고 말했다. 그녀의 본질적인 태도는 석사과정 중 변하지 않았지만, 그녀는 자신이 집단에서 배제되고 있다는 것을 인정했다. 로라가 자신의 취약점이 드러날 때 대처하는 방법은 신경 쓰지 않는 것처럼 보이는 것이었다.

  이러한 태도는 모든 유형의 슈퍼비전으로 확장될 수 있다. 예를 들어, 데이비드는 자신이 일하고 있는 기관의 성격에 따라 자신이 하고 있는 작업의 여러 양상을 보여 줄 수 있는 슈퍼비전을 원한다고 이야기했지만, 이안은 영적 지도자 역할을 해 줄 수 있는 슈퍼바이저를 찾을 수 없어 동료 슈퍼비전 집단에 합류하기로 결정했다. 본질적으로 이 주제에는 슈퍼비전 역할에 대한 슈퍼바이지의 태도와 다른 슈퍼바이지, 슈퍼바이저, 외부기관 간의 관계가 포함된다. 이것은 앞 장에서 이미 논의된 자신과 타인에 대한 책임의 개념과 밀접하게 연관되어 있다.

슈퍼바이저 또한 주어져 있는 것(the givens)에 해당된다. 모든 수준의 관계에서 자신의 역할에 대해 특정한 태도를 취한다는 점에서 그렇다. 슈퍼바이저들 사이에서, 슈퍼바이지와의 관계에서, 기관과의 관계뿐만 아니라 윤리에 대한 더 넓은 사고와 직업적 책임감에서 그렇다.

결론

슈퍼비전의 수레바퀴는 상담 및 심리치료 분야의 슈퍼바이저 훈련을 위한 상호이론적인 틀로 여겨졌지만 본질적으로는 유연성을 지니기 때문에 어떤 맥락에도 적용될 수 있다. 나는 특별히 실존주의 관점에서 슈퍼바이저들을 훈련시키기 위해 이것을 수정해 왔으며, 슈퍼바이지들에게 슈퍼비전의 기술을 가르치는 방법으로 사용해 왔다. 나는 슈퍼바이저로서 일하면서 모든 부분을 상호관계적으로 다룰 수 있도록 하기 위해 그 수레바퀴를 머릿속에 저장해 두었다.

슈퍼비전은 뚜렷한 전문직으로 자리매김하고 있다. 따라서 슈퍼바이저는 심리치료, 상담, 코칭, 중재와 같은 다양한 분야의 직업 전반에 대한 슈퍼비전을 할 수 있으며, 의학계나 사회사업뿐만 아니라 광범위한 이론에 대한 다양한 분야에서도 슈퍼비전이 가능하다. 슈퍼비전의 수레바퀴는 슈퍼바이저와 슈퍼바이지가 그들만의 고유한 방식으로 함께 여정을 헤쳐 나가도록 하면서 슈퍼비전의 복잡성을 수용하는 폭넓고 유연한 수단이다.

참고문헌

Carroll, M. 'One More Time: What is Supervision?', *Psychotherapy in Australia* 13(3) (2007) 34-40.

Cooper, M. *Existential Therapies* (London: Sage, 2003).

Deurzen, E. van *Existential Counselling & Psychotherapy in Practice*, 2nd edn. (London: Sage, 2002).

Lawton, B. 'A very Exposing Affair: Explorations in Counsellor's Supervisory Relationships'. In B. Lawton & C. Feltham *Taking Supervision Forward: Enquiries and Trends in Counselling and Psychotherapy* (London: Sage, 2000).

Lewis, I. & Carey, T. 'Supervisees' Goals: Often Forgotten but Never Lost', *Australian Psychologist* (2007).

Sartre, J-P. *Sketch for a Theory of the Emotions* (London: Routledge, 2002).

Spinelli, E. *Practising Existential Psychotherapy: The Relational World* (London: Sage, 2007).

Strasser, F. *Emotions: Experiences in Existential Psychotherapy and Life* (London: Duckworth, 1999).

Strasser, F. & Strasser, A. *Existential Time-Limited Therapy: The Wheel of Existence* (Chichester: Wiley, 1997).

Valle, S. & Halling, S. 'An Introduction to Existential-Phenomenological Thought in Psychology'. In S. Valle, M. King & S. Halling (eds) *Existential Phenomenological Alternatives for Psychology* (New York: Plenum Press, 1989).

15장
환기적 슈퍼비전:
비임상적 접근

-Greg Madison

들어가는 말

　나는 실존주의 슈퍼바이저로서 슈퍼비전 관계에서 상호성과 '인간성'을 유지할 수 있는 환경을 조성하기 위해 노력한다. 여기에는 서로를 동료로서 존중하는 관계 형성과 심리치료에 버금가는 심오한 경험적 깊이가 있는 순간들이 함께한다. 힘의 역동에 대해 민감한 실존주의 슈퍼바이저들은 현대의 심리치료에서 아무런 의심 없이 받아들여지는 여러 사항에 대해 기꺼이 의문을 던지는 것이 일반적이다. 이전 장에서 언급했듯이, 알지 못한다(un-knowing)는 겸손이 단지 (슈퍼바이저의) 수년간의 경험이나 심리적 '증거'에 기반한 권위를 내세우기 위해서 희생되어서는 안 된다. 비록 이러한 특징은 실존주의 슈퍼바이저들로 하여금 특정한 전문적 딜레마를 야기하지만, 나는 이것이 점점 더 중요해지고 있다고 믿는다. 왜냐하면 상담계 종사자들뿐만 아니라 모든 인류가 전체적으로 기술, 생명공학, 인공두뇌학 관점에서 인류의 문제에 대한 해결책을 찾기 위하여 돌진하고 있기 때문이다(Madison, 2008a).

　이렇듯 실존주의 입장을 심리치료 분야에서의 최근 동향과 비교함으로써 실존주의 슈퍼비전의 핵심이지만 설명하기 어려운 '환기(the evocative)'의 개념에 초점을 맞추고자 한다. '환기적(evocative)' 슈퍼비전은 개인의 절대적인 경험을 우선시하며, 본질적으로 수량화할 수 없는 **경험적 실존주의(experiential-existential)** 입장을 내포한다. 내가 말하는 어떠한 것도 '그것(it)' 자체가 아닌 '그것(it)'에 도달하려는 시도일 뿐이다. 캐나다 현상학자 Max van Manen(2002)[1]은 자신의 현상학적 연구[2]를 '환기적(evocative)'이라고 묘사했다. 이는 '불러오는(evocare)'이라는 용어에서 비롯된 것으로, '……가장 근접한 기억에 매달려서 단어나 이미지를 통해 이를 상상력으로 재현하여 회상하거나 떠올리는 행동'을 의미한다. 이와 마찬가지로, 환기적 슈퍼비전은 우리로 하여금 '설명(explanation)'으로는 구체화하기 어려운 이해의 공유에서 경험하듯이 체험의 흐름을 따름으로써 '지금 이 순간(now)'의 깊이에 끈질기게

1) 역자 주: van Manen의 해석학적 현상학은, 첫째, 현상학적 의미를 드러내는 일화(anecdote)의 강조, 둘째, 해석학적 현상학의 연구 대상인 체험의 본질적 의미구조 밝히기, 셋째, 체험 그 자체에 대한 묘사적 기술보다는 그 체험이 가진 의미에 대한 해석 강조, 넷째, 방법론적 개념으로서 환원의 구체화 시도 등을 특징으로 들 수 있다. 여기에서는 체험이라는 탐구의 대상을 환원과 해석을 통해 탐구하고 그 결과로 도출된 체험의 본질적 의미구조를 일화(글쓰기 도구)를 통해 드러낸다. 결국 체험의 의미구조는 체험의 탐구 대상이며, 환원과 해석은 그것을 탐구하는 도구, 일화는 그 의미를 드러내는 도구이다. 따라서 의미를 드러내는 풍부한 일화를 사용하고, 결과로서 체험의 의미구조를 제시할 수 있어야 하며, 그것에 대한 풍부한 해석을 제공하는 것을 강조한다. 판단중지와 환원의 구체적인 방법, 경험과 의미를 환기시키는 다양한 언어적 방법, 실존범주를 통한 현상학적 의미 분석, 경험적 및 반성적 자료수집 등을 강조한다[출처: 정상원(2018). van Manen의 해석학적 현상학의 방법론적 탐구. 질적탐구, 4(1), 1-30].

2) 역자 주: 현상적 연구에서 현상에 대한 기술은 의식에 나타나는 양상을 생생하고 구체적인 언어로 치밀하고 풍부하게 표현함으로써, 체험의 섬세한 빛깔과 감촉 등의 표현 불가능하고 형언할 수 없는 측면이 살아나게 하는 일이다. 이러한 현상에 대한 기술은 언어를 통한 기술이라는 점에서 현상적일 뿐 아니라 해석적이기도 하다. 체험 현상은 내 몸이 세계를 경험하는 방식, 곧 나의 실존을 구성하는 터전인 몸의 세계 경험에 시간과 공간, 관계의 체험이 서로를 근거로 구성되면서 통합되는 것이다. 이와 같이 표현하기 어렵고 형언하기 힘든 체험 현상의 의미 영역에 대한 기술이 현상학적 연구가 지향하는 특성이다. 현상학 연구에서는 참여자가 경험한 인간 현실의 구체적이고 생생한 현장감뿐 아니라, 그 삶의 맥락에 대한 진지한 의미연관과 체험적 진실에 대한 깊이 있는 감각을 담고 있어야 한다[참고: 유혜령(2014). 현상학적 글쓰기: '형언할 수 없는 그 무엇'이 살아나는 공간 만들기. 교육인류학연구, 17(4), 1-34].

주목하도록 한다. 나는 이러한 유형의 만남(encounter)을 일반적인 '임상적(clinical)' 슈퍼비전과 구별하기를 원한다.

임상 슈퍼비전에서 '임상'의 정의

상담 전문가들은 현재 '심리치료의 제공과 이해'라는 맥락에서 중요한 문화적 변동을 직면하고 있다. 실증주의적, 모더니즘적 가정에 기반한 실험적 근거에 대한 요구가 증가함에 따라 '매뉴얼화된 치료' 형태가 등장하기 시작했다. 이러한 준(準)의학적 행위들은 우리가 오랫동안 사용해 온 '임상적(clinical)'이라는 형용사와 일맥상통한 것처럼 보인다. 영어에서 '임상적'이라는 단어는 '효율적이며 냉담하게 거리를 두는'과 '환자에 대한 관찰 및 치료와 관련된'이라는 사전적 정의를 지닌다(OED, *AskOxford Website*, 2008). '임상적'이라는 단어의 어원은 그리스어 'klinike'와 'klinikos'로, 병상에서 진료를 하는 의사를 의미한다(Online Etymology Dictionary, 2008). 왜 우리는 대부분의 심리치료 관련 명사 앞에 '임상 상담' '임상 실습' '임상적 판단' 등과 같은 '실존적 실무(existential practice)'의 의도/목적에 부합하지 않아 보이는 단어를 붙일까? 이러한 '임상적'이라는 단어의 활용은 단지 '자연과학' 세계의 '인문과학' 전문가처럼 보이기 위한 시도일까? 그렇다면 우리는 심리치료가 점점 의학계의 객관성과 전문지식에 관한 주장에 동의를 하는 것인가?

임상 슈퍼비전은 스킬을 갖춘 전문가가 적절한 진단과 개입 절차에 대한 학생의 숙련도를 감독한다는 점에서 '수업 장면에서의 실습 경험'과 유사하며, 여기에는 종종 내담자와의 실시간 회기가 포함된다. 이 모형은 수련의가 전문의와 짝을 지어 실제 환자 대상의 수술 절차를 배우는 의학교육과 유사하다. 북미 심리학과 심리치료가 점차 실증주의를 기반으로 하는 의학과 비슷해진다는 것은 그리 놀라운 사실이 아니다. 최소한 '임상적'이라는 단어와 일관성 있는 실습 및 이론을 연결시키기 때문이다. 이러한 상황이 유럽 전역을 거쳐 확산되고 있지만, 북미에서 가장 일반적으로 사용되고 있다.

이와 대조적으로 영국의 심리치료자들과 상담심리학자들에 대한 슈퍼비전 모델은 치료와 관련하여 보다 관계적인 입장을 취한다(*Counselling Psychology Review*, 2008). 대부분의 모델은 상담자 개인이 치료과정에 미치는 영향력(또는 그 반대)을 강조[3]한다. 따라서 심리치료자의 개인적 특성과 이들의 독특한 인생 경험은 치료자가 어떻게 심리치료에 영향을 미치는지를 확인하는 데 적합한 주제이다. 졸업 후에도 지속적으로 슈퍼비전을 받는 것은 모든 상담심리학자와 심리치료자들이 유능한 상담 및 심리치료를 제공하기 위한 필수요건이자 직업윤리 규범이다(Bond, 1990). 영국에서는 슈퍼비전 트레이닝과 졸업 후에도 슈퍼비전을 받는 '자문(consultation)' 간의 구분이 명확하지 않으며, '슈퍼비전'이라는 용어는 일반적으로 두 가지 모두에 해당된다.

북미의 경우 훈련이 끝난 뒤에는 규칙적으로 슈퍼비전을 받을 필요는 없다. 만약 상담자가 정규훈련 이후에도 지속적으로 '슈퍼비전'을 받는다면, 이는 대개 자발적[4]으로 이루어지며 '자문(consultation)'이라고 표현한다(Barnet, 2007: 272). 이러한 지속적인 슈퍼비전에 대한 필요성은 실습의 본질에 대한 다양한 가정이 존재하기 때문이다. 훈련을 잘 받은 전문가가 문제가 되는 증상을 진단하고 완화시키기 위한 전문지식을 제공하는 것이 **치료**(treatment)라고 가정한다면, 왜 이 '전문가'가 지속적인 슈퍼비전을 받는 것이 필요할까? 배관공(혹은 의사)은 한 번 기술을 배운 뒤 계속해서 수습생으로 남아 있지 않는다.

물론 북미 상담자들에게 내담자와 상담자의 관계가 완전히 무시되는 것은

---

3) 개인치료(personal therapy)는 북미 심리학 실습생에게는 해당하지 않지만 영국 상담심리학 실습생에게 요구되는 필요조건이다.

4) 북미의 몇몇 전문 상담기관은 졸업 후에도 지속적으로 슈퍼비전을 받을 것을 요구한다.

아니며, 영국 심리치료자들에게 치료적 기술과 지식이 서로 완전히 무관한 것은 아니다. 하지만 두 대륙 각각 슈퍼비전의 의미, 훈련과정 이후에도 슈퍼비전을 지속하는 것에 대한 태도는 어떠한지 등에서 전문가를 정의하는 데서 문화 차이가 있으며, 이는 치료 관행에 영향을 준다. 다음의 내용에서는 실존주의 슈퍼비전의 환기적 관점을 논의하기 위한 준비 단계로서 슈퍼비전의 몇 가지 비임상적 측면을 제시할 것이다.

비임상적 슈퍼비전에서의 개인

실존주의 슈퍼비전은 슈퍼바이저로 하여금 '개인적(personal) 인상, 논평, 생각, 감정' 등을 불러일으키는 것을 강조하며 '절대적인 진리'에 대한 '잠정적 가설'을 기술적으로 제시하기보다는 존재론(ontological)적인 것에 관심 갖기를 원한다'(Jones, 1998: 912).

가족상담치료 전문가 Per Jensen은 약 10년간의 연구를 통해 슈퍼바이저를 포함하여 상담자 개인의 경험이 그들의 '임상적 능력'에 미치는 영향이 매우 크다는 사실을 입증했다(Jensen, 2007: 379-82). 이러한 연구들은 상담자 역량이 개인적인 환기와 전문적 치료 영역을 통합할 때 성장한다는 가정을 지지한다. 이는 슈퍼비전을 포함한 우리의 훈련 방법이 수련생들로 하여금 자신의 삶의 경험에서 중요하다고 느끼는 것과 개인적으로 힘들었던 경험이 그들이 전문가로서 성장과 서비스를 제공하는 데 중요하기 때문에 그러한 개인적 경험에 주목해야 한다는 것을 의미한다. 이는 '임상적' 관점과는 극명한 대조를 이룬다.

> [임상적] 치료의 관점에 따르면, 상담자의 임무는 개입하는 것이다. 이는 의사가 환자에게 약을 처방하는 것과 같은 원리이다. 작동하는 것은 알약 속에 있는 활성 물질이다.

이와 마찬가지로 심리치료에서 작동하는 것은 개입이며, 상담자의 역량은 최선의 방식으로 개입하는 것이다. 이러한 관점에서 상담자가 올바른 개입을 하기 위해서 과학자-실무자가 되는 데 필요한 훈련을 받는 것이 중요하다. 우리가 '심리치료에서 작동하는 것이 무엇인가'에 대한 질문을 던질 때, 심리치료는 종종 제약업계의 약물의 효과와 비교된다는 사실을 떠올리게 된다. 즉, 우리는 약물의 화학적 효과에 대해 묘사할 때 사용하는 언어와 동일한 수사법을 심리치료에서도 사용하게 되는 것이다(Jensen, 2007: 380).

임상적 관점에 따르면, 전문적으로 훈련을 받은 심리치료자는 누구나 치료를 수행할 수 있으며, 치료법은 어떤 상담자라도 동일하게 유지되어야 한다. 그러나 Jensen은 상담자의 자서전(biography)이 중요함을 우리에게 상기시킨다. 각각의 만남(encounter)은 각각 별개의 치료를 요구하게 되는데, 그 이유는 상담자가 독특한 존재로 참여하기 때문이다. 실존주의 슈퍼비전은 이러한 상호관계의 민감성을 통합함으로써 상담자 및 슈퍼바이지의 경험에서 느낀 것들을 체화하는 것을 중요하게 여긴다. 왜냐하면 이는 치료가 관계성 작업에 영향을 받기 때문이다. 그러나 '환기'는 임상적 기술(technique)이 아니며, 진정으로 나타나야 하는 것이다. 우리는 환경을 조성한 뒤 그저 기다릴 뿐이다. 이러한 순간들은 꽤 자주 가슴 아프며, 개인적인 동시에 전문적이다. 또한 이 순간이 오기 위해서는 개방적이고 수용적인 슈퍼비전 문화를 형성할 필요성을 시사한다.

환기적 슈퍼비전을 위한 필수 조건

비록 임상적 슈퍼비전은 기술과 역량의 개발을 강조하지만, 연구는 한결같이 슈퍼바이저와 슈퍼바이지의 관계성이 성공적인 슈퍼비전의 필수적인 요소라는 사실을 밝혀 왔다. "…… 슈퍼바이지는 슈퍼바이저의 정서적 개입을 느낄 수 있어야 하며, 반드시 서로를 신뢰하고 협력적인 관계가 나타나야 한다."(Barnet, 2007: 271)

효과적이지 않거나 바람직하지 않은 슈퍼바이저는 슈퍼비전의 관계에 몰입하지 않고, 비판적이고, 융통성 없으며, 정서적으로 지지적이지 않은 경향성이 나타난다(ibid.). Unger(1999)는 슈퍼바이지의 50%가 '문제적' 슈퍼비전을 경험한 결과로 슈퍼바이저와의 관계에 관심을 잃게 되었으며, 15%는 슈퍼비전에 대한 트라우마가 있다고 보고했다(Ellis, 2001: 404 참조).

임상적 관점에서 진단 체계, 치료개입에 대한 사례개념화 기술(formulation skills), 위험 평가와 같은 조작적으로 관찰하고 점검 가능한 미시적 기술(micro-skills)을 훈련하는 것을 우선적으로 중요하게 생각하다 보니 관계성은 간과되었다(Falender et al., 2007). 실존주의 슈퍼바이저들은 어떤 치료 역량(기술)을 훈련시킬 때 개인적인 주제와 대인관계 영역을 충분히 다루어 주지 않는 것을 염려하기 때문에, 실존주의 슈퍼바이저들에게 미시적 역량을 정의 내리는 것은 과도하게 환원주의적이다. '역량'의 정의가 거기에 상응하는 치료의 정의에 달려 있다는 것은 명백하다. 실존주의 치료는 상담자의 '존재의 속성(being-qualities)'을 강조한다(Spinelli, 2007; Todres, 2007). 나는 환기적 차원이란 실존주의 슈퍼비전을 통해 훈련되겠지만 '존재 기반의(being-based)' 역량임을 제안하고 싶다.

329

환기적 슈퍼비전

슈퍼바이지가 자신이 겪고 있는 내담자와의 딜레마를 전달할 때, 이들의 개인적 경험에 민감하게 반응하기 위해서는 신뢰할 수 있는 슈퍼비전 관계가 필수 조건이다. 이러한 딜레마는 슈퍼바이지의 현재의 체험(체화; embodiment)에 주의를 기울임으로써 탐색 가능하다. 환기는 몸으로 체험되는, 어떤 예측 가능한 결과가 있는 것이 아닌, 어떤 특정한 방향으로 흘러가는 하나의 감정이자 경험이다. 이는 이론이나 해석을 통해 일어나지 않는다. 환기를 유발하기 위해서는 지속적으로 존재의 속성을 개발하는 것에 대해 열려 있다는 느낌이 들도록 경험적 환경을 조성할 필요가 있다. 몸의 감각에 기반한 슈퍼비전은 드러나는 것들 간 깊은 연결감의 순간을 포함할 수 있다. 개인적 딜레마에서 시작하여 보편적인 실존의 딜레마 주제에 이르기까지 이러한 깊은 연결감을 통해 날카로운 신체적 체험을 하게 되는데, 이것이 바로 환기이다. 인간 삶의 이러한 양상의 특징들은 결코 어딘가에 캡슐화되어 있을 수 없기 때문에 풍부한 무(無)의 상태로 존재하게 된다.

환기에는 개인과 실존의 가닥(strands)[5]이 엮여 있다. 우리는 언제나 주의를 기울이지 않는 경험의 내재적/암묵적 측면에 이미 참여하고 있다. 우리가 관심을 갖고 집중함으로써, 그것이 충분히 자신을 드러내도록 하기 전까지는 그것은 미완성의 상태이고 손에 잡히지 않지만, 분명히 환기가 일어나고 있음을 느낀다. 우리는 왜 슈퍼비전 회기를 진행함에 있어서 환기가 일어나는 내재적/암묵적 자원보다는 실질적인 외현적 이야기에만 오로지 초점을 맞추는 것일까?

철학자이자 심리치료사인 Eugene Gendlin은 자신의 연구에서 내재적 경험의 수준에 대해 다루었다. Gendlin은 치료 과정을 충분히 형성되지 않은 경험을 언어화하는 과정을 검증할 수 있는 특별한 장으로 여겼다. Gendlin은 (분명하게 느껴지지만) 명확하지 않은 신체적인 경험을 유지하는 능력이 자연스러운 형태의 자기성찰을 이끈다는 것을 발견했다(Gendlin, 1981). Gendlin은 이를 포커싱(focusing)이라고 불렀다. 포커싱은 우리를 환기로 이끈다. 포커싱은 우리에게 어떻게 내재적 감정이 외현적 내용을 이끌어 내는지, 그리

---

5) 여기서 '가닥(strands)'이란 개인과 실존이 분리될 수 있다는 것을 나타낸다. 아마 개념적으로는 가능하다. 그러나 경험적으로 개인과 실존은 서로에게 존재하며, 분리되기 어렵다.

고 어떻게 외현적인 것들 주위에 안개와 같이 어렴풋한 그 무엇인가가 존재
하는지를 목격하게 한다. 개방적인 현상학적 방식을 통한 신체적으로 느껴
지는 경험에 대한 성찰은 신체적인 행동에 관심을 갖게 만들며, 이는 종종 자
기(self)와 세계에 대한 통찰을 가져다준다. 포커싱은 우리의 세계-내-존재
(being-in-the-world)에 관심을 갖도록 하는 한 가지 방법이다.

　Gendlin은 임상적 접근과는 다른 신체에 대한 개념을 갖고 있다(Gendlin,
1997). 신체는 바위처럼 본질 속에 갇혀 있는 것이 아니다. 또한 형태를 갖추
기 위해서 조각가가 필요한 변형 가능한 찰흙 덩어리도 아니다. 신체는 적은
열이나 많은 빛을 발생시키기 위해 배선을 바꿀 수 있는 전기상자도 아니다.
Gendlin의 신체에 대한 개념은 언제나 생리학적 기계나 문화적 파생물 그 이
상의 것이다. 신체는 상호작용이다. 우리가 '신체' 그리고 '환경'이라고 부르는
것은 단지 관점의 문제일 뿐이며, 이는 한 사람의 환경에 매우 근본적으로
반응하는 공간이다. 신체적으로 느껴지는 경험은 환경과의 복잡한 상호작용
이다. 감정은 정교하게 배열된 관계로 이루어진 사건들이다. 어떤 단어나 구
절, 상징이 특정한 감정에 '잘 부합'할 때, 그 단어나 구절, 상징이 우리의 신
체를 터치하고 움직이게 할 때, 깊은 공명의 울림을 통해 우리는 상대를 이
해하는 감정을 경험하게 되며, 우리의 관계는 더욱 정교해진다. 언어는 신
체가 특정한 상황에 대응하는 방식과 함께 작용할 때 그 상황을 다음 단계로
진척시킨다.

　포커싱이란 임상적 의미로 '역량'으로 보기 어려우며, 이보다는 실존에 대
한 지향에 가깝다. 이는 사회와 문화 그 이상의 것이 매 순간 우리를 나아가게
하는지를 알아 가게 하는 알아차림의 현상학이다. 우리가 느끼는 것은 내면
의 내용이 아닌 타인과의 일상생활에서 발생하고 있는 것에 대한 감각이자
지각이다. Gendlin은 이러한 감정을 '느낌을 통해 얻어진 감각(felt sense)'이
라고 불렀는데, 이는 보통 신체 상부에서 발생하는 일종의 막연한 느낌이다.
삶은 관련 없는 한 줌의 지각이나 고립된 내면의 대상들로부터 형성되는 것

이 아니다. "우리 인간들은 '상황을 스스로 인식(self-conscious of situation)'하는 신체를 통해 살아간다. 여기서 우리는 '상황에 대한 자기인식'이라는 이상한 단어에 주목해야 한다. '인식' '자기' '상황'은 별개의 논리적 정의를 가지는 서로 다른 세 가지 대상이 아니다."(Gendlin, 1999: 233) 상황이란 현재의 신체적 과정이며, 이는 치료 장면에서 그리고 슈퍼비전 회기 내에서 유용하다.

느낌을 통해 얻어진 감각을 불러일으키게 하고 그것을 잘 전달한다면, 그 언어는 정확하고 임의적이지 않다(그러나 모든 언어가 그렇게 하는 것이 불가능하다). 무엇이 나타날지를 기대할 것이 아니라 이것이 다른 무언가가 되도록 재구성한다거나 이것을 보다 멋있는, 수용할 수 있는 무언가로 만드는 것에 있어서 자유롭지 못하다. 우리는 수용적인 슈퍼비전 관계 내에 있을 때 '느낌을 통해 얻어진 감각'을 인지할 수 있다. 내용을 해석하기보다는 이러한 과정에 직접 몰입함으로써 미완성의 신체(the unfinished body)가 나아갈 수 있도록 허용해야 한다. 어떠한 지점에서는 느낌을 통해 얻어진 감각이 고정된 내용처럼 보일 수 있다. 하지만 이것은 각각 분리된 것이 아니라 이후의 움직임을 내포하는 일종의 과정이며, 우리가 여기에 포커싱할 때 분명하게 느껴지는 것을 경험하게 한다. "이러한 '아직 형성되지 않은' 내현적/암묵적 언어에 대한 감각에 기반한 현상학적 관심은 정확하게는 신체에 대한 표준 개념에서 벗어난다."(Wallulis, 1997: 277-8) 우리는 고정된 내용과 변하지 않는 내면적 주관성의 관점에서 사고하는 데 너무나도 익숙하기 때문에, 신체가 과거-현재-미래를 새롭게 재구성(reconfiguration)하도록 이끌 수 있는 현재의 하나의 감각이라는 사실을 깨닫도록 어떤 재정향(reorientation)이 요구된다.

포커싱 기법은 슈퍼바이지가 단지 회기 주제를 분석하거나 오직 심리학 이론에 따른 진단적 해석을 하는 것이 아니라 자신의 특정 내담자와의 존재 경험에 직접 접근할 수 있도록 한다. 상담자의 관점에서 보면 상담자와 내담자가 함께 만들어 낸 관계는 언제든 접근 가능하지만, 현재 슈퍼비전의 관계로 얽혀 있다. 우리는 상담자 및 슈퍼바이지의 느낌이 '역전이'라거나 순전히 자신의 주관적 어려움과만 관련이 있다고 추정하지 않는다. 느낌을 통해 얻어진 감각은 일종의 현상학적 과정이며 생생한 치료적 상황으로, 종결되지 않고, 결정되지 않으며, 개방된 현재의 경험이다. 신체가 환기로 향하는 문을 열게 될 때, 그것은 경험이 조금이라도 더 드러날 수 있는 적절한 표현을 찾기 위해 또는 간략하게 표현할 수 있도록 하기 위해 시적으로 우회적으로 표현되기도 한다.

환기적 슈퍼비전의 사례

다음 사례는 세 명의 슈퍼바이지로 구성된 소집단 형식으로 진행되었으며, 세 명 모두 런던의 한 훈련 기관에서 실존주의 심리학 박사 학위를 거의 마친 상태이다. 이 집단은 '실수'와 불안감이 어떠한 판단 없이 수용되고, 서로를 존중하고 신뢰할 수 있는 공간을 만들기 위해 노력했다.[6] 슈퍼바이저 '폴'은 너무 설교적이거나 권위적인 태도를 피하고, 대신 슈퍼바이지가 스스로 자신의 내담자에게 도움이 될 수도 있는 것에 대한 공명을 느낄 수 있도록 탐색적 입장을 취했다.

집단에 참여한 슈퍼바이지 '장'은 '롭'이라는 어떤 내담자에 대해 이야기했다. 그녀는 롭과 6개월짜리 상담을 절반쯤 진행했다고 말했다. 장은 롭과 '방어적' 관계를 경험했으며, 이에 대해 더 잘 이해하고 싶다고 말했다. 가장 최근 회기에서 롭은 장에게 15년 전 돌아가신 아버지의 죽음에 대한 새로운 이야기를 꺼냈다. 롭은 당시에 자신의 어린 형제자매와 어머니를 돌보아야 했기 때문에 애도할 기회를 갖지 못했다고 느꼈다. 롭은 회기가 끝날 무렵 장에게 다소 무례한 태도를 보이기 시작했다. 장은 롭과의 상호작용에서 무언가

---

6) 신체로 느끼는 것과 '아는 것(knowing)' 혹은 비판적 목소리로부터 보호될 필요가 있다.

가 마음속에서 일어나고 있다는 것이 명백하자, 집단에 더 많은 이야기를 내놓기 시작했다.

　Gendlin의 철학에 영향을 받은 슈퍼바이저 폴은 슈퍼비전에서 환기의 순간의 중요성에 주의를 기울였다. 폴은 장이 최근 롭과의 회기를 상세히 설명할 때 장의 마음속에 뭔가가 일어나고 있다는 사실을 알아채고 다음과 같이 장의 말에 끼어들었다. "장, 저는 방금 당신이 롭과의 마지막 회기에 대해 이야기할 때 지금 당신이 무언가를 느끼고 있다는 인상을 받았어요. 마음속에 무엇이 일어나고 있는 거죠?" 장은 잠시 멈추고 생각에 빠진 것처럼 보였다. "네, 제 생각에는…… 제가 화가 난 것 같아요. 저는 롭이 회기가 끝날 때쯤 공격하는 게 신물이 나요. 하지만 이것에 대해서 롭에게 어떻게 말해야 할지 모르겠어요. 그것은 저에게 그를 경계해야 한다는 느낌을 갖게 해요. 그리고 저는 롭에 관해 아무것도 할 수 없다는 무력감이 느껴져요."

　이것은 슈퍼바이지로 하여금 슈퍼비전에서 환기되는 것을 알아차리도록 요청하는 첫 번째 예시이다. 폴은 장이 가장 최근 회기에 대한 이야기를 계속하기보다는 잠시 멈추도록 하고, 당시 회기에 대한 이야기를 할 때 그 회기의 감정이 현재 어떻게 다시 느껴지는지 알아차리도록 유도했다. 조금 전 장은 무언가를 느꼈지만, 그것에 주의를 기울이지 않았다. 그러나 지금은 이를 알아차리게 되면서 주의를 기울이자, 신체는 바로 반응하여 변화하기 시작했다. 장이 주의 집중함으로써 이전에는 명확하지 않고 단지 암묵적으로 '그곳에' 존재하던 것을 상징화하기 시작했다. 감정이 더욱 두드러지게 나타나도록 하기 위해서 장은 슈퍼비전 집단 내에서 상호 간에 형성되었던 것과 같은 종류의 경험인 개방적인 수용 경험을 자기 자신에게 적용해야 한다. 장이 자신에게 주목하는 환경과 장에게 주목하는 집단의 환경은 하나의 관계적 환경으로 연결되어 있다.

　장이 조용하게 신체를 통해 자신의 감정을 느끼기 시작하자, 슈퍼바이저 폴은 다음과 같은 반영을 해 주었다. "그래서 당신은 롭과의 이러한 상황을 어떻게 다루어야 하는지에 대해 무력감을 느꼈고, 롭은 당신에게 분노 같은 무언가를 표현하고 있고, 당신은 그에게 화가 났군요. 그래서 그렇게 서로 방어적이었네요." 이런 짧은 반영은 이제 막 드러나는 그녀의 경험에 머물러 있도록 하기 위하여, 그녀가 느끼는 것들을 그녀 자신의 언어로 점검할 수 있도록 해 주었다. 대개는 더 이상 어떠한 환기적 울림(resonance)을 일으키지 못하는 개념과 설명에 매몰되기 쉽다. 폴이 그렇게 반영해 주자, 장은 끄덕거리며 다음과 같이 응답했다. "네, 우리가 서로에게 화가 나 있었다면 그렇게 방어적이 되었던 게 어느 정도 납득이 돼요." 이러한 말을 하자, 장은 신체적으로 이완이 되었다. 장은 그때까지만 해도 자신이 롭에게 개방적인 태도를 보이지 못해 자신이 방어적인 태도를 보이게 되었고 결국 실패했다고 평가했지만, 이제는 그것이 현재 그들의 관계를 정확하게 드러내는 느낌이라는 것을 깨달았다. 장은 이제 자신이 롭과의 관계를 다룰 수 있다고 느낀다. 그동안 그 관계를 잘 다루기를 원했지만 자신의 감정이 잘못되었다고 판단하는 한, 이를 잘 다룰 수 없다고 느꼈다. 장은 롭에게 자신의 감정을 털어놓기 전에, 스스로 자신의 감정을 이해해야 했다.

그다음, 폴은 물었다. "장, 지금 우리가 감정에 대한 이야기를 나눌 때, 신체적으로 무엇이 느껴졌나요?" 장은 자신의 어깨와 가슴 윗부분에서 느껴지는 어떤 느낌에 주목했다. 장은 자신이 느끼는 감각에 적합한 단어를 찾기 시작했다. "저의 상체와 가슴, 어깨 부근에서 일종의 탁한 느낌이 느껴져요." 장이 이러한 느낌에 머물러 있을 때, 슈퍼비전 집단의 나머지 슈퍼바이지들은 조용한 분위기에서 자연스럽게 펼쳐지는 현상에 완전히 몰입되었다. "저는 두려움이 느껴져요. 제 생각에 저는 우리가 서로에게 분노하는 것을 두려워하고 있어요. 마치 이 감정이 폭발해서 엉망진창이 될 수 있다는 생각에요. 제가 상담자답게 굴어야 하는데……!" 장은 이렇게 말하면서 깊게 한숨을 쉬고, 고개를 끄덕였다. "네, 맞아요. 그 문제에 대한 제 역할을 상실하고 롭과의 상담이 실패로 끝나는 것에 대한 두려움이에요." 폴은 이것을 다시 반영해 준 뒤, 그것이 계속해서 치료자가 옳은 것이 무엇인지에 대한 신체적인 반응을 불러일으키지 않는다면 그 두려움을 내려놓기를 바란다고 해석을 해 주었다. "아마도 당신이 분노해야만 롭의 분노를 다룰 수 있다고 느끼는 것일까요? (장은 그렇다고 끄덕이며, "맞아요."라고 말했다.) 롭이 자신의 가족에게 그랬던 것처럼 타인의 욕구를 돌보기 위해 매달려 있는 것처럼요?"

장이 이에 대해 곰곰이 생각하고 있을 때, 폴은 이 말이 시의적절하지 않았다고 느끼기 시작했다. 그것은 장이 현재 '느끼고 있는' 감정이 아니었으며, 아마도 환기하기에 충분히 '가까운 경험'이 아니었다. 폴은 그의 코멘트로 인해 지금 이 순간 그것들을 감각으로 느끼는 것이 아니라, 고리들이 연결되도록 길을 잘못 안내한 것이 아닌가 걱정이 들었다. 침묵이 흐르는 동안, 장은 무엇이 울림을 주고 있고 무엇이 그렇지 않은지 확인하기 위해서 언어를 점검했다. 잠깐의 시간이 흐른 뒤 장은 다시 깊게 숨을 쉬고 약간의 감정 어린 대답을 했다. "네. 롭이 마치 자신의 가족에 매여 있는 것처럼 우린 서로에게 매여 있었어요. 우리는 둘 다 서로 두려웠어요. 하지만 지금 저는 그에게 더 가까워진 것 같아요. 두려움도 줄었어요. 제가 그 문제를 다룰 수 있을 것 같아요. 이제는 갇혀 있는 느낌이 줄었어요. 그에 대한 느낌이 좀 달라지기 시작했어요." 폴은 안심하며, "좋아요. 당신은 내담자와 이 문제를 다룰 수 있겠다는 새로운 잠재력을 느끼고 있는 것 같아요. 그 말을 들으니 기쁘네요. 혹시나 제가 길을 잃게 한 게 아닌가 두려웠거든요."라고 말했다.

집단의 다른 슈퍼바이지들 또한 이러한 상호작용 과정에서 자신의 신체적 반응을 감지하고 있었다. 이제 대화는 전체 집단원들을 포함할 수 있도록 개방되었으며, 각각의 슈퍼바이지는 자신의 경험을 공유할 수 있는 공간을 제공받았다. 장과의 작업 과정을 따라오면서 대부분의 슈퍼바이저가 특정한 감정을 경험했다고 답했으며, 이는 집단 내 환기적 상호작용을 만들어 냈다고 했다. 이후 폴은 집단에 다음과 같이 물었다. "롭의 분노는 아버지의 죽음 이후 애도할 수 없었던 고통과 관련이 있었습니다. 여러분 중 애도할 여지가 없는 상황이 과연 어땠을지 느끼신 분이 계신가요?" 이것은 환기의 또 다른 측면이다. 우리 개개인의 독특한 경험은 이것이 개개인에게 갖는 그 경험이 가지고 있는 넓은 범위의 의미를 신체적으로 성찰해 볼 수 있도록 우리에게 문을 열어 준다. 얼마간의 조용한 숙고의 시간이 지나고 나서, 집단은 자신의 사별 경험, 시간과 공간의 필요성, 타인의 요구에 대한 그들의 반응을 주제로 이야기를 나누기 시작했다. 이러한 과정은 개개인이 자기 자신이 이해받고 있다는 느낌을 전달해 준다. 집단 내에서는 가슴 아프고 슬픈 분위기가 형성되었다. 장의 시간이 끝날 무렵, 집단은 그들의 경험을 '사별의 아픔에 손을 내밀어 잡아 주어야 한다.'는 문장으로 상징화했다. 우리는 롭과 우리 자신에 대한 이해가 바뀌었다고 느꼈다. 장은 변화한 신체를 가지고 롭과의 다음 회기에 참여할 것이며, 그와 상호작용하는 방식이 새로운 환경에서 제공될 것이다.

포커싱은 이론이나 관습이 아닌 슈퍼바이지 자신의 체화(embodiment)에서 발생한다는 현상학적 입장이다. 물론 치료는 단지 포커싱 기법 그 이상의 것이지만, 나는 포커싱의 환기적 영향력을 통해 이것이 치료 장면에서만큼이나 슈퍼비전에서도 효과적이라는 사실을 제안하고 싶다(Madison, 2008b).

환기적 슈퍼비전이 기여하는 것은?

슈퍼비전 내에서 환기적 입장은 실존주의 작업에서 민감성을 가장 중요하게 다루는 것을 보여 주거나, 다양한 임상적 방법이나 관점을 통합하는 슈퍼비전 상황에서 특별한 순간을 제공할 수 있다. 어느 경우에나 환기적 작업의 결과로 발생할 수 있는 몇 가지 이점을 정리해 두면 유용할 것이다.

1. 슈퍼비전 회기가 살아 있다고 느껴지도록 하고, 우리 개인의 삶과 현재

내담자와의 작업이 직접적으로 연관되도록 하기 위해서는 각각의 현재의 순간에 맞추는 것(attuned)이 필요하다. 우리는 오직 하나의 신체를 가지고 있기 때문에 그 두 개가 서로 분리될 수 없다. 이전 장에서도 언급했듯이 실존주의 관점에서는 모든 것이 개인적(personal)이기 때문에 '개인'적인 것과 '전문가'적인 것은 서로 분리되어 있지 않다. 환기적 차원은 훈련 단계에서 아주 쉽게 의무나 의례로 진행될 수 있는 슈퍼비전 회기에 다시 생명을 불어넣게 될 것이다.

2. 내담자 이야기의 사소한 내용까지 강박적으로 집착하며, 내담자 문제의 외현적 표현에만 과도하게 집중하는 경향성을 교정해 준다. 만약 우리가 오로지 내용에만 집중한다면, 우리는 내담자의 문제를 신중하게 인식하고 한 번에 하나씩만 해결하고자 할 수 있다.

3. 환기적 슈퍼비전은 **치료** 마지막에 치료가 성과가 있었는지 평가하는 일반적인 기준이 아니라 치료가 효과가 있는지를 보여 주는 복잡한 근거로서 한 순간의 경험을 다루는 것을 강조한다.

4. 환기적 슈퍼비전은 개인의 의미에서부터 슈퍼비전 집단의 효과, 더욱 심오한 실존주의적 수준까지 모두 다룬다. 상담자로 하여금 그들의 전문적 역할에 대해 탐색하도록 하며, 독특한 개인으로서 상담자, 인간 실존의 표본으로서 상담자에 이르기까지 전반적인 것들까지 탐색하도록 요청한다. 이러한 슈퍼비전은 내담자에게 도움이 된다. 상담자로 하여금 개방적인 철학적 태도를 취하도록 하며, 이때 상담자가 가지고 있는 삶에 대한 가정과 결론이 유연해질 수 있도록 하고, '알지 못하는 것(un-knowing)'을 되돌아볼 수 있게 하기 때문이다.

5. 환기적 슈퍼비전은 잠시 동안은 슈퍼바이지에 대한 치료처럼 들릴지도 모르지만, 치료와 슈퍼비전 간의 구분은 명확한 **동시**에 유연할 수 있다. 이는 보통 슈퍼바이지가 충분히 자신을 슈퍼비전에서 드러내지 않거나 혹은 슈퍼비전을 오로지 자신의 개인적 이슈를 탐색하기 위해 이용할

때 명백해진다.

6. 슈퍼바이저로 하여금 슈퍼비전 관계에서 일어나는 감정에 대한 민감성을 기르도록 해야 한다. 여기에는 '평행 과정(parallel process)'[7] 현상을 인정하는 것이 포함되는데, 이는 종종 내담자의 무의식적 정신병리에 기인하거나(Lees, 1999: 131), 슈퍼바이지가 우리에게 그들이 치료에서 아직 이야기하지 않은 주요한 이슈를 보여 주고자 할 때 나타난다. 평행 과정은 우리의 신체가 어떤 상황에서 '전체적인 느낌을 통해 얻어진 감각'을 만들어 낼 수 있다는 점을 떠올려 보면, 이는 특별히 불가사의한 현상이 아니다. 소위 평행 과정이라는 것을 경험할 때 누군가가 다른 누군가에게 무언가를 하고 있다고 가정할 필요는 없다. 이는 단순히 우리의 신체가 우리가 내담자와의 상담 회기에서 이야기를 나누면서 느낌을 통해 얻어진 존재의 감각을 슈퍼비전 내에서 만들어 낸 것일 뿐이다. 우리는 그것을 살면서 다시 공유할 뿐이다. 이러한 공유된 경험은 관련된 특별한 개인을 넘어서 인간의 실존을 필연적으로 내포한다.

결론

환기적 슈퍼비전은 내용 중심보다 '과정 중심'에 더 가깝다. 실존주의 슈퍼바이저 Pett(1995)에 따르면, 슈퍼바이지가 내담자와 작업하는 동안, '이러한 환기적 슈퍼비전 방식이 Gendlin(1981)의 '포커싱'이 '느낌을 통해 얻어진 감각'을 이끌어 내는 것과 상당 부분 동일하게 "눈에 띄는 반응으로 이어진다"는 것을 발견했다(Pett, 1995: 122). 포커싱 기법을 선호하는 심리학자인 Neil

---

[7] 역자 주: 평행 과정(parallel process)은 슈퍼비전에서 일어나는 역동을 상담 혹은 치료 장면에서 일어나는 역동의 반복으로 본다. 내담자와 상담자 사이의 역동이 슈퍼바이저와 슈퍼바이지 사이의 역동으로 재현된다고 본다.

Friedman은 '포커싱은 신체에 대한 Heidegger 학파와 현상학적 접근법이 심리치료의 세계에 들어선 방식'이라고 제안했다(2000: 225).

내가 제안했듯이, 경험적 과정에 집중한다는 것은 슈퍼바이저로 하여금 슈퍼바이지의 즉각적인 요구에 반응하는 슈퍼비전 유형을 우리에게 제공한다. 이는 슈퍼비전 작업은 내담자와의 작업이 우리 자신의 개인적 삶과 연관이 있으며 이에 도전하는 것이라는 것을 의미한다. 그러나 다른 종류의 분별력을 필요로 하는 슈퍼비전 과제나 심지어는 경험적 실존에 부과되는 슈퍼비전 과제가 존재한다. 이러한 과제는 아마 부분적으로 전문가 실천 강령이나 특정 기관의 치료에 관한 규정과 같은 슈퍼비전의 **맥락**(context)에 기인할 것이다. 우리는 외부의 권위, 더 큰 세계의 치료에 대한 지식과 판단, 몸담고 있는 조직과 법률적 근거를 인정해야 한다. 이는 우리로 하여금 계약에 대해 논의하는 것, 전문성 개발 및 치료에 대해 충고하는 것, 매년 평가를 실시하는 것, 관리/경영상의 우려 사항들을 다루는 것 또한 슈퍼비전의 적절한 측면일 것이라는 점을 상기시킨다.

몇몇 참석자는 필연적으로 슈퍼비전에 지장을 주지만 조직 요소가 갖는 중요성을 언급한다. 이러한 요소들이 아무리 제한과 제약을 준다고 해도 이를 무시할 수는 없다. 예를 들어, 13장에서 저자는 실존주의 현상학 관점의 모순에도 불구하고 이러한 제약 내에서 작업하는 방식을 찾을 수 있도록 슈퍼바이지와 협력할 필요가 있음을 인정했다.

때때로 경험적-실존주의 접근과 전문성 개발에서 전통으로 받아들여지는 것 사이에는 충돌이 존재한다. 전문가로서의 의무가 우리를 다른 방향으로 끌어당기지만 우리의 감각의 느낌이 한 방향으로 펼쳐지는 순간을 깨닫는 것은 중요한 정보를 제공한다. 포커싱은 슈퍼비전의 효과를 향상시킬 뿐만 아니라 슈퍼비전과 심리치료의 전문성에 관하여 성찰하도록 도와준다. 우리의 생생한 삶의 경험이 갖는 복잡함과 그 이상의 것에 주목하는 것은 우리가 미래에 독특한 형태의 슈퍼비전과 심리치료를 발전시킬 수 있도록 이끌어 줄 것이다.

환기적 슈퍼비전은 단조로움으로부터 우리를 구제하며, 우리가 가능한 한 가장 포괄적인 삶의 관점으로 작업할 수 있도록 영감을 준다. 이러한 순간에 고통받는 인간의 굴욕적인 모습을 드러내도록 하기 위해서 어떤 직업적 오만함을 드러냈거나 방어적 치료를 했다면, 이제 그런 방법으로부터 멀어져야 한다. 슈퍼비전에서 환기적 순간은 신기함으로 인한 익숙한 눈부심과 시적 표현을 자연스럽게 만들어 내며 영적으로 경험될 수 있다. 만약 실존주의 치료가 '영적' 차원을 포함한다면(Deurzen, 2001), 실존주의 슈퍼비전 또한 그래야 할 것이다. 환기는 그러한 영적인 접근을 체험하는 하나의 이해 과정이다 (Campbell & McMahon, 1985). 신체적으로 내재화된 것에 대한 포커싱은 우리를 자기반응의 무한성과 연결할 수 있다. "…… 인식의 끝자락. 그것은 의식적 개인과 우리가 더 이상 우리가 아닌 인간 본성의 심오한 보편성의 도달 사이에 존재한다."(Gendlin, 1984)

참고문헌

AskOxford Website Dictionary. http://www.askoxford.com/?view=uk: Accessed 2008.

Barnet, J. 'In Search of the Effective Supervisor', *Professional Psychology: Research and Practice* 38(3) (2007) 268-75.

Bond, T. 'Counselling Supervision . Ethical Issues', *Counselling* (1990) 43-5.

Campbell, P. & McMahon, E. *Biospirituality* (Chicago: Loyola University Press, 1985).

Counselling Psychology Review 'Bringing Psychology and Psychotherapy Together', 23(1) (2008).

Deurzen, E. van *Existential Counselling and Psychotherapy in Practice*, 2nd edn (London: Sage, 2001).

Ellis, M. 'Harmful Supervision, a Cause for Alarm', *Journal of Counseling Psychology* 48(4) (2001) 401-6.

Falender, C., Shafranske, A. & Edward, P. *Professional Psychology: Research and Practice* 38(3) (2007) 232-40.

Friedman, N. *Focusing: Selected Essays, 1974-1999* (USA: Xlibris Corporation, 2000).

Gendlin, E. *Focusing* (New York: Bantam Books, 1981).

_____ 'The Client's Client: The Edge of Awareness'. In R. L. Levant & J. M. Shlien (eds) *Client-centered Therapy and the Person-centered Approach* (New York: Praeger, 1984).

_____ *A Process Model*. Focusing Institute website. http://www.focusing. org/process.html (1997).

_____ 'A New Model' *Journal of Consciousness Studies* 6 (1999) 232-7.

Jensen, P. 'On Learning from Experience: Personal and Private Experiences as the Context for Psychotherapeutic Practice', *Clinical Child Psychology and Psychiatry* 12 (2007) 375-84.

Jones, A. 'Out of the Sighs-An Existential-phenomenological Method of Clinical Supervision: The Contribution to Palliative Care', *Journal of Advanced Nursing* 27 (1998) 905-13.

Lees, J. 'An Approach to Supervision in Health Care Settings', *European Journal of Psychotherapy, Counselling and Health* 2(2) (1999) 131-41.

Madison, G. 'Futurist Therapy'. http://www.goodtherapy.org/custom/ blog/2008/01/05/futurist-therapy-what-role-will-therapy-have-in-a-post-human-future/ *Good Therapy*. Featured Contributors (2008a).

_____ 'Focusing, Intersubjectivity, and "Therapeutic Intersubjectivity"', *Existential Analysis* 19(1) (2008b) 58-72.

Online Etymology Dictionary: http://www.etymonline.com/: Accessed (2008).

Pett, J. 'A Personal Approach to Existential Supervision', *Existential Analysis* 6(2) (1995) 117-26.

Spinelli, E. *Practicing Existential Psychotherapy* (London: Sage, 2007).

Todres, L. *Embodied Inquiry* (London: Palgrave, 2007).

Unger, D. 'Core Problems in Clinical Supervision: Factors Related to Outcomes'. In M. L. Friedlander (Chair) *Psychotherapy Supervision: For Better or for Worse*. Symposium 107th Annual Convention of the American Psychological Association, Boston (1999).

Van Manen, M. *Inquiry: The Evocative Turn: Nearness* (2002). http://www.phenomenologyonline.com/inquiry/20.html: April 15, 2008.

Wallulis, J. 'Carrying Forward: Gadamer and Gendlin on History, Language, and the Body'. In D. Levin (ed.) *Language Beyond Postmodernism* (Evanston: Northwestern University Press, 1997).

343

16장
실존주의 슈퍼비전의 미래

–Emmy van Deurzen, Sarah Young

들어가는 말

이전 장들로부터 실존주의 슈퍼비전의 미래에 대해 우리는 어떤 결론을 내릴 수 있을까? 우선, 이러한 작업을 통해 실존주의 슈퍼비전이 처음으로 체계적인 방식으로 수립되고 있지만, 이는 오래전부터 확립되어 왔던 실존주의 슈퍼바이저의 방식에서 비롯된다고 할 수 있다. 이러한 슈퍼비전에 관해 전해 오는 말은 오래전부터 이어져 왔지만, 이는 분명 더 많은 논쟁과 발전으로 이어질 것으로 예상된다. 이는 실존주의 사고의 기본적이고 필수적인 측면인 창의성과 자유를 억압하거나 표준화된 슈퍼비전의 형태를 만들고자 하는 의도가 아니다. 이 장에서 강조하는 것은 실존주의 슈퍼비전이 다양한 견해로 퍼져 나가는 방식인데, 이는 실존주의 치료와 일반적인 실존주의 사고의 광범위하고 통합적인 특징을 잘 반영한다. 이러한 다양성과 개성은 슈퍼비전에 대한 독특한 실존적 관점이 구체화되기까지 많은 시간이 걸렸다는 사실을 의미한다. 최초의 체계화는 1996년 Strasser가 제작한 Van Deurzen과 Spinelli의 실존주의 슈퍼비전에 대한 짧은 교육용 영상에 의해 시작되었는데, 심지어 이 교육 영상에서도 Deurzen의 철학적 기반과 Spinelli의 상호작용에 기반을 둔 두 접근법 사이에 분명한 차이가 나타났다. 이 외에도 각각 상이한 강조점을 지닌 소수의 논문이 저널 『Journal of the Society for Existential Analysis』에 게재되었다(Pett, 1995; Wright, 1996; Mitchell, 2002; Adams, 2002; Du Plock, 2007).

현재까지 실존주의 슈퍼비전에 대한 문헌은 그 자체로 매우 드물고, 이 책은 이러한 상황을 해결하기 위한 첫 번째 단계이다. 실존주의 상담자들이 슈퍼비전 관계에서 대화와 토론을 중시하는 것이 일반적임에도 불구하고, 관련된 문헌들이 거의 없다는 사실은 어떤 측면에서 매우 놀라운 일이다. 하지만 그 형태가 문헌으로 잘 탐색되지 않았던 이유는 아마도 이 관계가 실존주의 치료 그 자체와 상당 부분 일치하는 면이 있기 때문일 것이다. 이 책의 여러 저자가 언급했듯이, 실존주의 전문가들은 일반적으로 실존주의 치료를 체계화하거나 기술이나 방법론이라는 단어를 사용하거나 유형화하기를 꺼려하며, 내담자에게 무언가를 하는 것(doing to)보다 함께하기(being with)를 강조하는 측면이 있다.

그러나 이 장에서 알 수 있듯이, 실존주의 슈퍼비전의 실제에서는 함께하는 것과 무언가를 하는 것 둘 다의 많은 요소가 공유되고 있으며, 이 두 관점의 중요한 요소들을 잃지 않은 채로 명확하게 체계화될 수 있다. 이 책의 모든 저자는 내담자의 경험에 주목하는 것이 중요함을 언급한다. 그들 모두는 현상학을 언급했는데, 이는 경험의 의미를 파악함에 있어서 해석적(interpretive) 방법이 아닌 서술적(descriptive) 방법의 사용을 암시했다. 일부는 자신의 슈퍼비전에 영감을 주는 특정 철학자들을 언급하기도 했으며, 모든 저자는 그들이 치료적 관계에 대한 그리고 내담자들이 고군분투하고 있는 삶의 문제에 대한 철학적 탐구를 중요시한다는 것을 보여 주었다. 다음 페이지에서 몇 가지 특정한 주제를 다룬다.

새로운 주제

세계-내-존재

이미 언급했듯이 실존주의 관점을 뒷받침하는 것은 Heidegger와 같은 현상학자들이 설명한 인간의 상황에 대한 이해이다. 인간은 서로 고립된 별개의 대상으로 여겨지지 않는다. 오히려 인간은 항상 다른 사람들과의 관계 그리고 그들을 둘러싼 세상과의 관계에 의해서 세계-내-존재(being-in-the-world)로 이해된다. 이것은 상담자와 슈퍼바이저로서의 작업에 엄청난 영향을 미친다. 우리는 전문가적인 입장을 취할 수 없으며, 더군다나 스스로를 슈퍼바이지나 내담자와 별개로 분리해서 볼 수 없다. 우리는 내담자들과 마찬가지로 이 세상에 함께하는 존재이며, 동일하게 '주어져 있는 것(the givens)'을 마주하고 있기 때문이다. 따라서 우리의 관계에서 창조되는 것은 모두가 함께 창조한 것이며, 그래서 우리는 이러한 사실을 인지하고 책임을 져야 한다(물론 내가 당신과 함께하는 방법은 오로지 당신에게만 직접적으로 반응하는 것이지만 말이다). 여기에는 우리가 지금 처해 있는 상황과 우리 삶의 맥락이 포함되며, 그것은 개인의 과거 경험과 미래에 대한 희망에 의해 알게 된다. 각 개인의 관계는 특정한 상황이 관련되어 있고, 우리가 다르게 반응하고 새로운 것을 배울 수 있는 두 사람의 새로운 창조물이다.

필연적인 연결성(inevitable connectedness)이라는 인간의 조건을 근본적으로 이해한다면, 실존주의 슈퍼바이저로서 관계에서 우리의 역할을 수행하지 않거나, 자기 자신을 초연한 상태로 둘 수 없다는 것을 의미한다. 따라서 이 책을 통해 슈퍼바이저와 슈퍼바이지 사이의 협력을 강조하고자 한다. 이러한 이해는 우리가 서로 분리된 별개의 주체라는 Descartes의 관점과는 근본적으로 다르다. 대부분 실존주의 사고를 묘사하려는 사람들이 마주하고 있는 어려움 중 하나는 우리가 이해한 바를 전달하는 데 있어서 글이 갖는 명료하지 못함이다. 또 다른 어려움은 우리의 언어에 Descartes가 말하는 이러한 분리된 존재의 개념이 내재되어 있다는 사실이다. 그래서 우리는 마치 우리가 분리된 것처럼 말하면서도 동시에 개방된 시스템과 네트워크 연결망의 일부로서 상호작용을 이해하려고 한다. Heidegger(2001: 3)는 매우 간단한 그림을 통해 이러한 깊은 이해를 보여 주었다.

$$(<$$

이러한 기호들은 인간의 의식을 흔히 압축하거나 고립된 정신(psyche)이 아닌 개방적인 시스템으로 보여 준다. 의식은 의도성을 통해 세상에 존재하며, 마주하는 모든 것에 개방되어 있지만, 이것은 항상 자신을 향한 연결성보다는 덜하다.

현상학

이 책을 통해 저자들은 내담자와 슈퍼바이지에게 현상학적으로 접근하는 것의 중요성을 강조해 왔는데, 그것은 알지 못한다는 입장(position of unknowing)이나 오히려 우리의 가설을 '괄호로 묶어서 멀리하는 것(bracket)'과 관련된다. 만약 우리가 이러한 에포케(판단중지)[1]를 따른다면, 우리는 세

---

1) 역자 주: '에포케(판단중지)'란 우리가 상황 자체를 경험하기에 앞서 수행해야 하는 절차이다. 상황을 있는 그대로 이해하는 데 방해가 되는 선입견을 괄호로 묶어서 배제하는 것(bracketing)이 Husserl이 말하는 에포케이다. 외부 세계에 대한 특정한 독단적 태도, 곧 '자연적 태도'를 거부하는 것이 에포케이다. 이때 자연적 태도란 '우리가 경험에서 마주하는 세계가 우리와 무관하게 독립적으로 존재한다는 것을 당연하게 여기는 것'을 뜻한다. 우리가 경험하는 실재는 언제나 우리의 지향성 속에서 경험되는 것일 수밖에 없다. 이러한 지향성을 거치지 않은 어떤 경험도 존재할 수 없다. 이러한 사실을 알지 못하는 태도가 자연적 태도이다. 이 자연적 태도, 다시 말해 세계 인식에 관한

상과 서로에 대한 편견, 편향, 추측이 있음을 인정하고 가능한 한 옆으로 치워 둘 필요가 있다. 이를 통해 우리가 실제로 그곳에 존재하는 것에 대해 더욱 완벽하게 파악하고 주의 깊게 묘사할 수 있다. 물론 우리는 결코 우리의 편견이나 가정을 제거할 수는 없다. 실존주의 슈퍼비전 과정에서 이러한 편견을 가진 가정과 믿음이 드러나게 되는데, 이는 신중하고 정중하게 검토될 것이다. 우리는 스스로에 대해 알아 간다는 것을 중요하게 생각하기 때문에 슈퍼비전에서의 만남(encounter)을 통해 변화된다는 인식이 있다. 실존주의 슈퍼비전의 요소인 서술적이고 해석학적인 해답은 대부분의 저자에 의해 어떤 형태나 구성으로 논의되고 있으며, 모든 실존주의 슈퍼비전의 실제에 기초한다. 즉, 이것은 궁금함과 의심의 태도로 슈퍼비전의 만남에 오게 되고 새로운 발견에 놀랄 준비가 되어 있다는 것을 의미하지만, 일반적인 편견과 알지 못했던 것들에 대해 직면할 준비가 되어 있다는 것을 의미하기도 한다. 그목표는 더 큰 개방성을 향해 빛을 밝히고 의식을 맑게 하는 것이다.

349

대화

이러한 개방성과 타인에 대한 관심은 실존주의 슈퍼비전의 근본적인 출발점이지만, 특별한 만남이 뒤따르는 것은 아니다. 실존주의 슈퍼바이저로서 우리는 슈퍼바이지에게 모든 관심을 기울이며 집중하여 듣는다. 이는 우리가 말하려고 하는 것, 듣고자 하는 것에 사로잡히거나 우리가 걱정과 우려에 사로잡히지 않도록 하기 위한 규율을 필요로 한다. 이러한 점에서 Buber의 중간 개념(in-between)은 중요한데, 즉 우리의 공간에서 우리가 함께 만들

'소박한 태도'를 단호하게 물리쳐야만 우리는 '사태 자체'를 경험할 수 있다. 현상학은 '존재론'임을 특별히 강조한다. 현상학은 단순히 현상을 올바르게 기술하는 데 그치는 것이 아니다. 판단중지를 통해 우리의 선입견을 치워 버림으로써 세계의 존재 실상이 올바르게 드러나도록 해 주는 것이 현상학이다[참조: 단 자하비 지음, 김동규 옮김(2022). 현상학 입문. 도서출판 길.].

어 내는 분위기에 주목하도록 한다. 이것은 우리가 지속적으로 성취할 수 있는 것이 아님을 인정해야 한다. 왜냐하면 우리의 주의력이 떨어지는 일이 많을 것이며, 필연적으로 상대에게 온전히 집중하지 못하게 될 것이기 때문이다. 이 책을 통해 저자들은 타인에게 개방과 존중의 입장을 지속하는 것이 얼마나 중요한지를 강조해 왔다. 실존주의 슈퍼바이저들은 상담자들이 그들의 내담자를 이해할 수 있다는 것을 당연하게 여기지 않고 실제로 내담자에게 무엇이 나타나고 있는지를 계속해서 살펴보도록 격려할 것이다.

사랑, 배려, 존중

이는 실존주의 슈퍼비전에서 타인에 대한 배려와 존중의 중요성을 인식하게 한다. 우리가 이것을 실존적 섹슈얼리티(existential sexuality)로 생각하든 사랑으로 생각하든 간에 내담자의 존재 방식에 대해 이해하고 진정으로 느끼는 것은 특히 중요하다. 인간이 된다는 것은 세상과 함께하는 것이며, 우리가 혼자 있거나 고립되어 있을 때조차 존재하지 않는 다른 사람과 함께하고 있는 것이다. 내담자와 상담자, 슈퍼바이저와 슈퍼바이지 사이에 존재하는 함께하는 세상(with-world)을 이해하는 것은 방치되었을지도 모르는 존재의 총체적인 차원을 분명하게 만드는 것이다. 그렇게 하는 것은 치료적 관계와 슈퍼비전 관계의 질을 향상시키고, 존재할지 모르는 큰 간격을 연결하는 것뿐만 아니라 다른 사람들과 함께할 수 있는 자신의 능력을 확장함으로써 그 자체로 존재하는 능력을 확장시킨다.

체화[2]

모든 장에서 암묵적이고 명백한 것은 인간을 체화된 존재로 이해하는 것이다. 만약 Descartes의 세계관이 정신과 육체를 분리했다면, Husserl은 그 분리를 해결하여 지향성의 개념과 함께 정신과 육체가 하나로 결합된 세계관을 제공했다. 실존주의 슈퍼바이저들은 육체에 체화된 존재의 중요성을 자각했으며, 그들은 정신과 육체가 동일한 존재의 두 가지 측면이라는 것을 수용한다. 이는 동전의 양면과 같이 연결은 분리된 것을 의미하기 때문에, 이 두 측면은 단순히 연결되어 있지 않다. 정신과 육체는 필연적으로 인간의 경험에 관여되기 때문에 '심인성(psychosomatic)'이라는 새로운 경험 개념을 부여한다. 때로는 우리의 육체적/신체적 반응이 지배적일 수 있고, 또 어느 때에는 정신적/심리적 반응이 지배적일 수도 있다. 하지만 둘 중 하나가 없이는 다른 하나가 절대로 존재할 수 없다. 그 어떤 것도 온전히 신체적이거나 온전히 심리적인 것은 절대 없다. 모든 신체적 문제는 심리적 반응을 동반하고, 그 반대도 마찬가지이다. 이 둘은 불가분하게 엮여 있다.

세계관, 영성, 의미

실존주의 세계관은 존재의 전체성(totality)을 강조한다. 모든 사람이 다양한 실존의 차원이 존재한다는 것에 동의하는 것은 아니지만, 실존주의 슈퍼바이저는 대개 상담자들에게 내담자 경험의 다양성을 탐구하도록 장려한다. 그들은 내담자의 경험을 탐구하도록 장려하기 위해 네 겹의 실존세계 모델과 감정의 나침반(emotional compass)을 사용하거나 실존주의 슈퍼비전의 바퀴를 사용한다. 아니면, 그들은 다양한 층의 내담자 경험에 민감하게 반응함으로써 내담자와 슈퍼바이지의 세계에서 일어나는 다양한 의미를 알아낼 수 있다. 그러나 믿음, 목적, 의미와 같은 영적 영역에 주의를 기울이지 않고서는 실존주의 슈퍼비전은 불가능할 것이다.

만질 수 없고, 직관적이며, 침묵으로 잠겨 있는 것을 위해 존재를 위한 공

---

2) 역자 주: 체화는 몸으로 느끼고 경험한 감각을 의미한다.

간을 만들고 새로운 지평선을 향해 손을 뻗는 것이다. 어떤 사람들은 이것을 환기(the evocative)라고 이야기하며, 또 다른 사람들은 **초월 세계(Uberwelt)**라고 하거나 사랑의 영역이라고 부른다. 그러나 이러한 중요한 것을 위한 공간과 시간이 없다면, 실존주의 슈퍼비전은 그 이름에 걸맞지 않을 것이다. 영적 차원에서 우리는 우리의 경험을 이해하고 의미를 만들어 내는데, 이는 실존주의 슈퍼비전에서 내담자와 상담자의 경험을 이해하는 데 있어 핵심이다.

책임과 자유

여러 저자가 책임에 대해 이야기를 했었는데, 책임의 정도를 '의학적 책임'의 맥락처럼 우리가 타인의 행동에 책임질 수 있는 수준으로 언급했다. 이러한 맥락에서 몇몇 저자는 타인 대신 뛰어들어 타인의 염려를 대신하면서 타인을 지배하는 것(leaping-in)과 타인에 앞서 뛰어들어 타인이 스스로 자신의 염려를 하도록 하는 것(leaping-ahead)의 개념에 대해 논의했다. 때때로 대신 뛰어들기(leaping in)가 있어도, 실존주의 슈퍼비전은 앞서 뛰어들기(leaping ahead)를 선호하는데, 이는 책임을 돌려주고 상대가 스스로 결정과 선택을 하도록 허용하는 것을 의미한다. 이것은 Heidegger의 '내던져짐(throwness)', 즉 Sartre가 우리 존재의 현사실성(facticity)이라고 언급했던 것으로 우리가 책임질 수 없는 삶의 한 측면을 나타낸다. 가끔씩 이러한 삶의 단순한 사실들은 '주어져 있는 것(the givens)'이라고 불리는데, 우리는 이를 통제할 수 없지만 개의치 않고 앞으로 나아갈 수 있다. 한계 상황에 대한 Jasper의 생각과 Tillich의 궁극적 관심은 우리를 제한하는 이러한 삶의 사실들과 관련이 있다. 우리가 시간과 장소에 대한 선택의 여지없이 세상에 던져졌다는 사실은 우리가 태어나고 자라 온 문화, 가족, 나라 등을 포함해서 본질적으로 우리에게 주어진 상황을 정의한다. 이러한 주어져 있는 것에 우리가 어떻게 반응하는지는 우리의 자유영역이자 우리가 책임지는 영역이다.

Sartre는 우리가 흔히 부정하는 비범한 자율성을 강조했다. 그는 우리가 의구심에 가득 차 스스로 선택의 여지가 없고 자유롭지 않다고 여길 때, 이러한 생각이 어떻게 우리의 삶을 제한하는지를 보여 주었다. 실존주의 슈퍼바이저들은 종종 자유 대 불가피함의 모순에 대해 언급한다. 자유는 항상 두 가지로 해석될 수 있는데, 하나는 놀랍도록 신나는 것이라는 것이다. 나는 더 이상 나의 의무를 다 해낼 필요가 없다(계획대로 할 것인지 말 것인지는 나의 선택이다). 다른 한편으로 자유는 완전히 끔찍한 것이다. 나는 결혼, 직업, 국가 등 내 삶의 모든 것으로부터 자유롭게 떠날 수 있지만, 궁극적으로 나는 무엇을 할지 먼저 선택하고 그리고 시작해야 한다. Kierkegaard는 사람들이 가능성을 마주하였을 때 느끼는 강력한 책임감으로 인해 생겨나는 불안을 '자유의 현기증(dizziness of freedom)'이라고 아름답게 묘사했다. Sartre에게 있어 우리의 자유는 너무 압도적인 것이라 역겨움을 느낄 수 있다. 결국, 근본적인 자유와 그것이 만드는 갈등에 대해 끊임없이 언급하지 않고서는 실존주의 슈퍼비전이 존재할 수 없다. 우리의 자유는 자유에서 오는 책임과 함께 불안, 죄책감, 불확실성, 고립, 실패, 죽음과 같은 실존적인 것들을 가져다준다. 실존주의 슈퍼바이저들은 슈퍼바이지들에게 이러한 근본적인 갈등을 기억하도록 하고 내담자가 자신의 삶을 되찾고 현 상황을 직면하는 방법을 보여 줄 수 있도록 돕는다.

조직 맥락

우리는 이 장에서 실존주의 슈퍼비전이 치료적이든 교육적이든 간에 이것이 조직 맥락 내에서 작용할 때 기여할 수 있는 것에 대한 여러 자료를 살펴보았다. 실존주의 슈퍼비전은 항상 논쟁 중인 쟁점에 대한 사회적, 문화적, 정치적 맥락을 고려하므로, 이러한 상황에 기여할 수 있는 많은 부분이 있다. John Towler의 말에 따르면, 이것은 '보이지 않는 내담자(invisible client)'를 매우 잘 알고 있는 것(Towler, 2008)이라고 말할 수 있다. 이렇게 보이지 않는 내담자는 상담자에게 요구를 하며, 치료적 뼈대와 목표에 제약을 가한다. 몇몇 저자는 NHS를 포함한 다양한 조직에서 작업할 때 발생할 수 있는 제약 조건에 대해 논의했으며, 슈퍼바이지들이 특정한 상황과 맥락에 적응하는 데 있어 실존주의 접근법이 얼마나 유연한지를 보여 주었다.

성공으로 가는 길

이 책은 완전히 새로운 분야를 개척하기 위해 실존주의 슈퍼비전의 이론과 실제를 체계화하는 과정으로 시작했다. 실존주의 슈퍼비전이 무엇인지 보여 주기 위해 하나의 특정한 이론을 제시하기보다는 전체적인 개요를 제시하고자 했다. 이 책은 실존주의 슈퍼비전을 제한하거나 얽매기보다는, 더 나아가 이를 체계화하고 더 많은 논의를 하도록 돕기 위한 초대이다. 실존주의 슈퍼비전의 영역이 분명해지고 더 알려지기 전에 살펴볼 필요가 있는 영역이 많이 있다. 이 책은 현재 선별된 엘리트 실존주의 상담자들뿐만 아니라 삶에 진실하며 슈퍼비전에 열정적인 모든 사람의 모험적 탐험, 실험, 발견을 위한 장이 될 것이다.

연구

현재 심리치료 연구(Wampold, 2001; Tantam, 2002)에서 의미라는 이슈를 다루는 것은 심리치료의 성공에 영향을 미치는 결정적 요소이다. 좋은 치료 성과를 예측하는 것은 상담자가 사용하는 기법이 아니라 상담자 개인 그 자체이며, 이러한 사실은 다른 무엇보다도 의미를 찾는 과정에서 상담자 개인의 접촉 능력과 현실감, 활력을 이야기한다고 말할 수 있다. 즉, 어떤 접근을 활용하든 사실 치료적 성과는 비슷하다. 이는 가장 최선의 치료적 관계와 치료적 효과를 만들어 내는 요인이 개인의 성격 및 카리스마와 관련이 있다는 것을 암시하며, 이는 그러한 요인들이 타인에게 미치는 개인적 영향 요소라고 말하는 것과도 비슷하다. 이러한 개인적 영향은 항상 우리가 타인에게 영감을 주는 가치, 그들 안에서 스스로 만들어 가도록 돕는 확신, 그 결과로 만들어지는 삶에 대한 믿음에 바탕을 두고 있다.

치료, 특히 치료적 슈퍼비전은 기법과 인지 전략을 뛰어넘을 준비가 된 단계에서 이루어진다. 특히 연구들은 좀 더 개인적이고 강렬하며 친숙한 방향으로 가도록 지적한다(Cooper, 2008). 아마도 이것은 실존주의 상담자들과 슈퍼바이저들이 공개적으로 자신들이 무엇을 하는지, 그리고 어떤 것을 믿는지 이제는 분명하게 말할 때가 되었다는 것을 의미한다. 요즘 증거기반의 실무(evidence-based practice)에 관여하는 많은 실존주의 상담자는 실존주의 관점을 표준화하고 매뉴얼화하기 위한 시도가 이루어질 것이라는 것에 두려움을 표현한다. 만약 누군가가 이를 시도한다면, 실존주의 사고의 핵심 요소들을 그 표준화된 매뉴얼에 담아내기 어렵기 때문에 그 실존주의 사고는 즉시 사라질 것이다. 따라서 실존주의 치료를 실제 수행할 때는 그 표준화된 매뉴얼을 초월해야 할 것이다. 자유는 쉽게 매뉴얼화되기 어려운 것이다. 이러한 이유로 많은 실존주의 상담자들과 슈퍼바이저들은 매우 애매모호한 태도를 취하는데, 이들은 슈퍼비전 관계에 있든 치료적 관계에 있든 간에, 말로는 설명하기 힘든 관계의 다양한 측면을 통해 차이를 만들어 내며, 내담자/슈퍼바이지가 변화하도록 이끈다고 믿기 때문이다. 물론 이와 같이 볼 수 없고 설명하기 힘든 측면들은 측정할 수 없으며(당신이 보다 정교한 질적 연구 방법론을 사용하든 사용하지 않든), 아마도 측정을 시도하는 행위와 표준화 자체가 작업의 본질을 파괴하고 과정을 망칠 수도 있다.

실존주의 상담자들이 자유로운 치료 방식을 요구하고, 여기에 뒤따르는 개인별로 다양한 접근에 가치를 두는 것은 헛된 일이 아니다. 매뉴얼화에 맞게 특정한 슈퍼비전 요소를 선택하는 독단적인 방식으로 접근하는 사람들은 그 접근 방식에 대해 자신만의 특정한 해석으로 실존적 정의를 제한한다. 그들은 사실 실존주의 사고의 정신과 모순되는 일을 하고 있다. 진정한 철학적 사고에는 유연성과 개인적 특성이 필요하며, 이는 사고의 다양성으로 이어진다. 이 다양성이 오래 지속되고 번창하기를 바란다.

현재 우리의 연구 도구들이 갖고 있는 염려와 한계의 문제가 있지만, 현재의 과제는 치료와 슈퍼비전에서 변화란 어떻게 일어나는지를 정확히 집어낼 수 있는 구체적인 연구를 진행하는 것이다. 실존주의 상담자들은 실존주의 치료와 슈퍼비전을 가르치는 대학과 관련하여 여러 성과 연구 네트워크 조직(Existential Psychotherapy and Counselling Outcome Research Network: EPCORN)을 구축했다. 실존주의 슈퍼비전의 미래는 연구를 통해 치료와 상담에서 더 넓은 비전이 성취할 수 있는 것을 입증해 줄 것이다.

356

교차 이론

실존적 주제에 자주 맞닥뜨리는 많은 슈퍼바이저는 모든 슈퍼비전이 어떤 면에서 실존적 성격을 띠고 있다는 것을 알아차릴 것이다. 우리가 슈퍼비전을 제공할 때 삶의 문제를 피할 수 없고, 또한 일정 부분 실존적이고 도덕적인 고민도 피할 수 없다. 실존주의 슈퍼바이저와 상담자인 우리가 하는 대부분의 작업은 처음 훈련받을 때의 치료 방법을 훨씬 넘어서고 있으며, 슈퍼비전이 치료 전 분야에 대한 새로운 시각을 제공하는 높은 곳에 위치할 필요가 있다는 것을 알고 있다. 이것은 다른 사람들뿐만 아니라 실존주의 전문가들에게도 적용된다. 그러나 이러한 개요로는 충분하지 않다. **이론**(theory)은 결코 치료의 **실제**(practice)를 포착하지 못하며, 우리는 경험과 일치하는 새로운 이해를 얻기 위해 치료적 상호작용의 현실로 돌아가야 한다. 이러한 의미에서 슈퍼비전은 항상 여행에 비유할 수 있다. 아마도 여행의 실존적인 측면은 우리가 지속적으로 탐색해야 하고, 단지 잘 만들어진 길을 따라갈 수 없다는 것을 깨달았을 때 시작될 것이다.

실존주의 심리치료사인 Hans W. Cohn은 그의 여행을 이렇게 설명했다.

> 초기에 나의 정신분석적 성향은…… 점점 가면 갈수록 내가 내담자들과 경험하도록 이끄는 것을 실패하게 되었다. …… 나는 인간으로서 우리의 삶에 대한 실존주의 현상학적 이해로 점차 확장해 나갔다. …… 이것은 하이데거의 개념을 심리치료의 실제에 '적용'하는 문제가 아니었다. …… 오히려 인간이 존재하는 방식에 대한 그의 생각 일부가 나 자신을 성찰하게 만들고, 결과적으로 치료자로서 나의 치료적 접근에 밑바탕이 되었다(Cohn, 2002: xvii – xviii).

이것은 종종 슈퍼바이저와 상담자가 실존적 관점을 발견하는 방식이다. 이론적 지향이 우리의 치료에 어떠한 영향을 끼치든 간에 우리가 다루어야 하는 문제들과 질문들을 드러내고 제시한다. 이와 같은 이유로 실존주의 관점은 서로 다른 배경을 가지고 있으며, 상이한 치료 방법으로 작업하는 상담자들을 대상으로 슈퍼비전 집단을 운영하는 슈퍼바이저들에게 큰 이점을 제공한다. 이런 상황에서 일할 때 우리는 모든 슈퍼바이지에게 공평하기 위해 일종의 메타 모델이 필요하다는 것은 분명하다. 절충적인 모델은 여러 역량을 필요로 한 데다가 많은 모순과 내적 긴장을 만들어 내기 때문에 적합하지 않을 것이다. 우리가 통합적인 모델이 필요한 것은 사실이지만, 다른 구성원들이 주로 사용하는 모델의 모든 요소를 평가하고 다시 도전하게 하는 이론적 배경을 가지고 있는 모델이 필요하다. 실존주의 모델보다도 더 철학적 명확성을 가진 통합적 모델을 과연 어디에서 찾을 수 있을까? 이 관점이 더욱 명확해지면, 특히 슈퍼비전의 복잡한 요구에 부응하는 장점을 발견하는 사람들이 많아질 것이다.

실존주의 사고가 갖는 통합적인 잠재력은 오랫동안 인정되어 왔다. Flach

(1989)는 〈Man as Process〉의 도입부에서 소개한 심리치료의 실존적 측면을 Hans W. Cohn의 언급을 통해 다음과 같이 소개했다.

> 비록 의식적으로 인정되지 않더라도, 모든 전문가는 심리치료 접근에 실존적 개념을 사용한다. 결국 치료는 변화의 가능성을 가정하고, 실존주의 신념은 건강하지 못한 적응 형태에서 더욱 통합적이고 효과적인 적응 형태로 바뀌어 가는 문제에 초점을 맞춘다 (Flach, 1989: 170).

많은 사람이 실존주의 치료에 고전적 정신분석의 형태를 연결시킬 수 있다는 것은 큰 장점이다. 같은 이유로 일부 인지치료사들은 실존주의 치료에 크게 공감을 하는데, 바로 마음챙김을 치료에서 활용하는 제3의 물결의 치료사들이다. 많은 인본주의적 접근은 실존주의 사고에 기초했고, 그 접근의 근원을 상기시키는 실존주의 슈퍼비전으로부터 많은 도움을 받았다. 하지만 이와 비슷하게 영성에 기반을 둔 많은 접근도 자신이 실존적 영역에 있다는 것을 발견하게 되는데, 그것은 의미에 대한 추구 때문이다. 불교 사상을 포함한 융 학파와 자아초월 접근은 실존주의 형태의 슈퍼비전을 제공하기에 충분할 정도로 실존적 사고와 밀접하게 관련되어 있다. 이것은 Brooke(1991)과 Zimmerman(2006)에 잘 문서화되어 있다.

실존주의라는 이름표를 원하는 사람들에게 이를 허용하는 것에 대해 많은 말이 오간다(역설적으로, 이름표는 실존주의 사상가들에게 혐오감을 준다). 배타성이 아닌 포용성은 항상 실존주의 철학의 가장 큰 강점 중 하나였다. 이것은 실존주의 슈퍼비전이 NHS 다학제 팀의 요구와 양립될 수 있는 이유이다. NHS와 같은 환경이나 광범위한 분야의 치료자들을 끌어들이는 자발적 환경에서는 모두 독단적이지 않으면서 특정 치료 방법을 초월하는 치료적 접근이 점점 더 요구되고 있다.

실존주의 관점의 이러한 호환성과 적절성에도 불구하고, 실존주의 슈퍼비전이 번창하는 데에는 많은 문제가 남아 있다. 첫째로, 실존적이고 철학적인 전문가들은 세상으로부터 숨는 경향이 있고, 대중의 감시로부터 멀리 떨어져 있는 것을 선호한다. 그들은 최대로 자유를 느끼면서 여유롭게 치료에 전념하는 것을 즐기지만, 이것은 때때로 그들을 독불장군처럼 보이게 하기도 한다. 둘째로, 보다 넓은 심리치료의 세계에서는 실증주의적 관점이 아닌 철학과 현상학에 기반한 접근에 대해 많은 의구심을 갖는 것이 상당히 맞는 말이다. 철학적 배경의 많은 전문 용어는 실존주의 접근법에 관심을 갖는 많은 사람을 쫓아낼 만큼 수수께끼 같고 특이하다.

만약 실존주의 슈퍼비전이 번창하고 공중보건 기반의 슈퍼비전 방법으로 자리 잡고자 한다면, 실존주의 슈퍼바이저들이 가능한 한 전문 용어를 사용하지 않는 방식으로 연습하는 것이 필요하다. 마찬가지로 실존주의 치료자들은 실존주의 치료에 관심을 갖게 된 사람들에게만 말하는 것이 아니라 다양한 배경을 가진 동료들과 어울릴 필요가 있으며 그들의 신념에 대해 이야기 나눌 수 있어야 한다. 만약 이러한 조건들을 고려한다면, 실존주의 슈퍼비전의 미래는 희망찰 것이다. 이 책에 기여한 사람들의 작업은 그것이 얼마나 많은 길을 갈 수 있는지, 그리고 얼마나 많은 진실을 탐구하고 밝혀낼지를 보여 준다.

결론

요약하자면, 이 책은 일관성 있고 변함없는 실존주의 관점에서 슈퍼비전을 하는 것이 가능하다는 것을 증명했지만, 그럼에도 이는 결코 쉬운 선택이 아니다. 이 분야가 명확하게 정의되어 있지 않기 때문에 우리는 단순 암기로 실존주의 슈퍼비전을 쉽게 가르칠 수 없다. 실존주의 슈퍼비전은 하나의 형태가 아니라 여러 가지 형태로 존재한다. 실존주의 슈퍼비전을 배우는 것은 철학적이며 매우 개인적인 도전일 뿐만 아니라 전문적이기도 하다. 이 도전은 심오하고 때로는 불안하지만 항상 신나는 탐험을 하게 한다. 실존주의 작업의 필수적인 요소 중 하나는 그 역동성과 끊임없는 진화이기 때문에, 우리는 실존주의 접근을 본질적으로 상세하게 설명할 수 없다. 실존주의 슈퍼비전은 실존주의 슈퍼바이저처럼 오직 진실에 대한 열정, 강렬함, 활력을 추구한다. 여기에서 확인할 수 있듯이, 이 분야는 항상 다양성을 지니며 여러 의미로 정의된 분야 중 하나로 남아 있다. 이 분야에서는 실존적 도전을 기꺼이 받아들이고자 하는 사람들을 위해 엄청난 기회를 부여하고 있다. 마지막으로, 슈퍼비전에 대한 실존적 관점은 삶이란 철학 그 자체라는 것이다.

참고문헌

360

Adams, M. 'Reflections on Reflection', *Existential Analysis* 13(2) (2002) 204–13.

Brooke, R. *Jung and Phenomenology* (London: Routledge, 1991).

Cohn, H. W. *Heidegger and the Roots of Existential Therapy* (London: Continuum, 2002).

Cooper, M. *Essential Research Findings in Counselling and Psychotherapy: The Facts are Friendly* (London: Sage Publications, 2008).

Du Plock, S. 'A Relational Approach to Supervision', *Existential Analysis* 18(1) (2007) 31–8.

Flach, F. (ed.) *Psychotherapy*, Directions in Psychiatry Monograph Series no. 5 (New York: Norton & Company, 1989).

Heidegger, M. *Zollikon Seminars* (ed.) M. Boss (Northwestern University Press: Illinois, 2001).

Mitchell, D. 'Is the Concept of Supervision at Odds with Existential Thinking and Therapeutic Practice?', *Existential Analysis* 13(1) (2002) 91–7.

Pett, J. 'A Personal Approach to Existential Supervision', *Existential Analysis* 6(2) (1995) 117-26.

Tantam, D. *Psychotherapy and Counselling in Practice* (Cambridge: Cambridge University Press, 2002).

Towler, J. 'The Influence of the Invisible Client': A Crucial Perspective for Understanding Counselling Supervision in Organisational Contexts. Division of Counselling Psychology *Occasional Papers in Supervision* (August 2008, Leicester: British Psychological Society).

Wampold, B. E. *The Great Psychotherapy Debate* (New Jersey: Lawrence Erlbaum Associates, 2001).

Wright, R. (1996) 'Another Approach to Existential Supervision', *Existential Analysis* 7(1) (1996) 149–58.

Zimmerman, M. 'Heidegger, Buddhism and Deep Ecology', in *Cambridge Companion to Heidegger: Second Edition* (ed.) C. B. Guignon (Cambridge: Cambridge University Press, 2006).

361

본래적/비본래적(Authentic/inauthentic)은 인간이 세상에 대해 생각하고 행동하는 방식으로 타인에게 자신을 빼앗기는 경향이 있다는 Heidegger의 인식을 말한다. 인간은 자신의 존재의 한계와 현실을 인식하기 전까지 외부적인 참고 소재를 따라간다는 점에서 비본래적이다. 본래적 삶이 먼저 가능해지는 것은 주로 죽음을 받아들일 때이다. 그러나 우리는 본래적 존재로 살 수 있게 된 후에도 우리는 본래적과 비본래적 방식 사이에서 계속해서 흔들린다.

대문자 B로 시작하는 Being(존재)은 추상적인 개념이며 '우리'를 초월한 인간만이 구현할 수 있는 존재의 기본 원리를 말한다. 실제로 인간은 존재를 위한 장소를 제공하고 존재의 수호인이다. Heidegger에 따르면 인간은 존재하는 것에 관심을 갖고 자기성찰을 하며 존재의 의미를 묻는 유일한 존재이다.

대자존재(Being-for-itself)는 Sartre가 언급한 것처럼 완전히 무한하고 완전히 자유로운 인간의 의식이다. 인간은 '인간 본성' 그 자체가 없으며, 단지 의식일 뿐이다. 따라서 우리는 우리가 선택한 그 무엇이든 될 수 있다.

즉자존재(Being-in-itself)은 모든 대상에 대한 정의이며 자기인식이 결여된 생명체를 말한다. 인간으로서 우리가 스스로의 자유를 부정하고 자기 자신을 객체로 취급할 때 즉자존재라고 할 수 있다.

세계-내-존재(Being-in-the-world)는 세계 내에서 우리의 불가피한 참여, 세계와의 통합을 설명하는 Heidegger의 방식이다. 우리가 차에서 내릴 수는 있지만 세계에서 벗어날 수는 없으며, 우리는 스스로 탈출할 수 없는 상호연결망에 살고 있다. 어떤 의미에서는 우리가 우리의 세상을 함께 이끌어 가는 것이며, 우리가 죽을 때 세상 또한 함께 죽는다.

함께 존재하는 것(Being-with)은 우리가 은둔자의 삶을 선택하더라도 타인과의 관계 속에서 항상 그들과 관계를 맺고 있음을 강조한다. 다른 사람들이 우리와 함께하는 것처럼 우리는 그들과 불가분의 관계이다.

괄호치기/제쳐 두기(Bracketing)는 말 그대로 괄호 안에 묶어 버리는 것이다. 우리의 편견과 선입견에 의해 모호해지지 않은 것들이 실제로 무엇인지 보기 위해 우리의 가정을 제쳐 두는 것이다. 우리가 직면하는 모든 것에 대한 열린 마음을 유지하려는 시도이다. 물론 괄호 안에 있는 것들도 방정식의 일부이기 때문에 다루어 보아야 한다.

공동구성(Co-constituted/co-construct) 성찰하는 존재와 성찰의 대상은 서로를 통해 정의되고 공동적으로 구성된다. 우리는 모든 경험에 적극적으로 관여하며, 우리가 경험하는 것은 우리와 우리가 만나는 대상에 의해 함께 구성된다. 모든 관계적 경험은 다른 사람을 보여 주는 만큼 나에 대해 많은 것을 보여 주는 것이며, 이는 공동으로 구성된 관계이다.

현존재(Dasein)는 말 그대로 '존재하는 그곳' 또는 '거기에 있는 것'이다. 이는 Heidegger가 인간을 지칭하는 데 사용한 단어이며, 때로는 존재로도 번역되지만 존재는 인간의 고유성과 그것이 의미하는 모든 것을 포착하지는 못한다.

대화(Dialog)는 진실을 찾기 위해 끝까지 이야기를 나누는 것이다. 이는 두 '자아들'이 서로의 말을 듣지 않으면서 싸우거나 번갈아 가며 독백으로 말을 하는 것이 아닌 명확성을 추구하는 공동 탐색을 통해 대화하는 것을 말한다.

체화(Embodiment)는 '나는 내 몸이다'라는 문구로 요약된다. 우리가 분리된 몸과 분리된 마음으로 간주되는 것이 아닌 오히려 체화된 존재이며 마음과 몸은 분리할 수 없는 하나의 통일체이다. 한 가지가 다른 하나에 영향을 줄 수 없다. 왜냐하면 어떤 변화이든 몸과 마음 둘 다에 영향을 미치기 때문이다. 우리의 모든 인식은 우리의 몸과 마음을 통해 생겨난다.

판단중지(Epoché)는 말 그대로 중단하는 것을 의미하며, 앞에 제시된 '괄호치기'라고도 불리는 현상학적 환원의 한 측면이다. 이는 신선하고 새로운 방식으로 우리의 경험을 살펴보기 위해 '알지 못한다'의 정신으로 가정을 보류하는 것이다.

소여(주어진 것; Givens)는 우리를 제한하고 제약하기 때문에 우리가 통제할 수 없고 바꿀 수 없는 우리 존재의 사실(때때로 우리의 '현사실성'이라고 불림)이다. 우리가 태어난 가족, 문화, 시간과 같은 개인적인 (존재적) 주어진 것들이 있고, 보편적으로 주어진 (존재론적) 우리는 죽음을 피할 수 없고, 시간 속에 살고 있으며, 항상 관계 속에 있다는 것 등이 있다.

해석학적(Hermeneutic)은 '전체는 부분의 합 이상이다. 부분과 전체 모두 포함

365

한다.'라는 문맥을 포함한 연구 혹은 해석 방법을 의미한다. 해석학적 탐구는 제시된 모든 것을 포함하며 그 중요성/의미를 꿰뚫어 보려고 시도한다. 이 해석은 한 현상을 다른 현상으로 대체하는 것이 아니라 현재 존재하는 것을 탐구한다.

중간적인 (것)(In-between)은 진정한 만남에서 두 사람 사이 간의 공간으로, 상대를 '동행자'로 여기고 완전히 인간적으로 받아들이고 별개의 대상으로 취급하지 않는 개방성과 상호성의 공간이다.

지향성(Intentionality)은 의식이 항상 무언가를 향하고 대상이나 감정에 도달한다는 것을 이해한다는 것을 의미한다. 우리와 우리 세상 사이에는 구분이 없으며, 의식은 지향성을 통해 존재한다.

366

상호주관적/상호주관성(Intersubjective/intersubjectivity) 우리의 경험은 항상 상호주관적이다. 왜냐하면 우리는 어쩔 수 없이 타인 및 세상과 관계를 맺고 있기 때문이다. 우리는 상호 연관되어 있으며 결코 고립된 주체가 될 수 없다. 모든 경험은 관계적으로 파생된 것이다.

나-너(I-thou)는 통상적으로 우리가 다른 사람을 대상으로 취급하고, 판단하며 그들의 인간성을 인정하지 않고 그저 이용(활용)만 하는 **나-그것**(I-It) 관계를 강조하고 보완한다. 나-너 관계에서 우리는 다른 사람을 완전히 인간적으로 대하고 그들의 자유를 허용한다. 우리는 우리 전체의 존재를 타인의 존재와 관련시킨다.

앞서 뛰어들기(Leaping ahead)는 돌봄 또는 관심이라는 개념을 포괄하는 또 다른 Heidegger의 개념이다. Heidegger는 타인에 대한 보살핌의 두 가지 측면을 구별하였다. 앞서 뛰어들기는 우리가 보살핌을 거두고 타인이 스스로 책임을 지도록 허용하고, 강요하거나 지시하지 않고 타인이 스스로 길을 찾도록 내버려 두는 것이다.

대신 뛰어들기(Leaping in)는 다른 사람이 스스로 결정하도록 내버려 두지 않고 스스로 책임을 지는 것이다. 우리는 우리의 견해를 받아들이고 이를 강요한다. 이것은 일종의 의존성과 자율성 부족으로 이어질 수 있다.

실존(Ontic) Heidegger는 실존과 존재론적 차원을 구별한다. 실존은 구체적인 세계, 특정 존재, 일상적이고 개인적인 관심사를 의미한다.

존재론적(Ontological; 존재론은 실존 또는 존재에 대한 연구이다) 존재에 대한 존재론적 측면은 보편적이며 우리 모두에게 진실된 측면으로, 실존의 본질적인 조건, 예를 들어 함께 존재하거나 죽음을 향한 존재를 의미한다.

마음 저편에 가라앉아 있던 것(침전 또는 침전물; Sedimented or sedimentation)은 무언가가 고정되고 돌에 묶여 있어 변경할 수 없다는 개념을 말한다. 나는 변화에 대한 우리의 능력을 제한하는 저편에 가라앉아 있던(침전된) 신념과 같다.

자기구성(Self-construct) 실존적 관점에서 고정된 '자아' 같은 것은 없다. 우리의 자아 정립은 진행 중인 일이다. 우리는 항상 되어 가고 있는 상태에 있으며, 우리 자신을 견고하고 변하지 않는 것으로 봄으로써 스스로를 제한한다.

소크라테스식 대화(Socratic dialogue)는 우리의 신념과 가정을 드러낼 수 있게 해 주는 질문식(Socrates가 개발한 것)이다. 우리는 우리가 실제로 알고 있거나 모르는 우리 자신을 드러내기 위하여 진정하고 열린 탐구 정신으로 질문을 한다.

세계관(Worldview; Weltanschauung)은 우리의 가치관, 신념 및 가정의 합계를 의미한다. 이들은 우리가 삶을 영위하는 방식을 알려 주고 안정감과 연속성을 가져다준다. 동시에 세계관은 바뀌며, 우리의 자기구성처럼 고정된 것이 아니다.

368

찾아
보기

내용

371

372

373

375

377

저자 소개

편저자

Emmy van Deurzen은 실존주의 심리치료사이며 상담심리학자이다. 그리고 국제적으로 실존적 주제와 관련하여 폭넓게 강연하는 철학자이다. 그녀는 현재까지 지도하고 있는 Regent's College School of Psychotherapy and Counselling과 런던에 있는 The New School of Psychotherapy and Counselling(NSPC)의 창설자이다. 그녀는 Schiller International University의 교수이며, The University of Sheffield의 명예교수로서 갈등조정연구센터의 공동센터장을 맡고 있다. 또한 그녀는 Middlesex University의 외래교수로서 NSPC에서 두 개의 박사과정을 지도하고 있다. 그녀는 1988년에 실존분석협회(Society of Existential Analysis)를 창설했고, 2006년에 Digby Tantam과 함께 공동으로 국제실존주의상담자협회(International Collaborative of Existential Counsellors and Psychotherapists)를 설립했다. 그녀는 베스트셀러인 『Existential Psychotherapy and Counselling in Practice』(2nd edition, 2002)와 그녀의 최근 서적인 『Psychotherapy and the Quest for Happiness』(2008)를 포함하여 수 개국의 언어로 번역된 실존주의 심리치료에 관련된 일곱 권의 저자 및 공저자, 혹은 공동편집자이다.

Sarah Young은 UKCP 공인 심리치료사이며 BPS에 등록된 상담심리학자이다. 그녀는 최근 20년 동안 이 분야에서 가르치고 상담을 수행했다. 그녀는 NHS에서 그리고 개인상담소와 자원봉사의 영역에서 일한 경험이 있다. 그녀는 실존주의 심리치료 수련생을 지원하기 위한 한스콘 장학재단을 설립하는 데 기여했으며, 재단의 관리자로서 활동하고 있다. 그녀는 실존주의적 관점을 통해 실존주의 심리치료 및 실존주의 꿈 작업, 애도상담 분야에 공헌하고 있다.

공저자

Martin Adams는 개인상담소의 심리치료사이자 슈퍼바이저로 활동하며, 조각가이기도 하다. 그는 런던에 있는 Regent's College School of Psychotherapy and Counselling과 The New School of Psychotherapy and Counselling에서 강의를 하며 슈퍼비전을 하고 있다. 그는 이론과 실제의 관계, 예술적 상상의 본성과 목적 그리고 철학적 주제가 소설 속에 반영되는 방식에 특별한 관심을 가지고 있다.

Laura Barnett은 UKCP와 ECP의 인증된 실존주의 심리치료사이며, NHS와 개인상담소에서 공인된 MBACP 슈퍼바이저로 일하고 있다. 그녀는 상담 실제에 있어서 실존주의 상담이론에 관한 논문들을 발표했고, 『When Death Enters the Therapeutic Space: Existential Perspectives in Psychotherapy and Counselling』(2009)을 편집했다.

Simon du Plock(DPsych, AFBPsS)은 인증된 상담심리학자이며, UKCP의 공인 심리치료사이다. 그리고 BPS의 심리치료 전문 심리학자이며 Middlesex University의 객원교수이다. 그는 런던에 있는 메타노이아협회에서 박사후과정의 책임자이며, Middlesex University에서 공공분야 심리치료 박사과정과 전문가 연구의 심리치료 박사과정 및 통합 프로그램의 책임자이다. 그는 여러 나라에서 실존주의 심리치료에 대해 강의하고 있으며, 1993년부터 실존분석협회의 학술지인 『Existential Analysis』를 편집하고 있다. 그는 Metanoia Institute에 있는 임상기반연구센터의 공동 설립자이면서 실존주의 심리치료사와 임상 슈퍼바이저로서 개인상담소에서 활동하고 있다.

Dr. Brijesh Kumar는 현재 사우스요크셔 정신의학협회 조직에서 수련 중에 있는 3년차 선임 사무원이다. 그는 슈퍼비전을 받으면서 어느 정도의 인지행동치료와 인지분석치료 경험을 쌓았으며, 정신역동 심리치료에서 좀 더 많은 경험을 쌓고 있는 중이다. 그는 현재 셰필드에 있는 약물 및 알코올 중독자 팀에서 일하고 있다.

Simone Lee(UKCP & ECP Reg.)는 실존주의 심리치료사이며 개인상담, 부부상담, 집단상담을 대면 및 온라인과 전화를 통해 실행하고 있다. 그녀는 런던에 있는 두 개의 수련기관에서 가르치면서 슈퍼비전을 하고 있으며, 애비뉴 심리치료센터를 운영하고 있다.

Antonia Macaro는 실존주의 심리치료사이며 철학상담자이다. 그녀는 『Reason, Virtue and Psychotherapy』(2006)의 저자이다.

Greg Madison(PhD)은 인증된 심리학자이며 유럽과 영국에서 공인된 심리치료사이다. 그는 캐나다 St. Stephen's College에서 강의하며, 런던의 Regent's College의 선임강사이다. 또한 NHS 슈퍼비전을 하고 있으며, 영국의 런던과 브리튼에서 개인상담소를 운영하고 있다. 실존주의 현상학적 심리학의 실존적 측면에 초점을 두고 있는 '실존주의 이주(existential migration)'에 연구적 관심을 가지고 있다.

Dr. Martin Milton은 인증된 상담심리학자이고, UKCP의 공인된 심리치료사이며, BPS의 심리치료분과 공인 심리학자이다. 또한 그는 University of Surrey 심리학과에서 심리치료와 상담심리의 선임강사이다. 그는 NHS와 개인상담소 그리고 전문수련과정에서 슈퍼비전을 제공하고 있다.

Diana Mitchell은 UKCP의 공인된 실존주의 심리치료사이며 장단기 내담자들을 상담하고 있다. 그녀는 Regent's College의 심리치료 및 상담심리학부와 The New School of Psychotherapy and Counselling의 실존주의 과정에 있는 수련생들을 감독하고 있다. 그녀는 항상 실존주의적 관점을 통한 슈퍼비전의 개념과 실제에 관심을 지니고 있다. 그녀의 논문은 『Existential Analysis』 13권 1호에 게재된 「Is the Concept of Supervision at Odds with Existential Thinking and Therapeutic Practice?」이다.

Lucia Moja-Strasser는 Regent's College의 심리치료 및 상담심리학부의 선임강사이며, 실존주의 심리치료 전문가과정의 책임자이다. 그녀는 개인상담소에서 상담자와 슈퍼바이저로 일하고 있으며, 공인된 갈등중재자이다. 그녀는 여러 학술모임에서 슈퍼비전과 상담에 대한 워크숍을 수행했다. 그녀는 실존주의 심리치료에 관련된 논문을 게재했고, 실존주의 꿈 작업과 대화 및 의사소통에 관한 내용에 기여했다.

Dr. Paul Smith-Pickard는 개인상담소에서 실존주의 상담자와 슈퍼바이저로 활동하고 있다. 그는 실존분석협회 회장을 역임했으며, 영국 웨스트 도싯과 그리스의 이드라에서 시간을 보낸다.

Dr. Alison Strasser는 시드니에 있는 실존주의 상담센터의 소장이며 오스트레일리아에서 다양한 상담 및 심리치료 수련을 위한 실존주의 교과과정을 개발했다. 그녀는 심리치료사, 코치, 슈퍼바이저이다. 그녀의 박사 논문은 슈퍼바이저를 교육하는 틀을 발전시키기 위한 슈퍼비전 과정을 설명하는 데 초점을 두었다. 그녀는 『Existential Time-Limited Therapy』(1998)의 공저자이며 오스트레일리아 실존주의협회의 설립자이다.

Digby Tantam은 University of Warwick의 심리치료 교수를 역임했으며(1990~1995), 현재 University of Sheffield 심리치료 임상 교수(1995~현재)이다. 그는 심리치료사이고 정신과 의사이면서 심리학자이다. 그는 University of Sheffield 갈등조정 연구센터의 공동센터장이며, 인간관계에 있어서의 딜레마 자문의 파트너이다(www.dilemmas.org). 그는 유럽심리치료학회의 서기(1999~2001)와 영국 심리치료위원회 위원장(1995~1998)을 역임했다. 또한 그는 국제실존주의상담자협회의 공동 설립자이다. 그의 저서인 『Psychotherapy and Counselling in Practice: A Narrative Approach』가 2002년에 출간되었고, 그는 최근 서적인 『Can the World Afford Autistic Spectrum Disorder?』를 포함한 수많은 서적뿐만 아니라 과학전문학회지에 160여 편이 넘는 논문을 발표하였는데, 이 중 많은 논문이 아스퍼거 증후군에 관한 것이다.

Karen Weixel-Dixon(Acc. Mediator. UKCP & EAP Reg.)은 개인상담소의 심리치료사, 슈퍼바이저, 임상지도자, 갈등조정자이다. 그녀는 영국과 프랑스에서 개인, 부부, 집단과 함께 일하고 있다. 그녀가 흥미를 갖는 패러다임은 실존주의 현상학이며, 그녀는 특히 사람들이 일시적으로 참여하고 경험하는 방식에 대해 관심을 갖고 있다. 그녀는 몇 편의 소논문을 발표했으며, 전문기관들의 포럼을 개최하고 있다. 그녀는 국제실존주의상담협회의 사무총장이다.

역자 소개

한재희(Han, Jae Hee)
미국 Baylor 대학교 대학원 상담심리학 전공 박사
한국상담심리학회 상담심리사 1급(주슈퍼바이저)
한국상담학회 1급 전문영역수련감독상담사(심리치료, 집단상담, 부부가족상담)
한국가족문화상담협회, 한국기독교상담심리학회, 한국목회상담협회 슈퍼바이저
전 한국상담학회 심리치료상담학회 회장
    전국대학교학생상담센터협의회 회장
    한국가족문화상담협회 회장
    한국다문화상담학회 회장
현 백석대학교 상담대학원 원장
    한국상담학회 이사
    실존통합심리상담연구소 소장

〈주요 저서 및 역서〉
상담 패러다임의 이론과 실제(개정판, 교육아카데미, 2006)
사회복지실천 상담기술론(공저, 학지사, 2010)
한국적 다문화상담(학지사, 2011)
부부 및 가족 상담(2판, 공저, 학지사, 2018)
상담이론과 실제(2판, 공저, 학지사, 2019)
실존통합심리상담: 과정과 기법(학지사, 2019)
의미치료(공저, 학지사, 2020)
상담 과정의 통합적 모델: 다이론적 통합적 접근(역, 센게이지러닝, 2009)
실존주의 상담 및 심리치료의 실제(역, 학지사, 2017)

이동훈(Lee, Dong Hun)

미국 University of Florida (Mental Health Counseling) 박사

한국상담심리학회 상담심리사 1급(주슈퍼바이저)

한국상담학회 1급 전문영역수련감독상담사(기업상담)

한국게슈탈트상담심리학회 상담심리사 1급

2021년 행정안전부 장관상 〈국가연구개발우수성과: 재난분석을 통한 심리지원모델링 개발〉

2022년 법무부 장관상 〈출소자와 가족의 심리상담에 대한 학술적 토대 구축 및 국가정책과 제도 마련에 기여〉

전   성균관대학교 카운슬링센터장

　　전국대학교학생상담센터협의회 회장

　　한국상담학회 대학상담학회 회장

　　부산대학교 부교수

　　한국청소년상담원 상담조교수

　　GS칼텍스정유 인재개발팀

현   성균관대학교 사범대학 교육학과 교수(상담교육전공 주임)

　　성균관대학교 외상심리건강연구소 소장

　　행정안전부 정부중앙재난심리회복지원단원

　　보건복지부 코로나 우울 극복을 위한 대국민 심층상담 정신건강전문가

　　법무부 법무보호위원

〈주요 역서〉

상담 및 심리치료 사례개념화: 이론 기반의 사례개념화 훈련(역, 학지사, 2019)

실존주의 상담 및 심리치료의 기술(공역, 학지사, 2020)

심리 컨설팅: 컨설팅 이론 · 과정 · 기법 · 사례 중심(공역, 학지사, 2020)

가족상담 및 심리치료 사례개념화: 이론 및 임상사례 기반의 실제적 접근(공역, 학지사, 2021)

자살 및 자해 행동: 상담 및 심리치료 워크북(공역, 박영스토리, 2022)

실존주의 슈퍼비전

Existential Perspectives on Supervision:
Widening the Horizon of Psychotherapy and Counselling

2023년 2월 20일 1판 1쇄 인쇄
2023년 2월 28일 1판 1쇄 발행

엮은이 • Emmy van Deurzen · Sarah Young
옮긴이 • 한재희 · 이동훈
펴낸이 • 김진환
펴낸곳 • ㈜ 학지사

04031 서울특별시 마포구 양화로 15길 20 마인드월드빌딩
대표전화 • 02-330-5114   팩스 • 02-324-2345
등록번호 • 제313-2006-000265호

홈페이지 • http://www.hakjisa.co.kr
페이스북 • https://www.facebook.com/hakjisabook

ISBN 978-89-997-2839-6 93180

정가 22,000원

출판미디어기업 학지사

간호보건의학출판 학지사메디컬 www.hakjisamd.co.kr
심리검사연구소 인싸이트 www.inpsyt.co.kr
학술논문서비스 뉴논문 www.newnonmun.com
교육연수원 카운피아 www.counpia.com